"十三五"国家重点图书出版规划项目

中国隧道及地下工程修建关键技术研究书系

贵阳喀斯特地貌山地城市轨道交通修建技术创新与实践

李红卫　张乾国　李　辉　陈发达　等 著

Innovation and Practice of Urban Rail Transit
Construction Technology
in Karst Landform Mountainous
Areas of Guiyang

人民交通出版社股份有限公司
China Communications Press Co.,Ltd.

内 容 提 要

本书依托贵阳市修建的第一条城市轨道交通工程实践,开展了喀斯特地貌山地城市轨道交通修建关键技术专题研究,形成了一系列创新成果。

本书共分8章:第1章绪论,第2章轨道交通长大连续坡道安全控制关键技术,第3章喀斯特地貌山地城市轨道交通区间隧道岩溶处理关键技术,第4章喀斯特地貌山地城市轨道交通区间隧道悬臂掘进机工法,第5章喀斯特地貌山地城市轨道交通下穿建(构)筑物关键技术,第6章喀斯特地貌山地城市轨道交通车站修建创新与实践,第7章核心区轨道交通施工期间交通组织,第8章贵阳轨道交通1号线修建技术创新与实践。

本书可供从事城市轨道及相关行业的工程建设人员学习、参考,也可作为相关专业高校师生的参考用书。

图书在版编目(CIP)数据

贵阳喀斯特地貌山地城市轨道交通修建技术创新与实践 / 李红卫等著. —北京:人民交通出版社股份有限公司,2019.8
ISBN 978-7-114-15573-4

I.①贵… II.①李… III.①岩溶地貌—山区城市—城市铁路—轨道交通—工程技术—贵阳 IV.①U239.5

中国版本图书馆CIP数据核字(2019)第101607号

书　　名:	贵阳喀斯特地貌山地城市轨道交通修建技术创新与实践
著 作 者:	李红卫　张乾国　李　辉　陈发达　等
责任编辑:	谢海龙
责任校对:	张　贺　宋佳时
责任印制:	张　凯
出版发行:	人民交通出版社股份有限公司
地　　址:	(100011)北京市朝阳区安定门外外馆斜街3号
网　　址:	http://www.ccpress.com.cn
销售电话:	(010)59757973
总 经 销:	人民交通出版社股份有限公司发行部
经　　销:	各地新华书店
印　　刷:	北京印匠彩色印刷有限公司
开　　本:	787×1092　1/16
印　　张:	22.75
字　　数:	501千
版　　次:	2019年8月　第1版
印　　次:	2019年8月　第1次印刷
书　　号:	ISBN 978-7-114-15573-4
定　　价:	128.00元

(有印刷、装订质量问题的图书由本公司负责调换)

编审委员会

主　　任：李红卫　张乾国

副 主 任：姜筱筠　李　辉　李　焱　陈发达　周　昊　刘志宏
　　　　　王　祥　吴海宝　万宗祥

委　　员：（排名不分先后）
　　　　　陆强波　吴　华　刘伯夫　朱　兰　黄　松　赖展超
　　　　　刘远明　何建枝　雷　勇　刘向远　曾　敬　陈明华
　　　　　陈　俊　马振兴　耿　培　彭旭东　闫国栋　吴其全
　　　　　冉　军　聂晓东　张　颢　付守洪　胡朝程　张鹏帅
　　　　　高智勇　王　均　王文轩　宋战平　何明卫　饶军应
　　　　　曹师铭

审查人员：赵　军　谢　颖　朱建华　刘建新　刘教林　刘　宁
　　　　　邬忠虎　黄质宏

主编单位： 贵阳市城市轨道交通集团有限公司

　　　　　广州中咨城轨工程咨询有限公司

参编单位： 中国中铁二院工程集团有限责任公司

　　　　　中国中铁二十四局集团有限公司

　　　　　贵州大学

　　　　　昆明理工大学

　　　　　中国铁建股份有限公司

序

我国是多山国家，山地城市发展受交通制约比较大，急需改善交通条件。城市轨道交通具备快捷、准点、舒适的特点且运量较大，对解决山地城市交通拥堵和引导城市发展具有十分重要的意义。

喀斯特山地城市轨道交通建设难度极大，被喻为"在刀尖上跳芭蕾"和"在城市心脏动手术"，众多参与建设者曾感叹"建地铁难，西部建地铁更难，贵阳建地铁更是难上加难"。建设难度主要表现在：山地城市地形起伏，地面高差大、地势变化急剧，地下线路敷设坡度大且坡多、坡长；沿线岩溶发育强、岩溶见洞率高，且遇上大型溶洞、溶腔、暗河等可能性大，岩溶探查及处理难度大；道路曲折狭窄，而建筑物密集，线路频繁下穿（侧穿）建（构）筑物，施工难度大、风险高；老城区路窄且交通拥堵，工程实施期间交通组织不易。

贵阳市作为典型的喀斯特地貌山地城市，其轨道交通1号线于2009年开始试验段建设，2013年全线开工建设，并于2017年12月首通段开通初期运营，2018年全线开通初期运营，在多年的工程建设过程中，建设者们克服了多项建设难题：(1) 长大连续坡度超过设计极限，其中贵阳北站到安云路站区间段，在8.5km范围形成最大纵坡为28‰的连续长大坡道；(2) 强发育岩溶多、岩溶段占比和岩溶见洞率高，1号线通过灰岩、白云岩类可溶岩地层的长度约占线路长度75%，全线地质钻孔5878个、发现溶洞1196个（部分为串状溶洞）、见洞率为20.3%；(3) 引进悬臂掘进机施工法，安全、顺利完成强发育岩溶富水区间隧道施工；(4) 成功多次穿越老城区密集建筑物群、河流、铁路及火车站站房；(5) 成功解决了富水岩溶区域车站、明暗结合车站修建及大拱盖法施工车站修建的相关难题；(6) 通过区域及沿线交通分流组织、公共交通组织方案调整等措施，较好解决了工程施工期间交通问题。

近年来，我国喀斯特山地城市轨道交通建设越来越多，面临的困难与挑战日益突出。本书基于贵阳轨道交通1号线工程实践，系统总结了喀斯特地貌山地城市轨道交通修建关键技术，解决了诸多技术难题，形成了众多创新成果，其中很多具体的经验和做法值得广大技术人员学习借鉴，可为今后同类工程建设提供宝贵的参考。

仅此为序。

中国工程院院士

2019 年 7 月

前言

随着城市现代化进程的不断加速，城市规模同步不断扩大，城市居住人口亦不断增多，对交通设施的需求也在不断增加。轨道交通作为解决城市交通问题、建设可持续性发展城市的有效手段，其建设规模、速度均在国内处于一个高速发展的阶段，越来越多的城市加入了轨道交通建设行列。贵阳轨道交通1号线作为贵阳市修建的第一条轨道交通，由于城市的特殊环境，在建设过程中会遭遇特殊地形地貌、复杂地质条件、老城区、既有建（构）筑物和交通设施、环境保护等因素影响，给工程正常推进带来一定的困扰。本书结合贵阳市轨道交通1号线工程建设实践，针对工程实施过程中遇到的重难点问题总结经验，提出了适应喀斯特地貌山地城市修建城市轨道交通的技术创新和应对措施，希望能给广大的读者和同行提供参考。

本书依托贵阳轨道交通1号线工程，紧紧围绕喀斯特地貌山地城市复杂环境条件下轨道交通工程修建技术，对喀斯特地貌山地城市轨道交通修建过程中涉及的特殊地形地貌、地质条件和形成的新工法、新工艺等技术创新进行了总结。本书分为8章，主要对喀斯特地貌山地城市的特点、贵阳轨道交通1号线工程的重难点及关键技术进行总结；结合轨道交通1号线贵阳北站到安云路站长大连续坡道情况，对轨道交通长大连续坡道安全控制关键技术进行系统研究和总结；结合轨道交通1号线岩溶分布、治理情况，对喀斯特山地城市轨道交通区间隧道岩溶处理关键技术进行深入研究和总结；结合轨道交通1号线悬臂掘进机应用情况，对喀斯特山地城市轨道交通区间隧道悬臂掘进机工法进行了全方位研究和总结；结合轨道交通1号线工程下穿建（构）物情况，对喀斯特地貌山地城市轨道交通下穿建（构）筑物关键技术进行了建设性的研究和总结；结合轨道交通1号线延安路站、蛮坡站、安云路站等站点，从设计到施工的情况对喀斯特地貌山地城市轨道交通下穿建（构）筑物关键技术进行详尽论述和研究；结合轨道交通1号线工程实施期间的交通疏解情况，对核心区轨道交通施工期间交通组织进行了深入细致研究。

承蒙我国著名地铁工程专家、深圳大学特聘教授、中国工程院院士陈湘生在百忙之中审阅本书并为之作序，同时向付出辛勤劳动的全体参建者、专家、学者以及本书全体参编人员、审稿专家表示衷心的感谢。

由于编者水平和经验有限，不妥之处敬请读者批评指正。

作 者

2019年7月

目录

第1章 绪　论

1.1 喀斯特地貌山地城市轨道交通建设 ··· 001
- 1.1.1 喀斯特地貌山地城市 ··· 001
- 1.1.2 喀斯特地貌山地城市轨道交通建设特点 ··· 002

1.2 贵阳城市轨道交通规划 ··· 002
- 1.2.1 地貌特征 ··· 002
- 1.2.2 城市规划 ··· 003
- 1.2.3 城市轨道交通规划 ··· 004

1.3 贵阳轨道交通1号线工程概况 ··· 007
- 1.3.1 线路概况 ··· 007
- 1.3.2 地形与地貌 ··· 009
- 1.3.3 气象条件 ··· 009
- 1.3.4 河流水文 ··· 009
- 1.3.5 工程地质条件 ··· 010
- 1.3.6 水文地质 ··· 012

1.4 贵阳轨道交通1号线建设难点 ··· 013
- 1.4.1 长大连续坡度超过设计极限 ··· 013
- 1.4.2 强发育岩溶多和岩溶段占比高 ··· 013
- 1.4.3 特殊周边环境制约和影响施工 ··· 013
- 1.4.4 复杂条件下频繁下穿建(构)筑物 ··· 013
- 1.4.5 道路资源紧张和交通组织难度大 ··· 014

1.5 贵阳轨道交通1号线建设关键技术 ··· 014
- 1.5.1 长大连续坡道安全控制 ··· 014
- 1.5.2 车辆再生制动及能量回收应用 ··· 014
- 1.5.3 涌水、突泥强发育溶洞探测和治理 ··· 014
- 1.5.4 城市轨道交通悬臂掘进机法施工 ··· 015
- 1.5.5 城市岩溶区间隧道下穿建(构)筑物 ··· 015

1.5.6 复杂地形条件下车站设计和施工 ·· 015
1.5.7 核心城区施工期间交通组织管理 ·· 016

第 2 章　轨道交通长大连续坡道安全控制关键技术

2.1 长大连续坡道轨道交通线路优化设计 ·· 017
2.1.1 展线方案 ·· 017
2.1.2 展线方案研究结果 ·· 019
2.2 长大连续坡道运营安全技术 ·· 021
2.2.1 长大坡度段配线设置 ·· 021
2.2.2 运营安全保障 ·· 022
2.2.3 车辆选型与适应性研究 ·· 023
2.2.4 车辆制动关键技术研究 ·· 025
2.2.5 信号系统安全保障措施 ·· 027
2.2.6 长大区间疏散与救援 ·· 032
2.2.7 事故通风与排烟 ·· 033
2.2.8 水消防 ·· 038
2.2.9 应急照明与疏散指示 ·· 039
2.3 长大连续坡道上轨道稳定性研究 ·· 039
2.3.1 轨道稳定性设计 ·· 040
2.3.2 轨道稳定性分析 ·· 044
2.4 山地城市轨道交通长大连续坡道节能技术运用 ·· 045
2.4.1 再生制动技术 ·· 045
2.4.2 列车再生制动能量吸收方案 ·· 046
2.5 供电分区内上、下行并联直流牵引网结构研究 ·· 050
2.5.1 问题提出 ·· 052
2.5.2 设计思路和方法 ·· 052
2.5.3 关键技术 ·· 053
2.5.4 能量消耗分析研究 ·· 054
2.6 小结 ·· 054

第 3 章　喀斯特地貌山地城市轨道交通区间隧道岩溶处理关键技术

3.1 贵阳轨道交通 1 号线溶洞分布情况和岩溶特点 ·· 056
3.1.1 贵阳轨道交通 1 号线溶洞分布情况 ·· 056
3.1.2 贵阳轨道交通 1 号线岩溶特点 ·· 057

3.2 岩溶对贵阳轨道交通1号线建设的影响 ································· 059
3.2.1 复杂城市环境条件下岩溶对区间隧道建设影响分析 ··············· 059
3.2.2 大型富水岩溶对轨道交通区间隧道建设影响分析 ················· 061
3.2.3 充填型岩溶对轨道交通区间隧道建设影响分析 ··················· 063

3.3 岩溶综合探察技术及运用 ··· 065
3.3.1 贵阳轨道交通1号线岩溶塌陷分析 ······························ 065
3.3.2 探察必要性及内容 ··· 066
3.3.3 岩溶探察方法 ··· 066
3.3.4 岩溶探察方法的运用 ··· 070
3.3.5 岩溶隧道超前综合预报方法 ··································· 071
3.3.6 探察案例 ··· 077

3.4 岩溶处理关键技术 ··· 083
3.4.1 管理措施 ··· 084
3.4.2 工程措施 ··· 085
3.4.3 施工措施 ··· 086

3.5 典型岩溶处理设计和施工创新 ····································· 086
3.5.1 上软下硬地层充填型岩溶处理设计和施工创新 ··················· 086
3.5.2 基底隐伏岩溶处理设计和施工方案 ····························· 087
3.5.3 富水岩溶发育隧道设计和施工创新 ····························· 089

3.6 富水岩溶强发育处治方案研究 ····································· 094
3.6.1 安全隔水层厚度研究 ··· 094
3.6.2 岩溶强发育富水隧道涌水、突泥施工处治研究 ··················· 096

3.7 小结 ··· 101

第4章 喀斯特地貌山地城市轨道交通区间隧道悬臂掘进机工法

4.1 矿山法爆破施工存在的问题 ······································· 103
4.1.1 光面爆破施工 ··· 103
4.1.2 水压爆破施工 ··· 106
4.1.3 秒差爆破 ··· 109
4.1.4 矿山法爆破施工缺点 ··· 112

4.2 区间隧道悬臂掘进机法论证和工程应用 ····························· 113
4.2.1 国内外区间隧道悬臂掘进机法施工现状 ························· 113
4.2.2 悬臂掘进机组成 ··· 114
4.2.3 悬臂掘进机设备参数 ··· 116
4.2.4 区间隧道悬臂掘进机法论证 ··································· 118

4.3 悬臂掘进机法开挖方式研究 119
4.3.1 长台阶法 119
4.3.2 短台阶法 120
4.3.3 全断面法 121
4.3.4 适用性研究 121

4.4 悬臂掘进机法与其他工法比较 122
4.4.1 隧道爆破、非爆破施工机理分析 122
4.4.2 与矿山法爆破开挖比较 123
4.4.3 与冷挖施工功效比较 124
4.4.4 悬臂掘进机法优点 124

4.5 悬臂掘进机法关键技术研究 125
4.5.1 激光环指向技术 125
4.5.2 基于视觉测量的悬臂掘进机开挖定位技术探究 130
4.5.3 悬臂掘进机施工通风降尘控制技术研究 132
4.5.4 悬臂掘进机开挖施工地层变形研究 136
4.5.5 移动互联网在延安路站—中山路站区间隧道工程监测中的研究与应用 144
4.5.6 悬臂掘进机施工方案优化 149
4.5.7 强发育岩溶情况下悬臂掘进机施工分析 151

4.6 火车站站—沙冲路站区间隧道掘进机施工实例 159
4.6.1 施工准备 159
4.6.2 悬臂掘进机掘进施工人员和机械配置 159
4.6.3 悬臂掘进机切割方式 160
4.6.4 悬臂掘进机出料运输方式 160
4.6.5 悬臂掘进机施工方案 161
4.6.6 施工流程及保障措施 162

4.7 小结 163

第5章 喀斯特地貌山地城市轨道交通下穿建(构)筑物关键技术

5.1 下穿建(构)筑物概况 165
5.1.1 下穿铁路 167
5.1.2 下穿河流 168
5.1.3 下穿房屋建筑 170

5.2 区间隧道下穿既有建(构)筑物风险分析和控制措施 170
5.2.1 岩溶隧道下穿既有建(构)筑物风险分析 171
5.2.2 下穿既有建(构)筑物的主要控制措施 173

5.3 区间隧道下穿既有运营火车站关键技术 175
5.3.1 区间隧道下穿贵阳火车站概况 175
5.3.2 区间隧道下穿贵阳火车站方案 176
5.3.3 隧道下穿火车站变形控制标准 181
5.3.4 隧道下穿火车站施工措施 182
5.3.5 下穿火车站施工模拟分析 185

5.4 区间隧道下穿既有房屋建筑加固技术 191
5.4.1 整体筏基托换公园 2008 小区 192
5.4.2 下穿三鑫大厦主动托换桩基 199

5.5 区间隧道下穿南明河关键技术 214
5.5.1 下穿南明河概况 214
5.5.2 下穿南明河的施工工法选择 215
5.5.3 下穿河流施工控制 217
5.5.4 施工模拟分析 221

5.6 小结 224

第 6 章 喀斯特地貌山地城市轨道交通车站修建创新与实践

6.1 轨道交通 1 号线车站建设特点和难点 226
6.1.1 车站类型 226
6.1.2 车站建设特点分析 227
6.1.3 车站建设难点 227

6.2 富水岩溶条件下车站修建关键技术 228
6.2.1 延安路站概况 228
6.2.2 延安路站工程重点及难点 229
6.2.3 延安路站设计及施工技术 230
6.2.4 自动化监测 239
6.2.5 建筑信息模型（BIM）应用平台 241

6.3 新型车站修建关键技术 245
6.3.1 蛮坡站简介 246
6.3.2 工程重点及难点 247
6.3.3 明挖车站设计及优化 248
6.3.4 暗挖站台隧道衬砌支护设计 250
6.3.5 蛮坡站基坑冷开挖施工 251
6.3.6 暗挖站台施工关键技术 252

6.4 喀斯特山地城市轨道交通车站拱盖法修建关键技术·············257
6.4.1 安云路站简介··············257
6.4.2 工程重点及难点分析··············258
6.4.3 拱盖法设计方案··············259
6.4.4 安云路站拱盖法暗挖施工方案··············273
6.5 小结··············284

第 7 章 核心区轨道交通施工期间交通组织

7.1 贵阳市交通分析··············285
7.1.1 贵阳市现状··············285
7.1.2 交通基础设施··············286
7.1.3 居民出行特征··············288
7.1.4 公共交通现状··············290
7.1.5 交通管理政策··············292
7.1.6 交通运行现状··············292
7.1.7 城市交通特征··············294
7.2 轨道交通建设影响分析··············295
7.2.1 轨道交通沿线概况··············295
7.2.2 轨道线路沿线交通情况··············295
7.2.3 轨道交通建设影响分析··············304
7.3 轨道交通施工期间的交通组织方案··············320
7.3.1 区域交通分流组织方案··············321
7.3.2 沿线交通分流组织方案··············322
7.3.3 公共交通调整组织方案··············324
7.3.4 重要站点及施工车辆组织方案··············326
7.3.5 交通组织配套工程方案··············331
7.4 轨道交通施工期间宣传及实施保障··············332
7.4.1 交通组织宣传工作··············332
7.4.2 交通组织实施保障··············335
7.5 小结··············337

第 8 章 贵阳轨道交通 1 号线修建技术创新与实践

8.1 设计和施工创新与实践··············339
8.1.1 长大连续坡道轨道交通线路优化设计··············339

  8.1.2 长大连续坡道安全控制关键技术 ………………………………………… 339
  8.1.3 车辆再生制动及能量回收应用 …………………………………………… 340
  8.1.4 富水溶洞处理设计和施工 ………………………………………………… 340
  8.1.5 悬臂掘进机法施工 ………………………………………………………… 341
  8.1.6 岩溶区间隧道下穿建(构)筑物设计和施工关键技术 …………………… 342
  8.1.7 复杂地质条件下车站设计和施工关键技术 ……………………………… 343
  8.1.8 核心城区施工期间交通组织管理 ………………………………………… 344
8.2 科研和成果 …………………………………………………………………………… 345

参考文献 ………………………………………………………………………………… 346

第1章 绪　　论

1.1　喀斯特地貌山地城市轨道交通建设

1.1.1　喀斯特地貌山地城市

喀斯特地貌（karst landform）是具有溶蚀力的水对可溶性岩石进行溶蚀等作用所形成的地表和地下形态的总称，又称岩溶地貌。喀斯特地貌主要表现形式是地表的溶沟、石芽、落水洞、漏斗、峰丛、峰林和孤峰，地下的溶洞、地下河和岩溶泉。

山地城市广义上指具有山地特征的城市，即城市选址和建筑在丘陵、山坡等起伏比较大的地形之上，地形断面坡度大于5%，分割深度大于25m的城市。

我国是个多山国家，山地面积约为650万km^2，占国土面积超过2/3，具有山地多、耕地少的特点。我国也是世界上岩溶分布较广的国家之一，岩溶分布面积达343.3万km^2，约占国土面积的35.93%。我国岩溶分布纵深横广：北方以山西为中心，主要分布在山西、山东、河南、河北一带；南方以贵州为中心，主要分布在云南、贵州、广西、四川、湖南、湖北和广东一带。其中，贵州省92.5%的面积为山地和丘陵，地貌特征主要表现为喀斯特地貌典型发育。贵州省碳酸盐岩分布广泛，出露面积达13万km^2，占全省面积的73.8%。

山地城市的功能区一般分布在起伏的地形上的，使得其空间特征和环境特征都与平原城市有很大的不同。山地城市的地形一般较为狭窄，有限的台地、平坝集中了大量的城市建筑，组团式发展特点非常明显。受到自然条件的制约，其城市道路网往往采用"随坡就弯"，道路往往比较狭窄。较之同等规模的平原城市，山地城市中可供建设的用地较少，因此依着有限的可建设用地，高密度集中开发的情况较为普遍。为充分利用土地资源，在山顶、山躯、山麓等都进行开发建设。为充分利用现状地形及减少土石方量，对建筑、交通等的设计采用立体的开发模式。山地城市的人与地是矛盾统一体，人与自然和谐共生。

我国的重庆、青岛、贵阳、遵义、攀枝花等都是典型的山地城市。山地城市发展受交通制约比较大，急需改善交通条件。城市轨道交通作为一种运量大、速度快、准时的公共交通工具，是引导山地城市发展、解决交通拥堵的重要交通方式。

1.1.2 喀斯特地貌山地城市轨道交通建设特点

1) 岩溶是影响轨道交通建设的重要因素

喀斯特地貌山地城市轨道交通沿线岩溶发育，岩溶的探察、治理技术要求高。岩溶影响喀斯特地貌山地城市轨道交通工程的工期、造价、质量、安全。岩溶处理不当，将使工程工期大大延长，造价大幅提高，甚至危及工程安全。

2) 地形地貌制约轨道交通选线

山地城市轨道交通选线受地形地貌制约主要表现在两个方面：一是地面高低悬殊，二是地势变化急剧、起伏大。由于可建设用地少，道路往往比较狭窄，几乎不具备地上敷设高架线路的条件。山地城市轨道交通的车站经常出现埋深极大的情况。

3) 地势高差大导致轨道交通坡度大

由于山地城市地势高差大，在轨道交通设计时，设站需要缓坡、连续提升高度等限制条件，纵断面设计难度很大。

4) 下穿或侧穿建（构）筑物多

山地城市的自然特点决定了线路沿线控制性的建（构）筑物种类和数量众多，主要包括桥梁、隧道、大型边坡、桩基础、管涵以及电缆、天然气管线等。区间隧道需频繁下穿或侧穿建（构）筑物。

5) 施工受周边环境影响大

山地城市轨道交通工程周边环境复杂，施工期间交通疏解压力大，需有针对性地选择施工工法。

1.2 贵阳城市轨道交通规划

1.2.1 地貌特征

贵阳位于扬子准地台的黔北台隆和黔南台陷的过渡带，其地质构造和地貌的基本格局形成于中生代燕山运动，后经喜马拉雅运动改造而形成现今的地质地貌景观。区内地层出露比较齐全，从上震旦统至第四系均有分布，且碳酸盐岩层厚，分布面积大，断裂裂隙发育，喀斯特化强烈。市区东北部多为北东向褶皱与断裂，东南部为北东、北西、东西三组破裂组合，西部多南北向复式褶皱，中部为紧密褶曲的向斜构造。

贵阳市地处云贵高原东斜坡地带，为一典型的喀斯特山地城市。山高坡陡，地形破碎，山地和丘陵占总面积的 89.2%。喀斯特地貌极为发育,占全市土地面积的 71.8%,主城区与观山湖区之间喀斯特地貌条件复杂、地势高差大,基础设施建设困难,导致两者之间联系通道少,主城区仍依托交通通道和喀斯特山间槽谷进行渐进式拓展,建筑物和自然山体相互穿插。

地貌具有以下特征:

(1)山体(特别是盆地、洼地四周山体)边坡陡峻,坡度多在 15°以上。同时由于出露岩石较为破碎、断层节理发育,山地丘陵侵蚀现象明显。地表较破碎,单位面积内沟谷总长度,即平均切割密度为 $1.37km/km^2$。由于喀斯特发育较强烈,山地多平地少。

(2)地貌以岩溶洼地和岩溶丘陵为主。受构造影响,地貌呈现背斜成山、向斜成谷且规模不等的构造山体。贵阳市中心区为较大岩溶构造盆地,广泛分布着三叠系和二叠系碳酸盐类岩石。岩溶常沿大型陡倾节理发育,溶洞、溶沟(槽)多以垂向发育。溶沟(槽)深度一般可达十余米至数十米,多有黏土充填,延伸亦较大,常将岩体切割成"豆腐块状"。岩溶发育强烈区域常产生较大的岩溶洞穴和大型溶沟(槽)。岩溶形态有时表现为岩面急剧起伏,溶沟、溶槽特别发育,但有时呈囊状垂直形态。通常在极小范围内,起伏差可达 10m 以上。受构造裂隙及断层影响可形成较大规模溶洞。溶洞发育深度常达 30~40m,且常在垂直方向上呈串珠状多层溶洞。

(3)地下溶洞裂隙、水系管网发育,容易造成地面塌陷。贵阳城区碳酸盐岩的富钙性决定了该地区土壤贫瘠,土壤层很薄而地表渗漏性强使地表保水能力差,在山地和丘陵地形下易产生水土流失,植被条件破坏后恢复难度较大。

1.2.2 城市规划

贵阳市结合其独特的喀斯特地貌山地城市特点进行城市规划。《贵阳市城市总体规划(2011—2020 年)》(2016 年修订)规划形成"双核多组团"的空间结构,引导城市布局从单极向多极转变,坚持以生态绿地为隔离、组团式发展的城市特色。在中心城区构建以城市公园为主体,山体、河流、湿地为基础,红枫湖、百花湖、阿哈水库为重点,生态景观廊道相贯通的城市生态网络体系,形成"一河、百山、千园"的绿地系统布局结构。贵阳市中心城区空间结构见图 1-1。

(1)双核:包括老城服务核心和观山湖服务核心。老城服务核心充分利用老城历史文化遗存塑造城市文化品牌,观山湖服务核心建成"全省生态文明先行示范区"。

(2)多组团:包括白云区、乌当区、花溪区、高新区、经开区、综保区、临空经济示范区等多个城市功能组团。其中白云组团努力建成"大数据社会治理先行试验区";花溪组团建成"全域文化旅游创新区";乌当组团建成"全省大健康产业发展引领示范区";高新区组团建成"创新型中心城市示范区";经开区组团建成"以大数据骨干企业为导向的经济转型发展先行区";综保区组团建成"全省国际化引领区";临空经济示范区组团建成"贵阳临空经济示范区"。

（3）将百花山脉、黔灵山脉及南岳山脉作为城市建设用地隔离绿化带及生态缓冲区，体现"山中有城、城中有山"的布局特色，充分发挥山体绿化对过滤空气、防护污染、调节城市温度、美化城市环境的作用。

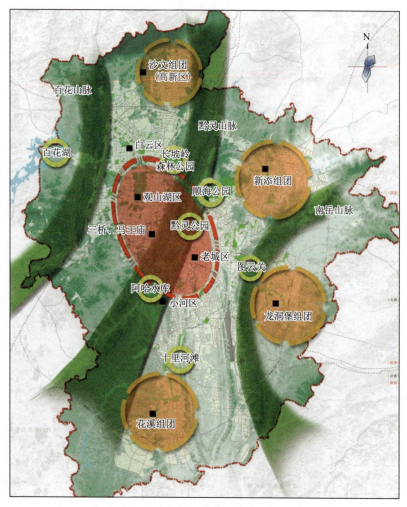

图1-1　贵阳市中心城区空间结构图

贵阳市总体规划指出城市综合交通发展目标是建立以环城高速公路和环城快速铁路为依托，铁路、机场、公路客货运枢纽为支点，城市道路网络为基础，轨道交通、快速道路为骨干的安全可靠、高效快捷的中心城区交通运输体系。

1.2.3　城市轨道交通规划

《贵阳市城市总体规划（1996—2010年）》首次提出了建设快速轨道交通的设想。1999年初贵阳市开始着手轨道交通的前期筹划工作。2001年11月，贵阳市修改了轨道交通规划，规划了总长为76km的3条线路。2006—2008年贵阳市组织了多轮线网规划研究，并于

2008年完成《贵阳市轨道交通线网规划(2008年版)》,同年获得贵阳市人民政府批复。在《贵阳市轨道交通线网规划(2008年版)》中,线网方案由4条线路构成(图1-2)。线网规模约为139.3km,覆盖中心城区主要交通走廊和重要发展用地,衔接区域交通枢纽,设置车站81座,其中换乘站8座。线网平均密度0.45km/km²,老城核心区线网密度约为0.7km/km²,观山湖区线网密度约为0.51km/km²。

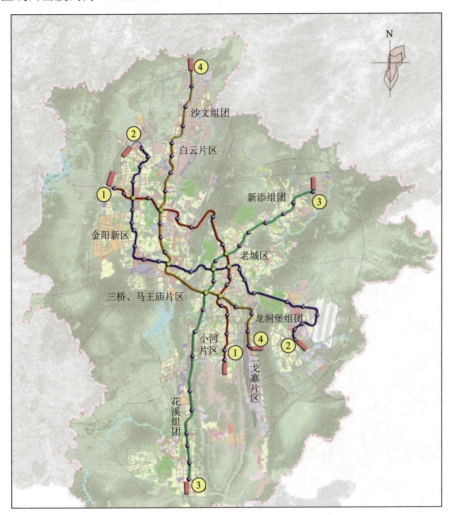

图1-2 贵阳市轨道交通线网规划示意图(2008年版)

为实现城市总体规划目标,支持贵安新区建设,优化城市空间,促进贵阳市和贵安新区同城化发展,将贵阳市—贵安新区的城市轨道交通定位为黔中城市群城际轨道交通的子网,对贵阳市轨道交通线网进行了优化修编。

2015年8月,贵阳市政府批复了《贵阳市轨道交通线网规划修编》(筑府函〔2015〕140号)。修编后的贵阳市轨道交通线网规划见图1-3,在第一轮线网规划(1～4号线)的基础上,新增了4条S快线(S1线、S2线、S3线和S4线)及1条贯穿贵安新区南北向的G1线,共9条线,线网总规模467km。

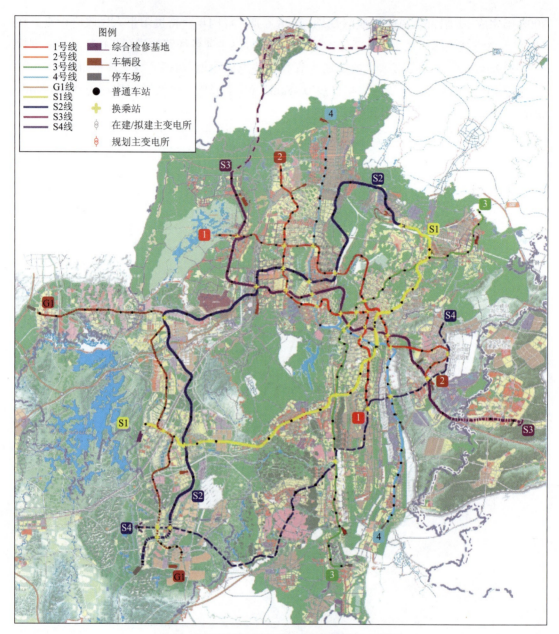

图 1-3 贵阳市轨道交通线网规划修编示意图（2015 年版）

2010 年 9 月，国家发改委批复了《贵阳城市轨道交通近期建设规划（2010—2020 年）》（发改基础〔2010〕2024 号），批准在 2020 年以前建设轨道交通 1 号线和 2 号线一期，形成贵阳市轨道交通基本骨架网络，2 条线路总长度 56km。2016 年 7 月，国家发改委批复了《贵阳市轨道交通建设规划（2016—2022 年）》（发改基础〔2016〕1494 号），批准在 2017—2022 年建设 2 号线二期、3 号线一期、S1 线一期、S2 线一期北段 4 条线路，批复线路总长度 114.1 km。贵阳市第一期、第二期轨道交通建设规划批复方案见图 1-4。

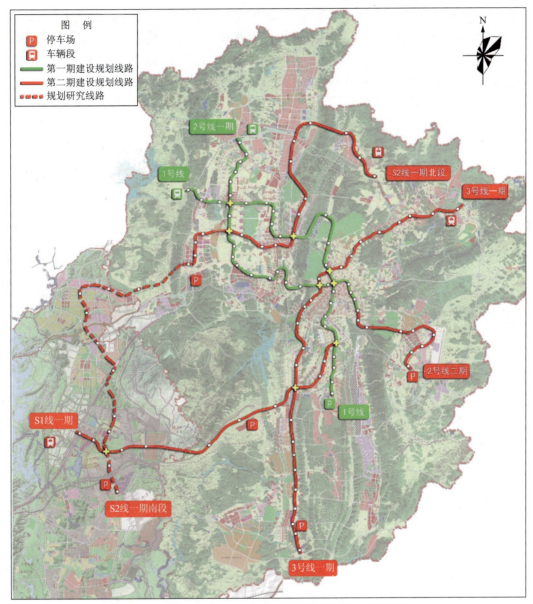

图 1-4　贵阳市第一期、第二期轨道交通建设规划批复方案示意图

1.3　贵阳轨道交通 1 号线工程概况

1.3.1　线路概况

贵阳轨道交通 1 号线线路全长 35.11km（规划），起于观山湖区朱昌镇窦官村，经云岩区和南明区，止于经开区场坝村，线路由西向东、由北向南走向。其中地下线路长 30.07km，路

基段长 1.54km，高架线长 3.5km，共设车站 25 座（20 座地下站、2 座地面站、3 座高架站），其中换乘车站 9 座，联络线 1 处（设于诚信路站西北象限）。1 号线于窦官村设金阳车辆段，场坝村设小河停车场，在诚信路站附近设控制中心 1 处，在朱家湾站及贵阳火车站附近各设主变电所 1 处。其线路平面见图 1-5。

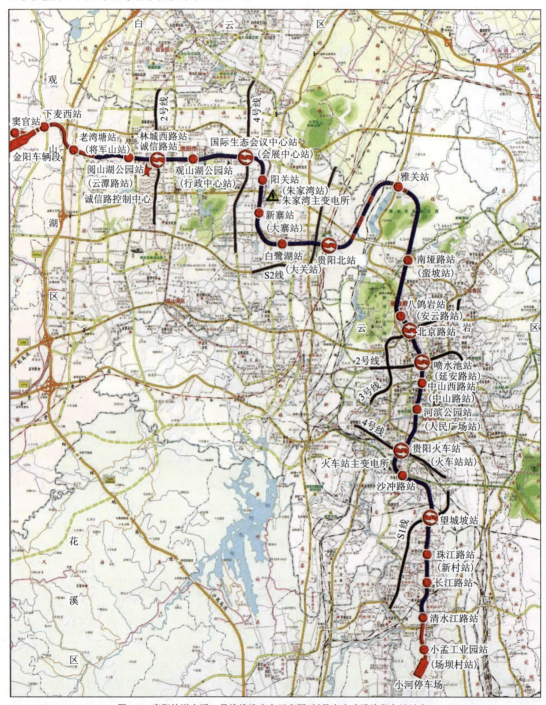

图 1-5　贵阳轨道交通 1 号线线路走向示意图（括号内为建设阶段车站站名）

1.3.2 地形与地貌

贵阳轨道交通1号线沿线地势北西高、南东低,主要为溶丘、洼地与槽谷地貌。线路自下麦西站至贵阳北站,地面海拔多在1268～1292m之间,平均在1280m左右,属云贵高原上的低山溶丘及溶蚀洼地地貌。贵阳北站出站后,于小关河谷设雅关站,经蛮坡站至安云路站,线路紧坡而下,所经地段地形起伏大,山脊海拔1323.7m,河谷海拔1113m,最大高差210.7m。地貌形态为山脊、河谷、斜坡地貌。线路出安云路站,经北京路站、延安路站、中山路站、人民广场站、火车站站至沙冲路站,线路穿行于繁华的中心城区,地形最低处为南明河河底,海拔1047.2m,其余地段地面海拔多在1062m左右,属河流、岩溶槽谷地貌。线路出沙冲路站,经望城坡站、新村站、长江路站、清水江路站至终点场坝村站,地面高程1239～1077m,属岩溶槽谷、河流谷地和丘陵地貌。

贵阳轨道交通1号线工程全线最高海拔位于雅关站—蛮坡站区间隧道下穿鹿冲关森林公园为1370m,最低海拔位于中山路站—人民广场站区间,隧道下穿南明河为1047.2m,穿越老城区海拔1061(喷水池站)～1076m(北京路站)。

1.3.3 气象条件

贵阳属亚热带季风润湿气候,冬无严寒,夏无酷暑,阳光充足,雨水充沛。空气不干燥,四季无风沙,多年平均气温15.3℃,最热月平均气温24.0℃,最冷月平均气温5.1℃,极端最高气温35.4℃。年平均风速2.5m/s,最大风速23m/s。多年平均降雨量1107.8mm,多年一次最大降雨量269.4mm。积雪最大厚度16cm,积冰最大厚度6cm。晴天日数149d,阴天日数233.4d,雾天日数10.5d,日照时数1285.3h。多年平均相对湿度77%,最大相对湿度100%。

1.3.4 河流水文

贵阳城区北面属长江水系的乌江流域范围,南面少部分地段属珠江水系的红水河流域,最大河流为南明河,发源于湖潮林长一带,经市中心河滨公园、朝阳桥、甲秀楼一带,线位处河流常水位高程为1048.9m,河底出露基岩,高程1046.0～1048.0m,河水深0.9～2.9m,河面宽45～60m,河床坡降2‰,平均流量12.3m³/s。

南明河百年一遇的最高洪水位在朝阳桥段为1055.30m,在新桥段为1056.20m。南明河主要支流有贯城河、市西河,影响拟建线路的地表河流主要为南明河及贯城河。贯城河是一条由北向南纵贯贵阳城区的河流。流域面积仅为21km²,河面宽度约14.0m,发源于茶店村以北的唐家山,河源高程为1438.0m,于大营坡处进入贵阳城区,沿途经过黑马市场、贵阳医学院、沙河桥、化龙桥、喷水池、狮子桥、原市政府、六洞桥,于朝阳桥上游140m处汇入南明河,汇口高程为1048.5m。市西河发源于都拉小关一带,流经偏坡、雅关、二桥、市西路、于一中桥处汇入南明河，汇口水位高程为 1049.48m。

1.3.5　工程地质条件

1）地质构造

线路所在区域大构造上属扬子准地台黔北台隆遵义断拱之贵阳复杂构造变形区。褶皱构造主要为贵阳（槽形）复式向斜，向斜宽 15km，长 30km，轴向正南北，主要由侏罗系、三叠系、二叠系地层组成，观山湖区位于向斜西翼，龙洞堡片区位于向斜东翼，中心城区、乌当、小河片区位于向斜轴部。

沿路有多处断层。下麦西断层，为逆断层，走向为 N10°E，倾向东，长大于 10km，断层倾角 50°～80°，断距 300～400m，东盘出露茅口组及龙潭组岩层，西盘出露沙堡湾组～安顺组岩层。F2 断层，为逆断层，近南北向延伸，倾向东，长 5km，倾角 60°～70°，水平断距 100～200m。将军山断层，为逆断层，走向 N10°E，倾向东，长 13km，断层走向线微曲，断层倾角 60°～70°，断层影响带宽度 10～20m，东西盘均出露大冶组和安顺组岩层。观山湖断层，为正断层，近南北向延伸，倾向东，倾角 70°～80°，长 10～12km，水平断距 100～150m，宽 10～15m，两侧均为安顺组地层。新桥街断层，为逆断层，走向为 N10°E，倾向东，长 12～15km，断层倾角由南至北逐渐变陡，线路附近为 35°～40°，水平断距小于 100mm，东盘出露地层为杨柳井组～安顺组，西盘出露地层为杨柳井组及松子坎组。长坡岭断层，为逆断层，近南北向延伸，倾向东，长 8～10km，倾角 30°～35°，水平断距 300～400m。大关断层，为正断层，走向为 N20°～30°E，倾向南东，倾角 50°～60°，延伸 20km 左右，水平地层断距大于 50m，垂直地层断距大于 30m，断层影响带宽度 30m 左右。黔灵山断层，为冲断层，延伸方向南北向，倾向东，倾角 65°，断距数百米，破碎带宽数米至数十米，破碎带为方解石团块或角砾岩。偏坡寨断层，为逆断层，位于黔灵湖向斜东翼，走向 NE10°，长大于 10km，南与六神关断层复合，断层面倾向西，倾角 65°，东盘上升，地层断距可达 1000m。鹿冲关断层，为逆断层，断层走向北东，倾北西，倾角 60°。长江路断层，为左旋平移逆冲断层，走向近南北，倾向东，仅在断层附近岩层发生褶皱现象，且岩层产状发生较大变化，根据物探测试，破碎带宽度 3～10m。

2）地震

贵阳市地震动峰值加速度为 0.05g，抗震设防烈度Ⅵ度，地震动反应谱特征周期为 0.35s。地震分组属第一组。

3）地层岩性

沿线地层主要有第四系、侏罗系、三叠系、二叠系地层。

（1）第四系岩性。人工回填土（Q_4^{ml}）碎石、块石土、粉质黏土，冲洪积层（Q_4^{al+pl}）粉土、砂土、淤泥质土、卵石土，坡残积层（Q_4^{dl+el}）红黏土、粉质黏土。

（2）侏罗系岩性。为下沙溪庙组（Jx）长石石英砂岩夹杂色泥岩及灰绿、灰黄色泥质粉砂岩。自流井群（$J_{1-2}zl$）炭质页岩、泥岩、页岩及石英砂岩组合、钙质泥岩。泥岩及灰色中厚层含燧石团块灰岩、砂岩、灰白色、灰绿色钙质砂岩及紫红色、鲜红色泥岩、泥岩。

（3）三叠系岩性。上统二桥组（Te）砂岩、石英砂岩夹泥页岩,底部夹炭质页岩。上统三桥组（Tsq）钙质石英砂岩、粉砂岩、页岩及砂泥灰岩。中统改茶组（Tgc）页岩夹薄层砂岩、砂屑白云岩及溶塌角砾岩。白云岩、灰岩,夹溶塌角砾岩。中统杨柳井组（T_2yl）白云岩夹泥晶白云岩、泥晶白云岩及白云质页岩,白云岩夹泥晶白云岩。中统松子坎组（T_2sz）白云岩、泥晶白云岩夹溶塌角砾岩。泥晶灰岩、泥晶白云岩夹页岩,亮晶灰岩。下统安顺组（T_1a）白云岩,时夹溶塌角砾岩、页岩、石膏层、灰岩。下统大冶组（T_1d）泥晶灰岩为主,夹中厚~厚层灰岩、竹叶状灰岩及少量页岩、鲕状灰岩。层亮晶灰岩,时夹厚层鲕状灰岩。下统沙堡湾组（T_1s）页岩夹泥岩为主,上部夹浅灰色扁豆状至薄层状泥灰岩。

（4）二叠系岩性。上统长兴组（P_2c）灰岩、燧石灰岩夹硅质岩、页岩、蒙脱石黏土岩、煤层。上统龙潭组（P_2lt）页岩砂岩与燧石灰岩夹0~3层薄煤层。下统茅口组（P_1m）晶灰岩细晶白云岩及白云质灰岩。燧石灰岩,薄层硅质岩及泥页岩。

4）岩溶

1号线工程起点至贵阳北站,为高原低山溶丘及溶蚀洼地区域,地表岩溶形态以溶沟、溶槽、岩溶洼地为主,地下岩溶形态多为隐伏型的溶洞、溶隙、溶沟、溶槽等,岩溶洞穴多被黏土充填,钻孔遇溶洞率8%~21%,属岩溶弱至中等发育场地,局部岩溶强发育。在强发育区充填型溶洞呈串珠状。

贵阳北站—雅关站,岩性以碎屑岩为主,局部分布碳酸盐岩,岩溶不发育至弱发育。

雅关站—安云路站,岩溶弱至中等发育,岩溶形态多为隐伏型的溶洞、溶隙、溶沟、溶槽等,岩溶洞穴多被黏土充填,地下水以基岩裂隙和岩溶裂隙水为主,无大的岩溶管道流,地下水位较深,降水引起地面塌陷的可能性小。

安云路站—望城坡站,本段为地下水径流、排泄区,地下水以南明河为排泄基准面,南明河底低于城区地面高程10~20m,城区地下水位多在地面下5~10m,多位于岩土分界面附近。本区地下水水力坡度比较缓。岩溶中等发育至强发育,岩溶形态多为隐伏型,溶洞多被黏土充填,局部有空的溶洞和岩溶管道。

望城坡站至设计终点,本段主要为碎屑岩区,局部分布有碳酸盐岩,大部分地段岩溶不发育,局部岩溶弱发育。

据调查,贵阳轨道交通1号线岩溶段落长度所占比例高达71.2%（表1-1）。

贵阳轨道交通线1号线岩溶段落长度占比情况表 表1-1

项目名称	线路长(km)	岩溶总长(km)	非岩溶总长(km)	岩溶段落长度所占比例(%)
1号线	38.6	27.5	11.1	71.2

5）其他不良地质

（1）煤层瓦斯

沿线部分地段有二叠系龙潭组煤系地层分布,局部地段曾有当地居民进行过无序开采,已停止开采多年,有一定规模,但沿线在煤矿采空区附近未见地表塌陷现象,采空区顶板处于基本稳定状态。根据勘察结果,在下麦西站—将军山站区间线路以外存在小的巷道采空区,但对线路工程无影响。

(2)膨胀岩土及红黏土

红黏土为特殊土,局部具弱膨胀性,沿线广为覆盖,主要分布在金阳台地和中心城区,覆盖于碳酸盐岩之上,承载力和力学指标随含水率增大而减小。本层与轨道交通工程关系密切,是基坑边坡的主要岩土层,红黏土还是地下水降水引起地面塌陷的直接层位。红黏土中的软塑、流塑状土,多为地下水位以下的溶沟、溶槽、溶洞充填物。

(3)顺层及滑坡

贵阳北站—雅关站,为河谷斜坡,岩层倾向与坡向相同,倾角20°~50°,工程施工切割岩体坡脚容易引起滑动,傍山修建隧道容易产生偏压。望城坡站至小河停车场地段,岩性为泥岩、泥质砂岩等软质岩,岩层倾角30°左右,顺向坡高边坡容易产生顺层滑动。

(4)软土

沿线局部地段穿越溪沟、鱼塘、岩溶洼地等,分布少量软塑~流塑状的红黏土及淤泥质土,范围一般较小,厚度较薄。

1.3.6 水文地质

1)地下水类型及水化学特征

沿线地下水属碳酸盐钙质水、碳酸盐钠质水,根据《混凝土结构耐久性设计规范》(GB/T 50476—2008),场地地下水环境作用等级为I-C级,化学环境作用等级为无。地表水环境作用等级为I-C级,化学环境作用等级为V-C级。

沿线地下水主要有第四系孔隙水、碎屑岩基岩裂隙水、岩溶裂隙水和岩溶管道水。

(1)第四系孔隙水

主要分布于第四系土层中,其中水量较大的是河床中的卵石层水,其他土层中含水率较低,黏性土层尤其是红黏土层中弱含水,渗透系数小,一般为隔水层。

(2)碎屑岩基岩裂隙水

分布于地下水位以下的砂岩、粉砂岩、泥质砂岩、砂质泥岩、泥岩等基岩裂隙中,弱富水,局部中等富水。

(3)岩溶裂隙水

分布于地下水位以下可溶岩裂隙中,弱~中等富水,局部强富水。

(4)岩溶管道水

主要分布于中心城区,水量丰富,但水量分布极不均匀,岩溶发育段水量较大,岩溶管道最大水量超过1000m³/d。

2)水文地质分区

由于沿线地形起伏较大,地下水分布不均匀,基岩裂隙水、岩溶裂隙水、岩溶管道水的地下水位总体受地形起伏控制,且又受含水岩组和隔水岩组的产状控制,沿线无统一含水层和统一地下水位,有时数米之内地下水位会形成较大落差,水文地质分区并无明显的分区界线,大体上可分为以下几个区域:Ⅰ区,金阳台地,基岩裂隙、岩溶裂隙水区;Ⅱ区,小关河—市西河流域,基岩裂隙、岩溶裂隙、孔隙水区;Ⅲ区,贵阳市中心城区,岩溶裂隙、岩溶管道、基岩裂隙、孔隙水区;Ⅳ区,小河区,基岩裂隙、局部孔隙水和岩溶裂隙水区。

1.4 贵阳轨道交通 1 号线建设难点

1.4.1 长大连续坡度超过设计极限

贵阳轨道交通 1 号线工程沿线地势北西高、南东低,地貌为溶丘、洼地与槽谷等多样性地貌。观山湖区至主城区(云岩区、南明区)地面高差 220m 左右,其中在贵阳北站—安云路站自然坡度达 54‰,受城市轨道交通线路正线纵断面坡度标准(<30‰)控制,线路平面需要展线。地面高差创造了国内轨道交通线路高差的新纪录,平面展线困难,超过了普通直线电机车辆的爬坡能力,对运营及安全控制都造成极大困难。

1.4.2 强发育岩溶多和岩溶段占比高

贵阳轨道交通 1 号线施工过程中发现多处桩基底、结构底板下、区间隧道结构周围有隐伏溶洞的情况。老城区岩溶强烈发育,施工中发现有岩溶破碎带、大型溶洞和溶腔、岩溶管道水和暗河等情况,如延安路站破碎带和岩溶管道水,雅关站—蛮坡站区间大型溶洞及暗河,施工难度和施工工程风险大。1 号线岩溶段占全线总长约 71%,施工过程中揭露大小溶洞约 120 处。

1.4.3 特殊周边环境制约和影响施工

贵阳城区特别是老城区地形多山、地域空间小,市政道路普遍曲折、拥堵,既有建筑物密集。贵阳轨道交通 1 号线不可避免要接近或穿越地上或地下建(构)筑物,爆破施工振动控制难度大,且爆破过程中噪声控制难度大。采用矿山法施工遇到阻工多,施工风险大。

1.4.4 复杂条件下频繁下穿建(构)筑物

贵阳轨道交通 1 号线区间隧道频繁下穿既有建(构)筑物,先后 4 次下穿铁路及火车站,2 次下穿高速公路,2 次下穿南明河,多处下穿楼房、桥梁等既有建(构)筑物。在贵阳市这种特殊的、复杂的地形及地质条件下,下穿既有建(构)物的难度之大在全国范围都是较为罕见的。

1.4.5　道路资源紧张和交通组织难度大

贵阳城区的道路总长度约为 390km，道路面积约为 1314.3hm²，城区道路密度约为 2.86km/km²，道路面积率约为 9.66%，相对于人口在 200 万以上大城市，道路资源相当紧张。由于贵阳地形和道路交通情况的特点，为了确保 1 号线工程建设期间城区沿线的交通阻塞降至最小及有序通行，对施工期间交通组织要求高。

此外，由于历史原因，贵阳市老城区现有建（构）筑物特别是 20 世纪建设的建筑物基础资料收集困难，存在大量基础资料收集不到、缺失的情况。

1.5　贵阳轨道交通 1 号线建设关键技术

1.5.1　长大连续坡道安全控制

在全国城市轨道交通线路设计中首次采用展线方案，贵阳北站—安云路站区间选线设计向北展线到雅关并设站，展线方案线路最大纵坡为 28‰，克服了 1 号线从贵阳北站—安云路站区间落差大、自然坡度大的难题。该展线方案在有效降低坡度的同时解决雅关站周边的出行并带动周边用地开发。

为保证长大坡道的运营安全，1 号线在行车组织与运营安全保障、车辆选型、列车编组、车辆牵引、车辆制动、信号系统安全保障措施、长大区间疏散与救援、事故通风与排烟、应急照明与疏散指示、长大连续坡道上轨道稳定性等方面形成了一系列关键技术。

1.5.2　车辆再生制动及能量回收应用

长大连续坡道节能技术方面，特别是在再生制动技术及供电分区内上、下行并联直流牵引网结构研究等方面，取得了一系列关键技术。

采用该关键技术，既能节省大量运营电费，又不影响供电的高可靠性。投入再生制动能量回馈装置后，带来了新的运营模式，可为其他城市（特别是具有长大坡道区段线路的城市）的轨道交通建设提供借鉴。

1.5.3　涌水、突泥强发育溶洞探测和治理

针对贵阳轨道交通 1 号线溶洞特点，在设计阶段就有针对性地进行研究，按照以堵为主，适量抽排的原则，采取差异化的处理方案，客观科学地进行防排水处置。在施工阶段提出新的方案，形成了一系列关键技术，包括岩溶综合探测技术，涌水、突泥安全隔水层厚度确

定,上软下硬地层充填型岩溶、基底隐伏岩溶、涌水岩溶、强富水岩溶治理技术等。

1.5.4　城市轨道交通悬臂掘进机法施工

为克服矿山法爆破施工扰民的问题,贵阳轨道交通1号线大部分区间隧道采取悬臂掘进机进行施工,这是我国城市地下轨道交通施工中首次大规模采用悬臂掘进机法施工。1号线形成了喀斯特山地城市轨道交通悬臂掘进机法关键技术。该施工方法和技术考虑了周围环境的特殊要求,可减少施工对环境敏感区的影响,降低施工安全风险,基本上杜绝施工扰动引起的"扰民"事件,减少了施工对临近建(构)筑物的影响,提高了我国喀斯特地貌山地城市轨道交通工程建设的机械化施工水平。

1.5.5　城市岩溶区间隧道下穿建(构)筑物

为保证隧道结构及上部建(构)筑物安全,同时合理减少征拆工作量,贵阳轨道交通1号线采取针对性方案。在设计过程中有针对性地开展专项设计,通过多方案比选,多方面论证,在区间隧道下穿建(构)筑物段差异化地采用多种手段和措施来保障隧道穿越。如:北京路站—延安路站区间下穿三鑫大厦,房屋基础与区间隧道结构冲突,采取桩基托换措施下穿房屋,保障房屋结构安全;延安路站—中山路站区间下穿2008小区,区间隧道结构距房屋桩基较近,则采用洞内大管棚支护,并在建筑地下室内底板结构加固措施进行穿越;下穿都司路高架桥段,采用地表注浆加固、洞内加强支护、非爆破开挖掘进等措施实施下穿;下穿南明河段,全段采用隧洞内全断面帷幕注浆、管棚支护方式保障施工安全;下穿铁路区段,采取大管棚支护、锚杆注浆、地表加固、小进尺开挖等措施进行穿越。

贵阳轨道交通1号线形成了城市岩溶区间隧道下穿建(构)筑物形成了一系列关键技术,为以后类似工程积累了宝贵的经验。

1.5.6　复杂地形条件下车站设计和施工

贵阳地势起伏大、道路狭窄、建筑密集,地形地貌及城市建设环境限制多,贵阳轨道交通1号线车站站型设计难以采取标准站设置模式,车站布设都需要进行个别设计,差异化处理,基本上一个车站一种方案。

1号线充分突出贵阳山地城市轨道交通的特点,打造出了国内地铁车站形式最多的一条线路。在充分利用地形特点基础上,结合周边实际情况,因地制宜,依势造型,通过合理控制轨道交通车站覆土高度,采用设置夹层、局部上翻、明暗挖结合等多种形式设置车站,使车站站型多样化,灵活多变。采取了明挖、盖挖、明暗挖结合、暗挖拱盖等施工工法。

1号线在车站结构钢筋材料、结构变形缝设置优化、富水岩溶条件下车站修建、临近建(构)筑物保护及桩基托换、明暗挖结构、暗挖拱盖修建等关键技术方面均得到很好应用与发展,为以后类似工程提供了成功经验。

1.5.7　核心城区施工期间交通组织管理

在核心城区轨道交通施工期间,从宏观、中观、微观三个层次,即在交通政策层面、路网公交层面、局部区域层面进行协调组织。以保障轨道交通工程顺利进行为原则,系统分析和优化,在保证沿线居民基本出行需求的基础上,统筹制订了可行的、相对稳定性与适应性相结合的交通组织方案,同时配合组织方案采取了多种组合策略,如停车管控、尾号限行以及重点路段限行等。

贵阳轨道交通 1 号线交通组织为以后类似山地城市轨道工程建设中的交通疏解方案提供了成功经验。

第2章　轨道交通长大连续坡道安全控制关键技术

贵阳轨道交通1号线主要穿越观山湖区、云岩区、南明区和小河片区。线路沿线地面高差220m左右，其中贵阳北站—安云路站区间自然坡度达54‰，坡度远超设计规范所规定的一般30‰设计极限。这在国内绝无仅有，创造了国内轨道交通线路高差的新纪录，超过了普通直线电机车辆的爬坡能力，对运营及安全控制都是极为困难的。

2.1　长大连续坡道轨道交通线路优化设计

2010年9月，国家发改委批复了《贵阳城市轨道交通近期建设规划（2010—2020年）》（发改基础〔2010〕2024号）。建设规划已批复的1号线在贵阳北站到扁井站区段直线距离约3.7km，落差161m，自然坡度达54‰。自然坡度远远超出了常规B型车（4动2拖）的爬坡能力，受城市轨道交通线路正线纵断面坡度标准（<30‰）控制，线路平面需要展线。

2.1.1　展线方案

首先按尽可能地减小区间土建工程量、线路取直的思路研究该段方案。方案如图2-1所示。贵阳北站高程1231m，安云路站高程1071m，高差160m，该方案贵阳北站—安云路站段线路长约3.4km，结合两车站高程，区间线路纵坡将达到47‰，超过地铁B型车爬坡要求，因此该方案不成立。

结合沿线周围环境，将两站之间线路绕行延长，以降低区间纵坡，可将线路向北或者向南进行展线绕行，即北展线方案和南展线方案，如图2-2所示。

图 2-1　1 号线经小关峡谷和黔灵山脉段方案示意图

图 2-2　1 号线经小关峡谷和黔灵山脉段方案绕行示意图

南展线方案（蓝色线条）贵阳北站—安云路站区间线路长约 5.8km，线路最大纵坡为 30‰，线路纵断面示意如图 2-3 所示。南展线方案线路平纵指标虽然满足规范要求，但是该方案穿越了黔灵山公园，黔灵山公园是国家 AAAA 级旅游区，是贵阳市大型综合性城市公园，线路从公园内穿行会带来较大的环境影响，因此向南展线方案不成立。

北展线方案（红色线条）贵阳北站—安云路站区间线路长约 7.6km，线路最大纵坡为 28‰，线路纵断面示意如图 2-4 所示。北展线方案线路平纵指标均满足规范要求，同时能合理地处理与沿线的铁路和市政道路的交叉关系，虽然线路仍需穿过鹿冲关森林公园，但是线路以隧道穿越鹿冲关森林公园，且隧道埋深在 100m 以上，对鹿冲关森林公园基本没有影响，因此向北绕行方案（北展线）是 1 号线跨越小关峡谷和穿越黔灵山脉的优选方案。

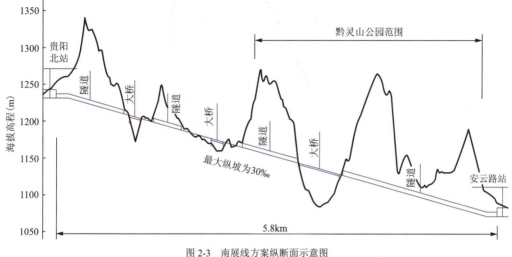

图 2-3　南展线方案纵断面示意图

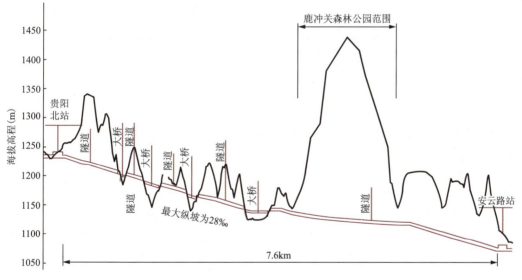

图 2-4　北展线方案纵断面示意图

2.1.2　展线方案研究结果

经过以上研究，最终确定了 1 号线北绕行方案，即跨越小关峡谷和穿越黔灵山脉段方案。具体为：线路出贵阳北站折向北沿小关峡谷西侧敷设，行至雅关村附近后转向东上跨盐沙线，并在雅关学校北侧增设雅关站，出站后折向南穿过鹿冲关森林公园，在观山东路与南垭路交叉口东南侧设蛮坡站，出站后继续向南敷设，穿过黔灵山脉后敷设至安云路与八鸽岩路交叉口，在路口设安云路站。线路走向示意如图 2-5 所示。

图 2-5 贵阳北站—北京路站线路方案示意图

由于贵阳北站—安云路站区间线路长度达到 7.6km,站间距偏大,考虑到雅关村附近有待开发土地,因此结合客流吸引及沿线土地开发利用等综合因素,在雅关学校北侧增设了雅关站,线路长度增加至 8.5km。

雅关站位于小关水库北侧,周边用地属于云岩区小关湖片区,该片区以农业用地和山地为主。2009 年,雅关村常住人口 600 余户 2300 余人,另有外来人口 400 余人,除农村居民点雅关村外,还有 12 班九年一贯制的雅关学校以及村属砖厂等较少的开发。根据轨道交通 1 号线的站点设置情况来看,直接服务 500m 范围内的用地主要集中在现状雅关村内,该地块现状人口约为 1000 人。对外交通主要依托 103 省道(盐沙线),向南连接老城区盐务新村,向北可以到达白云区沙文乡沙子哨。

根据贵阳市城市总体规划,雅关站点周边可供开发的用地面积并不大,仅有面积约为 $0.78km^2$。规划用地以居住为主,同时有少量的商业和教育用地。

随着雅关站点的设置,为了提高土地利用效率,采用轨道交通和土地利用相结合的开发模式成为必然的选择。预计雅关站周边用地可能会发生调整,主要是通过提高容积率来增加开发强度。不设车站情况下,车站周边人口岗位按边缘地区计算的人口为 3309 人。轨道交通 1 号线设站后,容积率提升,人口将增加,按照交通引导土地开发利用模式(TOD 模式),预计车站周边规划人口为 1.5 万人左右。

2011 年 5 月的《贵阳市轨道交通 1 号线工程可行性研究报告(修改)》中,把雅关展线段方案调整为"28‰展线雅关设站方案",并把该方案正式纳入 1 号线工程可行性修编文件中。2013 年 5 月国家发改委最终批复了 1 号线工程可行性研究报告,确认了 28‰展线雅关设站方案。

2.2 长大连续坡道运营安全技术

2.2.1 长大坡度段配线设置

为保证运营安全,在列车进入长大坡道前,需进行车辆制动系统的检测,一旦稍有隐患,列车进入停车线,禁止进入长大下坡。爬坡上来的列车一旦发现电机过热,需要长时间停站的也可进入停车线。

1)贵阳北站配线设置

贵阳北站采用岛式站台,在车站西侧两正线间设置两条故障列车停车线,以便于满足临时折返、故障列车停车及备用车停放、列车在长大坡道运行安全需求的功能。

2)雅关站配线设置

工程可行性研究阶段,考虑为保证长大坡道上的列车运营安全,同时考虑到上、下行两个方向均能使用,结合工程实施条件,在全线坡道最大的末端站——雅关站东端的两条正线之间设置一条安全线,停车线的坡度与贵阳北站—雅关站的坡度是反向的,形成"V"字形坡道。纵断面示意如图 2-6 所示。

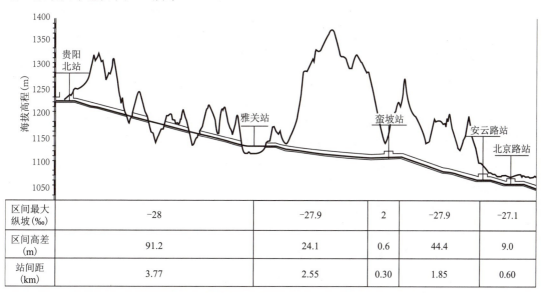

图 2-6 长大坡道区段(贵阳北站—延安路站)纵断面示意图

初步设计阶段,考虑到雅关站设置安全线无法根本解决长大下坡运营安全问题,提高车辆本身的制动性能是应对长大坡道最根本的方法。雅关站由一条停车线调整为两条停车线,调整的主要原因如下:双停车线可照顾长大坡道的两个方向,一是在进入长大坡道的上坡前,列车一旦发现有故障隐患,可立即进入雅关站的停车线;二是在长大坡道的下坡时,列车出现故障后也可进入雅关停车线。

贵阳北站—雅关站最终的配线方案如图2-7所示。

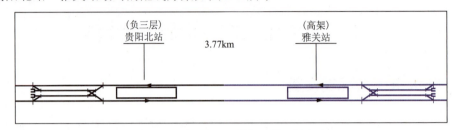

图 2-7　贵阳北站—雅关站配线示意图

3）研究结论

综上所述,为保证长大坡道的运营安全,贵阳北站和雅关站均设置了双停车线,列车在进入长大坡道的上坡前和下坡前,需进行列检(贵阳北站和雅关站停站时间按30s控制),一旦发现有故障隐患,可立即进入停车线待避,避免长时间的停站,影响后续列车的运营。

2.2.2　运营安全保障

长大坡道上列车运行的风险主要有:①当列车长时间处于连续大上坡情况下,有可能会出现列车牵引失效的故障,需要列车退回到车站重新启动或退出正线运营待避检修;②当列车长时间处于连续大下坡情况下,有可能会出现列车制动失灵的故障,需要设置该停车线作为制动失灵列车的紧急制动待避线;③当列车出现轻微制动失灵的情况时,有可能会发生与前行列车追尾的情况,需在列车控制间隔上采取一定措施,尽量避免长大下坡区间两车追踪运行的情况发生。

1）车辆运营安全保障

（1）限制长大坡道上的列车最高运行速度。其目的是尽量使列车处于电制动和空气制动均能有效控制的范围内,避免高速运行列车失控的发生。

（2）尽可能缩短长大坡道段的区间设站间距,使列车最小间隔能保持在站间闭塞的控制范围,可有效防范列车追尾的可能性。

（3）制订工程车的安全措施。

（4）制订长大坡道各种故障的应急预案,包括冻雨、雪等恶劣天气下的紧急情况下的应急,加强培训和实际演练,提高员工应急处置能力。

（5）提高运营人员素质,尤其是乘务员和车辆检修人员、长大坡道范围内各车站的站务管理人员。

2）安全线挡车器

轨道交通列车的质量大、惯性大,而轮轨间摩擦力较小,且贵阳北站—北京路站区段线路存在长大连续坡道,故在安全线路末端设置挡车器防护设备是一项十分必要的被动性安全措施。挡车器安装于安全线有效长度之外,其功能是挡住失速(事故)车,又不使其损坏(在有限列车速度时)。

车挡的选型应根据车挡占用线路长度、撞击力、撞击减加速度等参数,并结合车辆类型、线路条件及信号等因素确定。缓冲滑动式车挡有传统缓冲滑动式车挡(图 2-8)和液压缓冲滑动式车挡(图 2-9)。传统缓冲滑动式车挡在撞击瞬间,制动单元与钢轨之间由静摩擦变为动摩擦时,车挡的制动力存在一定的突变,车挡的设计制动能力越高,这种突变越明显,可能导致车辆受损及乘客的伤害。而液压缓冲滑动式车挡通过在传统缓冲滑动式车挡的撞击部位设置液压油缸,将撞击动能传递给液压油缸,同时产生大量的热量。消除了传统缓冲滑动式车挡在撞击瞬间产生的峰值制动反力,具有优良制动特性,由于目前地铁普遍采用了自动驾驶(ATO)模式,且一般行车状况下,其失效概率非常低。

图 2-8 传统缓冲滑动式车挡

图 2-9 液压缓冲滑动式车挡

《地铁设计规范》(GB 50157—2013)对挡车器提出了正线挡车器设计撞击速度 15km/h 的要求。若正线末端为高架桥、重要建筑物或人流密集区域,则应考虑提高额定撞击速度标准,考虑在列车自动控制局部失控、在实施人工控制后列车剩余速度提高到 25km/h 撞击挡车器,推荐采用制动能力优良的滑移式液压缓冲挡车器。另外,为进一步确保安全,在线路的终端加装与滑移式液压缓冲挡车器配套使用的固定式挡车器(图 2-10),预留挡车器滑移长度 30m。

图 2-10 固定式挡车器

2.2.3 车辆选型与适应性研究

贵阳轨道交通 1 号线工程配属采购列车编组为:

$$6 辆/列:=Tc-Mp-M+M-Mp-Tc=$$

其中,M 车为无受电弓的动车;Mp 车为带受电弓的动车;Tc 车为有司机室的拖车;= 为全自动车钩;+ 为半自动车钩;- 为半永久牵引杆。

根据目前国内项目的实例,若线路坡度为28‰,6编组(4动2拖,4M2T)列车的牵引能力完全能满足线路的需求。

当线路坡度为34‰时,本线车辆在正常状况下应可满足运营需求,下面主要校核故障工况下车辆能否在大坡道上启动。

贵阳轨道交通1号线车辆基本参数见表2-1。

表 2-1 贵阳轨道交通1号线车辆基本参数

列车状态	质量	单位	Tc 车	M、Mp 车
空车	车体质量	t	32.8	35
定员	乘客	人	230	250
		t	13.8	15
	车辆质量	t	46.8	50
超员	乘客	人	327	352
		t	19.62	21.12
	车辆质量	t	52.42	56.12

工况类型:AW0(地铁车辆空载);AW1(地铁车辆座客荷载);AW2(地铁车辆定量荷载);AW3(地铁车辆超员荷载)。

(1)AW3负载,损失1/2动力,上坡启动能力验证(34‰上坡)。

估算AW3负载情况下、损失1/2动力的4M2T列车是否能在34‰的上坡启动。

加速度 =([牵引力]-[启动阻力]-[34‰坡道阻力])/ 换算质量

=(330×1/2-329.32×0.039-329.32×9.81×34‰)/346.6

≈0.122m/s² > 0.0833m/s²

其中,列车能够启动的最小加速度为0.0833m/s²;AW3换算质量为346.6t;AW3时的牵引力为330kN;AW3时的启动阻力为12.84kN;AW3时34‰坡道阻力为109.84kN。

计算结果表明:

列车在AW3负载,损失1/2动力的情况下,仍然可以在34‰的坡道上以0.122m/s²的加速度启动。

(2)AW0列车救援AW3列车通过34%的坡道,上坡时的牵引能力。

计算一列AW0负载下的4M2T列车是否能在34‰的上坡道推送或牵引另一列AW3负载下、相同编组的故障列车。

加速度 =([牵引力]-[启动阻力]-[34‰坡道阻力])/ 换算质量

=(247.2-8.02-12.84-68.58-109.84)/(223.88+346.6)

≈0.084m/s² > 0.0833m/s²

其中,列车能够启动的最小加速度为0.0833m/s²;AW3换算质量为346.6t;AW0换算质量223.88t;AW0时的牵引力为247.2kN;AW3时的启动阻力为12.84kN;AW0时的启动阻力为8.02kN;AW3时34‰坡道阻力为109.84kN;AW0时34‰坡道阻力为68.58kN。

计算结果表明：

一列 AW0 荷载下的 4M2T 列车能够在 34‰的上坡推送或牵引另一列 AW3 负载下、相同编组的故障列车，并运行至最近车站。计算说明，贵阳轨道交通 1 号线 B_2 型 4 动 2 拖编组列车可满足本线运营需求。

为进一步提升本线车辆在 1 号线长大坡道线路上运营的安全性，本线车辆采取以下防护措施：

（1）在车辆两端拖车第一个转向架增加踏面清扫装置，以应对轨道湿滑或结冰的情况，每列车共计 8 套，结构简单，技术成熟可靠，并能满足车辆的振动强度。

（2）采用温度传感器检测牵引电机温升，确保列车安全。

（3）采用制动缸压力检测系统实时监测空气制动系统状态，确保紧急制动功能可用性。

（4）在列车中央控制单元中集成防滑/防空转保护控制功能，一旦发生车辆打滑的情况，即通过控制牵引电机的输出功率，降低牵引力矩，配合撒砂装置逐渐恢复路轨牵引关系。

2.2.4 车辆制动关键技术研究

车辆的停放制动能力是根据具体线路的坡度设计，本线车辆在每根轴的一个轮盘制动装置上提供弹簧施加和气动缓解的停放制动。停放制动可根据总风压力自动施加和缓解，也可在司机室和轨道旁手动缓解。停放制动满足 AW3 的列车停于最大坡道上要求。

车辆运营中减速主要是依靠电制动，在速度降低后再施加摩擦制动。此外，本线车辆还专门设置了长大坡道按钮，对下坡进入长大坡道的车辆实施预制动，限制车辆行驶速度，降低车辆瞬时制动力，提高乘坐舒适性。

列车在长大坡道上下坡时，如不施加制动力，列车的势能就会使列车的速度逐渐提高，甚至会超过允许的列车最大运行速度，造成车毁人亡。所以列车在长大坡道上下坡时，必须施加制动以抑制列车速度的增加。列车制动时所产生的能量通常由回馈电网、制动电阻吸收和车轮闸瓦摩擦吸收三种方式。当列车正常运行时，由三种方式分担制动产生的能量。紧急制动时，所有的制动能量需由车轮闸瓦摩擦来吸收，将引起车轮和闸瓦的温升。制动系统热容量主要取决坡道的长度，线路的最大坡度值对其影响较小。

列车在长大坡道上恒速下坡时所需的制动功率 N_i 为：

$$N_i = 0.997 \frac{vmgi}{3.6} \times 10^{-3} \quad (\text{kW}) \tag{2-1}$$

式中：v——列车速度（km/h）；

m——列车总质量（kg）；

g——重力加速度，一般取 $9.8 \text{m} \cdot \text{s}^{-2}$；

i——坡道坡度；

0.997——列车运行阻力系数。

列车在下坡紧急制动时，所需的瞬时制动功率 N_i 为：

$$N_i = 0.997 \frac{vm(1.1a + gi)}{3.6} \times 10^{-3} \quad (kW) \quad （2-2）$$

式中：1.1——转动惯量系数；

　　　a——列车制动减速度。

针对贵阳轨道交通 1 号线，取制动初速度为 80km/h。紧急制动只计算减速开始的瞬时功率，取初速度 80km/h，减速度 $1.2m/s^2$，AW3 匀速下坡每个轮对的制动功率为 101.30kW，AW3 下坡紧急制动时每个轮对的制动功率为 502.59kW。根据计算结果，若考虑匀速下坡时的制动功率均为电制动，紧急制动产生的制动功率完全由闸瓦摩擦吸收，则每个轮对制动器的热容量应大于 502.59kW。

目前最高运营速度 80km/h 的地铁列车常用的制动装置有踏面制动、轴盘式制动和轮盘式制动三种。

踏面制动是传统的制动方式，它是采用闸瓦压紧车轮踏面产生制动力进行制动的，因此在制动中不可避免的对车轮踏面产生影响，这种影响包括机械磨损和热影响两个方面，前者加速踏面磨损降低车轮使用寿命，后者则使车轮承受周期热负荷，导致踏面的热疲劳和剥离，严重时使车轮产生弛缓造成安全事故。制动功率越大，踏面制动时对踏面的影响也就越大，当功率大到一定值时，制动闸瓦和车轮将不能吸收全部的热容量。

盘式制动是在车轴上或在车轮辐板侧面安装制动盘，用制动夹钳使两个制动闸片紧压制动盘侧面，通过摩擦产生制动力，使列车停止前进。由于作用力不在车轮踏面上，盘式制动可以大大减轻车轮踏面的热负荷和机械磨耗，可提高车轮寿命。另外，盘式制动平稳，几乎没有噪声。盘式制动的摩擦面积大，而且可以根据需要安装若干套，制动效果明显高于踏面制动。盘式制动从制动盘的安装上又分为轮盘制动和轴盘制动，轮盘制动的制动盘一般夹装在车轮两侧，在转向架使用，因此每辆车最多能安装 8 个盘 8 个摩擦面。而轴盘制动的制动盘只能安装在车轴或者空心轴套上，在空间允许的条件下可以安装 2 个制动盘 4 个摩擦面，从这一点可以看出轮盘制动比轴盘制动能提供更大的制动力。因此，在长大坡道线路上运营的车辆主要考虑踏面制动和轮盘制动两种方式（表 2-2）。

踏面、轮盘制动对比表　　　　　　　　　　表 2-2

项　目	踏面制动	轮盘制动
接触方式	制动闸瓦紧贴车轮踏面	安装有制动片的制动夹钳接触车轮两侧的制动盘
摩擦接触面积	每个轮辐 1 片制动片，接触面较小	每个轮辐 2 片制动片，接触面较大
制动噪声	90dB 以上	不超过 50dB
热容量	热容量性能与摩擦盘的厚度和散热筋的尺寸有关，由于踏面制动接触面较小，故热容量较小	较踏面制动大
故障率	踏面制动在遇到轨面上有杂物时，杂物容易被夹在踏面与闸瓦之间，杂物与踏面长时间摩擦容易起火燃烧，故障率较高	闸瓦不与轮对踏面接触，故障率较低
速度限界	最高限速 80km/h	适用于 80km/h 以上高速列车

续上表

项　　目	踏面制动	轮盘制动
车辆质量	整车质量较小	一辆车轮盘制动较踏面制动质量为 250kg，车轮上单独安装的制动盘每套 97.5kg，每车质量为 780kg，一列 6 辆编组列车采用轮盘制动较踏面制动总质量为 6180kg
对车轮尺寸的影响	会不同程度地造成车轮踏面的擦伤、剥离以及异常沟槽磨耗	当发生车轮多边形时，无法对车轮踏面和轮缘的磨耗进行即时的自修复
对轮轨黏着条件的影响	采用踏面制动的线路出现滑行较少，踏面制动在制动施加工程中可以清扫车轮踏面的水分和杂物，提高轮轨黏着	盘式制动由于制动是无法作用于车轮踏面，在潮湿天气轨面湿滑的情况下，易出现车轮滑行，所以当发生轮轨黏着系数减小时无法改善轮轨黏着条件
乘坐舒适性	簧下质量较小，舒适性较好	簧下质量较大，为保证舒适性，需要提高悬挂系统性能要求，从而增加转向架造价
经济性	在满足制动要求的前提下，经济上应优先选用踏面制动装置	香港地铁长期运营研究经验表明，车轮空载质量每减小 1000kg，每年可节电 8000kW·h，使用轮盘制动每年每列车将多耗能近 50 万 kW·h；采用盘式制动的全寿命成本大约是踏面制动的 2 倍

综合上述比较，轮盘制动在车辆安全运行方面有明显优势，但在经济性和乘坐舒适性上不如踏面制动，针对贵阳轨道交通长大坡道线路情况，出于安全考虑，采用轮盘制动是合适的。

2.2.5　信号系统安全保障措施

长大坡道对列车的安全运行影响较大，为保证列车的安全高效运行，以下从长大坡道对列车运行的风险、长大连续坡道信号设计考虑因素及应对措施，以及确保长大下坡道安全运行信号系统解决方案进行阐述。

1）长大坡道对列车运行的风险

长大坡道上列车运行的风险主要如下：

风险一：长大坡道影响信号系统的安全防护距离及保护区段长度，影响列车安全运行。

风险二：长大坡道上设置信号机，信号机瞭望距离受限，将影响司机安全驾驶列车，易造成闯红灯。

风险三：长大坡道影响列车最高运行速度及列车运行间隔，易造成列车超速甚至追尾。

风险四：列车在长大上坡启动时，列车易发生空转，严重时导致列车后溜。

风险五：列车在长大下坡停车时，列车易发生打滑，导致列车制动距离增长。

风险六：列车在长大坡道上发生空转打滑时，造成列车测速精度降低，易导致列车紧急制动。

2）长大连续坡道信号设计考虑因素及应对措施

长大坡道对列车的安全运行影响较大，信号设计时将充分考虑到保护区段长度合理设置、增加复式信号机，以及通过系统进行提前超速报警、实时查询坡度信息、列车自动驾驶（AM）模式下时通过输出保持制动避免列车在长大坡道上后溜等因素。针对长大坡道对列车运行的风险，制订如下解决方案：

（1）设置合理的安全防护距离及保护区段

列车安全制动距离的保证基于速度距离曲线安全制动模型，线路中设置的安全保护区段，可保证列车在最不利的情况下，触发紧急制动时，能够在安全保护区段内停车。

安全制动模型描述了车载列车自动保护系统（ATP）如何计算紧急制动曲线、紧急制动触发曲线和牵引切断曲线。紧急制动曲线考虑了列车保证的紧急制动减速度，轨旁区域控制器（ZC）计算的当前防护点、最大限制的速度曲线和线路的坡度断面。该安全制动模型保证列车不会超过最大限制的速度，且列车将在防护点的前方停车。

在不影响列车正常运营的基础上，当列车速度即将达到紧急制动触发速度前，系统将提前切断列车牵引，避免列车持续加速，减少列车超速紧急制动的次数。

使用的安全制动模型如图2-11所示。

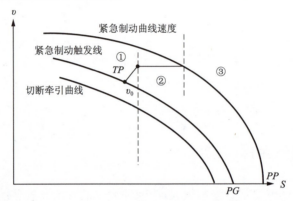

图2-11 安全制动模型

模型中，列车紧急制动的过程被分为三个阶段：
①第一阶段，列车继续加速。紧急制动前系统有车载反应和牵引切断的时间延迟。
②第二阶段，牵引切断，列车在紧急制动建立等效时间内继续滑行，只有坡度加速度。
③第三阶段，实施紧急制动。平坦轨道上遵循速度-距离抛物线，顶点 PP。

依据安全制动模型计算列车限制速度，至少考虑以下几个方面：
①列车定位的不准确性。
②列车长度。
③系统运行的许可速度限制。
④测量速度误差。
⑤系统检测到超速的情况下，列车可能的最大加速度。
⑥系统紧急制动最小减速度：系统保证在最坏情况下实施最小减速度的紧急制动。
⑦最坏情况的列车反应时间。
⑧线路坡度加速度。
⑨列车旋转质量系数。

计算制动曲线时，考虑了由于轨道的坡度断面导致的加速度和减速度。线路的坡度在线路数据库里被模型化。列车限制速度计算依据的安全制动模型，考虑了包括线路坡度加速度（双向）在内各种因素的安全计算，所以列车按照列车限制速度防护列车安全运行，能够保证列车在长大坡道上运行的安全。

保护区段保证列车以一定的速度闯过红灯信号灯后停车时不闯出保护区域，也不撞上前面的障碍物，同时要保证列车的进站效率。

保护区段的长度受如下因素影响：
①列车闯红灯后紧急制动距离要求。
②移动授权（MA）安全余量要求。
③满足列车自动驾驶系统（ATO）一次性精确停车需求。

其中紧急制动距离、ATO 一次性精确停车距离受坡度影响较大。以正线区间为例，在坡度为 0° 时的保护区段长度约为 45.34m；在 28‰ 下坡时的保护区段长度约为 59.58m。

由此可见，保护区段的长度受坡道影响较大。

（2）设置复示信号机或指示牌提高信号机瞭望距离

信号机的设置结合线路曲线、坡度、站台门等现场条件进行设置，以满足信号机瞭望距离。

信号机尽量避免设置在长大坡道处。如根据线路运营能力分析结果，无法避免在大长坡道处设置信号机时，应充分考虑该信号机的显示距离，避免信号机因坡道或曲线等影响信号机显示距离，必要时可设置复示信号机。

（3）采取提前超速报警及切断牵引措施降低列车因长大坡道导致的紧急制动

ATP/ATO 系统列车速度控制方式采用连续的速度-距离控制模式曲线，确保了追踪列车之间的安全行车间隔。速度-目标距离模式曲线控制方式，需要从地面向列车传递更多的信息，除了目标点速度信息外，还要有分区长度、坡度等。

ATP/ATO 系统中的车载 ATP 子系统通过大容量的无线通信，将列车信息实时传递给地面 ATP 子系统，而地面 ATP 结合列车信息、线路元件信息将移动授权终点（也就是目标点）计算出来并发送给车载 ATP 子系统，车载 ATP 对线路限速、车辆限速、驾驶模式限速、临时限速等进行连续监控，保证列车速度不超过线路、道岔、车辆等规定的允许速度，防止列车超速运行。当因司机疏忽等原因导致超速时列车实施紧急制动，保证列车在相应的保护区段内停车。根据全线的线路限速以及移动授权限制，计算可得列车在各个位置时的紧急制动触发速度和牵引切断触发速度。

ATP/ATO 系统车载电子地图储存了线路的坡度、曲线等信息，并实时查询列车自身及运行前方一定距离内的最不利坡度，用于列车最大运行速度的计算及防护。

车载 ATP 子系统基于 ZC 发送的移动授权，通过速度距离曲线方式计算列车的限制速度，防护列车间隔，保证列车的安全高效运行。

在长大坡道处的下坡方向，安全制动模型基于安全导向原则的考虑，计算得到的安全限制速度会比平道区段略低，为制动建立前的空走时间内列车速度的上升留出足够余量。

①列车自动驾驶（AM）模式下，ATO 子系统在 ATP 子系统的防护下，计算自动驾驶的目标速度曲线。根据接收到的 MA 及当前位置、坡度、静态限速等因素计算列车运行的推荐

速度,通过对列车当前速度的控制来保证列车运行。

②在列车自动防护下的人工驾驶(CM)模式下人工驾驶时,驾驶室显示器还会向司机显示推荐速度指导司机行车。当列车运行速度接近ATP推荐速度时,车载设备产生声光报警,提醒司机进行列车制动减速;如果列车未按要求进行减速导致车速达到切断牵引曲线,车载ATP将切断列车牵引,若速度继续增大至达到ATP紧急制动触发曲线速度时,实施紧急制动,在列车停稳前不能缓解。

③受限驾驶(RM)模式下,车载ATP限制列车在某一固定的低速(如25km/h)之下运行,司机根据调度命令和地面信号显示驾驶列车,当列车运行超过该固定的速度时,车载ATP设备对列车实施紧急制动,强迫列车停车。

当列车运行速度接近最大允许速度时,车载ATP设备产生声光报警提示司机减速运行,当列车速度继续增加至达到切断牵引触发速度时,系统将切断列车牵引。如列车速度达到ATP紧急制动触发曲线速度时,车载ATP子系统将施行紧急制动至停车。

(4)实时查询坡度计算列车运行间隔保证安全间隔

ATP地面设备能够向车载设备发送必要的速度、距离、线路条件等信息或向车载设备传送列车运行权限等信息,用于车载设备确定列车运行的最大安全速度,提供列车间隔保护及超速防护能力,保证列车运行的安全。

列车追踪间隔控制就是后续列车与前行列车保证一定的安全距离,保证后车能够每时每刻接收到一个移动授权,移动授权是指从列车的车尾起到前方障碍物的这部分线路。移动授权终点可能是另一列车的移动授权起点、信号机、关闭的线路区域或道岔、站台等。MA考虑特殊障碍物的相关特性,例如列车倒溜容限。移动授权的说明见图2-12。

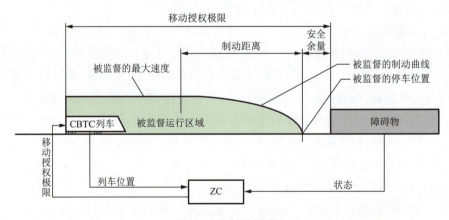

图2-12 移动授权说明

ATP地面设备连续地向列车传输可靠的移动授权报文信息。移动授权是从列车当前位置开始并且从列车行驶方向延伸至最近的道岔区或其他障碍物。移动授权既可以避免干扰列车的正常运行,也可保证列车运行的安全。

当移动授权探测到系统状态(如列车运动、占用、线路关闭区域、道岔动作)的改变后,ZC设备会生成更新后的移动授权,并发送给列车,列车基于新接收到的有效移动授权计算曲线,控制列车运行,保证列车运行的安全。

(5) 通过输出保持制动避免列车后溜

考虑列车在 AM 模式下在连续长大坡道停车时,可能由于保持制动施加不及时导致列车发生后溜,列车启动时,由于保持制动的过早取消,牵引力小于上坡道的等效阻力而导致列车后溜。

对于长大下坡的情况,列车停车时加大制动力来抵消长大坡道的水平分力,列车停车和启动时均不存在后溜的问题,列车在最大下坡道的制动能力由车辆系统保证。对于长大上坡的情况,列车停车时,由于制动力和上坡的水平向后的分力使列车停车,若保持制动施加不及时,会导致列车后溜。ATO 根据坡度的大小、考虑到车辆施加保持制动的延时,提前施加保持制动,避免长大上坡停车时后溜的问题。将这些条件对应为保持制动施加的触发速度,保持制动施加触发速度计算考虑如下因素:

①上坡道等效阻力。
②保持制动施加延时时间。
③车辆保持制动施加触发速度。

人工驾驶时,列车从停车转为启动时,由车辆系统保证,只有在牵引力大于最大上坡道的等效阻力后,保持制动指令才能由车辆系统缓解,以确保人工驾驶列车时不会由于在上坡启动时发生后溜。

同样,列车在 AM 模式下启动时,ATO 输出的保持制动缓解是车辆缓解保持制动的前提条件之一,但车辆仍然需要确保牵引力大于长大上坡道的水平向后的分力后才能缓解保持制动。

(6) 雷达测速补偿提高列车空转打滑的测速误差

空转是指安装于转向架从动轮上的速度传感器测量的轮对踏面线速度显著大于列车速度的不稳定状态,系统以雷达测速值(代表车体速度)为基准,判断速度传感器测速值(代表轮对速度)是否超过雷达测速值一定范围内,若超过则判断速度传感器所在的轮对处于空转状态。

滑行是指安装于转向架从动轮上的速度传感器测量的轮对踏面线速度显著小于列车速度的不稳定状态,速度传感器测速通过参考雷达测速结合加速度的实际可能的变化范围判断出滑行状态。

当判断出测速轮对存在空转或者滑行时,通过雷达测速进行补偿,保持车载系统的测速精度。

若坡道等效阻力与列车牵引力的合力大于轮轨黏着力时,将会发生空转,若坡道等效阻力与列车制动力的合力大于轮轨黏着力时,将会发生打滑。系统设置的空转、打滑判断门限需要考虑列车在线路最大坡道的等效阻力与列车最大牵引力/制动力合力作用下,能够获得的最大加速度/减速度。

(7) 与车辆密切配合

车辆提供保持制动已施加的状态,并提供 ATO 模式下由信号系统控制施加保持制动的接口。

人工驾驶时，保持制动由车辆自行施加，且施加时机及保持制动力不导致列车发生后溜，如列车发生后溜，信息系统立即输出紧急制动，列车停稳后紧急制动缓解。ATO 模式时，信号系统在检测到列车零速时（判断标准一般为 0.5km/h，持续 1s，考虑到本工程存在较多的长大坡道，建议调整零速判断的速度大小，具体可在动车调试时确定）输出保持制动指令，同时输出制动指令及模拟电流，确保向车辆输出保持制动施加指令，车辆立即施加保持制动。

任何驾驶模式或运行级别下，由车辆控制保持制动的缓解，即 ATO 输出缓解保持制动时，车辆不立即解除保持制动，是否真正解除保持制动由车辆根据各种条件来判断。车辆施加的保持制动力保证列车在全线最大坡道上启动或停车时列车不能发生后溜。

任何驾驶模式或运行级别下，车辆提供保持制动的施加状态，ATP 通过采集该状态信息，防止列车发生溜车等情况。如采集到此状态，即代表列车已经施加保持制动，如检测到列车后溜超过门限值，则 ATP 立即输出紧急制动。

车辆保证列车牵引、制动的性能满足如下要求：

①车辆牵引系统和制动系统必须完全地给予荷载补偿，要求车辆能够根据车辆荷载自动调整牵引/制动力，保证施加的牵引或制动命令在不同荷载下，列车加速度/减速度值期望值的 ±5% 以内，延时特性也在提供值的 ±5% 以内，车辆充分考虑列车在长大坡道时旋转质量对牵引制动力的补偿。

②车辆对信号系统发出的模拟信号的分辨率不大于车载控制器（VOBC）最大输出值的 0.5%。车辆在失去两个转向架制动力/牵引力的情况下，能够保证在线路最差坡道上停车/启动。

③车辆制动系统制动方式如采用电制动和空气制动协调配合，当电制动失效时可自动转入空气制动。

3）其他问题

对于多列车在本区间追踪，为防止后车制动系统失效产生的危害，若车辆制动系统可靠性不能得到保证，则信号系统对于贵阳北站—雅关站区间只能采取站间闭塞的运营方式，即本区间只允许一列车运行，前行列车在雅关站停站作业完毕，驶离雅关站后，后续列车才能从贵阳北站出发。但是对于此长大区间采用的站间闭塞方式必然严重地影响全线的行车间隔，将会大大降低全线的运营效率。因此，为确保本线运营效率不降低，同时又能保证安全，提高车辆制动系统的可靠性，才是解决问题的关键。

4）结论

在轨道正常养护下，只要轮轨关系正常、黏着系数满足车辆的安全制动要求，信号系统采用上述长大坡道安全运行信号系统解决方案，即可保证列车的安全高效运行。

2.2.6　长大区间疏散与救援

1 号线贵阳北站—雅关站区间长达 3.8km，雅关站—蛮坡站区间长达 2.8km，长大区间的疏散与救援比常规区间更困难。

长大区间隧道内的疏散，由于有空间狭小、人流量大、人员构成复杂因素的存在，具有许多不同于车站疏散和一般建筑疏散的特点。按事故原因可分为设备故障导致的乘客疏散和紧急情况导致的乘客疏散,按疏散紧张程度可分为安全疏散及紧急逃生两类。

(1)按事故原因分类

①设备故障导致的乘客疏散。在车辆故障、列车脱轨、设备故障等导致列车无法继续运行时,需要在该区间对乘客进行疏散,设备故障大都不会对乘客造成伤害,因此对疏散时间的限制较小,主要以保证疏散过程中的安全为主。

②紧急情况导致的乘客疏散。在隧道内发生火灾、爆炸等紧急情况时,需要对乘客进行疏散。由于其危害性大,需要在最短时间内将乘客疏散至安全地带,为防止更大面积的破坏,救援和灭灾也应在尽量短的时间内完成。

(2)按疏散紧张程度分类

①安全疏散。当发生系统性故障或灾害事故时,乘客无立即性危险,但需将乘客由事故现场疏散至安全地点。

②紧急逃生疏散。当发生重大灾害的紧急事故时,乘客有立即性危险,需将乘客快速带离现场至安全地点,也可称为紧急性疏散。

该长大区间隧道内的疏散方案概括如下:

列车在区间隧道行驶过程中发生火灾时,首先应尽可能将列车驶入前方车站,在车站组织乘客疏散。

当列车因火灾失去动力停在区间时,乘客下车沿区间纵向设置的疏散平台步行至最近的车站或最近的联络通道,疏散到对侧安全区间。

(1)设置地铁微型消防站

地下区间空间狭小、乘客组成复杂,发生火灾后人员疏散会遇到各种困难,易造成大量人员伤亡。能否在短时间内将消防救援物资运到火灾现场,决定了火灾救援的成败。因此,为了在灾害时能及时将消防设备运输到现场,车站设置地铁微型消防站十分必要。

(2)建立与地铁消防救援和调度系统相适应的灾害救援指挥系统

地铁调度指挥系统应与地铁灾害救援系统相结合,灾害救援系统应同地铁调度系统、固定灭火系统相配合,合理配备消防器材。同时,应建立一支适应贵阳轨道交通发展的专业化的地铁灾害救援队伍。

2.2.7 事故通风与排烟

1)主要设计原则

(1)通风空调及防排烟系统按一条线路、一座换乘站及其相邻区间同一时间发生一次火灾设计。

(2)列车在区间隧道内发生火灾时应尽量驶往前方车站,在车站打开屏蔽门组织人员疏散,并利用车站的消防设备灭火和利用隧道通风系统排烟。

(3)列车发生阻塞或火灾而停在区间隧道内时,应启动隧道通风系统对该隧道进行通风或排烟,向乘客和消防人员提供必要的新风量,形成一定的迎面风速,诱导乘客安全撤离。隧道断面排烟风速应大于临界风速,且不小于 2.0m/s,不大于 11.0m/s。

2)本区段隧道通风系统设置

根据全线标准站隧道通风系统系统文件要求,全线标准站隧道通风系统采用双活塞风系统,隧道风机采用单速双向风机,轨行区隧道设轨道排风系统,轨道排风系统风机采用变频控制。

(1)贵阳北站隧道通风系统

贵阳北站是 1 号线和 S2 线的换乘站,采用十字换乘,通过联络通道换乘,同时均与高铁站换乘,1 号线站厅位于高铁贵阳北站出站厅的正下方,1 号线站厅层下方是站台层,岛式站台;S2 线与高铁通过站厅换乘,站厅层下方也是站台层,岛式站台。

由于 1 号线贵阳北站位于高铁站正下方,现场条件不允许隧道通风系统紧邻车站两端布置,需要将隧道通风系统和车站分开,分别位于高铁车站的西广场(大关站—贵阳北站区间中间机房)和东广场(贵阳北站—雅关站区间中间风机房)下面。隧道通风按双活塞风系统设计,同时线路在车站小里程设有停车线及配线,利用停车线及配线上方层高较高的有利条件在大关站—贵阳北站区间中间机房内设喷嘴,由隧道风机兼做推力风机,同时在停车线设轨顶排风道,对停车线部分实施轨顶排烟。贵阳北站—雅关站区间中间风机房隧道机房往大里程端接 847m 的隧道,见图 2-13。

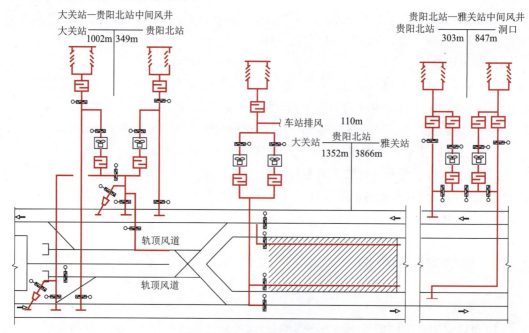

图 2-13 贵阳北站隧道通风系统示意图

(2)贵阳北站—雅关站区间山岭隧道通风系统

由长大坡道区段(贵阳北站—雅关站)纵断面示意图中可知,贵阳北站—雅关站间距约 3866m,区间长度 3760m,区间总高差约 90m,贵阳北站—雅关站区间一共有四段不连续隧道

(山岭隧道),不连续隧道之间是桥梁,见图 2-14。四段隧道分别是小关一号~小关四号隧道。

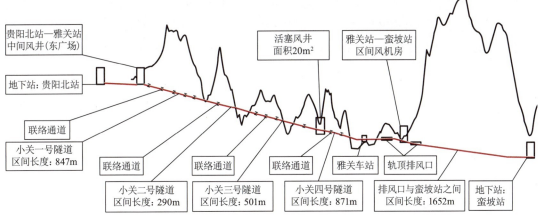

图 2-14　贵阳北站—雅关站区间隧道通风系统示意图

小关一号隧道:该隧道小里程端与贵阳北站—雅关站区间中间风机房相连,大里程段隧道出地面,隧道长 847m,该段隧道是单洞隧道加中隔墙,在中隔墙上设 5 处联络通道(中隔墙上装防火门,每处两扇,开启方向不同),联络通道间距 140m 左右,用于列车火灾停在该隧道时,乘客及时疏散到非火灾侧隧道或隧道口。

小关二号隧道:该段隧道长共计 290m,是双洞隧道,在隧道中间里程附近设联络通道,并在联络通道内设防火门,联络通道距离两端洞口 145m 左右,用于列车火灾停在该隧道时,乘客及时疏散到非火灾侧隧道或疏散至隧道口。

小关三号隧道:隧道长 501m,单洞隧道加中隔墙,在中隔墙上设 3 处联络通道(中隔墙上装防火门,每处两扇,开启方向不同),联络通道间隔 140m 左右,用于列车火灾停在该隧道时,乘客及时疏散到非火灾侧隧道或隧道口。

小关四号隧道:隧道长 871m,根据线路条件及覆土深度,在位于小里程端 351m 处分别设左右线活塞风井,风井将小关四号左右线隧道分别分成 351m 和 520m 两段隧道,风井面积均为 20m²,风井处为双洞隧道。

351m 隧道位于小里程的一部分为单洞隧道加中隔墙,其余部分为双洞隧道,在 351m 隧道中部设联络通道(该处为单洞隧道设中隔墙),并设防火门。520m 隧道均为双洞隧道,在该段隧道内设两处联络通道(均为双洞隧道)并在联络通道上设防火门,联络通道距离为 170m。这样 520m 隧道由 167m、170m、173m 三段隧道构成。

联络通道用于列车火灾停在该隧道时,乘客及时疏散到非火灾侧隧道或隧道口。

(3)雅关站

雅关站属高架站,没有隧道通风系统。

(4)雅关站—蛮坡站区间中间风机房隧道通风系统

从雅关站—蛮坡站站间距约 2840m,区间长度 2720m,区间总高差约 30m。除去地面区间部分长度以外,连续地下隧道区间长度有 2474m,根据行车计算,存在两列车在同一区间追踪运行,需要设置中间风机房。但由于黔灵山山体较高,垂直下挖工程代价比较大,因此在覆土较薄的山脚设隧道风机房（风机房距离蛮坡站 2125m），利用在隧道顶部设轨顶风道向大里程（蛮坡方向）方向延伸 400m 左右，并在延伸最远端附近集中设排风口。机械通风或排烟时相当于本段隧道区间单元长度距离蛮坡站 1652m，见图 2-15，本区间风机房小里程端隧道内设有停车线（安全线），在本段隧道顶部设轨顶排风道，对停车线进行有序排烟。

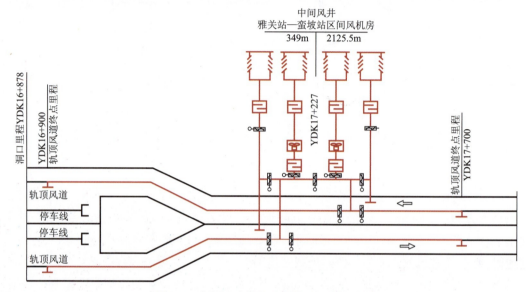

图 2-15　雅关站—蛮坡站区间隧道通风系统示意图

（5）蛮坡站隧道通风系统

蛮坡站属全地下车站，受现场条件限制，只在小里程端设隧道通风系统及轨顶排风系统，大里程端隧道通风系统外移见图 2-16。

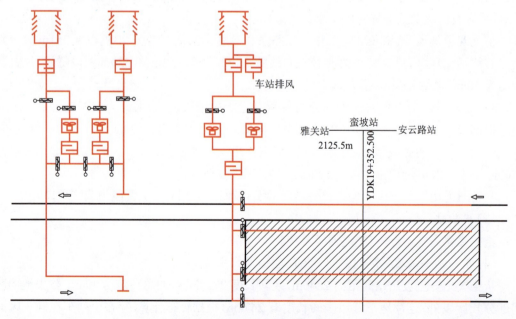

图 2-16　蛮坡站隧道通风系统示意图

3）本区段隧道通风系统模式

隧道通风系统控制模式分正常运行模式、阻塞运行模式、火灾事故运行模式。本区段由于特殊的线路及坡度条件，在隧道通风系统设置上分别采取了上述不同通风形式，分述如下：

（1）正常运行模式

早间运营前区间隧道通风系统进行半小时的纵向机械通风，通风完毕后转入正常运行模式。列车正常运行时，车站隧道通风系统投入运行而区间隧道通风系统停止运行，利用列车活塞效应通过车站端部的活塞风井进行通风换气来排除区间隧道的余热余湿。夜间收车后区间隧道通风系统进行半小时的纵向机械通风，通风完毕后打开所有活塞风道内风阀。

本区段内对于配置有隧道风机的贵阳北站、区间风机房、蛮坡站，正常模式按上述要求进行。对没有配置隧道风机的山岭隧道，实行自然通风。

（2）阻塞运行模式

当列车因故阻塞在区间隧道时，区间隧道通风系统开启，对阻塞的隧道进行纵向机械送、排风，以保证阻塞区段车辆空调器持续运转，给阻塞区段提供新风。对山岭隧道，实行自然通风。

（3）火灾事故运行模式

列车在运行过程中发生火灾时应尽量驶向前方车站，在前方车站组织疏散乘客、排除烟气和灭火。当列车火灾不得不停在隧道时，由于本区段隧道是单向坡，根据烟气烟囱效应，烟气会沿上坡方向蔓延，为了达到较好的排烟效果和乘客及时疏散，采取了必要的防灾措施及方案。

4）本区段防灾措施及方案

（1）疏散平台

在贵阳轨道交通1号线工程一般正线区间行车方向的左侧设置紧急疏散平台（以下简称平台），结合车辆条件，平台顶面高度距离轨面900mm，平台宽度一般地段为900mm（局部地段不小于600mm），在紧急情况下，乘客通过平台疏散到安全隧道内。

（2）加密联络通道设置

根据相关规范，地下隧道联络通道间距为500m，本段设计中根据隧道具体情况分别缩短了联络通道的间距，火灾时乘客可以在较短的时间内疏散到非火灾隧道或隧道口。根据隧道形式不同，采用不同的联络通道形式。对双线隧道采用的联络通道形式见图2-17。

本区段中小关二、四号隧道就采用了该种联络通道。联络通道最短距离170m。对于单洞加中隔墙的隧道，在中隔墙上设联络通道并加装防火门，每处设两扇防火门，开启方向不同，同时联络通道间距只有140m，列车火灾时乘客可以最短的时间疏散到隔壁非火灾隧道或隧道口。

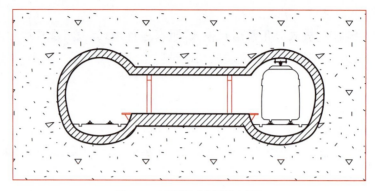

图 2-17 双线隧道联络通道示意图

（3）实行单向排烟

贵阳北站—雅关站中间风机房与小关一号隧道相连，当列车在小关一号隧道内发生火灾时，排烟方向均沿上坡方向排。雅关站—蛮坡站区间风机房与小里程端隧道洞口这段隧道排烟，不管火灾位置，排烟方向均由该风机房往地面排烟。

（4）山岭隧道设置中间风井

对小关二、三号山岭隧道采用自然排烟，对小关四号隧道，871m 山岭隧道较长，根据现场条件设置活塞风井，将区间分成两段较短区间，将烟气控制在较短区间并自然排烟。

2.2.8 水消防

从贵阳北站—雅关站—蛮坡站两区间是单洞单线隧道，区间顺坡向下，最大坡度28‰，总高差120m。其中贵阳北站和蛮坡站是地下车站，雅关站是地面车站，贵阳北站与雅关站站间距3.736km，隧道和桥梁交替出现，两站之间高差75m。雅关站与蛮坡站站间距2.2 km，隧道和桥梁交替出现，两站之间高差45m。从贵阳北站—雅关站—蛮坡站区间均为顺坡，在区间隧道内不设置废水泵房，区间废水进入蛮坡站主废水泵房，蛮坡站主废水泵房设置 2 台流量为 $50m^3/h$ 的潜污泵，必要时可同时启动，能满足贵阳北站—蛮坡站区间的排水需求。两个区间只需设置水消防设施。贵阳北站—雅关站区间采用公称直径150mm（DN150）消防管由贵阳北站站台层大里程端进入区间，在雅关站连通形成环状消防供水管网，雅关站—蛮坡站区间 DN150 消防管由雅关站站台层大里程端进入区间，在蛮坡站连通形成环状消防供水管网。在隧道内消防管道设置在隧道内外侧，消防管中心距道床面650mm，区间只设置消火栓口，间距按小于 50m 设计，不设置箱体及水龙带。在桥梁段消防管设置在桥梁两侧，消火栓口根据桥梁断面合理布置，以方便取用及不影响消防疏散为原则，区间只设置消火栓口，间距按小于 50m 设计，不设置箱体及水龙带。区间所需水龙带放置在车站端头的消防器材箱内。

贵阳北站—雅关站区间高程75m，由贵阳北站供水，根据贵阳北站的实际水压来确定部分消火栓口按减压稳压消火栓口设计。

2.2.9 应急照明与疏散指示

贵阳北站—雅关站区间应急照明与疏散指示设计长约 4km,于 DK13+000 设置贵阳北站—雅关站区间风机房。雅关站—蛮坡站应急照明与疏散指示设计长约 3km,于 DK17+250 设置雅关站—蛮坡站区间风机房。贵阳北站—蛮坡站区间长度较长,且区间内隧道和桥梁交替出现,特别是疏散指示灯具供电电压为 24V,在相同供电距离下,线路压降较大,若简单按全线其余区间应急照明及疏散指示设置方案进行设计,线路压降、灯具控制需求等方面势必不能满足功能、运营等相关需求。

1) 全线区间应急照明与疏散指示设置方案

贵阳轨道交通 1 号线区间均设置应急照明,保证轨平面最低照度值不应低于 5lx。隧道区间设置 LED（Light Emitting Diode）区间应急照明灯,灯具间距 10m。区间应急照明灯安装于在行车方向左侧隧道壁上,与疏散平台同侧,以便乘客在疏散平台上紧急疏散。高架区间 LED 区间应急照明灯安装于接触网立柱及声屏障上,以保证乘客在高架区间夜间疏散的安全性。区间应急照明均由相邻车站应急照明电源装置配电采用单相交流 220V 回路两路交替供电。

贵阳轨道交通 1 号线隧道区间每隔 10m 均设置方向可变疏散指示标志,安装在行车方向左侧隧道壁上,与疏散平台同侧,距疏散平台面 0.5m 高度安装。疏散指示标志由相邻车站智能疏散指示系统统一配电、控制,供电电压等级为直流 24V。疏散指示配电方案:高架区间若发生火灾,按远离火源的原则进行疏散即可,故本次工程高架区间未考虑设置疏散指示。

2) 贵阳北站—蛮坡站应急照明与疏散指示控制方案设计

地下区间应急照明采用两回交替回路两路交替供电,其中一路设置接触器通过建筑设备自动化系统（BAS）控制。平时一路照明常明,保证列车正常运行照明;另一路平时关闭,在紧急情况下开启以满足疏散照明需求。

地下区间疏散指示采用智能疏散指示系统进行集中控制,根据区间失火点位置、事故通风的风向及就近联络通道位置确定疏散方向,指引乘客疏散至安全区域。

高架应急照明采用单回路进行供电,设置接触器通过 BAS 控制,正常运营时关闭,在夜晚高架区间发生紧急情况、需进行疏散时开启以满足疏散照明需求。

2.3 长大连续坡道上轨道稳定性研究

长大坡道上轨道结构的稳定性问题主要表现在连续制动力和温度力的共同作用下,轨道结构的纵向爬行量、横向及垂向位移量是否超限以及轨道结构是否会发生整体失稳等。当轨道位于长大连续坡道时,列车连续制动使其前方钢轨产生纵向压力,列车尾部钢轨产生拉力,列车制动引起钢轨的不均匀爬行,这些将影响无缝线路的强度和稳定性,在长大坡道的凹形变坡点、小半径及大跨高墩桥梁地段,可能由于线路爬行而增加轴向力,降低轨道稳定性。

该段线路采用整体道床,超过三分之一的线路铺设了低刚度的减振扣件、钢弹簧浮置板(梯形轨道)等,三座桥梁处于28‰坡道上。对于整体道床,特别是对于减振型轨道,在连续长大坡道上,由于列车荷载和温度力的联合作用,大量连续的压弯变形不仅影响列车运行的平稳性,而且累积压弯变形超限,同样威胁行车安全,若轨道结构发生过大的变形(特别是减振型轨道地段、不同轨道结构的过渡段、不同轨下基础的过渡段、小半径地段、变坡点处、特殊桥地段),将诱发轨道结构失稳,存在巨大的安全隐患。初步设计专家审查意见也明确提出,要检算并加强长大连续坡道地段减振型轨道的横纵向限位措施,重点关注小半径和大坡道重叠的减振地段。

2.3.1 轨道稳定性设计

1)轨道稳定性设计需充分考虑到本线的特点

(1)贵阳北站—安云路站段均为连续下坡线路,线路长度达8.5km,线路最大坡度为28‰。

(2)最小曲线半径为350m。

(3)线下基础类型包括隧道、桥梁及路基。

(4)轨道结构包含普通钢筋混凝土短轨枕式整体道床、减振扣件、钢弹簧浮置板(梯形轨道),部分减振地段处于小半径地段,减振轨道铺设长度长。

(5)正线采用区间无缝线路,扣件采用DZⅢ-2型扣件。

(6)采用B型车,6辆编组,设计最大行车速度80km/h。

在此基础上进行理论研究,弄清连续长大坡道上普通轨道、减振型轨道轮轨相互作用的传递机理,建立能准确反映实际情况的计算理论及计算模型,提出普通整体道床轨道、减振型轨道系统在长大连续坡道上的轨排(道床板)变形控制限值。针对典型、特殊工点地段进行分析检算,提出结构的优化设计方案和工程建议,使轨道结构能够提供足够的强度和稳定性,提高轨道结构的运营安全性,减少后期的养护维修。

2)设计方法

(1)收集、总结、分析国内外长大连续坡道上轨道工程的最新研究资料及其应用情况,调查贵阳轨道交通1号线行车、车辆、线路、土建结构、气温等基础资料。

(2)根据轨道铺设地段不同情况,通过理论分析,弄清连续长大坡道上各种轨道轮轨相互作用的传递机理和分析模型,并进行模型试验保证模型的准确性,确定相关参数。

(3)建立符合实际情况的隧道地段、桥梁地段及路基地段的各种轨道结构的耦合动力分析模型及计算方法,并确定动力学计算的相关参数。

(4)研究连续长大坡道对轨道各部件及整体性的影响,特别是对受力、变形薄弱地段进行重点研究,开展普通地段、路桥隧过渡段处、各类减振轨道过渡段处、特殊桥地段、小半径地段及凹形变坡点地段的稳定性研究。综合列车的运行品质、轮轨动动力状态、轨道结构振动水平、变形大小及部件刚度匹配等,分析轨道受力和变形规律,确保轨道在连续长大坡道上的稳定性。

（5）根据计算结果优化减振轨道类型的选择及轨道铺设地段的分布,优化轨道过渡段设计方案,以适应连续长大坡道的要求。

轨道结构是城市轨道交通的重要组成部分,包括:路基面或结构面以上的线路部分,由钢轨、扣件、轨枕、道床等组成。轨道结构应具有足够的强度、稳定性、耐久性、绝缘性和适量弹性,轨道结构设计应根据车辆运行条件确定轨道结构的承载能力,并应符合质量均衡、弹性连续、结构等强、合理匹配的原则。城市轨道交通采用的无缝线路最大的特点就是在温度作用下,钢轨内部产生巨大的温度力,由于温度力的影响,钢轨发生纵向和横向的变形。这些变形同时也受到列车动力荷载和人工作业的影响。无缝线路设计应根据当地气象及地下线温度资料确定设计锁定轨温,并应对轨道结构强度、稳定性等进行计算。

轨道的横向稳定性问题主要研究轨道胀轨跑道的发生规律,稳定性计算主要有"统一无缝线路稳定性计算公式"与中国铁道科学院提出的变形波长与初始弯曲波长不相等的计算公式。目前城市轨道交通主要采用无砟轨道结构,其具有高平顺、高稳定、少维修的特点,克服了有砟轨道结构稳定性差的问题。

目前,城市轨道交通减振型轨道结构主要有:弹性轨枕、浮置板、浮置式梯子型和弹性支承块轨道。随着城市生活水平的不断提高,人们的环保意识不断增强,对噪声的控制要求也越来越高,减振型轨道在城市轨道交通中运用越来越多。当这些轨道结构位于长大坡道上,特别是小半径曲线处、凹凸变坡点等位置,由于线路平纵断面发生变化,轨道结构的受力也发生变化。下面就讨论这些位置处的减振轨道结构无缝线路在不同参数条件下,轨道结构部件的力和纵横向位移的变化规律,研究不同工点情况下变形稳定性。

3) 长大连续坡道上带减振扣件的整体道床轨道稳定性研究

对于具有高稳定性和高平顺性要求的无砟轨道结构,在大坡度地段,周期性的列车荷载、制动力和温度荷载的作用下,特别是处于桥上长大坡道的无砟轨道结构无缝线路在梁端等处会出现纵向应力峰现象,极易发生失稳等病害。故本章讨论带减振扣件的整体道床轨道稳定性分析,只针对桥上带减振扣件的整体道床轨道稳定性分析。

由于贵阳轨道交通1号线线路长大坡道上凹凸变坡点较多,在列车制动力、温度力作用下,凹凸变坡点处亦会出现纵向压、拉力峰现象,长轨条产生不均匀的拉伸和压缩,可能在凹凸变坡点处产生线路爬行。

个别长大坡道也处于小半径曲线上,场坝村双线大桥处在半径为450m的小半径曲线上。由于无砟轨道整体性强,道床横向阻力大于扣件横向阻力,在温度力作用下,不会发生框架失稳。当轨温升高,轨道以胀轨的形式释放能量,轨道横移,严重时甚至产生胀轨跑道等病害。

因此,根据贵阳轨道交通1号线小半径长大坡道的线路特点,要先简化建立钢轨-桥梁-墩台静力分析模型,能否采用有限元法,分别计算分析在列车荷载、温度荷载和制动力作用下,特殊桥梁段、小半径曲线段、凹凸变坡点处的轨道稳定性问题。

4)长大坡道上梯形轨道结构稳定性研究

梯形轨道是在纵向轨枕的基础上发展而来的,梯形轨道由梯形轨枕、减振垫、L形底座构成。梯形轨枕是由两根预制的混凝土纵梁以及作为横向约束的钢管构成(图2-18),能提供连续支撑,轨道沿线路纵向呈现均匀性的特点有利于保持良好的轨道几何状态。

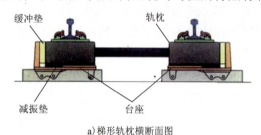

a)梯形轨枕横断面图　　　　b)梯形轨枕实铺图

图2-18　梯形轨枕的结构

在垂直方向,梯形轨枕与底座间有减振垫传递列车荷载,减振垫的刚度小,能够吸收振动。沿线路方向,轨枕与底座间纵向力依靠凸挡台传递,凸挡台与底座对侧壁间有缓冲垫,缓冲垫可以传递纵向力,也有吸收新旧混凝土沿线路方向的振动作用。如果没有缓冲垫,预制的凸挡台与现浇的底座混凝土的接触面是新旧混凝土接触面,是薄弱环节,容易开裂,且在制动力作用下,裂缝会不断扩展,结构的稳定性遭到破坏。在横向,两根纵向轨枕通过联结钢管进行刚性连接,底座与梯形轨枕通过轨枕侧壁的缓冲垫传递荷载。

长大坡道上梯形轨道的稳定性问题,实际是车、钢轨、梯形轨枕之间纵向力的平衡问题,在以下分析中,采用如下基本假设:钢轨两端是固结的,且钢轨处于线弹性工作状态;联结钢管的刚度很大,不会出现轴向的伸缩及扭曲变形。

5)长大坡道上弹性支承块轨道结构稳定性分析

弹性支承块式轨道又称低振动轨道(LVT),最初由 Roge Sonneville 提出并开发,瑞士国铁于1966年在隧道内首次试铺,在瑞士、丹麦、葡萄牙、比利时、委内瑞拉等国的铁路均得到了应用和发展,在哥本哈根、亚特兰大等城市地铁内也得到了推广应用,法国开发的 Stedef 和 Sateba 以及 Edifon 型无砟轨道也属此类。1993年开通运营的英吉利海峡隧道内全部铺设独立支承块的LVT型轨道。弹性支承块式无砟轨道结构是由钢轨、扣件、支承块、橡胶套靴、块下胶垫、混凝土道床板及混凝土底座等组成。图2-19为隧道内弹性支承块无砟轨道断面图。

橡胶套靴是配合支承块使用的,其外形尺寸要求严格,套靴的周边和底层厚度均为7mm。橡胶套靴的功能是缓冲列车横向荷载的冲击作用,故在其横向端面上设有沟槽,以产生弹性,而在底部不设沟槽,起隔离作用。橡胶套靴面刚度为4500～6000kN/mm,使用寿命约30年,可维修或更换。

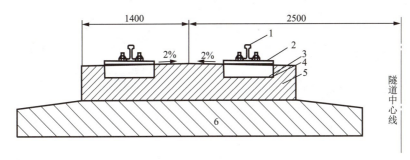

图 2-19 隧道内弹性支承块无砟轨道结构(尺寸单位:mm)

1- 钢轨和扣件;2- 支承块;3- 块下垫板;4- 橡胶套靴;5- 混凝土道床;6- 混凝土底座

支承块下采用 12mm 厚微孔或泡沫橡胶垫,胶垫上下表面可设置沟槽,以满足规定的胶垫刚度要求。对于列车速度较高或减振降噪要求不高的地段,为减小支承块的位移,块下胶垫的刚度宜稍高一些,如秦岭隧道内定为 95～110kN/mm。对于列车速度较低且减振要求较高的地段,块下胶垫刚度可尽量降低,如广州地铁定为 20～30kN/mm。美国地铁上弹性支承块的支承刚度更低,将支承块支承刚度降至 10kN/mm,具有很好的减振降噪性能。

混凝土道床断面尺寸约为 2400mm×300mm,用 C30 级混凝土浇筑,按构造和工程经验配筋,可采用与普通混凝土支承块式无砟轨道相同的配筋。道床板表面应设置排水坡。

混凝土底座应与隧道仰拱或高架桥面上的预留钢筋连接并用同等级的混凝土使之灌注成一个整体结构。截面尺寸约为 2700mm×300mm,要求按最小配筋率配筋。底座与道床板之间设置隔离层,使道床板具有可修复性。

轨道结构的垂向弹性由轨下和支承块下双层弹性垫板提供,最大程度上模拟了弹性点支撑传统碎石道床的结构承载特性,轨道纵向节点支撑刚度趋于均匀一致,通过双层弹性垫板的刚度和阻尼的不同组合可获得优于有砟轨道的刚度和较好的减振效果。支承块外设橡胶套靴,提供了轨道纵横向弹性,使这种无砟轨道在水平方向的承载、动力传递和振动能量吸收方面更接近坚实均匀基础上碎石道床轨道,可以弥补无砟轨道侧向刚度过大的不足,有利于减缓钢轨的侧磨。

6)长大坡道上钢弹簧浮置板轨道结构稳定性分析

浮置板轨道结构是一种有效的减振降噪措施,1965 年在德国首次使用。德国先开发的是有道砟的浮置板轨道结构,在多特蒙德的一座轻轨铁路隧道内铺设了试验段。此后,在科隆地铁以及波鸿至穆尔海姆轻轨和杜塞尔多夫的轻轨上也有应用。钢弹簧浮置板轨道由钢弹簧、钢筋混凝土道床板、扣件和钢轨组成。钢轨通过扣件固定在钢筋混凝土道床板上,道床板通过钢弹簧支撑在基底结构上,浮置板道床与隧道仰拱和隧道壁之间留有一定间隙。浮置板道床系统主要由浮置板及钢弹簧组成,同时它与轨道-扣件系统、隧道底壁或桥梁顶面等结构相互结合在一起,组成一个整体系统。两块道床板之间布置剪力铰,剪力铰主要由销轴和轴套两个部件组成,分别与两块道床板端部的钢筋混凝土浇筑在一起。当道床板处于工作状态下,剪力铰起着传递剪力、协调道床板变形的重要作用。钢弹簧浮置板轨道结构如图 2-20 所示。

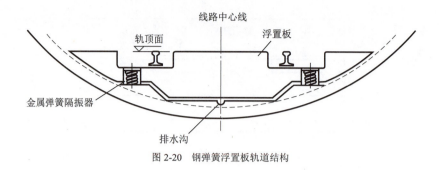

图 2-20 钢弹簧浮置板轨道结构

2.3.2 轨道稳定性分析

1) 长大连续坡道上带减振扣件的整体道床轨道稳定性分析

(1) 轨排的纵、横向变形控制限值研究

对圆曲线和竖曲线长大连续坡道路基以及特殊桥梁上带减振扣件的整体道床轨道进行计算建模分析时,在制动力、温度荷载作用下,轨道横向稳定性良好无超限情况。轨道纵向在桥梁施加升温 30℃,钢轨施加升温 50℃,制动力集度 4.09kN/m,坡度大小为 28‰条件下,钢轨最大纵向爬行量为 14.36mm,由于国内外有关高速铁路或城际铁路的相关规范均无对钢轨纵向爬行量的限值规定,依据我国相关规范其纵向其他稳定性指标无超限情况。

(2) 长大连续坡道上凹形变坡点、小半径曲线等地段稳定性研究

对长大连续坡道的凹形变坡点进行计算分析,处于凹凸变坡点地段钢轨受力和位移相较无竖曲线时没有明显变化,线路纵、横向稳定性良好无超限情况。但是,凹形变坡点对行车舒适性和安全性影响较大。

对长大连续坡道的小半径曲线进行计算分析,在钢轨升温 50℃,桥梁升温 30℃,扣件横向阻力 $5×10^7$N/m,坡度 28‰作用下,曲线半径为 450m,扣件横向刚度为 $5×10^7$N/m 的钢轨横向位移量(最大最小正矢差)为 5.896mm,超过 5mm。因此,建议当圆曲线半径为 450m 时,扣件横向刚度要大于 $5×10^7$N/m;当扣件横向刚度为 $5×10^7$N/m 时,圆曲线半径要大于 450m;当扣件横向刚度为 $1×10^8$N/m 时,圆曲线半径要大于 350m;同时建议扣件横向刚度要大于 $5×10^7$N/m,圆曲线半径大于 450mm。当圆曲线半径为 450m 时,为减小制动力对曲线钢轨的影响,建议尽量减小曲线长度,缩小钢轨横向位移值。

2) 长大连续坡道上梯形轨道稳定性分析

(1) 梯形轨道的纵横向变形限值

对于梯形轨道在长大坡道上的稳定性问题,本章着重分析直线坡道上的梯形轨道不同工况下的力学效应。分析外部荷载作用下梯形轨道的钢轨纵向力和纵向位移随坡度变化规律,以及扣件阻力和凸挡台缓冲垫参数变化分别对梯形轨道各结构的影响。并分析在最不利荷载作用下钢轨的最大爬行量为 1.37mm,但由于国内外有关高速铁路或城际铁路的相关

规范均无对钢轨纵向爬行量的限值规定,而此时梯形轨道纵向力传递关键部件——凸挡台的抗剪强度能满足要求。

(2)凹形变坡点处的梯形轨道稳定性研究

针对凹形变坡点上梯形轨道的稳定性,选取最不利工况进行建模分析,计算结果表明凹曲线处的钢轨爬行与普通坡道的爬行差值为±0.1mm。这是由于凹曲线两侧坡道重力分力的变化引起的。对凹形变坡点的凸挡台抗剪强度进行了验算,符合要求。

3)长大连续坡道上弹性支承块轨道稳定性分析

(1)弹性支承块无缝线路在水平方向的承载,动力传递和振动能量的吸收接近于有砟轨道无缝线路。在直线地段长大连续坡道下,轨道的稳定性、强度、爬行都可以满足要求,坡度的大小对钢轨纵向力和位移影响很小。

(2)凹曲线弹性支承块轨道在温度和地铁车辆荷载作用下,其强度和稳定性满足要求。凹曲线地段的钢轨向上的位移主要由温度引起。

(3)当凹曲线存在轨枕空吊现象时,随着空吊轨枕个数增大,钢轨在空吊轨枕的位置垂向位移增大。建议长大坡道范围不采用弹性支承块式轨道。

4)长大连续坡道上钢弹簧浮置板轨道稳定性分析

(1)温度荷载坡道上钢弹簧浮置板轨道的钢轨纵向位移随着温度荷载的增加线性增加,但即使温度荷载为30°钢轨爬行仍小于扣件的弹塑性临界值2mm。钢轨纵向力线性增加,且变化幅度较大,这说明温度荷载对坡道上钢弹簧浮置板轨道的钢轨纵向力影响较大。

(2)在制动力的作用下,钢弹簧浮置板轨道钢轨纵向位移和钢轨纵向力随着坡度的增加线性增加,但这种变化并不明显,这说明在制动力的作用下坡度对钢轨纵向位移和钢轨纵向力的影响也很小。在制动力的作用下,随着坡度由0增加到40‰,钢轨的纵向力由350.02kN 增加到352.37kN,钢轨的纵向位移由0.89mm 增加到0.96mm,均在钢轨爬行小于扣件的弹塑性临界值2mm 范围内。

(3)钢弹簧浮置板轨道钢轨纵向位移和钢轨纵向力随着坡度的增加线性增加,但由于坡度产生的纵向分力很小,钢轨纵向位移和纵向力随着坡度的变化幅度很小,这说明坡度对钢轨纵向位移和钢轨纵向力的影响很小。

2.4 山地城市轨道交通长大连续坡道节能技术运用

2.4.1 再生制动技术

城市轨道交通车辆无论是采用旋转电机还是直线电机,其制动模式大多采用电气制动(再生制动/电阻制动)+空气制动(盘形制动/轮对踏面制动)互补的形式。列车在运行中的制动以电气制动为主、空气制动为辅。在电气制动时,优先采用再生制动,并具有电气制动与空气制动自动协调配合的功能。

列车制动时电机处于发电机工作状态,将列车的动能转换为电能。这部分电能扣除电机、逆变器损耗之后,一部分供本列列车辅助设备(如空调、通风机、空压机、直流负荷等)使用,其余大部分供线路上其他列车的牵引或其他能量吸收装置吸收。其列车再生制动能量分配见图2-21。

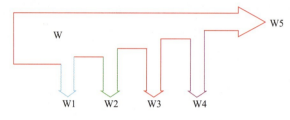

图2-21 列车再生制动能量分配图

W- 列车从动能转换为电能的能量;W1- 列车基本阻力所消耗的能量;W2- 电机损耗的能量;W3- 逆变器损耗的能量;W4- 列车辅助设备消耗的能量;W5- 其他列车使用或能量吸收装置吸收的能量

当列车处于再生电气制动时,若牵引网具备吸收能力,即此时有其他列车正处于牵引状况,列车基本能稳定的再生制动。而当单列列车运行时,此时牵引网不具备吸收能力,列车只能采用电阻制动或空气制动。根据经验,列车再生制动产生的反馈能量一般为牵引能量的20%～40%。而这些再生能量除了按一定比例(一般为20%～80%,根据列车运行密度和区间距离的不同而异)被其他相邻列车吸收利用外,剩余部分将主要被列车的制动电阻吸收并以发热的方式消耗掉或被线路上的吸收装置吸收。其工作原理见图2-22。

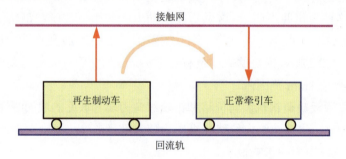

图2-22 列车再生制动回馈电能吸收原理示意图

2.4.2 列车再生制动能量吸收方案

国内已建和在建多数城市轨道交通列车再生制动能量吸收装置均采用车载制动电阻形式,其制动电阻分散安装在各动车内。近年来,为节约能源(或节约车体空间),在列车车体外设置再生制动能量吸收装置的多种方案开始在国内外城市轨道交通工程中进行尝试,方案主要分为电阻耗能型、电容储能型、飞轮储能型、逆变回馈型四种。

其中,逆变回馈型装置可由在线设备实时消耗列车再生制动能量,不需要储能设备,具有占地空间较小、节能效果好等优点,代表了列车再生制动能量吸收技术的发展方向。该类装置已在天津地铁、郑州地铁、北京地铁、广州地铁、昆明地铁、青岛地铁、成都地铁、重庆轨道交通等地铁列车上成功使用。

结合目前国内外再生制动能量吸收装置的研发和应用现状,推荐本工程在牵引变电所内设置逆变回馈型再生制动能量吸收装置。

1) 方案一:回馈至整流变压器次边

工作原理:逆变单元一端通过断路器连接于直流母线上,另一端与整流变压器次边连接。系统根据交、直流电压的变化,如直流母线电压高于1680V(动作值可以设定),并经直流侧电流的极性进行综合判断,确定在线列车已处于再生制动状况后,自动跟踪系统电压相位、频率等参数,投入逆变回馈型装置,实现并网向整流变压器1180V侧逆变回馈电能,并根据电网再生反馈电流的大小,自动调节逆变回馈型装置通过电流,实现电网电压稳定。逆变回馈型装置将列车再生电能通过整流变压器回馈到35kV电网,当列车再生电能吸收完,促使电压回到设定的整定电压值以下,或当列车由再生制动转为其他工况运行时,经系统判断,逆变回馈型装置停止电能回馈。回馈至整流变压器次边原理接线见图2-23。

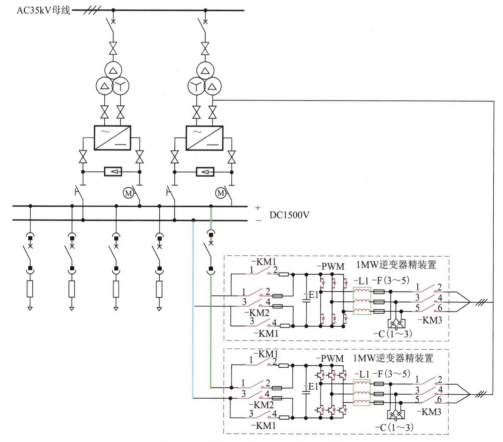

图2-23 回馈至整流变压器次边原理接线图

2) 方案二:回馈至0.4kV母线

工作原理:系统根据交、直流电压的变化,如直流母线电压高于1680V(动作值可以设定),并经直流侧电流的极性进行综合判断,确定在线列车已处于再生制动状况后,投入逆变回馈型装置。随后,根据电网再生反馈电流的大小,自动调节逆变回馈型装置通过电流,实现电网电压稳定。逆变回馈型装置将列车再生电能通过隔离变压器回馈到 0.4kV 电网,当列车再生电能吸收完,促使电压回到设定的整定电压值以下,或当列车由再生制动转为其他工况运行时,经系统判断,逆变回馈型装置将停止电能回馈。

由于 0.4kV 电网系统容量较小,不能完全消耗的再生电能,需由装置自带的吸收电阻吸收消耗。回馈至 0.4kV 母线原理接线见图 2-24。

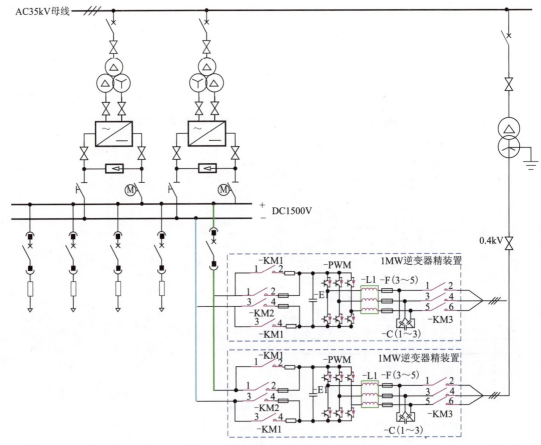

图 2-24　回馈至 0.4kV 母线原理接线图

3)方案三:回馈至 35kV 母线

工作原理:逆变单元一端通过断路器连接于直流母线上,另一端与牵引变电所 35kV 母线连接。系统根据交、直流电压的变化,如直流母线电压高于 1680V(动作值可以设定),并经直流侧电流的极性进行综合判断,确定在线列车已处于再生制动状况后,自动跟踪系统电压相位、频率等参数,投入逆变回馈型装置,将列车再生电能直接回馈到 35kV 电网,当列车再生电能吸收完,促使电压回到设定的整定电压值以下,或当列车由再生制动转为其他工况运行时,经系统判断,逆变回馈型装置将停止电能回馈。回馈至 35kV 母线原理接线见图 2-25。

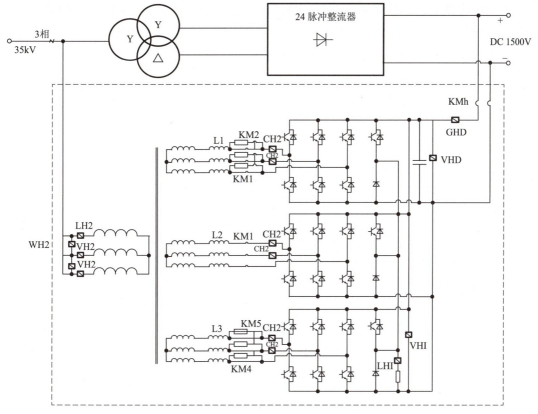

图 2-25　回馈至 35kV 母线原理接线图

4）方案比选

方案二中，由于列车制动属于间歇式活动，且回馈电能极不稳定，加之 0.4kV 电网系统容量一般较小，能被实际利用的再生电能相当有限，需要设置吸收电阻，部分再生电能仍以无效热能方式耗散，节能效果有限。

方案一、三均能将再生电能回馈至电压等级更高、系统容量更大的 35kV 电网，实现再生电能的充分利用，节能效果较好。方案一通过隔离变压器接入整流变压器的次边，方案三则通过隔离变压器直接接入 35kV 母线，方案三所采用的隔离变压器体积更大、投资更高，因此，方案一的总体经济性更好。

然而，方案一是将逆变回馈型装置直接接入一台整流变压器的低压侧，逆变回馈型装置的故障有可能造成牵引整流机组的停运。另外，回馈支路与整流支路之间存在固有的环流，易导致牵引整流机组系统效率的降低。

方案三的技术难题在于其直接将列车再生电能回馈至 35kV 电网，控制技术相对复杂，对整个 35kV 电网可能产生较大影响。根据对北京地铁 14 号线东段工程（6A 型车）、北京地铁 10 号线工程（6B 型车）的实地运营调研，该装置分别在 14 号线东段、10 号线的两座牵引变电所中挂网试运行，运行情况良好，相关技术问题已基本得到解决，节能效果明显（日均节电 3000kW·h/ 所）。

综合考虑技术经济因素，结合目前国内外再生制动能量吸收装置的研发和应用现状，推荐本工程再生逆变回馈方案采用方案三，即采用回馈至 35kV 侧母线的方案。

2.5　供电分区内上、下行并联直流牵引网结构研究

在城市现代化建设过程中，城市轨道交通系统起着城市运输大动脉的作用，而供电系统是城市轨道交通系统运行的动力之源。据相关资料分析，城市轨道交通系统是城市公用设施中最大耗电系统，解决城市轨道交通系统节电问题是目前国际上正在积极开展的一个课题。加上城市轨道交通开通后一般运行都在几十至百年之间，因此哪怕是一个相当细小的节能措施都显得极其重要。随着城市轨道交通工程的建设强度加大，其在城市电网中的电能消耗量越来越大。

到 2025 年，我国将有沈阳、大连、成都、西安、苏州、杭州、武汉、重庆等 30 个以上的大中城市建成城市轨道交通网，城市轨道交通将成为大中城市的主要交通网，因此，城市轨道交通的节能课题在我国也显得尤为重要。

在国内大多数城市轨道交通工程建设中，由于线路的坡度起伏不大，或者坡段较短，因此，列车的势能转换为动能的优势不明显，同时上、下行线路牵引网的电压指标差异不大，因此将上、下行线路牵引网并联供电的必要性和急迫性不大。

近年来，随着国内经济的发展、城市规模的不断扩大，地处山区的城市也陆续开始城市轨道交通工程的建设，由于城市的地形起伏较大，出现了一些具有典型特征的长大坡道区间。如按常规思路设计，为满足长大坡道区间上坡线路牵引网的电压指标要求，极可能会出现局部区段内牵引变电所布点过密，甚至需要在地下隧道区间内设置牵引变电所，不仅导致工程实施困难、工程投资增加，而且导致运营能耗大幅增加。

贵阳市地处云贵高原，是典型的山区城市，具有地势起伏大，主城区道路狭窄、人口居住高度集中等特点。贵阳轨道交通 1 号线贵阳北站—人民广场站区段线路存在长大坡道地段，下坡线路长度达到 12km，最大高差达 200m 以上，该段线路存在地下线、高架线及路基地段，线路大部分的坡度在 20‰以上，有一半的线路坡度为 28‰，最小曲线半径为 350m。其中贵阳北站—安云路站区段线路长度 8.5km，连续下坡高差达 160m。贵阳轨道交通 1 号线工程的连续长大坡道线路长度、高落差，在国内绝无仅有。贵阳轨道交通 1 号线纵断面如图 2-26 所示。

针对贵阳轨道交通 1 号线长大连续坡道地段的供电分区内上、下行并联直流牵引网结构进行论证，实现工程的节能运行，保证运营的安全可靠性，填补了国内城市轨道交通连续长大坡道上牵引网系统研究领域的空白，为今后其他类似的城市轨道交通轨道设计提供参考。因此，对城市轨道交通长大连续坡道上供电分区内上、下行并联直流牵引网结构开展深化研究并进行科技攻关，具有十分重要的理论和现实意义。

第 2 章 轨道交通长大连续坡道安全控制关键技术

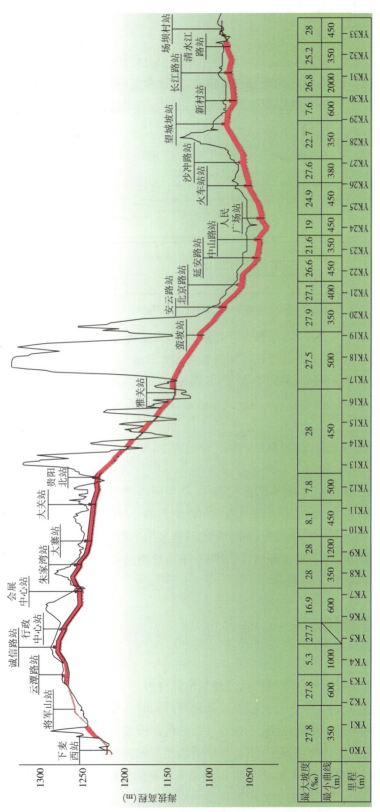

图 2-26 贵阳轨道交通 1 号线纵断面示意图

2.5.1 问题提出

通常情况下,无论城市轨道交通牵引供电系统采用何种牵引网供电方式,除了在每座牵引变电所处通过牵引变电所内的直流母线将上、下行牵引网并联外,在线路正线各直流供电分区,全线范围内的上、下行线路牵引网均为独立运行,见图2-27。

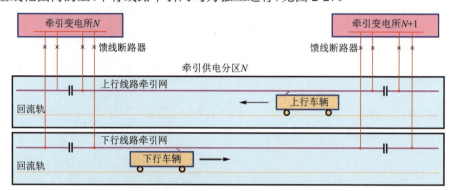

图2-27　牵引网供电方式示意图(上、下行线路牵引网独立运行)

贵阳轨道交通1号线工程,线路为穿越黔灵山,在贵阳北站—安云路站区间设计了一个连续的长大坡道,线路最大坡度28‰,区间长度为8.5km(注:上行线路为上坡,下行线路为下坡),两端的高差约160m。采用B型车,6辆编组,设计最大行车速度80km/h。

在该类长大坡道区间内行车,对于按常规思路设计的上、下行线路牵引网来说,有以下特点:

①对于上行线路来说,在列车启动和行车过程中,牵引网电流大,电能消耗大,导致牵引网的电压降大。

②对于下行线路来说,在列车行车过程中,牵引网电流很小,电能消耗小,牵引网的电压降很小。由于坡度很大、加之该区段内的列车在绝大部分时间内都不牵引取流,列车再生制动产生的电能不能被其他车辆吸收,列车制动只能采用电阻制动或闸瓦制动,不仅导致列车发热和闸瓦磨耗严重、污染隧道环境,而且导致下坡线路的牵引网载流能力和列车再生制动产生的能量均未得到充分利用。

2.5.2 设计思路和方法

1)研究思路

(1)长大坡道供电系统运行的特性及能量消耗分析。

(2)研究供电分区内上、下行并联直流牵引网结构的几种实现形式。

(3)研究供电分区内牵引网上、下行并联后的运营模式。

(4)研究供电分区内牵引网上、下行并联后的相关配套保护装置。

(5)现场测试供电分区内上、下行并联直流牵引网的供电系统运行数据(包括能量消耗及牵引网供电质量),为后续类似工程提供实施依据。

实现工程的节能运行,保证运营的安全可靠性。

2)设计方法

(1)收集、总结、分析国内外长大连续坡道上供电分区内上、下行并联直流牵引网结构的最新研究资料及其应用情况。调查贵阳轨道交通1号线行车、车辆、线路、土建结构、供电系统牵引变电所及牵引网设置方案等基础资料。

(2)结合实际测试数据,通过理论分析弄清连续长大坡道上供电分区内上、下行并联直流牵引网结构相互作用的运行机理和分析模型,验证测试数据的准确性。

(3)根据现场隧道地段、桥梁地段及路基地段的实际情况,确定上、下行并联的具体地点选择。

(4)研究供电分区内上、下行并联直流牵引网结构的几种实现形式。

(5)根据确定的上、下行并联实施方案,研究供电分区内牵引网上、下行并联后的运营模式。

(6)根据确定的上、下行并联实施方案,研究供电分区内牵引网上、下行并联后的相关配套保护装置,确保供电系统在连续长大坡道区段运行的安全可靠性。

(7)现场测试供电分区内上、下行并联直流牵引网的供电系统运行数据(包括能量消耗及牵引网供电质量),为后续类似工程提供实施依据,优化供电系统的实施方案,以适应连续长大坡道的要求。

2.5.3 关键技术

目前,无论城市轨道交通工程牵引供电系统采用何种牵引供电制式,除了在每座牵引变电所处通过牵引变电所内的直流母线将上、下行牵引网并联外,在正线线路的各直流供电分区内上、下行牵引网均为独立运行。

对于城市轨道交通工程正线线路的各直流供电分区内上、下行并联直流牵引网结构的设计方案及运行情况研究,目前为一个全新的领域,见图2-28。

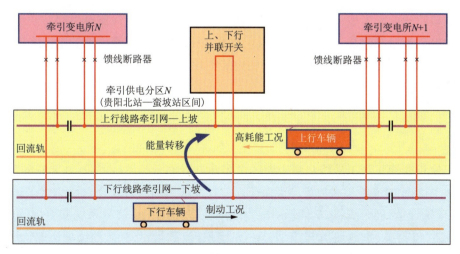

图2-28 牵引网供电方式示意图(上、下行线路牵引网并联运行)

2.5.4 能量消耗分析研究

本书对长大连续坡道中贵阳北站—蛮坡站段区间进行重点研究,该区间上、下行列车运行牵引能耗计算见表2-3。

贵阳北站—蛮坡站区间牵引计算表　　　　表2-3

区间	行车方向	运行距离(m)	运行时分	牵引能耗(kW·h)	惰行能耗(kW·h)	制动能耗(kW·h)
贵阳北站—蛮坡站	下行	4756	0:05:30	3.2	0.0	73.6
蛮坡站—贵阳北站	上行	4756	0:05:25	195.7	0.0	8.8

表2-3中牵引能耗为列车从牵引网取电运行所消耗的能量。制动能耗为列车制动时反馈的能量,该能量可部分被相邻车辆吸收,未吸收部分则被制动电阻或闸瓦摩擦以热能的形式消耗。如果考虑制动能耗未被其他列车吸收,该区间的牵引能耗约为249.613 kW·h。而如果考虑制动能耗被其他列车完全利用,该区间的牵引能耗约为154.208 kW·h。

在该区间上、下行牵引网没有并联的情况下,下坡线路由于列车取流极小,牵引网的电压较高,导致列车再生制动产生的能量不能被其他列车吸收,列车只能采取车载电阻将该部分能量消耗,单列车在该区间每运行一次,则浪费了约95kW·h的势能。当该区间上、下行牵引网并联后,如果行车组织实现在该区间内上、下行线路均有列车同时运行,即使不考虑下坡列车的制动能耗完全被其他列车吸收的极端情况,仅考虑上、下行列车对该区间内势能综合利用的效率按50%考虑,则每运行一对列车,该区间内可节省的电能约47.5kW·h。

针对该类长大坡道区间,从节能和改善牵引网电压指标的角度,提出在该牵引供电分区内的电压降指标最严重的位置将"上、下行线路牵引网并联供电"的方案。

对于在该长大坡道区间两端的牵引变电所来说,其同时对该区间的上、下行线路牵引网供电,由于上、下行线路列车运行工况的差异,会出现上、下行线路运行过程中牵引网电压指标的严重差异。如按常规设计思路,即按上坡线路牵引网的电压指标来考虑牵引变电所布点,可能会出现需要在该区间隧道内设置牵引变电所的情况。

对于该特殊的长大坡道区间的牵引供电分区,采用上、下行线路牵引网并联运行方案,配合再生制动能量吸收装置的实施,不仅可以均衡上、下行线路牵引网的电压降指标,且可以充分发挥列车的再生制动功能,显著节约电能消耗。

2.6 小　　结

贵阳轨道交通工程1号线从观山湖区贵阳北站到安云路站区间段,在8.5km范围形成最大纵坡为28‰的连续长大坡道。为保证连续长大坡道的运营安全,对行车组织与运营安全保障、车辆选型、列车编组、车辆牵引能力适应性、车辆制动、信号系统安全保障措施、长大区间疏散与救援、事故通风与排烟、应急照明与疏散指示、长大连续坡道上轨道稳定性与适应性等方面研究,提出了一系列处理措施,保障贵阳轨道交通1号线连续长大坡道的运营安全。

此前,国内外城市轨道交通工程直流牵引网结构未实现供电分区内上、下行牵引网的并联运行。贵阳轨道交通1号线车辆再生制动及能量回收应用方案,即供电分区内上、下行并联直流牵引网结构方案,在国内外城市轨道交通工程领域是首次应用,可填补国内外空白。该方案实施后,既能大量节省运营电费,又不影响供电的高可靠性。研制的相关配套保护装置及监控装置,在国内外城市轨道交通工程领域也是首次应用。保护装置、监控装置自主研发完成及通过试验、检测后,可结合具体工程设计进行试运行和推广。

第3章　喀斯特地貌山地城市轨道交通区间隧道岩溶处理关键技术

贵州省地处云贵高原东部，境内地势西高东低，自中部向北、东、南三面倾斜，平均海拔1100m左右。贵州高原山地居多，素有"八山一水一分田"之说。全省地貌可概括分为高原山地、丘陵和盆地三种基本类型，其中92.5%的面积为山地和丘陵。贵州地处世界上最大的一片喀斯特区——华南喀斯特区的核心部位，是我国裸露型喀斯特集中连片分布最广的省份。贵州的地貌特征主要表现为喀斯特地貌典型发育，其最大的特点是宽缓的高原被深切峡谷所分割，高原山区喀斯特发育常自成独立系统。贵州省碳酸盐岩分布面积最广泛，出露面积达13万km^2，占全省面积的73.8%，分布广泛、类型多样的碳酸盐岩是贵州省岩溶地貌和红黏土发育的物质基础。

贵阳地处黔中典型岩溶山区，山高坡陡（贵阳盆地周围山地的坡度多在15°以上），属高原中山丘陵地貌，岩溶地貌约占全市总面积的72%。老城区位于群山之中的盆地之内，全市地形起伏较大，有山地、台地与丘陵，河谷、槽谷和盆地，地质条件相对复杂，山地、丘陵约占全市土地面积的88%。

贵阳轨道交通1号线沿线地层主要有第四系、侏罗系、三叠系、二叠系地层。沿线岩溶段占比高，岩溶类型多样。因岩溶引起的施工困难较多，如路面塌陷、隧道涌水等。需采取岩溶综合探察技术，准确超前预报岩溶。针对上软下硬地层充填型岩溶、基底隐伏岩溶、大型富水岩溶，分别采取了合适的设计和施工方案进行处理，取得了良好的治理效果。

3.1　贵阳轨道交通1号线溶洞分布情况和岩溶特点

3.1.1　贵阳轨道交通1号线溶洞分布情况

贵阳轨道交通1号线地质钻孔5878个，发现溶洞1196个（部分为串状溶洞），见洞率为 20.3%。根据贵阳轨道交通 1 号线钻孔情况，对钻孔遇溶情况按溶洞洞径及不同埋深情况统计见表 3-1。

贵阳轨道交通 1 号线区间溶洞洞径统计表　　　表 3-1

溶洞发育高度	数量（个）	比 例（%）
3m 以下	955	79.8
3m 以上	241	20.2

贵阳轨道交通线 1 号线通过灰岩、白云岩类可溶岩地层的长度约占线路长度 75%，岩溶一般弱至中等发育，局部强发育，岩溶形态以第四系黏土层覆盖下的溶沟、溶槽、石芽等形态出现，溶洞多被黏土充填，局部有空溶洞、岩溶管道等。

贵阳轨道交通线 1 号线沿线溶洞发育以 3m 洞径以下为主，主要分布在 5～30m 埋深范围。除山岭隧道局部地段溶洞规模比较大以外，浅表岩溶以 3m 洞径、洞腔 100m^3 以内较为普遍，但与地表连通的岩溶，在地下水或地表水的影响和掏蚀作用下，也会引起 1000m^3 以上规模的坍塌，如人民广场站—火车站站区间，坍塌空腔近 2000m^3。

3.1.2　贵阳轨道交通 1 号线岩溶特点

1）台地岩溶

台地岩溶主要分布于金阳台地，海拔 1205～1300m，相对高差约 95m，岩溶中等～强发育。岩溶形态表现为第四系黏土层覆盖下的溶沟、溶槽、石芽、溶洞、土洞、岩溶管道等形态。溶洞充填物一般比较单一，以软、硬塑状红黏土为主，揭露的岩溶一般不含水。此段岩溶主要危害为岩溶软塑、硬塑黄黏土支护不及时引起地表沉降和坍塌，岩溶充填物遇地下水或市政管沟渗漏恶化，造成充填体失稳引起结构破坏和围岩坍塌等。典型台地岩溶形态见图 3-1、图 3-2。

图 3-1　隧道拱顶溶槽

图 3-2　隧道侧壁溶槽

2）山地岩溶

山地岩溶主要分布于观山湖区至老城区穿越山岭地段，隧道埋深较大，最深达 200 余

及技术研发能力，了解企业经营模式和主要收入及利润来源；

教育经历：

2004年9月—2007年6月××大学经济学院投资学硕士

2000年9月—2004年7月××大学经济学院投资学本科

英语与计算机能力： 英语—熟练；计算机能力—熟练

沈淑婷的个人简历

应聘岗位： 投资/基金项目经理

姓名：沈淑婷

三年以上工作经验 | 女 | 27岁

联系电话：139×××××××（手机）；

E-mail：shenshuting@126.com

最高学历：

学历：硕士　　　专业：投资学　　　学校：××大学经济学院

自我评价：

本人性格温和、善解人意、勤奋诚实；能体谅人，有亲和力，善于倾听与沟通；有较强的责任心、做事细致，乐于学习。

工作经验：

2010年5月—至今：××投资有限公司

工作职责：① 为客户制订资产配置方案并向客户提供理财建议；② 组织市场推广活动，负责理财活动的策划、实施与效果评估；③ 组建业务团队，负责团队培训与考核；④ 中高端客户服务。

2007年8月—2010年4月：××金融证券有限公司

工作职责：① 分析企业偿债能力、盈利能力以及成长性，预测企业未来现金流量，确定反担保物价值等；② 撰写贷款担保审查报告，最终提交公司担保评审委员会审议。

英语与计算机能力： 英语—熟练；计算机能力—熟练

请您按照自己的看法，在相应的数字上画○。

1. 应聘者张海涛对该岗位的适合度：

　　　1——2——3——4——5——6——7

　非常不适合　　　　说不清　　　　非常适合

米，穿越岩层主要为中至厚层灰岩、白云岩，岩溶发育具有规模大、富水、水压高等特点，隧道开挖过程中存在突发涌水、突泥、坍塌等风险。如雅关站—蛮坡站区间溶洞纵、横、竖向发育均超过10m，充溶空间达7000m³以上。由于隧道埋深较深，围岩风化程度较低，岩层连续性较差，岩溶引起的突涌风险显著增大。典型山地岩溶形态见图3-3、图3-4。

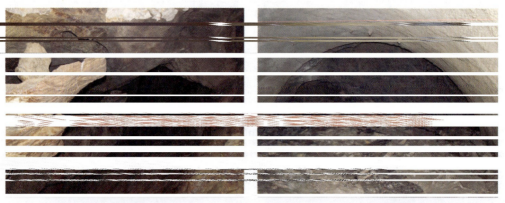

图3-3 贯穿隧道过水通道溶洞　　　图3-4 富水、充填溶洞涌水、突泥

老城区为贵阳市相对低点，在环宇路站附近高程综合阳台地低220余米。老城区地下水主要出露发育程度中等、规模，但地下水埋藏浅，往往在建筑物基础附近形成岩溶涌水，对工程影响较大。岩溶以充填型、半充填型为主，受地下水的影响，填充物以流塑、软塑黏土为主。开挖揭露出溶时，充填物一般会突出，形成泥流，岩溶则形成岩溶腔。部分岩溶埋深较浅，与地表覆土层相连，则会引起地表坍塌，影响交通，危及管线及上方建筑物。典型盆地岩溶形态见图3-5、图3-6。因溶洞塌陷引起道路封闭见图3-7，隧道开挖出露裂隙水见图3-8。

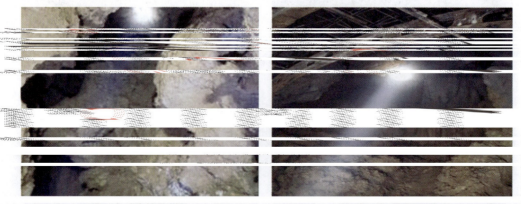

图3-5 半充填型溶槽　　　图3-6 充填溶洞突泥

1)岩溶灾害引发的环境安全问题社会敏感性强

老城区浅埋富水岩溶灾害引起的安全、环境问题包括:岩溶塌陷、涌水引起隧道掌子面塌陷,危及洞内施工安全;岩溶塌陷、隧道开挖排放岩溶管道水导致地表沉降过大,引起各类管线破坏,尤其是自来水及雨污水管破坏后,自来水及雨污水灌入隧道不但会引起更大的次生灾害,而且还会因相关管线停用影响市民正常生活,造成不良的社会影响;当岩溶填充物为软塑、流塑状,且与地表贯通或贯通至浅表土层时,岩溶塌陷极容易贯通地表,形成地表塌腔,危及行车、行人、周边环境安全,灾害后果无法预料,影响极大;一定规模的空溶洞从洞内施工揭露后,虽然未发生塌方,但由于溶洞结构性破坏,如处理不当,潜伏后期隧道施工完成后的地表道路塌陷风险。

总之,老城区由于人口数量庞大、交通量繁忙、既有构筑物密集,加之隧道为浅埋暗挖,岩溶灾害容易引起较大安全事故并上升为社会事件,对轨道交通建设产生较大影响。岩溶塌陷贯通地表道路现场见图 3-10、图 3-11。

图 3-10 岩溶塌陷贯通地表道路

图 3-11 岩溶塌陷后围蔽道路管线抢修

2)地下水流失易引发次生灾害

地下水流失容易引发次生灾害,如地面塌陷、管线变形破坏、构筑物变形等。贵阳老城区市政道路、地下管线年久失修,周边构筑物年代久远,岩溶灾害容易引起这些既有构筑物的变形,甚至发生次生灾害。例如:中华北路靠国贸广场(原喷水池百货商店)一侧路面曾因邮政大楼基坑施工抽水引起地面塌陷(1999 年 4 月 6 日),塌陷点长 3.5m、宽 3.3m、面积 11.55m^2,塌陷平面呈不规则椭圆,塌陷深度 4m,垂直方向上为上大下小的漏斗状。从 1980 年起,塌陷区附近存在大量开采地下水和建筑基坑及基础设施建设等大量抽排水降低地下水位的工程活动,这些活动导致场区地下水动力条件改变,破坏了地下水的平衡,致使地下水反复在岩土交界面附近频繁降升,造成塌陷区及邻区土体的负压吸蚀,使土体被地下水带走形成土洞,1998 年 8 月起邮政大楼基坑开始人工降水,加剧了土体的掏蚀和土洞的发展,最终土洞顶板土体不足以支撑上部荷载而形成路面塌陷。

3)城区环境岩溶处理限制因素多

贵阳为典型山地城市,老城区人口、建筑集中,环境极其复杂。岩溶塌陷后围闭道路进行处理会很大程度影响市民生活及出行。这要求施工时及时应急处理各类突发事件,在处理好岩溶问题的同时,尽量减少影响交通、环境的时间及场地范围,以减小社会影响。施工时路面塌陷抢修见图 3-12、图 3-13。

图 3-12　路面塌陷抢修（一）

图 3-13　路面塌陷抢修（二）

4）潜伏运营期间隐患

贵阳老城区段岩溶中等～强烈发育，对于施工前探明或施工过程中揭露的岩溶可以进行有效的处理。但是，由于城区管线多，环境复杂，对探明溶洞影响极大，导致部分溶洞无法勘查明确。隧道施工后，一定程度上改变了围岩应力状态，从而改变了原有溶洞的稳定状态，隧道施工完成后运营期间，这些受到扰动的溶洞，在地表行车反复作用下，发生滞后塌陷，导致事故发生。

3.2.2　大型富水岩溶对轨道交通区间隧道建设影响分析

贵阳轨道交通 1 号线大型富水岩溶主要出现在观山湖台地区域及与老城区过渡的山岭区域，区间隧道埋深较大，线路多穿行于断层、可溶岩与非可溶岩接触带，软弱、破碎、富水、导水性良好的地层和大型断层破碎带，存在产生大型、特大型涌水、突泥可能。隧道穿越山岭段典型地质纵断面如图 3-14 所示。以雅关站—蛮坡站区间隧道出现的大型岩溶为代表，岩溶处理对轨道交通工程造成了极大的影响。

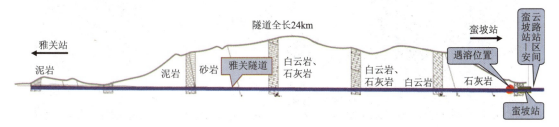

图 3-14　隧道穿越山岭段典型地质纵断面

1）施工存在突发性安全风险

受山岭隧道埋深影响，详勘阶段难以查明岩溶发育情况，一般施工期间结合超前地质预报进行岩溶排查控制风险。但是，由于岩溶空间分布不规律性和超前地质预报的准确性，客观上存在不能查明掌子面前方岩溶及地下水发育的可能性。施工一般采用爆破开挖，对未发现的大型岩溶及地下水体，存在爆破开挖后塌陷及涌水安全风险，一方面危及洞内施工作业人员、设备安全;另一方面,岩溶塌陷及地下水流失也常常伴生周边环境安全问题。施工揭露地下水引起地表泉水断流见图3-15,隧道施工揭露大型溶洞涌水、突泥见图3-16、图3-17。

图3-15 施工揭露地下水引起地表泉水断流

图3-16 隧道施工揭露大型溶洞突泥

图3-17 隧道施工揭露大型溶洞涌水

2)岩溶灾害影响程度大

由于事件的突发性,大型富水岩溶发生的灾害一般会引起较大的经济损失,如应急处理不当,人员撤离不及时,还会造成较大人员伤亡,引发较大安全事故。在处理大型富水岩溶的问题上,要综合考虑安全、经济、工期、环境影响等诸多方面因素,同时,处理方案受岩溶特征不易查明的影响,大型富水岩溶一般处理难度较大。大型岩溶过水通道见图3-18、图3-19。

图3-18 大型岩溶过水通道(一)　　图3-19 大型岩溶过水通道(二)

3)全包防水隧道堵水不彻底可能导致运营期间隐患

隧道施工后一定程度改变了原地下水特征,隧道范围外部存在的大型岩溶及地下水也可能通过爆破震动产生的松动圈长期作用于隧道,地下水水头高度存在上升可能性。当注浆堵水不彻底或衬砌结构不能承受水压时,衬砌结构容易发生破坏,当仰拱衬砌不密实、渗漏时,可能发生病害,危及运营安全。隧道岩溶裂隙水见图3-20、图3-21。

图 3-20 初期支护后未封堵的裂隙水

图 3-21 隧道岩溶裂隙水

4）处理费用高且延误工期

未遇到岩溶及地下水前，无法估计和预测影响，地下水处理一般采用"排""堵"或者"堵排结合"，大型岩溶处理采用填充、跨越等方式。

对于轨道交通区间隧道，一般无自然排放条件及较短设置泄水洞条件，大部分隧道采用全包防水。对于大型富水岩溶处治，受轨道交通线路特点及城市环境限制，设置泄水洞一般不具备条件或者泄水洞比较长，费用高。对出露的地下水采取封堵存在注浆量大、不可控的特点，综合费用都比较高，同时对工期影响较大。

3.2.3 充填型岩溶对轨道交通区间隧道建设影响分析

观山湖区段隧道施工过程中，遇到的岩溶主要为充填型溶洞，填充物一般为硬塑～软塑状黏土，少量为空溶洞。由于地铁隧道埋深浅，隧道拱顶一般位于岩土分界线附近，浅表岩溶裂隙一般伴随裂隙水，且水量受地表降水影响大。隧道典型地质纵断见图 3-22。隧道施工过程中，易引发局部塌方，甚至导致地表塌陷，观山湖区段岩溶对轨道交通隧道建设的影响主要表现在以下几个方面。

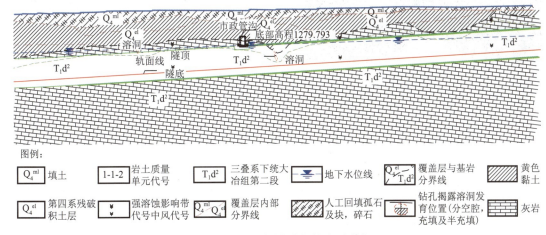
图 3-22 观山湖区段隧道典型地质纵断面（单位：m）

1) 危及施工及道路安全

区间隧道施工过程中经常揭露小型岩溶，揭露岩溶位置有拱顶、边墙、基底等位置。由于隧道埋深浅，一般拱顶覆盖厚度 10~20m，且上软下硬，上部一般为红黏土及杂填土，如遇到岩溶发现较晚或处理不当，岩溶填充物涌出后，极易造成贯通地表的塌陷，危及周边环境安全。充填型溶洞突泥见图3-23，浅埋隧道地表岩溶塌陷见图3-24。

图3-23 充填型溶洞突泥

图3-24 浅埋隧道地表岩溶塌陷

2) 频繁岩溶处理引起工期延误及建设成本增加

隧道施工过程中多次遇到小型溶洞，溶洞引起的塌陷处理、溶洞处理、岩溶水处理、基底处理等情况普遍存在。岩溶处理一方面引起工期延误、增加施工成本；另一方面，岩溶段落围岩级别一般会降级处理，引起建设投资增加，同时增加施工风险。例如：诚信路站—行政中心站区间仅430m长的隧道，岩溶塌陷、溶槽流土引起的处理多达20余次，每次处理停工

图3-25 小型岩溶塌陷

按平均5d计算，全隧累计引起停工100d，造成大量人员、机械闲置，增加施工成本，岩溶处理费用方面，按每次平均20万元计列，累计增加投资400万元。将军山站—云谭路站、朱家湾站—大寨站区间隧道隧底小型岩溶处理等，导致工期延误及增加成本。其他区间隧道皆存在岩溶处理、地下水处理相关问题，岩溶处理增加施工风险，延误工期，引起施工成本及建设投资增加。小型岩溶塌陷见图3-25。

3) 隐伏岩溶后处理难度大且潜伏运营期间隐患

对于施工期间已经揭露的岩溶，采取相应勘察手段查明后，一般可比较彻底地进行处理，但是由于岩溶及地下水发育的不规律性，查明岩溶及地下水特征具有一定难度，查不明，处理就不彻底，潜伏后期隐患。例如：行政中心站—会展中心站区间隧道，试运营期间发现隧道渗漏水、道床上浮及基底潜伏溶洞，后处理带来了一系列问题，一方面施工难度大、增加了投资、影响了后期调试工作，另一方面，潜伏了后期运营及周边环境安全。隧底隐伏岩溶纵断面见图3-26。

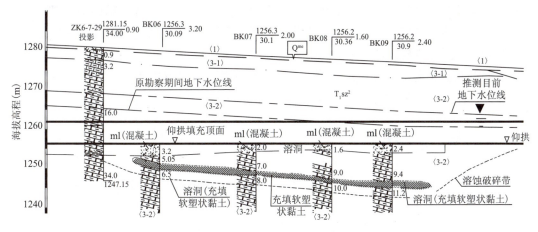

图 3-26 隧底隐伏岩溶纵断面示意图

3.3 岩溶综合探察技术及运用

3.3.1 贵阳轨道交通 1 号线岩溶塌陷分析

贵阳市历史上大量抽取地下水产生地面塌陷多处,至 1998 年调查时,岩溶塌陷 53 处,其中巨型塌陷 8 处,大型塌陷 12 处,中型塌陷 29 处。在 1 号线附近曾经出现较大地面塌陷灾害事件 3 处,施工期间发生塌陷 6 处。

贵阳轨道交通 1 号线区间隧道施工过程中多次遇到溶洞,特别是在工程地质与水文地质特别复杂的老城区,由于各种施工过程中边界条件的变化,诱发了几次不同程度的路面塌陷问题。1 号线所遇到岩溶引起的坍塌事故见表 3-2。

贵阳轨道交通 1 号线路面主要塌陷情况　　表 3-2

序号	事故地点	影响范围	病害归类
1	林城路	路面数次塌陷、自来水管爆裂、危及电、煤管线、民房	岩溶、土洞、雨污管掏蚀
2	安云路	路面塌陷、自来水管爆裂、危及电、煤管线、民房,交通中断	岩溶、土洞、回填不密实、不饱满
3	延安路	基坑开挖发生地面塌陷,新华书店大楼、龙泉小学,交通中断	岩溶、回填不密实
4	都司路	路面塌陷、险些危及桥墩,危及电、煤管线,交通中断	岩溶、土洞、回填不密实、不饱满
5	遵义路	路面塌陷,危及雨污管,交通中断	洞内塌方、突泥
6	朝阳洞路	燃气、自来水等管线破坏,交通中断	洞内塌方
7	珠江路	数次塌陷、屡次陷车	重型车辆荷载、雨污管掏蚀

通过 1 号线施工揭露及岩溶探察分析表明地表与路面的塌陷最直接原因就是下伏腔体的存在、形成以及既有边界平衡的打破。腔体在地质环境中往往以天然溶洞、溶蚀裂隙与天然土洞的形式存在,而在老城区则多以雨污管的渗漏、掏蚀继而形成的土洞最为普遍。路面

的塌陷往往最终以土洞的塌陷为极端表现形式。土洞形成的必要条件是地下水的变化以及搬运掏蚀。极端天气和工程行为则是诱发水文环境改变的直接因素。提前探明这些风险因素，做到事前控制，能较大程度减少灾害的发生。

根据对轨道交通1号线在施工过程中塌陷情况及岩溶探察情况的对比分析，岩溶探察工程综合管控工作具有重大意义。

3.3.2 探察必要性及内容

为更加高效地控制轨道交通建设过程中路面塌陷及其他岩溶引起的风险，宜事前、事中、事后对岩溶进行探察，提前针对性处理。进一步查明轨道交通沿线隐伏性岩溶、既有及次生土洞等不良地质现象，查明地下水赋存、径流、排泄、水量情况，查明轨道交通沿线通过的管控区内自来水和雨污水管网是否渗漏，避免地面塌陷、房屋沉降及可能对轨道交通建设和运营造成安全隐患的问题。

在施工前、施工中与施工后三阶段采用地面综合物探法开展相关的探察工作，提前发现安全隐患的所在、形成提交相应有效物探及验证成果资料给相关部门及时处置并对处置结果进行科学评估，进而达到辅助建设者决策以将安全隐患问题消灭在萌芽状态的目的，为确保轨道交通建设、运营安全提供技术支撑。

岩溶探察主要内容如下：

(1)查明沿线隐伏性岩溶平面、空间分布形态、规模和填充情况，提出处理措施建议。

(2)查明沿线土体中既有、次生土洞位置，查明是否有塌陷的情形，提出处理措施建议。

(3)查明沿线地下水赋存区域，补给、径流、排泄变化情况，水位、水量变化情况，评估地下水位变化的影响。

(4)分阶段查明沿线施工前、施工中、施工后的岩溶情况，自来水、雨污水的渗漏情况，及对比与岩溶相互关系及影响情况。与相应的管线、市政设施、道路权属单位建立联动机制，以各权属单位为主体，辅以相适宜的探察手段，结合测区内各工点的工程实际情况，对测区内沿线管网、市政设施、道路作综合性的功能检测与评价，为确保工程的安全建设和测区内沿线地下管网、道路的正常使用提供动态保护依据。

3.3.3 岩溶探察方法

1)地质调查、地质描述

(1)搜集沿线已有的地形、地质、水文、气象、卫星、附近工程等资料，包括可研勘察、初步勘察地质资料，进行分析研究。

(2)对沿线建(构)筑物及其邻近地段开展调查工作，线路中线向两侧扩展50m。在遇特殊地质情况、工程环境等情况下须相应加大调查范围。

(3)研究沿线地貌的基本特征，划分地貌基本成因类型和成因形态类型，分析其与基底岩性和新构造运动的关系。

(4) 调查可液化土层及新、老堆积土,特殊土(软土、膨胀土等),岩溶的工程地质特征。

(5) 调查地下水类型、基本特征、补给来源和排泄条件,以及地下水动态变化与地表水联系。

(6) 调查岩溶、地下古河道等不良地质现象的形成、形态、规模、分布、发展趋势以及对工程建筑的影响。

(7) 调查线路及邻近已发生或者可能发生的地面沉降的范围、原因及其发展趋势。

2) 地球物理探察

地球物理探察方法见表3-3。

物探主要方法　　　　表3-3

序号	物探方法	仪器名称	适用范围	优　缺　点	
1	地震映像法	SWS-6型工程地震仪	探察溶洞的分布形态及位置	对岩溶等反应灵敏,数据采集速度快,可利用多种波的信息	抗干扰能力较弱,探察深度较浅
2	地震散射法(SSP)	RDscan地下空洞探察采集仪,同度TD-SSP散射剖面成像系统	探察溶洞的分布形态及位置	地震波能量强,传播远,对岩溶等反应灵敏,能较好地判断岩溶位置及规模	被测体表面需凹凸不平,受环境影响较大
3	电测深法	DZD-6A多功能直流电法(激电)仪	探察地层岩性在垂直方向的电性变化,解决和深度有关的变化	对地层岩性沿垂直方向分布及变化的探察效果比较明显	地形平缓及岩层倾角影响且被测岩层有一定深度
4	地质雷达法	伯泰克RIS FASTWAVE	探察浅层溶洞及地基含水情况,探察管线周边是否存在渗漏	操作简便、分辨率较高,能组合使用不同频率的天线,能较准确判断浅层隐伏性岩溶、土洞、地下水的详细情况,能进行管网探察	受较强的电磁场源及上覆极低阻的干扰
5	高密度电法	DZD-6A多功能直流电法(激电)仪	探察溶洞的分布形态及位置,探察地层地下水赋存情况	对溶洞及赋水地层反应灵敏,探察深度较深	受地形起伏及覆盖层厚度影响较大
6	跨孔CT法	EWCT-1孔间电磁波层析成像仪	定位溶洞、岩溶通道范围及分布形态	较直观地反映异常范围及分布	受地表金属管线干扰,数据采集量大
7	管线探察	CCTV机器人和听漏仪	对轨道交通沿线管线作综合的功能性检测及评估	探察速度快,准确率高	对环境要求较高

(1) 地震映像法

采用等偏移距装置形式采集地震反射波信号,通过判断反演波同相轴形态来推断地层赋存情况。若探察区地层较为连续,则同相轴呈连续形态分布,若探察区下方存在溶洞或者空腔,则在其对应的同相轴位置会产生绕射波现象,通过对绕射波的分布及形态即可推断地层中溶洞或者空腔的分布形态及位置。若地层出现不连续间断时,则对应区域的反射波同相轴也出现不连续及间断跳跃扭曲等形态。该方法的特点是地震波能量强,传播远,对岩溶等反应灵敏,能较好地判断岩溶形态及位置(图3-27、图3-28)。

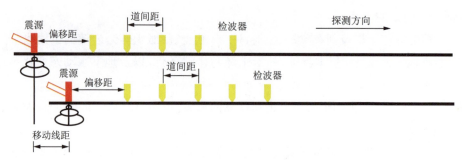

图 3-27　地震映像波法施工示意图

(2) 地震散射法 (SSP)

当地震波入射到均匀弹性体内时,波不改变传播方向,只是简单地通过,不会激发任何波。但是当波入射到非均匀介质时,就会在介质中激发出散射波。这种方法的特点是地震波能量强,传播远,对岩溶等反应灵敏,能较好地判断岩溶位置及规模(图 3-29、图 3-30)。

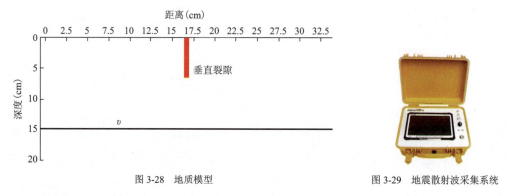

图 3-28　地质模型　　　　　　　　图 3-29　地震散射波采集系统

(3) 电测深法

采用四极方式采集电位数据,主要利用不同地质体的电性差异来判断地层的电性特征。这种方法精确度高,探察深度深,对异常反应明显,并且可以推断溶洞有无向深处延伸的趋势(图 3-31)。

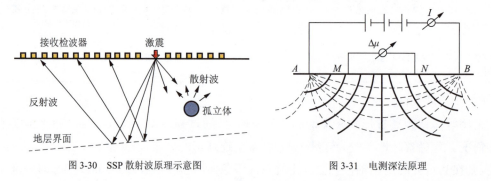

图 3-30　SSP 散射波原理示意图　　　　　　图 3-31　电测深法原理

(4) 高密度电法

高密度电法是一种阵列勘探方法,它以岩、土导电性的差异为基础,研究人工施加稳定电流场的作用下地中传导电流分布规律,并以此来推断地层的电性特征。这种方法精确度高,探察深度较深,对异常反应明显(图3-32)。

(5)孔间电磁波CT法

通过测量电磁波在两个钻孔中的衰减量,来推断对应地层对电磁波的吸收系数,进而推断地层的完整性及赋存形态。如果介质均匀,则电磁波有规律的均匀衰减;如果介质不均匀,比如存在富水、岩溶发育区,则电磁波衰减较快。这种方法能较准确地定位异常空间分布形态,同时辅助验证异常(图3-33、图3-34)。

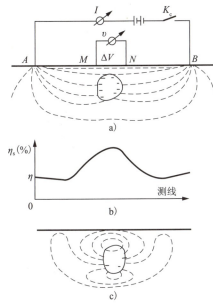

图3-32 高密度电法原理图

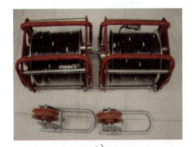

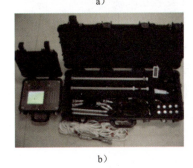

图3-33 EWCT-1 孔间电磁波层析成像仪

(6)地质雷达法

利用高频电磁脉冲波的反射信号,将有电性差异的不同介质反射信号反射回地面,并被接收。通过对电磁波反射同相轴的分析来推断地层的电性特征。该方法的特点是操作简便、分辨率高,能较准确判断浅层溶洞位置及大小;缺点是如果浅地层含水量较大,对电磁波吸收严重,影响探察效果,探察深度有一定局限性,适合深度较小的浅层探察(图3-35、图3-36)。

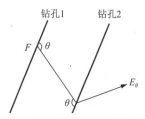

图3-34 井中接收天线的电场示意图

图3-35 意大利高速高精度探地雷达(RIS FASTWAVE)

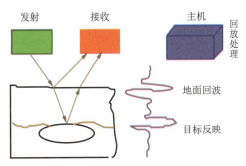

图3-36 地质雷达探察原理示意图

（7）管道检测（CCTV）机器人

利用管道机器人对管道摄影成像，分析管道异常：有无破损，堵塞等情况。其优点是探察速度快，准确率高；缺点是对环境要求较高，探测时若管道内部存在障碍物、淤泥较厚等情况时，探测容易受阻（图 3-37）。

3）钻探验证

结合物探情况，对异常区域进行钻孔验证，通过对钻探岩性的描述，划分岩性单元，对异常点进行精确有效地把控，进一步确认岩溶种类、具体位置以及发育规模等情况。

图 3-37　听漏仪（TERRALOG）

3.3.4　岩溶探察方法的运用

1）浅层岩溶探察

针对埋深较浅的洞穴、地面有可能发生沉降的区域，主要选用地质雷达法进行扫描。地质雷达具有探察精度高的优点，可以获得浅部地层的精细结构。

采用高速高精度探地雷达，配合中心频率 80MHz 及 200MHz 屏蔽天线进行探察。其特点是兼备低频和高频天线，低频天线能够探察更深，高频天线能够探察更精确。结合详勘报告，测区内浅部地层以杂填土（混凝土路面）、素填土（路基回填碎块石夹黏土）和红黏土为主，各层介电常数不同，电磁波波速暂定 0.14m/ns，能够探察地表以下 4m 范围内异常情况。

2）深层不良地质探察

针对不同工程地球物理勘探方法的特点及适用的范围，为满足对深层岩溶的具有良好的探察效果，选用地震映像法和地震波散射法对测区进行勘察。可采用的装置为单检波器接收，固定炮检距。通过对地震映像结果分析，圈定处可疑的异常范围，分析异常的不同类型特点及空间分布范围，然后针对不同的异常特点进行进一步精细探察。

（1）如果初步推断异常带为未充水或者未充泥的溶洞，在异常区进行进一步的地震映像法、地震波散射法和电测深法探察，然后选用孔间电磁波 CT 法进行较精确的定位，具体流程如下：

①地震映像法：提高勘探的横向分辨率，将地震映像点距缩短到 0.5m，同时在左右两侧各布设一次检波器的方法对异常带进行勘察。这种布点的特点是精确度更高，并且同时对同一点进行两次数据采集，然后对一个物理测点两次采集的数据叠加处理，提高数据采集及解释质量。

②地震波散射法：采用 0.5m 道间距的 32 道检波器一次布开，点距 0.5m 进行精确勘察，能更好地反映出异常。

③电测深法：根据地震法勘探结果，选取异常较明显的路段进行探察，电极距和点距根据异常大小及深度确定。

通过以上多种方法综合探察,若多种方法均反映异常存在,则说明此异常相对比较可靠。此时,可在异常处采用钻孔验证。在钻孔验证异常存在的基础上,可进一步采用孔间电磁波 CT 法对异常发育形态进行更精确的空间形态描述及定位。

(2)如果初步推断异常带为充水或者充泥的溶洞,选用加密的地震映像法、地震波散射法和电测深法,在条件容许的情况下选用高密度电法进行辅助推断,点距及测线根据异常大小及位置相应布置,孔间电磁波 CT 法进行较精确的定位。

(3)如果初步推断异常为土洞,选用地震映像法、地震波散射法、高密度电法和地质雷达法,孔间电磁波 CT 法进行较精确的定位,探察点距及测线布置同上。

(4)如果初步推断异常带为断层破碎带,选用地震映像法和电测深法,孔间电磁波 CT 法进行较精确的定位,探察点距及测线布置同上。

3)地下水的探察方法

探察目的主要是查明地下水补给、径流和排泄情况,富水区域,施工中是否会产生涌水情况,施工后地下水水位是否有变化,是否会引起地面沉降塌陷等情况。

针对地下水主要采用高密度电法、地质雷达法、设置长期水位观测孔法。

4)地下管网的探察方法

地下管网的探察主要有以下几种方法:

(1)从权属单位搜集管网资料图。

(2)现场调查测量主干管线。

(3)采用 CCTV 管道机器人和地质雷达以及听漏仪进行探察。

与管线权属单位建立联动机制,以各权属单位为主,辅以相适宜的探察手段,结合迁改影像资料及具体工点的实际情况,对轨道交通沿线的管网作综合性的功能检测与评价。

探察地下管网的目的:一是查明管网分布情况,为施工阶段管控提供依据;二是查明是否有管网(尤其是自来水、雨水、污水)渗漏情况,是否会引起地面沉降塌陷等情况,以指导施工。

3.3.5 岩溶隧道超前综合预报方法

1)隧道超前地质预报方法的种类

(1)地质分析法

地质分析法又称地质编录及结构面追踪超前地质预报法。这种方法为传统的地质学方法,其特点是在预报过程中不需要借助物探、钻探等手段,主要通过地质观察、地质编录、地勘资料收集和掌握隧道穿过段岩体的地质格局,概略地预测地质界线、大型断面、主要涌水段、破碎岩体、围岩等级等,操作起来简便快捷,但一般预报距离较近,即此方法适合用于底层单一及地质构造简单地区或地段进行短距离预报。该法是在每次开挖后对掌子面和左右边墙进行素描,以预测隧道掌子面前方不良地质体可能出现的类型、部位、规模,特别是对掌子面或边墙揭露的断层,调查断层产状、规模及其分布位置、延伸方向、充填物等情况,并利用作图分析，推断其将在何处达到危险部位，以便隧道施工采取合理的工艺措施，避免事故的发生。地质分析方法预报是施工地质工作的重要环节，进行地质预报应从加强和重视地质工作入手。

隧道掌子面施工地质工作包括：

①研究、收集并熟悉设计阶段的地质勘察资料，掌握隧道通过地层的岩性、构造格局、不良地质出现的规律。

②记录并描绘掌子面附件的岩体情况及不稳定结构体可能出现的位置，为下一步循环作业可能的风险做出预报。

③推测掌子面前方不良地质出现的可能性，为地质预报提供依据。

地质分析法是首先建立在对隧址区地质情况全面熟悉和把握的基础上进行的，包括地层及岩性，构造及发育程度，水文单元及隔水层、含水层，浅埋段等。另外，需要现场预报人员对相应地层岩性、厚度、构造等有较准确的判识。但当碳酸盐及岩溶或构造发育复杂时，须借助于有效探察手段，预报结果才会更为准确。

（2）水平钻探法

水平钻探法是超前地质预报最直接的一种方法，通过钻探对掌子面前方获取的地层岩性进行鉴别，确定其埋藏距离与厚度（或宽度）、溶洞及充填的性质，查明钻探深度内的地下水的赋存条件。可进行水量、水压的测定，当为煤系地层时，可确定煤层厚度和进行瓦斯含量测定，可对物探方法的超前地质预报成果进行验证，同时可利用所取岩芯进行室内试验，测试岩石的物理力学性质。目前水平钻探法，按长度分为短距离30m以内，长距离大于50m；按取芯与否分为取芯和不取芯水平钻探，不取芯水平钻探依据钻进过程中钻速、钻压等变化结合地质情况，判断分析钻进前方岩土的性质，但不如取芯法直接。

钻进过程中还可采用钻孔声波、水压力井孔电视等技术，预报涌水量及水压。水平钻探法准确率高，在超前地质预报中占有极其重要的位置。特别是在岩溶发育地段，基本上能准确核实物探超前地质预报成果。

（3）隧道超前地质预报常用物探法

地球物理探察方法（简称物探方法）是间接、无损的探察方法。根据原理和特性的不同，物探方法可分为电磁波法、弹性波法和电法三大类。

①电磁波法。

电磁波法主要有地质雷达法、红外探察法、γ线探察法，但在隧道中主要采用地质雷达法，红外探察法主要用于探明隧道前方是否有富含水层。

a. 地质雷达法：地质雷达（Ground Penetrating Radar）是一种高科技的地球物理探察仪器，目前已经广泛应用于诸多工程领域。探察时利用一个天线发射高频带电磁波，另一个天线接受来自地下界面的反射波。电磁波在介质中传播时，其路径、电磁场强度与波形将随所通过介质的电性质及几何形态变化。因此，根据接收到波的旅行时间（也称双程走时）、幅度与波形资料，可推断地下介质的分布情况。地雷达检测时，利用发射天线发射高频宽带电磁波，当电磁波遇到电性不同的分界面时，就会产生反射，为接收天线所接收。然后通过雷达转换卡将脉冲信号转换成数字信号，并传送给雷达主机。最后经过一系列的滤波、去噪等处理，得到连续的雷达剖面,供人们分析和处理。探地雷达使用高频电磁波对地下介质进行检测。

典型的空洞、钢筋等柱状物会在雷达图上显示为一个双曲线的波形,如图3-38、图3-39所示。

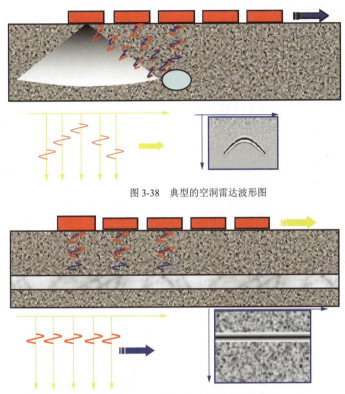

图 3-38　典型的空洞雷达波形图

图 3-39　典型层位(脱空、分界面等)雷达波形图

对隧道上部、道路地面下溶洞进行检测时,将雷达天线紧贴着地面、隧道洞壁等检测面拖动,高频电磁波由天线进入混凝土层中。当电磁波遇到混凝土中的钢筋、孔洞、裂隙或混凝土与空气的分界面等时,产生反射,并被接收天线所接收。探察目标的位置可以由天线的定位系统给出,深度可以由以下公式得出:

$$d=\frac{1}{2}vt \tag{3-1}$$

式中:d——目标物的深度;

　　　v——电磁波在混凝土中的传播速度;

　　　t——为电磁波的双程传播时间。

因为电磁波的传播时间可以直接在雷达图上读出,所以只要知道波速,就可以准确地得到目标物的深度。混凝土中的电磁波速度通常可以用以下方法得到。

通过查找设计资料、取芯等方法得到一个已知目标物的深度,然后由上式反推出电磁波在混凝土中的传播速度。

对于介质中的波速,可以由下式得出:

$$v=c/\varepsilon^{1/2} \tag{3-2}$$

式中：c——电磁波在空气中的传播速度（30cm/ns）；
ε——介质的介电常数。

因此，只要得到准确的混凝土介电常数，就可以算出电磁波在混凝土中的传播速度。

b. 红外探察法：所有物体都发射出不可见的红外线能量，能量的大小与物体的发射率成正比。而发射率的大小取决于物体的物质和它的表面状况。当隧道掌子面前方及周边介质单一时，所测得的红外场为正常场，当前面存在隐伏含水构造或有水时，所产生的场强要叠加到正常场上，从而使正常场产生畸变，据此判断掌子面前方一定范围内有无含水构造。

红外探察的特点是可以实现对隧道全空间、全方位的探察，仪器操作简单，能预测到隧道外围空间及掘进前方 30m 范围内是否存在隐伏水体或含水构造，而且可利用施工间隙期探察，基本不占用施工时间。但该方法只能确定有无水，至于水量大小、水体宽度、具体位置不能定量解释。

② 弹性波法。

当弹性波向地下传播遇到波阻抗不同的地层界面时，将遵循反射定律发射反射现象，且介质的波阻抗差异越大，反射回来的信号越强。常用于隧道地质预报的弹性波超前地质预报方法有 TSP 超前地质预报法、陆地声呐法、瑞雷波法、多波多分量地震法、声波和超声波探察法等。

a. TSP 法：TSP（Tunnel Seismic Prediction）是属多波多分量高分辨率地震反射波探察方法。其应用的是震动波的回声原理。

人工激发地震波，所产生的地震波在隧道围岩中传播，当围岩强度发生变化时，例如遇岩溶、断层或岩层的分界面时，地震波将会发生反射，反射的地震波由仪器所接收。当反射界面与掌子面平行（垂直测线）时，所接收的反射波时距曲线近似为直线并且与直接由震源发出的信号，即直达波在地震波形记录上呈负视速度的关系（图 3-40），其反射波延长线与直达波延长线的交点为反射界面的位置；当反射界面倾斜，即与掌子面有一定夹角时，反射波时距曲线为双曲线；若反射界面由倾斜逐渐变为直立时，时距曲线亦由双曲线逐渐变为直线。

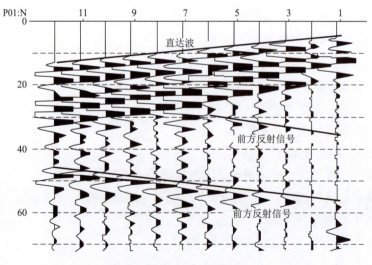

图 3-40　地震负视速度法波形记录

当地震记录中不存在明显的反射波时,则认为掌子面前方的围岩是均质的,存在不良地质情况的可能性较小。

对 TSP203 仪器采集的数据利用 TSPwin 软件进行处理,可以获得隧道掌子面前方的 P 波、SH 波和 SV 波的时间剖面、深度偏移剖面、岩石的反射层位、物理力学参数、各反射层能量大小等成果资料,同时还可得到反射层的二维或三维空间分布,并根据反射波的组合、动力学特征、岩石物理力学参数等资料来预报隧道掌子面前方的地质情况,如溶洞、软弱岩层、断层及富水带等不良地质体。

b. 陆地声呐法:是在被测面表面用锤击产生振动弹性波,弹性波在岩体中传播,遇到波速和宽度不同的界面可产生反射,用在锤击点附近设置的检波器接收这一系列反射波,沿测线上许多点逐一测取后,将各个点的记录绘制成同一反射面的反射波的时间剖面图,结合地质情况,就可以判断出个反射界面的性质,再根据反射时间,以及在岩体表面测得的弹性波波速,就可以计算出反射面距离。

③电法。

电法可分为传统的直流电法、高密度电法(直流)、激发极化法(直流、交流)、瞬变电磁法(交流)、Beam 电法(交流)等。虽然从大的分类讲,电磁波法也属于电法的范畴,但电法着重研究传导电流场的分布与畸变,而电磁波法更着重研究电磁波的传播特性与异常,另外在工作频率上也有天壤之别,因此常将电磁波法单独列出。

(4)各种超前地质预报方法在隧道中的适应性

鉴于工程施工和费用原因,对于一个具体的隧道工程,不可能采用所有的超前地质预报方法,必须有针对性地选择超前地质预报方法。

隧道常用超前地质预报方法的适应性见表 3-4。从表 3-4 可知每种超前地质预报方法都有自己的优势和局限性。

超前地质预报方法适应性一览表　　表 3-4

方法	种类	探察距离(m)	探察耗时(h)	用途	优缺点
地质分析法	地质素描	10	0.5	利用地质理论和作图法,结合勘察资料,进行开挖面前方地质条件的预测预报	设备简单,操作方便,费用低,不影响施工,占用时间短,对地质专业技术要求高
电法	直流电法	500	—	探测地层岩性在垂直方向的电性变化,解决和深度有关的变化	隧道内使用时原理和方法局限性大,对水敏感,但不能准确定位和估算水量
电法	瞬变电磁法	50~100	—	掌子面超前预报	对水敏感,但不能准确定位和估算水量
电磁波法	地质雷达	0.2~40	1	地面勘探、超前预报、结构检测	对洞穴、富水区预测有独到之处,可判定强风化破碎带,但预测距离短,有多解性,需专业人员判断
电磁波法	红外探察	20	0.5	辅助探水预报	有无水的预报准确率高,但无法定量测水,只能反映大致距离

续上表

方法	种类	探察距离（m）	探察耗时（h）	用途	优缺点
弹性波法	TSP	100～200	1.5	隧道超前预报	预报距离长,效果好,适用范围广,但预报耗时长,费用高,有多解
	陆地声呐	100～130	—	隧道超前预报	长距离超前预报
	多波探察	50～80	—	隧道超前预报	短距离超前预报
水平钻探	超前钻孔	5～100	8～20	隧道超前预报	效果好,判识率高,但费时费工,效率低

2）贵阳轨道交通1号线超前地质综合预报方法

虽然隧道施工的超前预报方法和手段多种多样,但是目前被广泛采用的主要有地震波法、地质雷达法、超前地质钻芯法、红外探察法等,其各自的特点及使用范围有所区别。而隧道施工过程中会遇到各种复杂工程地质条件与水文地质条件,单靠某种超前预报方法的话,其探察结果的精度是有限的。针对当前单一超前预报准确度不高的情况,人们寄希望于结合几种超前预报方法,来综合地预报掌子面前方围岩的地质情况,利用各种超前地质预报方法和手段的特点来探察集中常见的地质灾害。如利用红外探察法来探察掌子面前方地下水情、利用地质雷达法来探察掌子面前方岩溶地质情况,这样必然会提高超前预报的准确度。但同样也带来另外的弊端,一方面这样会占有大量的时间,另一方面也会造成大量的人力和财力浪费。

因此,在隧道施工超前地质预报中需要一种实用的超前预报综合方法。简单地说,隧道施工超前预报就是利用一些仪器来探察隧道掌子面前方围岩的地质构造、工程地质条件与水文地质条件等。超前地质预报主要需要两个方面的知识:物探知识与地质理论知识。超前地质预报仪器只是探察掌子面前方围岩中的异常情况,难以具体判定出哪种不良地质情况,由于地质基础理论知识和地质工作经验方法的欠缺,盲目相信探察结果,往往易导致预报结果对界面性质的判断失误或错误,而不进行界面产状的修正又造成隧道掌子面前方界面距探察面所在位置不准。因此,单纯地依靠物探方法来预报掌子面前方围岩情况是不可靠的。同理,基于地质理论知识与工作经验来预报掌子面前方围岩地质情况也是不科学的。由于所掌握的物探知识有限,往往表现为对探察结果的茫然,而固守于对地质条件的掌握和经验,难以做出大胆的判断。只有把两者结合起来才能提高超前地质预报的准确度,又能保证超前预报快速进行,少占用隧道施工时间,这才是一种实用的超前预报综合方法。故在实际操作过程中把超前预报方法与地质描述法、超前地质预报与地质分析方法有机地结合起来不失为一种很好的选择。地质描述为超前预报探察结果提供地质理论基础,尽可能地消除超前预报中的不唯一性,提高通过超前预报来探察隧道掌子面前方地质灾害的精度,而超前预报又加深地质描述预报的深度和范围。

综上所述,贵阳轨道交通1号线采用如下隧道超前地质综合预报方法:

（1）收集前期地质勘察资料和既有勘察成果。研究、熟悉并掌握隧道通过地层的岩性、结构概貌、不良地质出现的规律,把握隧道所要穿过的高风险地段的位置、长度、地质类型、特点,分析勘察工作的详细程度。

(2)施工过程中掌子面地质描述或地质编录。当掌子面处于设计图上的哪个位置(桩号),围岩岩性及结构、构造、硬度或强度,处于构造哪个部位,风化程度,节理裂隙发育程度,渗水情况,围岩完整性与稳定性等,并初步推测或判断掌子面前方的不良地质出现的可能性,从而为接下来的超前地质预报提供基础资料和依据。该观察描述同时也为下一次预报时调整所使用仪器及工作参数、工作方式提供依据。

(3)选用有效探察手段进行掌子面超前探察。在较宏观和较微观上分别以前期地勘资料和掌子面观察描述为基础和依托,进行掌子面超前探察,并依据探察成果资料和所处地质背景进行超前地质解释及预报。采取有效手段,工作在掌子面、现场与既有地勘资料之间,这是施工隧道超前地质预报的全部工作范畴。

(4)隧道超前预报与地表物探相结合。根据区间隧道浅埋或超浅埋穿越市政道路及岩溶隧道施工中极易发生突泥、涌水、坍塌冒顶等风险,洞内超前地质预报的同时,在整个施工过程中,对下穿市政道路段进行地表物探扫描,防止因岩溶或空洞引起路面结构层脱空。

该方法所强调的是以较宏观的既有地质勘探资料和较微观的动态掌子面地质资料为依托,在运用所选择的有效物探手段进行探察之后的基础上进行超前地质预报,三者缺一不可。本方法与以往所提出的综合超前地质预报方法不同的是:以往所提出或使用的综合超前地质预报法所强调的是长短距离的物探方法结合,物探与钻探的结合,轻视或忽略了怎样与地质结合。而该方法所强调的是恰当的物探方法怎样与宏观地质及微观地质结合,以钻探作为控制风险的主要手段。

3.3.6 探察案例

1)地质雷达法在中山路站—人民广场站区间隧道的应用

(1)工程概况

贵阳轨道交通1号线中山路站—人民广场站区间隧道(都司路高架桥段)右线里程YDK24+211处拱顶出现岩溶塌陷,塌陷范围位于都司路道路上,地表一辆满载的出渣车经过时发生塌陷,运渣车陷入坑内,沉陷面积约6m×8m,深度约3m。该段隧道拱顶埋深21m,洞身位于中风化泥质白云岩中,隧顶基岩厚度为10m。为查明本次塌陷原因,地勘单位采用工程地质调查、物探结合钻探、资料收集、工程地质类比等手段对本区间下穿市政道路段进行补充勘察。

(2)地质雷达检测情况简述及成果资料分析

地表地质雷达扫描测线呈方格网布置,扫描范围为都司路与公园南路交叉口,沿隧道纵向方向为都司路两侧各20m,横向方向为隧道两侧边线向外延伸5～8m,测线的布置见图3-41。

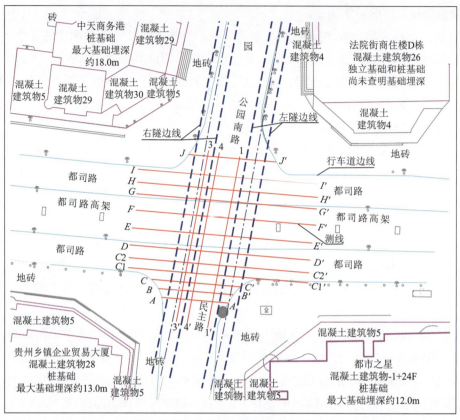

图 3-41　道路路面雷达检测测线布置示意图

雷达采集的数据采用 IDSGRED 软件包进行处理，处理流程为：数据输入→文件编辑→能量均衡→水平均衡→数字滤波→偏移→时深转换→图形编辑→注释→输出雷达剖面图。

本次检测采用了主频频率 400MHz 和 100MHz 的天线，400MHz 的天线探察有效深度为 2.5m，100MHz 的天线探察有效深度为 6m。考虑到 400MHz 的天线探察有效深度较浅，故最终探察成果数据的分析采用 100MHz 的天线探察的成果数据。本次监测采用 100MHz 的天线参数设定：工作时间窗口选定 80ns，采样点数选定 1024，增益采用自动增益，混凝土相对介电常数 ε_r=6.4，波速 v=0.12m/ns。

本次检测数据的干扰因素包括：①天气因素，开展工作期间天气状况为小雨；②地下管线因素，检测场地地下管线复杂，有煤气管、自来水管、雨污水管、强电和弱电等管线，管线对雷达波的干扰较大；③地质因素，该区域土层厚度较大，对雷达波的吸收较强，致使雷达波传递深度较浅。受到以上因素的干扰，本次道路路面雷达扫描检测工作，100MHz 的天线的最大有效深度为 8m，一般深度为 3~6m。

（3）结果处理

通过对下穿段市政道路进行地质雷达扫描，综合地表地质雷达扫描结果和洞内超前地质预报情况，对探察结果中的异常地段进行地表钻孔验证和处理，能有效防止隧道下穿施工时因岩溶或空洞引起地面坍塌，危及车辆和行人安全（图 3-42）。

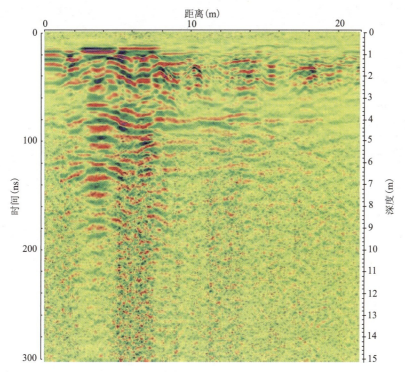

图 3-42　探地雷达地表探察成果分析表（F-F'剖面）

由图 3-42 可得出如下结论、建议：

该测线在 4.5～17.2m 位置处，深度在 1～7m 雷达波波形异常，推断为下伏路基密实度较差，可能存在空洞，该段需要钻探验证。其余段无异常，无须验证处理。

2）跨孔 CT 及地震映像法在中山路站—人民广场站区间隧道下穿南明河段的应用

（1）工程概况

贵阳轨道交通 1 号线区间隧道两次下穿南明河，均采用暗挖法进行下穿。中山路站—人民广场站区间线路与南明河斜交，区间下穿南明河长度较大，长 260m，隧道结构最小埋深 8.26m，为双洞单线结构，线间距 12m（图 3-43）。人民广场站—火车站站区间线路与

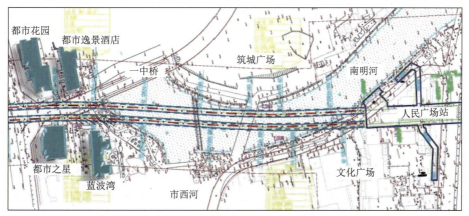

图 3-43　中山路站—人民广场站区间隧道下穿南明河平面

南明河正交，下穿长度较短，为60m，隧道结构最小埋深10.7m，左线含一停车线，为单洞双线结构，线间距4.6m，右线为双洞单线结构（图3-44）。

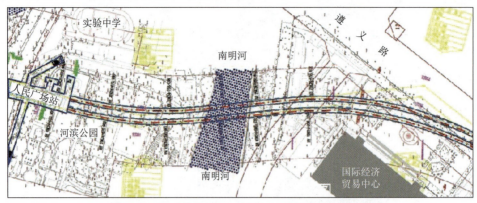

图3-44 人民广场站—火车站站区间隧道下穿南明河平面

南明河段河底以下为中风化泥质白云岩，岩溶中等发育，岩石中节理裂隙及溶孔是地下水运移渗透的通道。南明河河底最低高程1046m，河水水位高程1048.90m，五十年一遇洪水位1053.00m，下穿段河床宽度37～58m，枯水期流量13m³/s，属季节性河流（图3-45）。

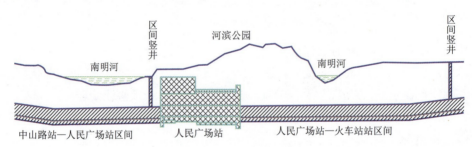

图3-45 区间隧道下穿南明河纵断面

隧道浅埋下穿南明河，开挖使地层受到扰动或揭露与河床连通的岩溶管道和裂隙，如果超前加固及超前堵水不及时会造成涌水、突泥，甚至塌方冒顶引起河水倒灌，风险极大。

（2）跨孔CT法检测情况简述及成果资料分析

针对拟建区间隧道下穿南明河段岩溶的发育情况，为查明场地内部分钻孔之间溶洞的位置、规模、埋深、连通性和裂隙发育范围，初步勘察阶段在该区段进行了岩溶探察工作，在位于南明河的钻孔中进行了跨孔弹性波CT测试工作。

将所有跨孔弹性波CT资料进行对比、分析，结合场地地质资料进行综合解释，可将下穿南明河段场地内地质情况归纳为三个区，根据波速分区标准对各跨孔弹性波CT剖面进行了地质解释，解释成果见图3-46。

将跨孔弹性波CT测试与钻探对比分析：钻探揭露的溶洞或土层，跨孔弹性波CT的波速一般在1500～2000m/s之间。钻探揭露的裂隙发育区段，跨孔弹性波CT的波速一般在2000～3500m/s之间。但由于两者之间的勘探精度和范围不同，而使它们之间有差异。一一般来说,钻探揭露的小溶洞和裂隙,如孔旁基岩较完整,则跨孔弹性波 CT 的波速较高。钻探揭露为完整基岩的地方,由于孔旁存在较大的溶洞或破碎,跨孔弹性波 CT 的波速可能表现为低速。而钻探揭露为串珠状溶洞,跨孔弹性波 CT 的波速可能表现为一个较大的低速区。

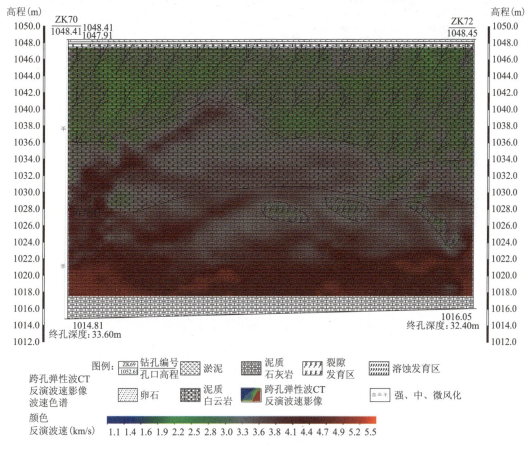

图 3-46 中山路站—人民广场站区间隧道下穿南明河段跨孔弹性波 CT 测试图

从勘察方法原理上分析,钻孔揭露的是一个点自上而下的岩土分层情况及其岩土特征,在钻孔口径范围,其勘探精度较高,但不知道孔旁的地质情况。跨孔弹性波 CT 是用层析成像的方法对地震数据进行处理,重建地质体内速度分布图像,其勘探精度较钻探低,但反映的是激发孔至接收孔(平面距离)与测试段(深度)所圈定的范围内的整体地质信息及其特征(图 3-47)。

本次跨孔弹性波 CT 测试工作,基本查清了测线经过范围内溶蚀等不良地质现象的分布和发育特征,较好地反映了本次勘察范围内的实际地质情况。通过对跨孔弹性波测试数据的解析和反演波速影像,结合钻探资料,得出以下结论:下穿南明河段测线经过范围内未见明显的岩溶发育,岩体中未见明显的岩溶发育连通管道,局部存在溶蚀裂隙发育。在推断的溶蚀裂隙发育区域,岩体相对较为破碎。

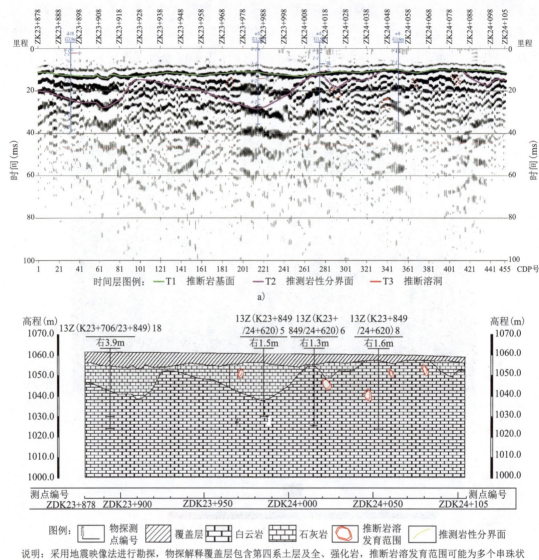

图 3-47 跨孔弹性波 CT 综合地质解释剖面图

(3) 地震映像探察情况简述及成果资料分析

在区间隧道起点市府路至一中桥段（里程 YDK23+887.850～YDK24+322.700）共布置两条地质地震映像探察剖线，主要沿左右幅隧道中线布置，探察区间隧道内的岩溶发育情况和各种岩土层分界面。由于规范要求钻孔布置在区间隧道洞身两侧 3～5m，故本次地震映像探察的结果只有个别临近测区的钻孔进行钻探验证（图 3-48）。

根据地质地震映像探察结果，结合钻探情况和已收集资料进行综合分析，推测拟建场地物探异常情况主要为岩溶发育区、节理裂隙发育密集带、岩体相对其他区域比较破碎的地带，推断拟建场地物探异常情况主要在拟建区间隧道顶板和隧道洞身段，在施工期间应加强地质超强预报和监测工作,以进一步确认异常情况。

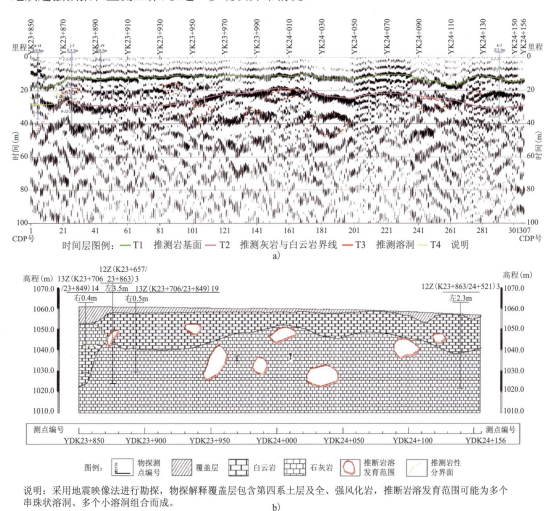

图 3-48 地震映像综合地质解释剖面图

（4）结果处理

通过对下穿南明河段进行跨孔 CT 及地震映像法探察,综合洞内超前地质预报情况,对探察结果中的异常地段进行地表钻孔验证和处理,有效防止隧道下穿施工时因岩溶或空洞引起地面坍塌,安全地下穿了南明河。

3.4 岩溶处理关键技术

贵阳轨道交通建设存在周边环境复杂、隧道埋深浅、地质条件多变、岩溶发育、地下管线破碎严重等特点。贵阳轨道交通 1 号线岩溶风险管控按"三阶段管控""三责任主体""一组织统筹"的思路进行。"三阶段管控"即"事前、事中、事后"三施工阶段进行管控和处理，施工前探明存在的岩溶，先进行预处理再施工开挖，降低施工揭露塌陷风险，施工过程中，以超前地质预报为主，对超前地质预报揭示的异常区域进行补充勘察，根据勘察情况先处理后通过，隧道施工完成后，对隧道范围地表道路进行综合探察，对发现的空洞进行处理，确保运营期间周边环境安全。"三责任主体"即勘察、设计、施工，岩溶处理的前置条件是先发现岩溶，勘察清楚岩溶及地下水特征，为处理提供充分依据和前置条件；其次，岩溶处理方案应结合贵阳轨道交通建设具体情况进行设计，应符合地域特征，有针对性；最后，施工实施时，应落实到位相关措施，确保处置质量。"一组织统筹"指建设单位要对岩溶发现进行全面管控，组织统筹。结合贵阳地区岩溶处理经验，提出以下三方面措施。

3.4.1　管理措施

1）建立管理办法

建设单位建立健全管控措施，加强贵阳市轨道交通工程建设相关岩溶风险管控，预防轨道交通工程建设过程中地表塌陷及其他各类突发性地质灾害的发生，实现信息化施工管理，制订施工安全应急预案，有效规避工程建设风险，保障工程建设周边环境、人民群众生命和财产安全，指导各参建工作。

2）招用专门岩溶探察单位

轨道交通建设环境敏感，需要在建设前、建设中、建设后对沿线岩溶空洞进行处理，以确保安全。岩溶空洞探察受城市环境影响，具备一定难度，建议招用经验丰富、技术力量强的探察单位全程负责进行控制。探察单位应根据工程特点，结合建设需求制订恰当的填充原则，按施工前、施工中、施工后三阶段实施探察方案。

3）明确参建单位职责和工作重点

由建设单位负责协调各单位之间的关系，并负责对各单位工作实施情况进行监督和检查。岩溶探察单位负责具体探察工作，对探察成果进行认真分析和研究，并对探察出的隐患进行评估，出具探察报告。设计单位根据探察成果，对隐患治理提出指导性技术方案，对于存在重大安全隐患的，及时提出处理建议并出具相关设计文件。监理单位负责审批施工单位上报的探察实施方案、探察报告、隐患治理方案等，督促施工单位按照探察方案实施探察工作，并对探察资料和成果进行签认；做好探察资料的管理工作，建立探察台账；负责对施工单位的隐患治理实施全过程进行旁站监理，对发生的工程量进行详细记录并确认，收集治理过程的影像资料；配合建设单位做好探察管理工作。施工单位配合探察单位做好探察工作，对探察实施工作进行现场配合管理；负责探察相关资料、报告的收集整理工作，建立探察台账；做好超前地质预报，并及时整理反馈，与探察资料进行比对判断，对存在的隐患及时上报；根据设计单位提供的指导性隐患治理方案，编制现场实施方案，报监理单位审批后开展治理工作。

3.4.2 工程措施

1) 全线岩溶处理概况

根据1号线工程地质勘察资料及施工揭露情况，隧道主要穿越可溶岩地层，区域内岩溶较为发育，地表岩溶形态主要以溶孔、溶槽、溶裂为主，地下岩溶形态主要以溶洞、溶隙岩溶管道为主，地下水发育。隧道开挖过程中将面临不可预见的岩溶涌水、突泥，以及隧底隐伏溶洞、溶槽，危及施工及运营安全。岩溶对本工程的影响主要为：降低隧道围岩等级，位于隧底时，基底承载力不足，暗挖工程揭穿溶洞容易产生塌方，揭穿岩溶管道则易发生较大涌水、突泥，同时由于隧道埋深较浅，岩溶问题容易引起地表塌陷或地表沉降过大问题，危及城市环境安全。

1号线施工前和施工过程中，通过探察或通过超前地质预报发现的溶洞，都进行了预处理，一般采用回填密实的方式，根据岩溶情况，分别采用灌注混凝土、砂浆、水泥浆相结合的方式进行，施工通过完成预处理的溶洞时，隧道洞内围岩及掌子面都能比较稳定，保证了施工及周边环境安全，预处理的思路得到了施工应用。但是，对于未发现的溶洞，施工过程中发生了多次溶洞涌水、突泥、塌方冒顶事件，甚至在施工完成后，都曾发生过地表塌陷事件。总结1号线的岩溶处理经验，一方面要对岩溶进行事前处理，规避风险；另一方面要加强过程控制、及时发现、提前处理。

2) 岩溶处理措施

对于岩溶隧道，特别是地下水发育区间的岩溶隧道，采用加强超前地质预报，建立以长距离物探（地震波法）为宏观控制、以钻探法（超前钻孔探察、加深炮孔钻探）为主，其他物探方式为辅助（地质雷达、TSP地震波反射法探察及跨孔CT法），红外线探察连续施测的综合预报管理体系。查明溶洞的分布范围、类型、规模、发育程度、填充物、地下水情况及岩层稳定程度等，及时有针对性地调整施工方案，按照堵排结合、因地制宜、综合治理的原则，分别以"堵填、注浆加固、跨越"等措施进行处理。

岩溶地段隧道施工需准备足够数量的排水设备。开挖时根据相应地质条件，选用台阶法、CD法或CRD法、双侧壁导坑法。爆破开挖时，应多打眼、打浅眼，严格控制装药量。

对于岩溶发育地段隧道施工应根据具体情况采取相应处理措施。如果溶洞规模较大，内部充填泥沙，且地下水丰富，应采用全断面封闭注浆加固的方法。当隧道只有一侧遇到溶洞时，应先开挖该侧，待支护完成后再开挖另一侧。当隧道穿越堆积物时，如果堆积物较大，清理时会造成随清随塌的大型塌体，应采用超前强预支护注浆加固周围的堆积物。对已停止发育的、跨径较小、无水的溶洞，可根据其与隧道相交的位置及其填充情况，采用混凝土、浆砌片石或干砌片石予以回填封闭，同时根据地质情况决定是否需要加深边墙基础。岩溶地区隧道支护和二次衬砌应根据情况适当加强。

3) 贵阳轨道交通1号线岩溶及防坍塌处理经验

1号线大部分区间隧道位于贵阳核心城区，岩溶处理原则上按预先查明处理后再开挖通过的思路进行，一般处理方式为填充，洞内下穿时加强超前地质预报，取孔验证处理效果，视情况进行补充填充、注浆等，同时加强下穿岩溶段的超前及初期支护，以保证市政设施及城市环境安全。对于贵阳北站—安云路站段山岭隧道,一般按揭露后岩溶发育情况进行处理。对于大型、复杂溶洞,专项研究处治措施。

3.4.3 施工措施

1)建立隧道岩溶分布信息台账

施工应根据详勘报告、地表物探、洞内超前地质预报结果及设计图纸关于岩溶处理要求,整理隧道岩溶发育情况,建立岩溶分布台账,随时掌握隧道掌子面前方岩溶发育情况,提前进行处理,施工期间根据隧道岩溶发育情况动态调整开挖及支护方式,对现场施工责任人员做好交底工作,做到事前清楚,有效控制。

2)编制岩溶处理施工方案

(1)已发现岩溶

对已经发现的岩溶,施工应编制施工方案,对施工工序、组织安排、人员、材料、机械设备等进行统一部署,有序进行。对施工可能存在的风险进行预判,并做好应急处理预案。

(2)岩溶坍塌抢险

对施工期间发生的岩溶塌陷,应结合现场情况,按应急抢险预案实施抢险,并及时通知建设单位及参建各方现场配合处理。应急抢险应充分考虑有效性,同时,要避免因抢险而引起的次生灾害,将缩减扩大化。由于轨道交通建设的敏感性,现场应急处理除了要迅速,还应及时做好上报工作。

3)建立隧道防坍塌、岩溶应急处理措施

(1)设置专职安全员,巡回检查洞内外的安全情况。

(2)发现安全隐患,及时通知洞内人员撤离至安全地带。

(3)如发生坍塌事故,则保护好现场,及时抢救受伤人员,安全员立即报告施工现场负责人,并拨打总调度电话以最快的速度组织抢险救援协调工作。

(4)所有应急设备人员立即到出事地点,对所有未获救人员和设备进行紧急抢救。

(5)抢救工作进行完后,主管工程师确认无危险时,方可进洞作业。

3.5 典型岩溶处理设计和施工创新

3.5.1 上软下硬地层充填型岩溶处理设计和施工创新

诚信路站—行政中心站区间隧道位于贵阳市观山湖区,区间线路出诚信路站后沿林城西路下敷设。根据地质详勘报告及掌子面围岩情况,隧道洞顶属于强溶蚀地带,处于基覆分界线,溶洞发育,拱顶土体含水率高,且较为松散,覆盖层为黄黏土,掌子面前方拱顶黄黏土极易坍塌。隧道岩溶多为充填型,充填物为黄黏土,由于含水率高呈流塑状,隧道施工过程中超前支护使用φ42超前注浆小导管。由于在含水率高的流塑状黏土地质注浆效果差,不能有效固结稳定含水黏土层,隧道开挖后水土混合物从小导管中间缝隙流失,使喷混凝土、挂网、立钢架这些后续作业前已形成洞顶沉降甚至塌方。

为了确保施工安全,设计单位和施工单位对施工工法进行调整,创新地提出了钢插板超前支护。隧道拱顶180°范围设置钢插板超前支护,钢插板厚1cm,宽20～30cm,长1～2m。拱顶遇到孤石时,钢插板先临时避开,后期局部破碎开挖。同时取消CD法中间临时钢支撑,采用台阶法施工,预留核心土,上台阶采用环形掏槽开挖,环向从一侧向另一侧开挖一段及时支护一段。施工过程中加强监控量测,做好应急处理措施。钢插板设计及施工见图3-49。

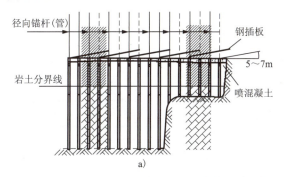 

图3-49 钢插板设计及施工

隧道穿越上软下硬地层充填型岩溶采取处理措施如下:

(1)加强超前支护:一般情况下小导管长度3.5m,可按纵向1m或1.2m设置一环小导管,前后排小导管错开。这样,在掌子面前方的拱顶截面上,超前注浆小导管排列较密,可形成类似挑顶护拱,防止掉顶、塌方。

(2)加强施工控制要求:对应上软下硬地层,一般按台阶法(预留核心土)工法施工,要求上台阶开挖应预留核心土,环形开挖上台阶并立即施作钢架,开挖方式一般按机械开挖,且开挖支护进尺按1～2榀钢架间距控制,各级台阶长度严格控制。

(3)加强钢架的锁脚及落脚控制:结合现场开挖情况,尽量调整上台阶钢架接头位置,让钢架落脚到岩层,同时加强钢架的锁脚,钢架接头位于土层时,锁脚采用注浆钢花管。

(4)加强初期支护结构设计,考虑初期支护能承受上覆土层全部荷载,按刚性支护设计。

(5)采用钢插板护顶:在施工过程中,钢插板有效地控制了黏土层遇水坍塌现象。在隧道穿越上软下硬地层,黏土层遇水软化超前注浆小导管无法控制拱部坍塌时,钢插板是一种有效的施工措施。

从施工结果看,贵阳轨道交通1号线隧道穿越上软下硬地层充填型岩溶处理措施效果良好。

3.5.2 基底隐伏岩溶处理设计和施工方案

行政中心站—会展中心站区间主体结构施工完成后,进行了2号斜井段预留的岩溶水管道封堵处理，在处治结束时，YDK7+100～YDK7+130段隧道底板出现了渗漏水现象，随后紧接着进行隧道底板渗漏水治理，治理期间隧底有上抬现象。

根据地勘对该段隧底进行补勘。补勘资料显示：YDK7+080～YDK7+130隧底分布软～流塑状黏土充填型溶洞，其中YDK7+080～YDK7+100段底板以下2～5m范围内断续分布软～流塑状黏土，YDK7+100～YDK7+130段底板以下2～5m范围内较为连续地分布有软黏土。溶洞主要分布于YDK7+100～YDK7+130段，其横向宽约12m，超出隧道右边墙外约1.2m，纵向长约23m，深度为3～4m。充填物为软塑黏土。其余段（YDK7+080～YDK7+100）为断续分布充填型小溶洞。溶洞分布平、纵面见图3-50、图3-51。

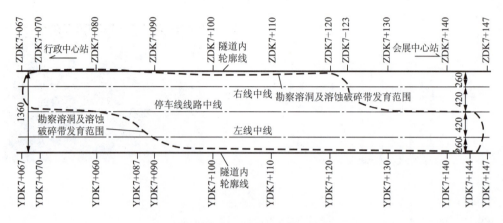

图3-50 溶洞分布平面（尺寸单位：cm）

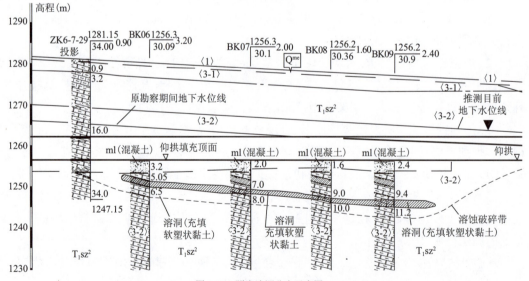

图3-51 隧底溶洞分布示意图

充分考虑到隧道仰拱初期支护及二次衬砌已施工情况，包括轮廓线、注浆隆起及其处理情况下有可能存在仰拱衬砌破损。溶洞分布的不确定情况，包括溶洞分布边界、充填物性质及物理力学指标、水压、涌水情况等。采用桩板结构加固方案，对隧底隐伏岩溶发育段采用桩板结构进行处理。

采取 φ300 机械钻孔桩，桩身采用 C35 钢筋混凝土灌注，纵向间距 3m，横向间距根据隧底岩溶发育情况分别沿左线、停车线、右线轨道下布置。

板采用 40cm 厚 P10、C35 钢筋混凝土，承载板埋设与仰拱填充层内，板顶高程与仰拱填充面高程一致，施作前凿除相应范围内的原隧底仰拱回填层。

因钻孔桩施工破坏了隧底既有辅助防水层及仰拱二次衬砌，为防止桩板结构施作完成后隧底出现渗漏，在桩浇筑并达到 70% 强度后，于每根桩附近采用预留的钢花管进行注浆加固止水，必要时在桩间增设注浆钢花管对隧底进行注浆，确保承载板施作前，隧底无渗漏水。

板底、板底桩周及板与周边既有仰拱回填混凝土结合面，均进行防水处理，以尽量保证处理段的防水效果。

3.5.3 富水岩溶发育隧道设计和施工创新

1）富水岩溶发育雅关隧道施工遇涌水、突泥

雅关站—蛮坡站区间雅关隧道全长 2.4km，为左右线分离式隧道，呈南北布置，北端出地面与区间路基相接，隧道下穿鹿冲关森林公园后，南端接暗挖蛮坡车站。隧道单面下坡，埋深 9~258m。穿越泥岩、砂岩、白云岩及灰岩地层，前半段隧道为Ⅳ、Ⅴ级围岩，后半段隧道为Ⅲ、Ⅳ级围岩，地下水主要为岩溶裂隙水，施工图设计阶段隧道涌水量预计为 3.3~10L/min。10m 洞长隧道采用全包防水模式。区间溶洞平面位置关系见图 3-52，区间地质纵断面见图 3-53。

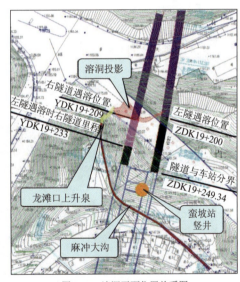

图 3-52 溶洞平面位置关系图

隧道从蛮坡站竖井进洞组织施工，左隧施工至距离蛮坡站端 50m（YDK19+200）处时，揭露一大型溶洞并发生涌水。揭露溶洞处两管隧道净距 19m，开挖面积 37m²，断面高 7m、宽 6.5m，采用马蹄形断面。隧顶埋深 41m，围岩为灰岩，级别为Ⅲ级，隧顶基岩厚 40m。涌水点上方有一泉眼（龙滩口上升泉），该泉眼距涌水点水平距离约 58m，常年流水，平常通过原有的麻冲大沟排泄，泉水溢出常年流量为 0.1~0.5L/s。

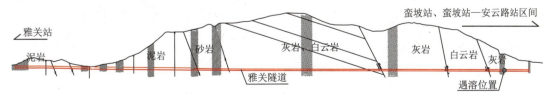

图 3-53 区间地质纵断面图

在开挖隧道过程中,发生涌水时掌子面峰值涌水量达 700m³/min,稳定透水量 300~400m³/h,涌水仅 16h 后便将整个竖井灌满,涌水量约 18000m³。抽水过程中突降暴雨,补给水增多,竖井内水位增至竖井冠梁位置,再次淹没竖井。通过测算,暴雨时峰值补给量达 2500~3000m³/h。

2) 地勘补勘

对开挖时遇到的岩溶强发育地段进行地勘补勘,补勘揭示:

(1) 掌子面揭露的溶洞与地表龙滩口相连,在未揭露地下岩溶时,地下水主要从龙滩口排泄,排泄点高程 1144.5m。当隧道开挖揭露岩溶后(出水高程为 1117m),改变了地下水的径流和排泄通道,涌水后龙滩口开始出现断流,涌水量包含龙滩口岩溶储水量和含水层中地下水的静储量,因此隧道涌水初期 4~5d 内水量较大,后期涌水量趋于相对稳定的范围。

(2) 隧道岩溶水以大气降水为主要补给源,汇水面积 5.2km²,结合抽水观测,涌水主要为两个来源:一是地下长期稳定流补给,雨季补给量为 0.7~1.2 万 m³/d;二是降雨直接下渗补给。抽排时发生强降雨,雨后涌水量增加约为 3 万 m³/d,推测后期出现强降雨时的涌水量增加约 9 万 m³/d。

(3) 水头差按 35m 进行考虑。

(4) 原地下水经岩溶管道由下至上从地表龙滩口排出,且附近未见有其他排水通道。隧道洞内遇溶洞前后围岩较完整,未见有其他水体出露。

溶洞横剖面见图 3-54,隧道溶洞现场照片见图 3-55。

图 3-54 溶洞横剖面图

a) 龙滩口出口

b) 龙滩口溶洞向下发育

c) YDK19+209 正前方溶洞

d) ZDK19+200 涌水、突泥

图 3-55 隧道溶洞现场照片

3)溶洞处理方案比选

根据该溶洞涌水及补堪资料,可采用三种方案对溶洞及地下水进行处理。

(1)封堵方案

①处治思路:对施工揭露的溶洞进行回填,对地下水采用注浆封堵,同时施作抗水压衬砌。

②存在问题:此处揭露岩溶水为地下水排泄通道,且处于排水末端,水量大,盲目封堵隐患很大,而且封堵困难,风险大。即便暂时堵水成功,那么势必造成地下水位上升,同时,由于岩溶发育的不规律性,加之原来的地下水系被破坏,新的水头高度难以确定,对隧道纵向影响段落的长度也难以确定,抗水压衬砌施作长度、厚度也难以确定,盲目处理会潜伏在高压水作用下,隧道边墙、仰拱发生爆裂,危及行车安全甚至留下乘客伤亡事故的隐患。因此,不推荐按封堵的思路处理此岩溶地下水问题。

(2)引排方案

①处治思路:启动施工图中设计预案,设置泄水洞排水。详勘报告显示隧道水量较小,但考虑溶洞隧道工程风险,蛮坡站—安云路站区间设计了两个泄水洞预案,泄水洞长度为1.5~2km。当雅关隧道、蛮坡站—安云路站区间部分隧道施工期间涌水量过大难以进行封堵、不能按全封防水进行施工时,经论证后,必要时施作泄水洞。

②优缺点:设置泄水洞引排该岩溶水,其优点是一劳永逸,干净彻底;缺点是从目前雅关站—蛮坡站区间、蛮坡站—安云路站区间施工情况看,除本溶洞有集中涌水外,其余地段未见有集中出水。如仅为解决该溶洞出水设置泄水洞,泄水洞长约2000m,加上引水平导1500m,泄水洞长达3500m,施工周期长、投资大。

(3)封排结合方案

原地下水通过龙滩口,由溶洞管道形成上升泉从地表自然排出。其泉口至目前洞内出水点高差约35m。若通过洞内封堵,使水路由地表龙滩口附近排出,其理论水头高度也就是35m。而且,根据现场施工情况,从溶洞涌水前后的区间段落,开挖揭示围岩完整,开挖及初期支护面都比较干燥。可以初步判断:除YDK19+209处有岩溶和集中出水外,其前后围岩都比较完整,该岩溶地下水出路就在地表龙滩口处。

①处治思路:溶洞前后段采用全封抗水压衬砌,设置排水竖井,使地下水经排水竖井从地表龙滩口附近排出,基本不改变原地下水状况。

②优点:此方案投资相对泄水洞方案较小,而且恢复原有水路,封排结合,隧道承受水压可控,可实施性相对较强。

三个方案比较见表3-5。通过以上对三个方案的比较,推荐采用封排结合方案。

方案比较表　　　　表3-5

方案对比	封堵方案	引排方案	封排结合方案
处治思路	封堵溶洞及地下水	设置泄水洞自然引排地下水	设置排水竖井,施作隧底压水板及全封防水衬砌,使地下水仍从龙滩口附近排出
投资估算	—	6000万元	1200万元(不含前期处理费用)

续上表

方案对比	封堵方案	引排方案	封排结合方案
方案优点	—	自然引排,方案简单可靠	可有效控制水头高度,不改变原有地下水路径,结构可行,环境影响小,投资相对较小
方案缺点	隐患大,风险大	施工周期长、投资大,对工期影响大	结构施作质量要求高

4)封排结合方案设计

从三方面分析:①原地下水从地表龙滩口排出,附近地表未见其他地下水出露;②隧道洞内遇溶洞前后围岩较完整,无渗漏、出水情况;③地下水主要从右洞隧底以下集中突出,水头高度35m。采用封排结合方案,洞外在龙滩口附近设置排水竖井,洞内设置横通道将水引入排水竖井,通过在溶洞前后段采用全封抗水压衬砌,使地下水从地表排出,接入麻冲大沟,见图3-56、图3-57。

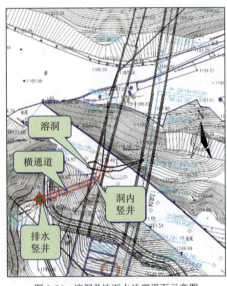 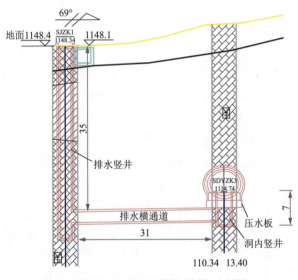

图3-56 溶洞及地下水治理平面示意图　　图3-57 溶洞及地下水治理剖面示意图(尺寸单位:m)

(1)设置"排水竖井+横通道"排水系统取代原龙滩口排泄通道

在龙滩口出口处附近设置"排水竖井+横通道"的方式替代原来的龙滩口排泄岩溶通道,通过埋设高密度聚乙烯(HDPE)排水管将左、右洞渗水点水路连通并集中引至排水横通道,以保证地下水均能排入排水横通道至排水竖井,使地下水沿该通道引入麻冲大沟排出,见图3-58～图3-61。

(2)溶洞填充

对隧道开挖揭露的上部溶腔采用混凝土或M20砂浆充填密实,隧底的溶腔采用底梁(兼作压水板)进行跨越。

(3)设置抗水压衬砌

在溶洞涌水点前后各施作一段抗水压衬砌,抗水压衬砌采用C40钢筋混凝土,长度按溶洞前后延伸40～50m进行施作,分两层施工,第一层厚50cm,第二层厚40cm。

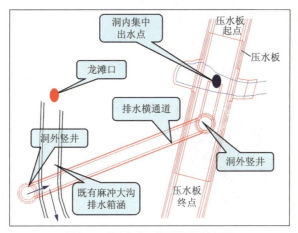

图 3-58 排水竖井+横通道平面布置图

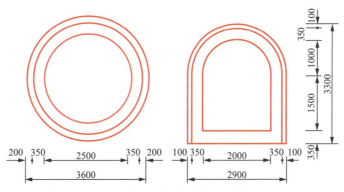

图 3-59 排水竖井+横通道剖面图(尺寸单位:mm)

图 3-60 排水横通道施工

图 3-61 排水竖井施工

(4) 围岩加固及防水层优化

对溶洞前后抗水压衬砌段围岩采用 $\phi 42$ 注浆钢花管进行注浆加固,形成一定厚度的止水段,避免地下水沿隧道周边孔隙、岩溶裂隙往前后串通。

采用丙烯酸盐喷膜防水层替代原来的高分子防水卷材防水层,保障初期支护后防水效果,防止地下水前后串流。抗水压衬砌分两次施作,两次抗水压衬砌间不铺设防水层,且施工缝错开。

5）封排结合方案创新

封排结合方案不改变原岩溶管道水路径，综合利用周边环境及地质条件，创新地采用"排水竖井+横通道"的封排结合方案对岩溶地下水进行综合治理。

洞内抗水压衬砌施作完成后，岩溶水通过设计的路径从排水竖井流出，排入地表排水管网，且洞内二次衬砌无渗漏。处置完成后二次衬砌外观见图3-62。

图3-62 处置完成后的二次衬砌外观

封排结合方案以"排水竖井+横通道"的综合处置方案成功地完成了对本区间隧道岩溶管道水的治理，荣获了国家知识产权局颁发的实用新型专利权，对类似工程有借鉴意义。

3.6 富水岩溶强发育处治方案研究

3.6.1 安全隔水层厚度研究

1）区间隧道涌水突泥类型

根据超前钻孔及地质物探手段检测结果判定，延安路站—中山路站区间隧道涌水突泥过程可分为两类：递增—递减—稳定型、递减—稳定型。

（1）递增—递减—稳定型

涌水时，涌水量经过一段时间后达到峰值，此后涌水量逐渐减小或持续稳定，见图3-63。

（2）递减—稳定型

涌水突泥时，涌水突泥量在瞬间或较短时间内达到峰值，水势猛，速度快，水量达到峰值后持续稳定或逐渐减少，见图3-64。

a) b)

图 3-63

c)

图 3-63　延安路站—中山路站区间 YDK23+380 递增—递减—稳定型涌水

a)

b)

图 3-64　延安路站—中山路站区间 YDK23+380 递减—稳定型涌水

2）安全隔水层厚度计算

隧道涌水突泥是否发生，需满足一定的能量条件，它包括含水围岩的能量储存性能、释放性能、水动力性能和围岩稳定性能等。

区间岩溶、岩体中的断层破碎带、节理密集带和岩性接触带等各种破碎带，具有良好的富水和储水性能，常可形成水量大、水压高的地下水体。构成了岩体中储存的大量地下水高静水压力。一旦能量达到一定程度，在隧道开挖过程中，必然发生释放，引起地下水向隧道高速涌出而形成涌水、突泥。

不同岩体结构和岩性条件的岩体，物理力学性质存在较大差异，隔水层厚度也不尽相同。因此，不同类型围岩被涌水突破所需的最小涌水量差别较大，表 3-6 为部分围岩被冲溃所需的最小涌水量。

围岩被冲溃所需的最小涌水量（单位：m^3/h）　　　　表 3-6

围岩名称	喀斯特化石灰岩	碎石岩	变质岩	黏土岩
最小涌水量	100～200	125～300	150～200	10～40

单位厚度岩体承受的水压也随岩体种类不同而异，如（厚度为 0.1m 时）砂岩为 0.1MPa、砂质页岩为 0.07MPa、黏土质页岩为 0.05MPa、断层角砾岩约为 0.035MPa。厚层且完整的岩体往往能承受较大水压力，如数米厚的砂岩和灰岩能承受数十米高水头压力，甚至页岩和

泥岩等在有保护作用下也能承受一定水压，阻止涌水、突泥的发生。而薄层岩体和破碎岩体所能承受的水压力相对要小得多，抗涌水、突泥的能力较低。

以断层破碎带为例，由于极其破碎，力学强度低，围岩稳定性差，开挖中对其破坏程度远大于完整岩体，涌水、突泥灾害时常发生。尤其当断层带或其附近岩体中存在承压含水层时，地下水可沿上覆相对隔水层的薄弱带上升一定高度，产生潜在高水头，施工中隔水层的有效保护层厚度小于其临界值时，极易导致涌水突泥。

所在地域下伏基岩为三叠系中统松子坎组一段中厚层状泥质白云岩、泥质石灰岩，泥质白云岩和泥质石灰岩呈互层状，其岩溶裂隙发育，富含承压水，对隧道开挖安全威胁很大，当岩溶裂隙水作用时，为确保隧道施工安全，需预留设一定尺寸的隔水层。

安全隔水层厚度计算见式（3-3）：

$$t = \frac{L\sqrt{\gamma^2 L^2 + 8K_P H} - \gamma L}{4K_P} \qquad (3-3)$$

式中：t——安全隔水层厚度（m）；

H——隔水层板底面承受的水头值（m）；

K_P——隔水层的抗压强度（MPa）；

L——工作面的控顶距（m）；

γ——隔水层的重度（MPa）。

以延安路站—中山路站区间隧道为例计算安全隔水层厚度。对于延安路站—中山路站区间隧道，L=6m，γ=2.2MPa，K_P=20MPa，H=8.5m，则：

$$t = \frac{6\sqrt{2.2^2 \times 6^2 + 8 \times 30 \times 8.5} - 2.2 \times 6}{4 \times 20} = 2.535(\text{m})$$

即延安路站—中山路站区间最小隔水层为2.535m。

3）防突岩盘的确定

根据延安路站—中山路站区间施工经验，隧道岩溶涌水、突泥临界距离一般为1.5～3.5m。因此超前探孔预测岩溶涌水、突泥时，探孔的终孔位置宜为开挖轮廓线外2.5m。也就是说，防止岩溶涌水、突泥的隔水层要保证在2.5m以上。在探测前方存在岩溶且岩溶水压力较大且水量丰富时，要考虑一定的保险系数，保留3～5m的防突岩盘是合适的。

3.6.2 岩溶强发育富水隧道涌水、突泥施工处治研究

隧道工程开挖过程可以看作是一个既有能量储存又有能量耗散的过程，岩体系统从稳定的平衡状态到失稳前的临界状态，整个过程可以看作是一个准静态过程。由于系统在天然状态下就具有能量，且这个能量难以确定。在岩溶富水浅埋城市隧道施工过程中涌水突泥现象常有发生，控制其势能释放即规避了灾害的形成。

一般在岩溶隧道施工中，需要根据岩溶涌水及补水源特点，采用"势能降压、注浆加固、

综合治理"的治理岩溶涌水的方针。"势能降压"就是针对易形成大规模涌水、突泥威胁施工及运营安全的高压富水溶腔,通过设置泄水孔等手段,达到降低溶腔内充填物势能的目的。"注浆加固"就是针对势能降压后的溶腔,填充物不能完全排放,通过注浆有效的改良地层,达到隧道开挖在超前支护等措施下安全快速通过的目的。

因贵阳轨道交通隧道大段落采用了悬臂掘进机施工(见第4章),结合该施工方法研究隧道不同部位涌水、突泥的破坏机理具有重要意义。

1)隧道不同部位涌水、突泥的破坏机理

(1)隧道拱顶遇溶洞溶槽涌水

悬臂掘进机施工隧道拱顶遇溶洞(图3-65),溶洞顶板受水压(P_w)和充填物自重(P_g)的作用,溶洞顶板失稳破断,破断后受力可简化为简支板,见图3-66、图3-67。

图3-65 ZDK23+556隧道拱顶遇溶洞现场照片

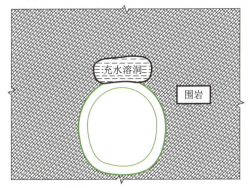

图3-66 隧道拱顶遇溶洞简图

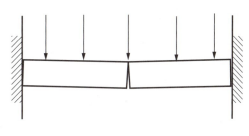

图3-67 溶洞顶板破断后受力图

(2)隧道底部下方遇溶洞溶槽涌水

隧道底部下方遇溶洞溶槽涌水如图3-68、图3-69所示。隧道底部相当于一块简支板,岩石悬臂掘进机行驶到溶洞顶板正上方时,溶洞顶板受岩石悬臂掘进机重量(q_0)和溶洞水压(p_w)作用,压断溶洞顶板,导致岩石悬臂掘进机掉进溶洞内。

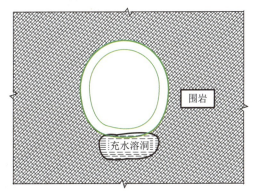

图3-68 隧道底部遇溶洞简图

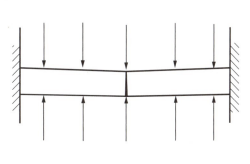

图3-69 溶洞顶板破断后受力图

(3) 隧道墙身或两隧道间遇溶洞溶槽

隧道墙身或两隧道间遇溶洞溶槽如图3-70、图3-71所示。隧道侧面隔水层受侧向压力和溶洞中水压双重作用,隔水层受岩石悬臂掘进机施工的诱导影响,破坏隔水层内外的受力平衡,隔水层被挤压破坏。

图3-70 隧道墙身或两隧道间遇溶洞

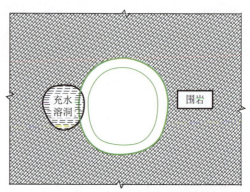

图3-71 YDK23+420 两隧道间遇溶洞示意图

2）隧道不同部位涌水、突泥的施工处治

(1) 隧道拱顶遇溶洞溶槽涌水

当隧道正洞超前探水遇溶洞溶槽涌水时,涌水量及涌水压力不大时（小于0.5MPa）,使用孔口安装止浆塞直接利用探水孔进行注浆,若涌水量及压力较大,则在出水孔口处2~4m范围内钻1~2个分流孔,以减小涌水压力,有利于注浆,探水孔和分流孔均作为注浆孔。若孔口段岩石破碎,应安设孔口管,孔口管安设前先用麻丝棉纱等缠绕孔口管,然后打入注浆孔,孔口与岩壁之间用膨胀快硬水泥堵塞,注浆完毕后,封堵孔口。注浆材料采用水泥浆,水泥浆水灰比1:1~1:0.6,注浆终压为P(水压)+(0.5~1.0)MPa。注浆前,在类似地质条件下进行注浆试验,初步掌握浆液充填率、注浆量、浆液配合比、胶凝时间、浆液扩散半径、注浆终压等指标,以使注浆达最佳效果。若涌水压力较小,且空洞较大时,可考虑采用混凝土输送泵压注C15混凝土充填。处理示意见图3-72。

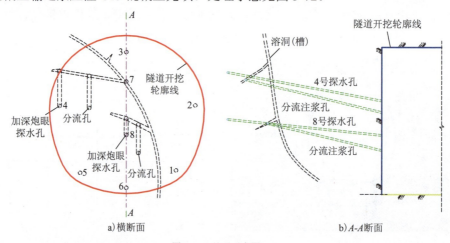

a) 横断面 b) A-A断面

图3-72 处理示意图（一）

(2) 隧道底部下方遇溶洞溶槽涌水

隧道施工超前探水未揭示而开挖后暴露的涌水溶洞，处理涌水时，原则上在出水口附近钻 2～4 个以减小涌水流量和压力为目的分流孔，安设孔口管。涌水压力及流量较大时，可视具体情况增设 1～2 个分流孔，分流孔应在一定深度（3～10m）与溶洞或溶隙交汇。在出水孔孔口及分流孔孔口安设孔口管，并对孔壁与孔口管之间用膨胀快硬水泥进行有效封堵，然后再进行注浆处理。注浆材料采用水泥浆，水灰比 1:1～1:0.6，注浆终压为 P（水压）+（0.5～1.0）MPa。注浆结束后应钻 1～2 个检查孔，确认已达预期处理效果后方可进行下一步施工开挖。处理示意见图 3-73。

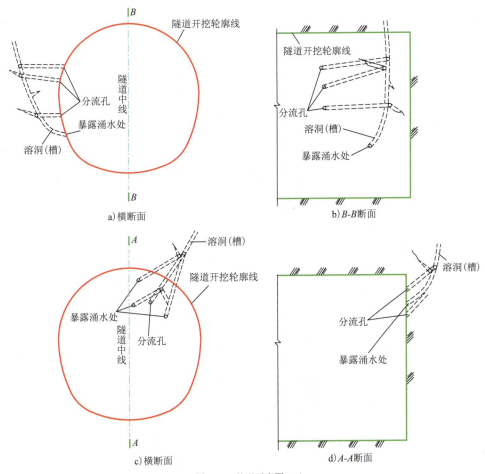

图 3-73　处理示意图（二）

(3) 隧道墙身或两隧道间遇溶洞溶槽

隧道开挖后出水量较大的岩溶裂隙股状出水点，进行直接注浆和裂隙面状出水点注浆堵水。单孔扩散半径、注浆孔与出水裂隙面尽量大角度相交。注浆压力大于水压 0.5MPa。孔口间距 1～1.5m，根据现场情况可适当调整。止浆塞止浆，浆塞胶圈尺寸应与注浆孔径相配，岩溶缝隙涌水量较大时，应先钻引水孔泄压，再对裂隙注浆，最后用膨胀快硬水泥对引水孔进行封堵处理。处理示意见图 3-74。

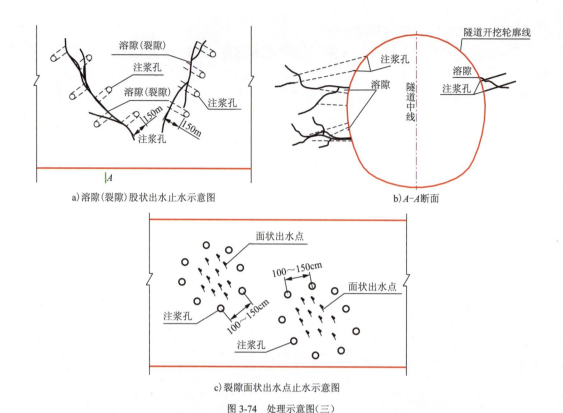

a) 溶隙(裂隙)股状出水止水示意图　　b) A—A 断面

c) 裂隙面状出水点止水示意图

图 3-74　处理示意图(三)

(4) 地下水位线以下的高富水岩溶隧道

处于地下水位线以下的高富水岩溶隧道施工时，为了保证施工安全，在隧道穿越区域范围内采用竖向钻孔和周边范围采用钻斜孔进行注浆加固。钻孔深度控制在隧道拱顶以下3.5m 范围；以固结隧道拱顶、边墙以及周边的岩体。封闭地下及周边岩溶水，使隧道拱顶周围及岩体形成整体，隧道开挖时不易发生不均匀沉降。同时可对隧道拱顶范围的潜伏溶洞及裂隙水进行封闭加固。处理示意见图 3-75。

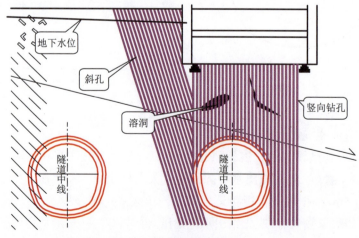

图 3-75　区间隧道竖向钻孔注浆

3.7 小　　结

（1）贵阳轨道交通1号线地质钻孔5878个,发现溶洞1196个(部分为串状溶洞),见洞率为20.3%。沿线岩溶按特点可分三种类型:台地岩溶、山地岩溶、盆地岩溶。

（2）充填型岩溶对轨道交通区间隧道建设影响:①降低隧道围岩稳定性,危及施工及周边环境安全;②岩溶处理增加施工风险,延误工期,引起施工成本及建设投资增加;③发现不及时、处理不彻底,后处理难度大,使运营及周边环境潜伏安全隐患。

（3）大型富水岩溶对轨道交通区间隧道建设的影响:①岩溶存在潜伏性和不可预见性,施工存在突发性安全风险;②岩溶灾害影响程度一般较大,难处理;③全包防水区间隧道堵水不彻底,运营期间潜伏安全隐患;④处理费用高,工期影响较大。

（4）城区浅埋富水岩溶对轨道交通区间隧道建设影响:①岩溶灾害引起的安全、环境问题会造成较大社会影响;②地下水的流失容易引起次生灾害,如地面塌陷、管线变形破坏、构筑物变形;③城区环境复杂,岩溶处理受场地、时间限制极大。

（5）贵阳轨道交通1号线岩溶风险管控按"三阶段管控""三责任主体""一组织统筹"方法进行。建立岩溶分布台账,随时掌握隧道掌子面前方岩溶发育情况,提前进行处理。对已经发现的岩溶,施工应编制施工方案。对施工期间发生的岩溶塌陷,应结合现场情况,按应急抢险预案实施抢险,并及时通知建设单位及参建各方现场配合处理。

（6）隧道超前预报与地表物探相结合。根据区间隧道浅埋或超浅埋穿越市政道路及岩溶隧道施工中极易发生突泥、涌水、坍塌冒顶等风险,洞内采用超前地质预报的同时,在整个施工过程中,对下穿市政道路段进行地表物探扫描,防止因岩溶或空洞引起路面结构层脱空。该方法所强调的是以较宏观的既有地质勘探资料和较微观的动态掌子面地质资料为依托,在运用所选择的有效物探手段进行探测之后的基础上进行超前地质预报。

（7）提出了区间隧道涌水、突泥类型,确定防止隧道发生涌水、突泥安全隔水层厚度,确定防突岩盘厚度。

（8）创造性地提出诚信路站—行政中心站区间隧道上软下硬地层充填型岩溶处理方案,采用钢插板超前支护。从施工结果看,对于隧道穿越上软下硬地层下充填型岩溶处理采用该方案效果良好。

（9）对于雅关隧道遇强富水岩溶,创造性地提出"排水竖井+横通道"的封排结合方案。该方案不改变原岩溶管道水路径,综合利用周边环境及地质条件,成功地完成了岩溶管道水的治理。"排水竖井+横通道"的封排结合方案荣获了国家知识产权局颁发的实用新型专利权,对类似工程有借鉴意义。

（10）提出悬臂掘进机施工的强发育富水岩溶隧道不同部位遇水遇泥机理,提出强岩溶富水隧道不同部位遇水遇泥处理措施。强岩溶富水地区岩溶处治技术研究为强岩溶富水地区隧道悬臂掘进机施工提供技术参考和经验。

第4章　喀斯特地貌山地城市轨道交通区间隧道悬臂掘进机工法

贵阳轨道交通1号线区间隧道下穿、侧穿高层建筑，下穿浅埋段，下穿市政道路、河流、桥梁、铁路、火车站等，安全风险高。在闹市区暗挖隧道爆破，爆破施工点距离市区主干道和居民楼建筑非常近，爆破强度和飞石对周边居民生活影响大。在老城区文物建筑和老旧建筑较多的地段，爆破振动控制难度大，爆破过程中噪声的控制技术是难题之一。

目前岩质隧道开挖方法主要有钻爆法与非钻爆法，非钻爆法中又有TBM法、盾构法、铣挖法等。铣挖法是近年来兴起的一种施工方法，它是将铣挖机安装在液压挖掘机上，应用于隧道、洞室、横洞开挖以及修整轮廓和危岩排除等，适合于不宜采用传统新奥法爆破施工的软弱及需要特殊处理的围岩地段。悬臂式掘进机（以下简称"悬臂掘进机"）是一种能够实现切割、装载运输、自行走及喷雾除尘的联合机组，悬臂掘进机法属于铣挖法。悬臂掘进机法在我国煤矿部门应用较多，地铁等交通隧道工程施工应用较少。在岩溶富水地段采用悬臂掘进机法施工能够提前揭示岩溶和岩溶水，将岩溶和岩溶水初期带来的风险降到最低。悬臂掘进机开挖掘进无振动，大大减小了对围岩的扰动，避免了对隧道上方及周边建（构）筑物的影响，降低施工风险，减少了与当地民众的纠纷，减少超欠挖，缩短处理时间。悬臂掘进机的动力是电力，施工属于物理方法切割岩石，施工中无有毒有害气体的产生，节能、环保，符合节能环保型社会发展需求。

结合贵阳轨道交通1号线土建结构工程的特点，进行城市强发育岩溶富水地铁隧道悬臂掘进机施工关键技术研究，解决贵阳轨道交通1号线主城区暗挖区间穿越岩溶富水区隧道施工，减少施工对房屋侧穿、下穿高层建筑，下穿市政道路、河流等的影响。同时减少由于区间隧道爆破施工的特点及其本身的局限性引起的环境噪声导致的市民反应强烈问题，为喀斯特山区城市轨道交通工程建设开发新的施工技术具有重要意义。

4.1 矿山法爆破施工存在的问题

贵阳轨道交通1号线老城区段施工初期采用毫秒微差起爆和改进的秒差雷管起爆,在一定程度上降低了地震波振速峰值,减少了对地表建筑物的振动影响。但是,由于区间隧道爆破施工的特点及其本身的局限性,爆破振动及爆破施工引起的环境噪声问题突出,市民反应强烈。同时,在区间隧道施工过程中遇溶洞很多,涌水、突泥现象时常发生,岩石的完整性也较差,隧道所处地段为强发育岩溶、高富水地段,施工安全风险大,技术难度高。为解决施工中存在的爆破扰动大、风险高的问题,施工中分别采取了劈裂机开挖、破碎锤开挖等多种冷挖方式,但功效普遍低下。

由于在施工过程中隧道浅埋、强发育岩溶富水、下穿建筑物及河流的特点,根据现场施工及安全要求,原有工艺已不能满足现场施工的需求。因此,不断地寻求新技术、新工艺,探寻一种能更好地适用于城市强发育岩溶富水地铁隧道施工工艺及技术极为迫切。经过不断地考察、多次论证和总结,在贵阳轨道交通1号线区间隧道施工过程中先后采用了常规光面爆破技术、水压爆破施工技术、秒差爆破等施工技术,在部分地段解决了隧道开挖掘进问题,有部分地段未较好解决隧道施工与周边环境之间的矛盾。

4.1.1 光面爆破施工

(1)光面爆破装药结构

掏槽眼和辅助眼采用连续装药,周边眼采用间隔装药。为了确保爆破效果炮孔的填塞长度一般不得小于炮孔长度的1/3。

(2)起爆方式及顺序

起爆方式采用微差爆破,先起爆掏槽眼,形成临空面,接着起爆辅助眼和周边光爆眼。

(3)区间隧道爆破参数及炮眼布置(图4-1和表4-1)

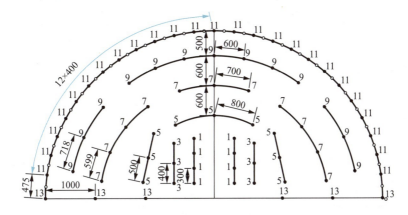

图4-1 上台阶洞身起爆炮孔布置图(Ⅳ级围岩)(尺寸单位:mm)

光面爆破相关参数　　　　　　　　　　　　　　　　　　　　表 4-1

炮眼分类	光面爆破			炮眼装药量			备 注
	炮眼数	雷管段数	炮眼深度	每孔药卷数	单孔装药量	合计药量	
	个	段	m	卷/孔	kg/孔	kg	
掏槽眼	8	1（ms）	2.3	5	3.5	12	上台阶 19.734m² 延米耗药量 2.12kg/m³
掏槽眼	6	3（ms）	2.3	4	3.2	7.2	
辅助眼	9	5（ms）	2	4	3.2	10.8	
辅助眼	11	7（ms）	2	4	3.2	13.2	
周边眼	25	11（ms）	2	3.75	0.525	13.125	
底眼	6	13（ms）	2	4	3.2	7.2	
上台阶合计	78					75.225	2.12kg/m³
辅助眼	3	3（ms）	3	5	3.5	4.5	下台阶及仰拱 18.266m² 延米耗药量 0.76kg/m³
辅助眼	4	5（ms）	3	5	3.5	6	
辅助眼	4	7（ms）	3	5	3.5	6	
周边眼	8	9（ms）	3	2.5	0.75	6	
仰拱	5	11（ms）	3	3	0.9	4.5	
下台阶合计	24					27	0.76kg/m³
总计	102					102.325	3.44kg/m³

（4）光面爆破振动监测实测数据

采用 L20 智能爆破测振仪布置于爆破掌子面对应里程的线路上方地表，监测爆破地震波振速见表 4-2，现场监测见图 4-2、图 4-3。

光面爆破地震波振速汇总表　　　　　　　　　　　　　　　　表 4-2

日期(年-月-日)	循环进尺(m)	围岩级别	起爆方式	最大振速(cm/s)	备 注
2015-2-27	2	Ⅳ	毫秒	2.79	
2015-2-28	2	Ⅳ	毫秒	2.83	
2015-3-1	2	Ⅳ	毫秒	2.77	
2015-3-3	2	Ⅳ	毫秒	2.86	
2015-3-4	2	Ⅳ	毫秒	2.88	
2015-3-5	2	Ⅳ	毫秒	2.92	
2015-3-6	2	Ⅳ	毫秒	2.91	
2015-3-7	2	Ⅳ	毫秒	2.74	
2015-3-9	2	Ⅳ	毫秒	2.59	设计允许最大振速 2cm/s
2015-3-11	2	Ⅳ	毫秒	2.87	
2015-3-12	2	Ⅳ	毫秒	2.73	
2015-3-13	2	Ⅳ	毫秒	2.92	
2015-3-14	2	Ⅳ	毫秒	2.67	
2015-3-15	2	Ⅳ	毫秒	2.71	
2015-3-16	2	Ⅳ	毫秒	2.84	
2015-3-18	2	Ⅳ	毫秒	2.84	
2015-3-19	2	Ⅳ	毫秒	2.84	

 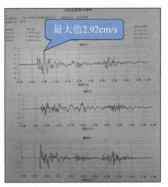

图 4-2 爆破振动现场监测照片　　　　图 4-3 ZDK23+480 爆破振速示意图

(5) 超欠挖情况(图 4-4、图 4-5、表 4-3)

 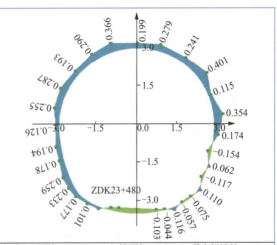

图 4-4 现场爆破照片　　　　图 4-5 ZDK23+480 超欠挖测量示意图

光面爆破超欠挖断面面积(ZDK23+466～ZDK23+500)　　　　表 4-3

里　程	超挖面积(m²)	欠挖面积(m²)
ZDK23+470	2.92	0.55
ZDK23+475	3.11	0.49
ZDK23+480	3.22	0.5
ZDK23+485	3.21	0.59
ZDK23+490	2.88	0.46
ZDK23+495	3.14	0.66

(6) 洞内烟尘情况

光面爆破后洞内烟尘较大,烟尘需 2h 散去,影响后序施工作业。

(7) 爆破后渣样

光面爆破后碎石堆积不整齐,大小块相差大,不易出渣,见图 4-6、图 4-7。

 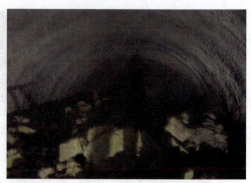

图 4-6 光面爆破后烟尘　　　　　　　　图 4-7 光面爆破后渣样

4.1.2　水压爆破施工

1）水压爆破装药结构

（1）水压爆破光爆炮眼装药步骤（以 3.6m 炮眼为例）

第一步：炮眼最底部装一袋水袋。

第二步：装填一卷半药卷（注意一卷药卷紧挨着炮眼底部水袋，另半卷药卷定格在离炮眼口 0.6m），两者用传爆线连接起来。

第三步：装填一袋水袋。

第四步：用炮泥堵塞炮眼口。

炮眼装药结构见图 4-8。

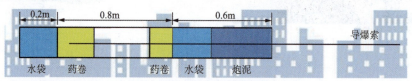

图 4-8　3.6m 光爆炮眼装药结构图（一）

（2）光爆炮眼以内的所有炮眼装药结构（以 3.6m 炮眼为例）

第一步：也是往炮眼底部装一袋水袋。

第二步：装填三卷药卷。

第三步：装填两袋水袋，掏槽眼装填三袋水袋。

第四步：用炮泥回填捣固直至炮眼口。

炮眼装药结构见图 4-9。

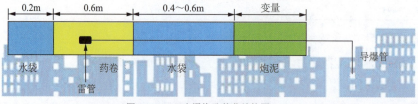

图 4-9　3.6m 光爆炮孔装药结构图（二）

2）水压爆破振动监测实测数据

采用 L20 智能爆破测振仪布置于爆破掌子面对应里程的线路上方地表，监测爆破地震波振速。水压爆破振动现场监测见图 4-10、图 4-11。水压爆破地震波振速见表 4-4。

图 4-10　爆破振动现场监测照片

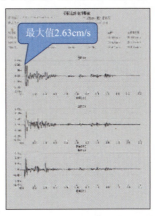

图 4-11　ZDK23+540 爆破振速示意图

水压爆破地震波振速汇总表　　　　　　　　　　　表 4-4

日期（年-月-日）	循环进尺（m）	围岩级别	起爆方式	最大振速（cm/s）	备　　注
2015-3-22	3.5	Ⅳ	毫秒	2.59	
2015-3-23	3.5	Ⅳ	毫秒	2.37	
2015-3-24	3.5	Ⅳ	毫秒	2.37	
2015-3-26	3.5	Ⅳ	毫秒	2.34	
2015-3-28	3.5	Ⅳ	毫秒	2.53	
2015-3-29	3.5	Ⅳ	毫秒	2.52	
2015-3-31	3.5	Ⅳ	毫秒	2.34	
2015-4-1	3.5	Ⅳ	毫秒	2.63	设计允许最大振速 2cm/s
2015-4-3	3.5	Ⅳ	毫秒	2.38	
2015-4-4	3.5	Ⅳ	毫秒	2.58	
2015-4-5	3.5	Ⅳ	毫秒	2.61	
2015-4-7	3.5	Ⅳ	毫秒	2.54	
2015-4-8	3.5	Ⅳ	毫秒	2.51	
2015-4-10	3.5	Ⅳ	毫秒	2.54	
2015-4-11	3.5	Ⅳ	毫秒	2.60	
2015-4-12	3.5	Ⅳ	毫秒	2.38	
2015-4-13	3.5	Ⅳ	毫秒	2.51	
2015-4-14	3.5	Ⅳ	毫秒	2.37	设计允许最大振速 2cm/s
2015-4-17	3.5	Ⅳ	毫秒	2.55	
2015-4-19	3.5	Ⅳ	毫秒	2.33	
2015-4-21	3.5	Ⅳ	毫秒	2.54	
2015-4-22	3.5	Ⅳ	毫秒	2.38	

续上表

日期(年-月-日)	循环进尺(m)	围岩级别	起爆方式	最大振速(cm/s)	备注
2015-4-23	3.5	Ⅳ	毫秒	2.34	
2015-4-24	3.5	Ⅳ	毫秒	2.53	
2015-4-26	3.5	Ⅳ	毫秒	2.57	
2015-4-28	3.5	Ⅳ	毫秒	2.39	设计允许最大振速2cm/s
2015-4-30	3.5	Ⅳ	毫秒	2.32	
2015-5-4	3.5	Ⅳ	毫秒	2.33	
2015-5-5	3.5	Ⅳ	毫秒	2.31	
2015-5-6	3.5	Ⅳ	毫秒	2.51	

3）水压爆破超欠挖情况（图4-12、图4-13、表4-5）

图4-12 现场爆破照片

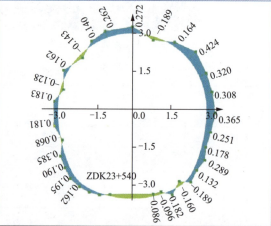

图4-13 ZDK23+540超欠挖测量示意图

水压爆破超欠挖断面面积（ZDK23+500～ZDK23+545） 表4-5

里程	超挖面积(m²)	欠挖面积(m²)
ZDK23+505	2.82	0.55
ZDK23+510	2.76	0.49
ZDK23+515	2.65	0.64
ZDK23+520	2.74	0.65
ZDK23+525	2.62	0.46
ZDK23+530	2.73	0.56
ZDK23+535	2.78	0.65
ZDK23+540	2.86	0.51

4）洞内烟尘情况

水压爆破后粉尘浓度相比光面爆破时降低了40.4%，缩短了通风时间。

5）爆破后渣样

水压爆破后碎石堆积整齐,块状均匀,大块少,易于出渣。水压爆破后洞内烟尘情况见图 4-14,水压爆破渣样见图 4-15。

图 4-14　水压爆破后洞内烟尘情况　　　　　　图 4-15　水压爆破渣样

4.1.3　秒差爆破

（1）秒差爆破装药结构

掏槽眼和辅助眼采用连续装药,周边眼采用间隔装药。为了确保爆破效果,炮孔的填塞长度一般不得小于炮孔长度的 1/3。

（2）起爆方式及顺序

起爆方式采用微差爆破,先起爆掏槽眼,形成临空面,接着起爆辅助眼和周边光爆眼。

（3）区间隧道爆破参数及炮眼布置

区间隧道爆破参数及炮眼布置见图 4-16。爆破振动现场监测见图 4-17、图 4-18。秒差爆破地震波振速见表 4-6。

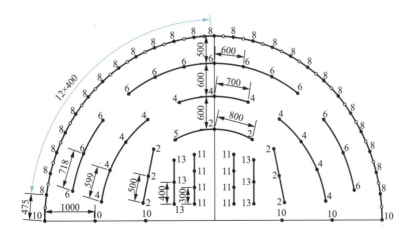

图 4-16　ZDK23+545～ZDK23+590 隧道上台阶洞身秒差起爆炮孔布置图（Ⅳ级围岩）（尺寸单位:mm）

 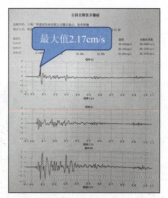

图 4-17 爆破震动现场监测照片　　图 4-18 ZDK23+580 爆破振速示意图

秒差爆破地震波振速汇总表　　表 4-6

炮眼分类	秒差爆破						备注
	炮眼数	雷管段数	炮眼深度	炮眼装药量			
				每孔药卷数	单孔装药量	合计药量	
	个	段	m	卷/孔	kg/孔	kg	
掏槽眼	8	11（ms）	2.3	5	3.5	12	
掏槽眼	6	13（ms）	2.3	4	3.2	7.2	
辅助眼	9	2（s）	2	4	3.2	10.8	上台阶 19.734m² 延米耗药量 2.12kg/m³
辅助眼	11	4（s）	2	4	3.2	13.2	
辅助眼	13	6（s）	2	3	0.9	13.7	
周边眼	25	8（s）	2	3.75	0.525	13.125	
底眼	6	10（s）	2	4	3.2	7.2	
上台阶合计	78					75.225	2.12kg/m³
辅助眼	3	2（s）	3	5	3.5	4.5	下台阶及仰拱 18.266m² 延米耗药量 0.76kg/m³
辅助眼	4	4（s）	3	5	3.5	6	
辅助眼	4	6（s）	3	5	3.5	6	
周边眼	8	8（s）	3	2.5	0.75	6	
仰拱	5	10（s）	3	3	0.9	4.5	
下台阶合计	24					27	0.76kg/m³
总计	102					102.325	3.44kg/m³

（4）爆破振动监测实测数据

采用 L20 智能爆破测振仪布置于爆破掌子面对应里程的线路上方地表，监测爆破地震波振速见表 4-7。

秒差爆破地震波振速汇总表　　表 4-7

日期(年-月-日)	循环进尺(m)	围岩级别	起爆方式	最大振速(cm/s)	备注
2015-5-9	2	IV	秒差	2.17	设计允许最大振速 2cm/s
2015-5-10	2	IV	秒差	2.03	
2015-5-11	2	IV	秒差	2.12	
2015-5-12	2	IV	秒差	2.17	

续上表

日期(年-月-日)	循环进尺(m)	围岩级别	起爆方式	最大振速(cm/s)	备注
2015-5-14	2	Ⅳ	秒差	2.08	
2015-5-15	2	Ⅳ	秒差	2.07	
2015-5-16	2	Ⅳ	秒差	3.99	
2015-5-18	2	Ⅳ	秒差	2.05	
2015-5-19	2	Ⅳ	秒差	3.98	
2015-5-21	2	Ⅳ	秒差	2.06	
2015-5-22	2	Ⅳ	秒差	2.01	
2015-5-24	2	Ⅳ	秒差	2.15	
2015-5-26	2	Ⅳ	秒差	3.96	设计允许最大振速2cm/s
2015-5-27	2	Ⅳ	秒差	2.06	
2015-5-28	2	Ⅳ	秒差	2.07	
2015-5-29	2	Ⅳ	秒差	2.11	
2015-5-31	2	Ⅳ	秒差	3.98	
2015-6-1	2	Ⅳ	秒差	3.94	
2015-6-2	2	Ⅳ	秒差	2.06	
2015-6-5	2	Ⅳ	秒差	2.04	
2015-6-6	2	Ⅳ	秒差	3.96	
2015-6-8	2	Ⅳ	秒差	2.04	

（5）超欠挖情况（图4-19、图4-20、表4-8）

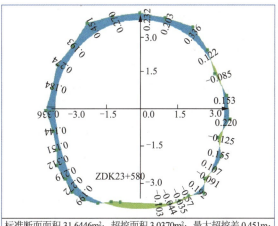

标准断面面积31.6446m²；超挖面积3.0370m²；最大超挖差0.451m；
测量断面面积34.1834m²；欠挖面积0.4983m²；最大欠挖差0.125m；
超欠挖平均值0.151m

图4-19 现场爆破照片　　　　　图4-20 ZDK23+580超欠挖测量示意图

秒差爆破超欠挖断面面积（ZDK23+545～ZDK23+590） 表4-8

里　程	超挖面积（m²）	欠挖面积（m²）
ZDK23+550	2.88	0.65
ZDK23+555	2.96	0.49
ZDK23+560	2.82	0.64
ZDK23+565	2.91	0.59
ZDK23+570	2.77	0.56
ZDK23+575	3.01	0.64
ZDK23+580	3.03	0.5
ZDK23+585	2.97	0.57

（6）洞内环境情况

秒差爆破后洞内烟尘较大，烟尘需3.5h散去，影响后序施工作业。

（7）爆破后渣样

秒差爆破后碎石堆积不整齐，块状大、小偏差少，不易于出渣，见图4-21、图4-22。

图4-21　秒差爆破后洞内烟尘情况

图4-22　现场爆破照片

4.1.4　矿山法爆破施工缺点

1）爆破施工极易引发涌水、突泥

区间隧道位于强发育岩溶富水地区，隧道开挖轮廓内和开挖断面周边岩溶管道发育、地下水丰富，ZDK23+466～ZDK23+590段在爆破开挖施工过程中，由于爆破开挖产生的振动和不可控制性，施工过程中在ZDK23+480和ZDK23+560发生大的涌水、突泥情况，给施工带来了巨大的安全隐患。见图4-23、图4-24。

2）爆破施工影响周边环境

（1）爆破过程中产生的噪声较大，在繁华的市中心容易给人们造成恐慌现象。

（2）爆破过程中产生的振动较大，对下穿建筑物、河流和周边的老旧建筑物造成影响。

3）施工进度慢

2014年7月～2015年8月区间隧道矿山法爆破施工历时一年多，总施工长度不到3000m。

图 4-23　ZDK23+480 突泥情况　　　　　图 4-24　ZDK23+560 涌水、突泥情况

4）施工成本高

（1）爆破施工周边市民反应强烈，多次阻工，造成不必要的窝工，增加施工成本。
（2）超欠挖现象严重，不仅对周边岩层产生了扰动，而且增加了后序施工的时间和成本。
（3）爆破后洞内烟尘大，洞内通风时间长，影响下道工序施工。
（4）爆破后碎石堆积不整齐，块状大、小偏差少，不易于出渣。

爆破每循环产生的缺陷处理见表 4-9。

爆破每循环产生的缺陷处理表　　　　　　　表 4-9

缺陷处理	光面爆破	水压爆破	秒差爆破	备 注
超欠挖处理时间	3h	2.6h	2.6h	含危石排除时间
超欠挖增加成本	1600 元 /m	1500 元 /m	1800 元 /m	隧道长 1196.1m
出渣处理	3.2h	2.5h	3.2h	对块状较大的围岩进行二次破除
通风排烟处理	2h	3.2h	3.5h	

4.2　区间隧道悬臂掘进机法论证和工程应用

4.2.1　国内外区间隧道悬臂掘进机法施工现状

目前岩质隧道开挖方法主要有钻爆法与非钻爆法，非钻爆法中又有 TBM 法、铣挖法等。TBM 法的机械庞大，购价昂贵，适用于大型及特长隧道，如 TBM 法已成功运用于秦岭隧道。铣挖法是近年来兴起的一种施工方法，适合于不宜采用传统新奥法爆破施工的软弱及需要特殊处理的围岩地段。与 TBM 法隧道施工对比，铣挖法的设备更经济、适应相对更软的围岩，操作简单，但对硬岩的适应性差。

国外采用铣挖法施工隧道已有成功实例，如：奥地利的 Vomp 铁路隧道、维也纳 Vienna 地铁隧道、Losenstein 高速公路隧道，伊朗的 Teheran 地铁隧道，德国的 Arge Tunnel Steinhaus 隧道、U-Bahu Fuhrth 地铁隧道、德累斯顿高速公路隧道等。国外工程实例表明用铣挖法修建隧道是可行的，并且国外也针对铣挖法进行隧道掘进从机械开挖、围岩稳定，工法对比的角度进行了分析总结。

铣挖类设备有两类，一类是装配式，采用铣挖头挖掘机改装配套的；另一类是整体机，如悬臂掘进机。悬臂掘进机是一种部分断面掘进机，其切割臂可以上下、左右自由摆动，能切割任意形状的隧道断面。悬臂掘进机集开挖、装渣和自动行走于一身，进退自如，操作灵活，对复杂地质适应性强，便于支护，可以适应中、软岩隧道不同的施工方法，因此是中、软岩隧道的理想开挖工具。

悬臂掘进机在我国煤矿部门应用较多，而铁路、公路、水电、地铁等交通隧道工程施工中应用鲜见报道。在国外，悬臂掘进机在交通隧道有大量应用，特别是在欧美发达国家，已有大量相应的研究成果，取得良好的实效。目前国内主要的铣挖机类型有 Erkat、Terex、Lst 型铣挖机，主要用于铣挖槽和隧道开挖，但由于对铣挖机认识还不够完善，施工技术不够成熟，所取得的实质性成果还不多。

4.2.2 悬臂掘进机组成

悬臂掘进机是一种依靠旋转的截齿刀头切削破碎岩体的开挖机械，其首先运用于矿产开采中。悬臂掘进机在开挖隧道时，通过机头前端伸出的旋转切割头对掌子面岩体进行分步切割，每次掘进一段距离后，立即在新开挖的隧道部分施作钢拱架和喷射混凝土，完成初期支护，以此不断循环工序直到隧道贯通。

悬臂掘进机综合了切割围岩、行走爬坡、自动装运、喷雾灭尘等功能，机构完备，功能多样。且隧道成形精确、洞壁平整，初期支护方便。履带式行走机构使机器行走灵活，转弯、爬坡能力强，对复杂地质条件适应性强。

悬臂掘进机可以切割单轴抗压强度达 120MPa 的岩体。悬臂掘进机开挖方式灵活，对周围地层的扰动小，能直接根据掌子面遭遇的地质状况灵活处理诸如溶洞等不良地质情况，而且成本相比全断面 TBM 施工成本更低，不需 TBM 的始发井以及 TBM 盾构机遇强岩溶地质风险的干扰。

对于"城市+岩溶"的环境条件具有较强的适应性，十分适合施工周边环境比较复杂，巷道或隧道侧穿或下穿建筑物、河流、道路等安全风险较大的施工段以及由于各种原因不能采用爆破开挖施工的隧道。

EBZ 系列掘进机是一种重型掘进机，能够实现连续切割、装载、运输，该类掘进机可与自卸车、皮带运输机等配套，实现掘进、运输连续作业，但机械掘进范围仅限于仰拱填充面以上部分。悬臂掘进机一般主要由切割部、铲板部、第一运输机、本体部、行走部 5 部分构成，见图 4-25。

（1）切割部：一般由切割头、伸缩部、切割减速机、切割电机组成。切割部的最主要功能：一是直接对围岩进行破碎；二是可以辅助支护，锚杆支护时，切割部处于水平状态，工人可以站在上面作业；三是可以协助装货；四是在特殊情况下可以参与自救；五是有伸缩功能的掘进机在坡度较大的隧道后退时可以用伸缩来协助。切割头为圆锥台形，在其圆周螺旋分布镐形截齿,切割头通过花键套和高强度螺栓与切割头轴相连。伸缩部位于切割头和切割减速机中间,通过伸缩油缸使切割头具有伸缩功能。切割减速机是两级行星齿轮传动,它和伸缩部用高强度螺栓相连。切割电机为双速水冷电机,使切割头获得2种转数,它与切割减速机通过定位销及高强度螺栓相连。

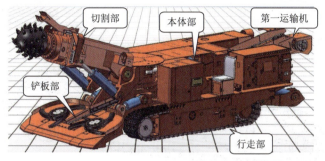

图 4-25 悬臂掘进机外观

(2)铲板部:铲板驱动采用成熟的低速大扭矩马达驱动装置,两侧分别驱动,取消了铲板减速机和中间轴装置,降低故障率。铲板上部装料装置为弧形星轮,星轮和低速大扭矩马达直接连接为一体,便于传动装置的装拆和故障检修。

(3)第一运输机:第一运输机机体设计为分体结构件,由前后溜槽两大部分组成,采用双边链运输形式,同时采用两个低速大扭矩马达同时驱动刮板链装置,减少故障环节。

(4)本体部:本体部位于机体的中部,是以厚钢板为主材焊接而成。本体部是机器的主机架,其他部分都与其连接固定。回转架在回转油缸的推动下能带动切割部左右摆动。本体的右侧装有液压系统的泵站,左侧装有操纵台,前面上部装有切割部,下面装有铲板部及第一运输机。

(5)行走部:行走部的功能是带动机器前进、后退或转弯。行走部是用2台液压马达驱动,通过行走减速机构驱动链轮及履带实现行走。液压驱动采用马达、制动刹车阀、减速机集成结构,二挡行走速度,有效提高工作效率,降低故障率。履带架与本体的连接采用先进机型成熟的键、螺栓连接方式,强度与可靠性有了保证。

悬臂掘进机各部分图示见图 4-26～图 4-30。

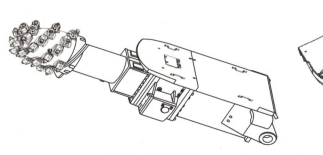

图 4-26 切割部

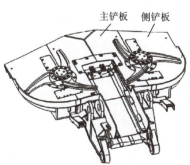

图 4-27 铲板部

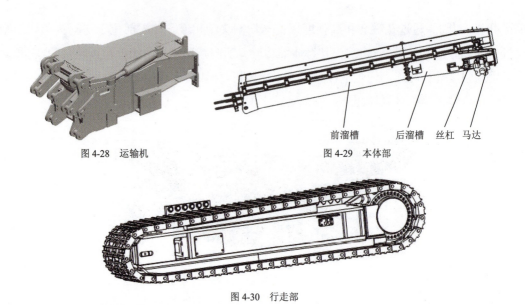

图 4-28 运输机　　　图 4-29 本体部

图 4-30 行走部

4.2.3 悬臂掘进机设备参数

国外硬岩掘进机切割功率最大已超过 500kW，可切割单向抗压强度超过 200MPa 的岩石，机器重量也超过 160t，定位切割面积超过 100m²。目前，国外生产掘进机代表厂家有：奥地利的 Alpine Equipment Corporation、日本 MITSUI-MIIKE、英国 DOSCO、德国 ATLAS COPCO-EICKHOFF、芬兰 Tamrock、美国 AEC Technology 等公司。

国内生产悬臂掘进机企业主要有：煤炭科学研究总院上海分院、太原分院、唐山分院、佳木斯煤矿机械有限公司、南京晨光集团有限责任公司、内蒙古北方重工业集团有限公司、三一重型装备有限公司、徐州工程机械集团有限公司（下简称"徐工"）、山河智能装备股份有限公司、国机重工集团常林有限公司等。

目前隧道采用最多的为徐工 EBZ260 和 EBZ240 型全岩悬臂掘进机，其设备参数分别见表 4-10 和表 4-11。徐工 EBZ260 型悬臂掘进机见图 4-31。

EBZ260 型全岩掘进机技术参数　　　表 4-10

项目	技术参数	项目		技术参数
经济切割硬度（MPa）	≤90	外形尺寸	长（m）	12.5
最大切割硬度（层里节里发育沉积岩）（MPa）	100		宽（m）	3.65
最大掘进断面（m²）	30		高（m）	2.19
最大掘进高度（m）	5		铲板厚度（m）	标准 3.5
最大掘进宽度（m）	6			选用 3.8
切割电机功率（kW）	260/132			
供电电压（V）	AC1140	牵引力（kN）		370

续上表

项目	技术参数	项目	技术参数
装机总功率(kW)(含第二运输机11kW,风机37kW)	426	装载形式/装载能力	320
切割轴形式	纵轴式	星轮转速(r/min)	35
切割头转速(r/min)	54/27	第一运输机型式/运输能力	边双链/6m³/min
机身地隙(mm)	250	运输机链接(m/min)	0～61
龙门高度(mm)	350	运输机槽宽(mm)	670
爬坡能力(°)	±18	接地比压(MPa)	0.15
总机质量(t)	92.3	冷却水压(MPa)	1
切割头卧底量(mm)	250	内喷雾水压(MPa)	8
铲板卧底量(mm)	300	外喷雾水压(MPa)	3.5
铲板抬起量(mm)	300	最大不可拆卸件尺寸(长×宽×高)(m)	2.18×2.52×3.37
泵站功率(kW)	132	最大不可拆卸质量(t)	7.13
液压系统压力(MPa)	25		

EBZ240型全岩掘进机技术参数　　　　表4-11

项目	技术参数	项目		技术参数
经济切割硬度(MPa)	≤85	外形尺寸	长(m)	10.51
最大切割硬度（层里节里发育沉积岩）(MPa)	100		宽(m)	2.58
最大掘进断面(m²)	27		高(m)	3.72
最大掘进高度(m)	4.52	铲板厚度(m)		标准3.2
最大掘进宽度(m)	5.99			选用3.5
切割电机功率(kW)	240/132			
供电电压(V)	AC1140	牵引力(kN)		420
装机总功率(kW)(含第二运输机11kW,风机37kW)	398	装载形式/装载能力(m³/min)		4.3
切割轴形式	纵轴式	星轮转速(r/min)		33
切割头转速(r/min)	36	第一运输机型式/运输能力		边双链6m³/min
机身地隙(mm)	250	运输机链接(m/min)		0～61
龙门高度(mm)	350	运输机槽宽(mm)		620
爬坡能力(°)	±18	接地比压(MPa)		0.17
总机质量(t)	70	冷却水压(MPa)		1
切割头卧底量(mm)	217	内喷雾水压(MPa)		8
铲板卧底量(mm)	268	外喷雾水压(MPa)		3
铲板抬起量(mm)	300	最大不可拆卸件尺寸(长×宽×高)(m)		2.18×2.52×3.37
泵站功率(kW)	132	最大不可拆卸质量(t)		7.13
液压系统压力(MPa)	25			

图 4-31　EBZ260 型悬臂掘进机

4.2.4　区间隧道悬臂掘进机法论证

悬臂掘进机是一种能够实现切割、装载运输、自行走及喷雾除尘的联合机组,同时,在岩溶富水地段施工能够提前揭示岩溶和岩溶水,将岩溶和岩溶水初期带来的风险降到最低。悬臂掘进机切割岩石属于物理方法切割岩石,切割速度快,可以实现掘进、运输连续作业,缩短建设工期,省去了挖机、装载机及爆破作业人员的投入,大大提高生产效率。开挖、支护的工序转换迅速,开挖后的围岩暴露时间短,降低施工风险。悬臂掘进机开挖掘进无振动,大大减小了对围岩的扰动,避免了对隧道上方及周边建(构)筑物的影响,降低施工风险,减少了与当地民众的纠纷。减少超欠挖,缩短处理时间,节约施工材料,降低施工成本。悬臂掘进机的动力是电力、施工属于物理方法切割岩石,施工中无有毒有害气体的产生,节能、环保,符合节能环保型社会发展需求。因此,悬臂掘进机施工技术适用于隧道下穿高层建筑、下穿浅埋段、下穿市政道路、河流、桥梁、铁路、火车站软弱围岩。

为了更好地保证隧道施工安全,贵阳轨道交通 1 号线采用悬臂掘进机进行区间隧道施工。承担该项目施工团队与科研团队曾多次到国内多家重型设备制造企业进行深入考察,到煤矿、水电等相关施工企业进行调研。从设备的制造、使用性能以及施工环境,与相关企业和大专院校进行联合研究。同时,邀请了中国工程院卢耀如院士、周丰峻院士等参与方案的前期论证和把关。

2015 年 4 月,组织召开了专家论证会(图 4-32),通过了采用悬臂掘进机法施工的论证。经对比,EBZ260 型悬臂掘进机切割强度 ≤ 90MPa,能够满足现场施工需求,属同类机械中较为经济的机型,且其外观尺寸较小,在洞内行驶、移动较为便捷,故选用 EBZ260 型掘进机施工。

为降低爆破振动对周边建(构)筑物的影响,保证建(构)筑物以及施工安全,加快施工进度,降低施工成本,2015 年 8 月,贵阳轨道交通 1 号线主城范围内区间隧道首次引入悬臂掘进机进入现场施工。采用悬臂掘进机施工具有施工进度快、安全系数大特点,并且此法不受施工时间的限制,施工噪声小,减少了对周边居民正常生活的侵扰,为今后同类城市轨道交通地下工程施工提供了借鉴。

图 4-32 专家论证会

结合贵阳轨道交通 1 号线土建结构工程的特点,进行城市强发育岩溶富水地铁隧道悬臂掘进机施工关键技术研究,解决贵阳轨道交通 1 号线主城区暗挖区间穿越岩溶富水区隧道施工,减少施工对房屋侧穿、下穿高层建筑,下穿市政道路、河流等的影响。同时减少由于区间隧道爆破施工的特点及其本身的局限性引起的环境噪声导致的市民反应强烈问题。

4.3 悬臂掘进机法开挖方式研究

区间隧道常用的掌子面开挖方法有全断面法、正台阶法和分部开挖法以及由此派生出来的局部变化的施工方法,每一种方法都有自己的适用条件和范围。隧道掌子面开挖方式根据隧道的断面大小、地质条件和所选悬臂掘进机机型等因素综合选择。

贵阳轨道交通 1 号线区间隧道洞身开挖高度 7.018m,洞身宽度 6.52m,根据悬臂掘进机定位高度 3.2～4.8m,定位掘进宽度 3.5～6m 的性能特点,结合目前成熟的开挖工法及围岩和开挖地层的不同要求,可采取如下工法进行悬臂掘进机掘进开挖施工。

4.3.1 长台阶法

悬臂掘进机长台阶法施工适合较大断面,进深 20～30m,施工步序如下:
(1)切割上台阶掌子面。
(2)完成上半拱的支护作业,悬臂掘进机后退,然后切割仰拱。
(3)仰拱支护作业,悬臂掘进机沿坡道切割坡道路面。
(4)封闭钢架,悬臂掘进机继续下一循环切割。
本方法适用于地面无建筑、无城市道路的施工段落。见图 4-33。

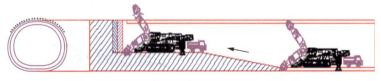

a)

图 4-33

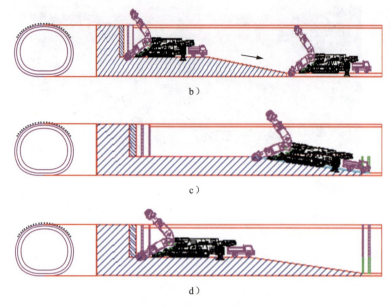

图 4-33 悬臂掘进机长台阶法施工步骤图

4.3.2 短台阶法

悬臂掘进机短台阶法施工时,带有较短铲板,一次进深约 2m,施工步序如下:
(1)切割上台阶掌子面。
(2)完成上半拱的支护作业,然后切割仰拱。
(3)仰拱支护,封闭钢架。
(4)回填仰拱,悬臂掘进机继续下一循环切割。

本方法适用于下穿河流、下穿及侧穿建筑物、遇强发育岩溶富水地段的施工段落。见图 4-34、图 4-35。

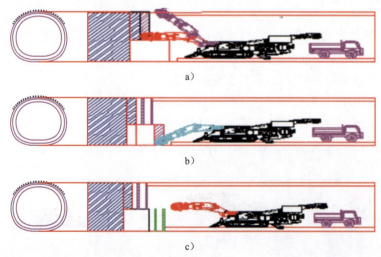

图 4-34

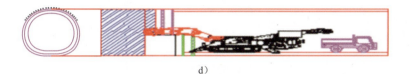

d)

图 4-34 悬臂掘进机短台阶法施工步序图

a)

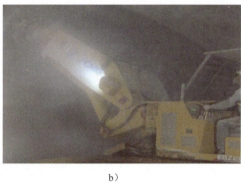

b)

图 4-35 悬臂掘进机台阶法开挖照片

4.3.3 全断面法

全断面法适用围岩完整地段,且断面面积不应太大。如果隧道采用全断面开挖,应选用大功率、切割高度高的重型悬臂掘进机。悬臂掘进机全断面法施工时,带有较短铲板,一次进深约 2m。全断面法施工模拟及施工照片见图 4-36。

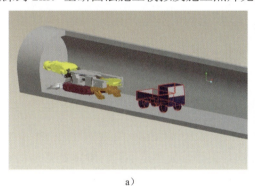

a)

b)

图 4-36 悬臂掘进机全断面法施工模拟及施工照片

4.3.4 适用性研究

根据悬臂掘进机的各种开挖方法的现场实施,为考虑开挖过程中隧道施工及周边建筑物的安全,在隧道内、周边路面及建筑物埋设监测点,见表 4-12。根据监测数据结果显示,各种开挖方式的适用条件都能满足现场及周边的安全。

各种开挖方法对应监测数据　　　　　　　表 4-12

序　号	开挖方式	日期(年-月-日)	测　点	数值(mm)
1	长台阶	2015-8-15	GDCJ	0.06
2		2015-8-19	SL	0.07
3		2015-8-22	JZWCJ	0.05
4		2015-8-25	DBCJ	0.06
5	短台阶	2015-9-14	GDCJ	0.06
6		2015-9-17	SL	0.03
7		2015-9-21	JZWCJ	0.05
8		2015-9-26	DBCJ	0.02
9	超短台阶	2015-10-11	GDCJ	0.04
10		2015-10-15	SL	0.03
11		2015-10-17	JZWCJ	0.05
12		2015-10-23	DBCJ	0.02
13	全断面	2015-11-19	GDCJ	0.06
14		2015-11-21	SL	0.05
15		2015-11-23	JZWCJ	0.03
16		2015-11-30	DBCJ	0.04

悬臂掘进机一次开挖断面面积约 $38m^2$,但由于贵阳地区特殊的地质情况,根据不同地质段分别采用台阶法和全断面法相结合的施工工艺。

4.4　悬臂掘进机法与其他工法比较

4.4.1　隧道爆破、非爆破施工机理分析

目前,由于爆破施工导致隧道变形、初期支护开裂等事故屡见不鲜。隧道施工过程中一旦该类事件发生,不仅影响工期,还对施工人员生命构成危险和伤害,如果处理不当还严重影响工程质量及后期运营隐患。而且隧道塌方事故的发生是贯穿于隧道开挖时、开挖后、施工支护后、贯通时,甚至在衬砌施工完毕后有时都有发生,因此在隧道施工过程中必须引起高度重视。

隧道爆破开挖会引起隧道应力重新分布,当隧道围岩应力大于该处岩体强度时,使隧道周围产生松动被动破坏与塑性变形,形成塑性区(包括松动区)。一般认为,隧道开挖后引起的塑性扰动范围为隧道轮廓线外 2～3m。而塑性区的范围可在现场,通过测量获得。也可用下式计算塑性区半径 R_0 的大小:

$$R_0 = a\left[\frac{p + c\cot\varphi}{p_i + c\cot\varphi} \times (1-\sin\varphi)\right]^{\frac{1-\sin\varphi}{2\sin\varphi}} \qquad (4-1)$$

式中：a——隧道开挖面半径；

p——原岩应力；

p_i——支护对隧道围岩的应力；

c——隧道围岩的黏聚力；

φ——隧道围岩的内摩擦角。

在隧道施工中采用悬臂掘进机施工，可有效控制其振动速率，减少对开挖范围外围岩的扰动，使经常发生垮塌的松弛带不复存在，增强了隧道的自稳能力。见图4-37、图4-38。

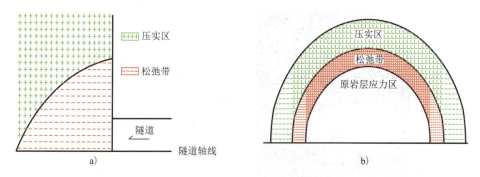

图 4-37　隧道爆破开挖岩体的力学形态

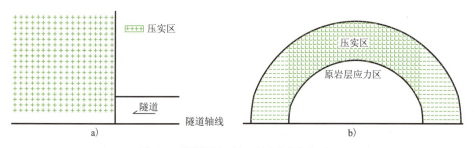

图 4-38　隧道悬臂掘进机开挖岩体的力学形态

4.4.2　与矿山法爆破开挖比较

以Ⅳ级围岩为例，悬臂掘进机与前期矿山法爆破施工振速及超欠挖对比情况见表4-13。现场检测见图4-39～图4-42。

不同开挖工艺振速及超欠挖对比　　　　表4-13

开挖方式	光面爆破	水压爆破	秒差爆破	掘进机开挖施工
最大振速(cm/s)	2.92	2.63	3.98	0.43
平均超欠挖(m²)	3.14	2.65	2.88	0.23

 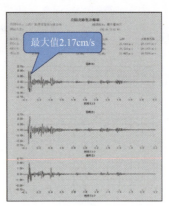

图 4-39　ZDK23+580 秒差爆破现场照片　　图 4-40　秒差爆破振速示意图

 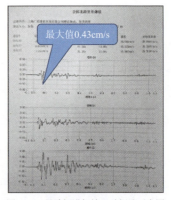

图 4-41　ZDK23+580 悬臂掘进机振速监测照片　　图 4-42　悬臂掘进机施工破振速示意图

4.4.3　与冷挖施工功效比较

以Ⅳ级围岩为例,冷开挖工艺对比情况见表 4-14。

不同的冷开挖工艺功效对比(单位:m)　　　　表 4-14

冷挖方式	劈裂机开挖施工	破碎锤开挖施工	掘进机开挖施工
平均月进尺	12	25	50

4.4.4　悬臂掘进机法优点

悬臂掘进机开挖适用范围广,在中低硬度的岩石(如风化岩、凝灰岩)可达到 20～40m³/h(随岩石的密度、破碎度不同而异),掘进效率与地层硬度和工作面自稳能力关系密切。设备配套齐全、功能完善,作业粉尘控制好。对围岩的损伤小,能更好地控制隧道变形及地表沉降。低振动、低噪声,同时在开挖过程中渣土直接转移不占用其他施工时间,开挖时的粉尘通过降尘系统消化。可在有振动和噪声限制的地域(如居民区、医院等)有效替代爆破施工,并能更好地保护环境。机械取代人工进行软岩或破碎岩层的隧道的掘进,排除掌子面前方人工开挖的危险,从而可大大提高隧道施工的安全性。可适用于较长距离隧道掘进,工期基本能够得到保证。

悬臂掘进机应用于贵阳轨道交通1号线区间隧道后,顺利完成4次穿越贯城河、下穿金沙坡旧货市场、下穿2008小区,顺利实施2008小区、三鑫大厦房屋桩基截除及托换工作,成功实施了过程中遇岩溶的顺利处治,降低了施工风险,达到了悬臂掘进机施工的岩溶隧道的工效要求,满足了社会风险及周边环境风险的防控。延安路站—中山路站区间隧道贯通见图4-43。

图4-43 延安路站—中山路站区间隧道贯通

4.5 悬臂掘进机法关键技术研究

4.5.1 激光环指向技术

对于隧道施工而言,超欠挖至关重要,直接影响到隧道的整体经济效益。在悬臂掘进机的施工中,由于施工条件的限制,主要依靠掘进机司机的经验水平来控制隧道内的超欠挖,在开挖完成后利用测量仪器进行校核,对局部欠挖的地方进行修整处理。

在延安路站—中山路站区间隧道施工过程中,工期较为紧迫。进行隧道施工测量时,必须要快速、准确、及时,以便有效控制隧道掘进方向,尽快掌握隧道的超欠挖情况。而施工隧道中光线弱、空间小、气象条件差等不利的测量条件向测量工程师及其使用的测量仪器和技术提出了挑战。

用常规方法进行隧道中线测量时,需要洞内停工、通风并加强照明,要占用宝贵的洞内施工时间,在洞内定桩容易破坏,使用也不方便。根据以往开挖的施工经验可以得出,开挖掌子面中间部位占少量时间,开挖周边时往往占大量时间,为此,在悬臂掘进机施工过程急需解决这一问题。随着隧道施工技术与工艺的进步,隧道掘进速度很快,激光指向仪的使用也越来越广泛。它具有价格低廉、安装调试简单、发射可见光、使用方便等特点,能时时指示

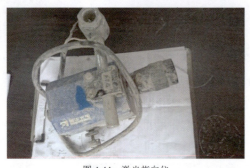

图 4-44　激光指向仪

隧道掘进的方向和坡度,可以快速准确地标定隧道开挖轮廓,从而有效地控制隧道的超欠挖。在隧道内合理使用激光指向仪,能大大提高隧道施工质量和速度,如图 4-44 所示。

延安路站—中山路站区间隧道在引进悬臂掘进机开挖后,同时采用了激光环指向仪进行控制网的传递,即在掘进机后方隧道已完成初期支护的洞壁上安装多个激光指向仪组成环,在开挖前借助全站仪调整激光指向仪的方向,让激光照到掌子面处,借助激光点指示隧道的设计轮廓线,从而指导工人操作机械开挖,有效地控制了悬臂掘进机施工的超欠挖。

1) 激光环指向仪控制原理

激光环指向仪的控制原理是将已初期支护完成的隧道断面投影到需要开挖的掌子面处,使悬臂掘进机司机在操作过程中对隧道开挖断面提前达到一个可视化效果,如图 4-45 所示。

2) 激光环指向仪在现场施工中的应用

(1) 激光环指向仪安装

如图 4-46 所示,将直径为 22mm 的钢筋埋入隧道初期支护面内,埋入的深度不短于 50cm,激光指向仪通过接合器固定在锚杆上,外露的长度在安置仪器后不应妨碍运输和行人。激光指向仪布置的个数可根据隧道的尺寸进行调节,环向间距越小,开挖精度越高。

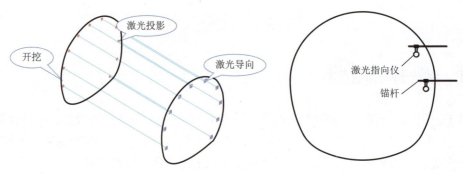

图 4-45　激光导向示意图　　　　图 4-46　激光环指向仪安装示意图

(2) 激光环指向仪调试

在隧道内调试激光指向仪需要全站仪的配合,根据隧道线形的不同分为直线隧道和曲线隧道两种情况。

① 直线隧道。

在直线隧道内安置的激光指向仪应满足:激光光束和隧道中线平行;激光光束的坡度和隧道坡度一致。

如图 4-47 所示,激光指向仪安置在隧道一侧边墙上。打开激光指向仪电源开关,先将激光指向仪的激光光束调整到和隧道中线大致平行,然后在前方设置两个激光接收靶 A、B。

要求A靶尽可能地接近激光指向仪,B靶接近隧道掘进工作面,分别在A、B接收靶上得到激光斑点1和2。

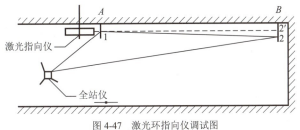

图 4-47 激光环指向仪调试图

在隧道内控制点上安置全站仪,先在激光斑点1上安置反射片(或微型棱镜),测定1号光斑的坐标及高程,并利用编程计算器计算出1号光斑处的隧中偏距以及嵌入初期支护面距离,然后调节激光指向仪,再次采用全站仪测量,直至将1号光斑嵌入初期支护面距离控制在10cm。

然后在激光斑点2上安置反射片(或微型棱镜),测定2号光斑的坐标及高程,利用编程计算器计算出2号光斑处的隧中偏距以及嵌入初期支护面距离,若与1号光斑不一致,修正激光指向仪投射角度,直至与1光斑隧中偏距以及嵌入初期支护面距离一致,一般进行2～3次修正,即可使激光光束到达指定位置。

其他激光指向仪调试方法相同,待所有激光指向仪安装调试完成后,即形成了激光环,如图4-48所示。

②曲线隧道。

曲线隧道中,不能满足激光光束和隧道中线平行的条件,只需将激光光速的坡度调整到和隧道坡度一致即可。按照直线隧道内同样的方法设置激光接收靶A、B并进行调试。曲

图 4-48 正常工作的激光环指向仪

线隧道在调试过程中需要考虑到线路中心线与隧道中心线的偏移值,同时激光环指向仪不宜距离开挖面过远,避免隧道边墙阻碍激光光束,一般控制在10～20m。

(3)用激光环动态指示悬臂掘进机开挖

①直线隧道开挖。

在直线隧道内安装的激光导向仪经过调试,满足了激光光束和隧道中线平行、激光光束的坡度和隧道坡度一致的条件。

当激光环指向仪调试完成,悬臂掘进机可根据激光环指示进行开挖工作。如图4-49所示,激光外

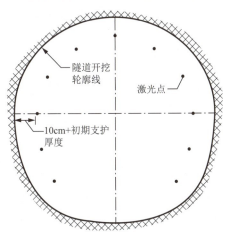

图 4-49 激光环指示悬臂掘进机开挖

放 10cm 为初期支护轮廓线,再外放即为开挖轮廓线。在直线段采用激光导向仪指导悬臂掘进机开挖的施工情况统计见表 4-15。

直线段采用激光导向仪开挖情况　　　　　　表 4-15

序号	开挖里程段	平均超欠挖值(cm)	序号	开挖里程段	平均超欠挖值(cm)
1	ZDK23+240～ZDK23+243	+2	5	YDK23+242～YDK23+245	+3
2	ZDK23+248～ZDK23+251	+4.5	6	YDK23+249～YDK23+252	+3.6
3	ZDK23+257～ZDK23+260	+4	7	YDK23+260～YDK23+263	+2.5
4	ZDK23+263～ZDK23+266	+4.4	8	YDK23+270～YDK23+273	+2.8

②曲线隧道开挖。

在曲线隧道内激光光束和隧道中线之间的距离随里程不同而变化,为此需要编制激光支距表来指导隧道掘进。如图 4-50 所示,在对应激光光束某点 K_0 处作为量算支距的起点,每间隔距离 d 量取激光支距 e_1、e_2…从而得到隧道中线上的各点。

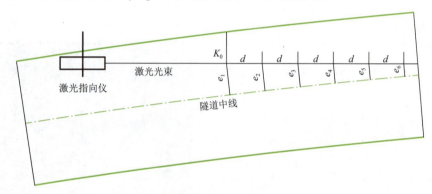

图 4-50　曲线段激光环指示掘进机开挖原理图

支距的获取方法有两种:激光指向仪调试结束后,测定激光光束上两点,如图 4-47 中的 1、2 点的坐标建立直线方程,与隧道中线的曲线方程联立解算支距。在计算机上利用 CAD 软件绘制出隧道中线和激光光束直线,按规定的间隔距离 d 绘制出支距线,然后直接查询各支距的值。在曲线段采用激光导向仪指导悬臂掘进机开挖的施工情况统计见表 4-16。

曲线段采用激光导向仪开挖情况　　　　　　表 4-16

序号	里程	平均超欠挖值(cm)	序号	里程	平均超欠挖值(cm)
1	ZDK23+150～ZDK23+152	+2.8	5	YDK23+400～YDK23+402	+3.3
2	ZDK23+158～ZDK23+160	+4.3	6	YDK23+408～YDK23+410	+3.2
3	ZDK23+164～ZDK23+166	+4.2	7	YDK23+410～YDK23+412	+2.8
4	ZDK23+168～ZDK23+170	+3.6.1	8	YDK23+416～YDK23+418	+3.4

通过采用激光导向仪的控制,悬臂掘进机司机在操作过程中对隧道开挖断面提前达到一个可视化效果,起到边开挖边校核的目的,对悬臂掘进机的开挖起到全过程的动态控制,对开挖轮廓线进行实时监控,严格控制了区间隧道的超欠挖问题,节约了施工成本。

（4）激光环指向仪使用注意事项

①激光环指向仪要定期进行检查测量，确认激光光速是否投射于指定位置。

②在保证激光光斑位置准确、激光点清晰和稳定的前提下，可延长仪器的指向距离，但不能超过其最大指向距离。

③仪器安置完毕后，应锁紧调节机构，并套上外套保护，以免碰动或他人随意操作。

（5）开挖效果检查及分析

激光环指向技术在延安路站—中山路站区间隧道开挖过程中已得到成功运用，其隧道断面开挖以及拱架支护，90%是依靠激光环指向进行控制。经过断面检测仪的自检，并没有发现初期支护欠挖的部位，同时超挖量均控制在5cm以内，隧道开挖面光滑、圆顺，减少了工序间采用全站仪测量的时间，提高了施工效率，见图4-51。

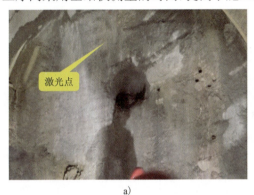
a)

b)

图4-51 YDK23+534掘进机开挖效果照片

另外，延安路站—中山路站区间在YDK23+466处由竖井进洞，分为四个掌子面进行开挖，在未采用激光导向仪指导开挖之前，悬臂掘进机的开挖平均月进尺为90m/月，施工速度相对缓慢。延安路站—中山路站区间隧道施工中应用激光环指向仪配合悬臂掘进机指导隧道开挖，悬臂掘进机开挖平均月进尺达150m/月，开挖进尺明显得到了提升，加快了施工进度。隧道贯通后，经测定横向贯通误差为13mm，高程贯通误差为18mm，最终实现了隧道的精准、快速施工。见表4-17。

采用激光导向仪前后掘进机开挖进尺对比　　　　　　表4-17

序号	日期(年-月-日)	未使用激光指向仪开挖进尺(m)	日期(年-月-日)	使用激光指向仪开挖进尺(m)
1	2015-8-12	2.5	2015-10-7	5.6
2	2015-8-14	3	2015-10-9	4.8
3	2015-8-16	2.8	2015-10-11	4.5
4	2015-8-18	3.2	2015-10-13	5
5	2015-8-20	2.5	2015-10-15	5.2
6	2015-8-22	3	2015-10-17	4.8
7	2015-8-24	3.2	2015-10-19	5.6
8	2015-8-26	3	2015-10-21	5.4
9	2015-8-28	3.5	2015-10-23	5
10	2015-8-30	2.5	2015-10-25	4.5

4.5.2　基于视觉测量的悬臂掘进机开挖定位技术探究

在悬臂掘进机施工过程中,发现隧道断面边界附近的开挖往往成为施工过程中制约施工速率的"瓶颈"。因为边界开挖必须小心翼翼,如果超挖,补救起来很麻烦,且耗费材料和人工,如果欠挖,则隧道断面达不到设计要求。唯一的办法就是在边界大幅度提高人工测量的频率,人工测量时必须停挖,测完后才能继续开挖。越接近边界就需越精细,停挖进行人工测量的时间也就越多,对工程进度的影响越大,甚至于"开挖中间80%只需20%的时间,开挖边界20%需要80%的时间"的问题。因此,如何对隧道边界测量开挖的技术进行改进,成为一个迫在眉睫的问题。

几种定位技术的比较,见表4-18。

定位技术的比较　　　　　　　　　　　　　　　　　　表4-18

方法名称	优点	缺点
全站仪的导向和定位方法	全站仪、配套棱镜接收装置均属于精密测绘仪器,精度高,定位误差小	对工作环境要求较为苛刻,专业人员对其进行安装、操作、检修。鉴于复杂的工况,将整套测量装置应用于井下生产时,其使用、维护成本势必较高
捷联式惯导系统导向和定位方法	导航参数无须任何外界信息,故抗干扰能力较强,隐蔽性好,且能提供位置、速度、航向和姿态角数据	导航信息经过时间积分而产生,定位误差随时间而增大,惯导系统在开始导航定位之前需进行初始化,初始化信息包括:给定初始位置和初始速度;惯导平台的初始对准,计算初始数据
激光导向仪的导向和定位方法	激光束提供定位和距离测量,具有较高精度和稳定性、可靠性	存在现场光测角仪对激光能否可靠接收及跟踪的问题,在现场掘进过程中,俯仰角度变,会导致指向激光束在机组的落点位置无法固定,造成求解机组位置参数的困难
视觉测量的导向和定位方法	这种定位方法累积误差小,具有实时、非接触、获取信息丰富等优点	计算量很大,对外界条件(特别是光照条件)和路标有一定的要求,难点在于如何克服工作面恶劣工况(如粉尘、水雾和光照条件等)对检测精度的影响

针对悬臂掘进机的特点,就测量方法及自动化作业进行了探索研究,提出实时仿真导向和定位的一种新方法,基于视觉测量思路,辅以机器学习思想,进行理论计算及计算机编程,科学处理数据,并开展实验以分析模型在多种工况下的可行性。

视觉测量是指根据摄像机获得的图像视觉信息对目标的位置和姿态进行测量的技术。用机器代替人眼来做测量和判断。通过机器视觉产品 [即图像摄取装置,分互补金属氯化物半导体(CMOS)和电荷耦合元件(CCD)两种] 将被摄取目标转换成图像信号,传送给专用的图像处理系统,根据像素分布和亮度、颜色等信息,转变成数字化信号,图像系统对这些信号进行各种运算来抽取目标的特征,进而根据判别的结果来控制现场的设备动作。

视觉测量主要组成:图像部件、摄像机、照明部件、软件工具。其中摄像机捕捉被检测物体的电子图像,然后将其发送到处理器进行分析。电子图像被转换成数字,表示图像最小的部分,即像素。图像显示的像素数量称作分辨率,图像的分辨率越高,包含的像素数量越多,进行检测时,图像的像素数量越多,检测结果越准确。

视觉检测系统的摄像机有三个变量需要调整,以优化捕捉到的图像。它们是光圈、对比度和快门速度。正确的照明对帮助创建有效检测所需的对比度很关键。照明解决方案的类型、几何形状、颜色和强度应当提供尽可能强的对比。

视觉检测系统使用软件处理图像。软件采用算法工具帮助分析图像。视觉检测解决方案使用此类工具组合来完成所需要的检测。常用的包括搜索工具，边界工具，特征分析工具，过程工具，视觉打印工具等。

基于国内采用悬臂掘进机暗挖隧道的现状，依托本工作段工程，初步探究基于机器视觉的悬臂掘进机开挖定位测量技术的可行性，为后期的技术实现提供理论参考。

首先，在直线且水平的隧道轴线开挖施工中，将"人的视觉"转为"机器的视觉"，用机器代替人工，在此基础上进一步优化，建立智能模型，优化模型，使产生的误差在合理范围之内。针对延安路站—中山路站区间现场所采用的激光指示仪结合目视断面的掌子面开挖方法，在悬臂掘进机开挖中，在机身上安装一个可任意旋转的摄像头，由于掘进机的开挖在纵轴方向上并非连续，每开挖完一个断面后，掘进机向前推进一定距离，继续开挖下一断面，因此，每当掘进机开挖完一个断面，驶至下一断面停下，在进行这一断面的开挖之前，进行简单的除尘，用摄像头拍下对应的激光光斑，照相机信号通过图像采集卡，将图像送到工控机中经系统识别和处理，计算出激光光点的位置。

然后，采用影像追踪方法，每次照相得到的图片，数字化后，在计算机中实现位置比对，倒推得到相机实际位置与标准位置在三个主方向上的位置关系，辅以控制相机姿态所安装的传感器所测得的相机实际位置在绕三个主方向上的角度值，实现对掘进机的位姿量测，得到六个位移方向的特征值，并指导实现自动化开挖。此外，模型将探讨对非直线非水平隧道的开挖，根据规范所规定的允许曲率及允许坡度，衡量实际工程中对应的弯曲和起伏情况，在自动调整对应的特征值后，模型同样具有适用性。并且，由于相片被量化，模型得到的特征值数据可以积累，通过特征值组构成的大数据库，发现与溶洞的相关性，实现对类似贵阳这样溶洞发育地区的溶洞预测，由于完全基于数据，这样预测具有很强的经济性。

此外，必须探讨所建立的模型在实际工作中的可行性及稳定性。首先开展实验，分析视觉测量采用的图像数字化算法对实际激光点的测试精度，并分析相机畸变等对拍摄效果的影响。其次，分析基于后方交会方法的影响追踪技术的误差，误差需考虑安装在掘进机机身的传感器误差，以及图像数字化算法中可能存在的误差范围。

视觉测量不存在累积误差，每一次拍摄均是对测量状态的更新，在隧道的开挖中，轴线的测量和掌子面开挖的测量分开进行，依据测量轴线和机器视觉的结果，可以呈现三维实时的开挖动态动画。

模型中悬臂掘进机的位置和姿态已经判断，均得到相对掌子面，量化后三个主方向和三个绕主方向转动方向的共六个位置关系值，结合悬臂掘进机的刚体特征，通过局部坐标系，建立与切割头的动态相对位置关系，即可得到切割头与掌子面的六个位置关系值，从而实现三维自动化开挖。

三维自动化开挖的实现，有利于加快施工进度，提升施工质量，保障施工安全，降低施工成本。

4.5.3　悬臂掘进机施工通风降尘控制技术研究

贵阳轨道交通1号线所施工的区间隧道大多地处贵阳市繁华地段,周边建筑物众多,人口密集,车流量大,且周边建筑物以居民楼为主,隧道施工的环境对周边居民的影响极大。

通过现场实际操作、理论分析和试验检测,研究几种不同通风方法的降尘效果,对比分析,得出一种完全适用于悬臂掘进机施工通风降尘的方法。

1) 隧道施工通风的一般规定

隧道在整个施工过程中,作业环境应符合下列职业健康及安全标准:

(1) 空气中氧气含量,按体积计不得小于20%。

(2) 粉尘容许浓度,每立方米空气中含有10%以上的游离二氧化硅的粉尘不得大于2mg。每立方米空气中含有10%以下的游离二氧化硅的矿物性粉尘不得大于4mg。

(3) 瓦斯隧道装药爆破时,爆破地点20m内,风流中瓦斯浓度必须小于3.0%,总回风道风流中瓦斯浓度应小于0.75%。开挖面瓦斯浓度大于3.5%时,所有人员必须撤至安全地点并加强通风。

(4) 有害气体最高容许浓度:一氧化碳最高容许浓度为30mg/m^3;在特殊情况下,施工人员必须进入开挖工作面时,浓度可为100mg/m^3,但工作时间不得大于30min;二氧化碳按体积计不得大于0.5%;氮氧化物(换算成NO_2)为5mg/m^{3}以下。

(5) 隧道内气温不得高于28℃。

(6) 隧道内噪声不得大于90dB(A)。

(7) 隧道施工通风应能提供洞内各项作业所需的最小风量,每人应供应新鲜空气4m^3/min。

(8) 瓦斯隧道施工中防止瓦斯集聚的风速不得小于1m/s。

粉尘排除与风速有关:当风速0.15m/s时,5μm以下的粉尘被悬浮并被排出洞外;风速增大时,能悬浮较大粒径的粉尘并带走,同时增强了稀释作用,风速在3.5~2.0m/s时,粉尘浓度将降到最低值;风速继续增大就会扬起已经沉降的粉尘,浓度反而增加。所以做好通风工作将起到较好的除尘效果。

2) 工程施工现状调查

区间隧道粉尘产生的主要来源为:悬臂掘进机施工产生的烟尘、喷射混凝土产生的灰尘、洞内内燃机设备运行产生的尾气等。针对隧道内的粉尘问题,除了采用"压入式通风+抽出式通风"相结合的方法进行处理外,还将增加辅助设施来对隧道内粉尘达到进一步的消除,防止粉尘从隧道口溢出,造成周边环境的污染,影响周边居民的生活,同时也会对项目工作的整体推进造成一定的影响,隧道开挖粉尘浓度测量数据统计见表4-19,隧道内开挖现场照片见图4-52~图4-55。

第4章 喀斯特地貌山地城市轨道交通区间隧道悬臂掘进机工法

隧道开挖粉尘浓度测量数据统计表　　　　表4-19

日期(年-月-日)	距洞口(m)	检测时间（通风后）(min)	粉尘浓度(mg/m³)	供风量(m³/min)	风速(m/s)
2015-4-20	80	10	83	550	3.5
2015-4-22	80	10	80	550	3.5
2015-4-24	80	10	83	550	3.5
2015-4-26	80	10	81	550	3.5
2015-4-28	80	10	72	550	3.5
2015-4-30	80	10	81	550	3.5
2015-5-1	80	10	76	530	3.5
2015-5-3	80	10	87	530	3.5
2015-5-7	80	10	86	530	3.5
2015-5-9	80	10	84	530	3.5
2015-5-11	80	10	81	530	3.5
2015-5-13	80	10	82	530	3.5

图4-52　隧道已成洞段现场实际情况照片

图4-53　隧道开挖完成后掌子面处照片

图4-54　隧道开挖时横通道处照片

图4-55　隧道开挖时掌子面照片

3）隧道通风的布置

区间隧道采用悬臂掘进机施工,结合各种通风的特点,悬臂掘进机在掘进过程中会产生大量粉尘,采用常规的压入式通风会使粉尘吹到隧道里面,在掘进机开挖过程中,隧道内一直处于粉尘浓度高的状态,为保证隧道施工过程中施工人员的身心健康,保证隧道内有一个良好的施工环境,掘进机切割头上的喷淋设备不能满足施工作业环境要求,需在悬臂掘进机掘进过程中对粉尘浓度采取有效的措施,在掘进机后方增加一台22kW的除尘风机,从原来的压入式通风转变成"压入式+抽出式"相结合的方式。

区间隧道断面面积约为38m²,代入$L_e = 0.64\sqrt{S}$(其中,S为巷道的断面积),可得除尘风机的有效吸程约为3.8m。国内类似隧道工程通风设计实例表明,一般600mm吸风筒在160～200m³/min的流量下,有效吸程为2.5～3m。考虑到本工程中除尘风机的流量为240m³/min,实际有效吸程也应比3m更大。实际通风设计中,压入新风量为6～8m³/s,风口直径3.2m,压入口风速约为6m/s。而除尘风机的吸风口流量为4m³/s,风口直径0.6m,风口的空气流速高达14.1m/s,局部负压作用十分明显,这也是除尘风机汇流作用的基础。

由于隧道施工时,悬臂掘进机体型较大,占据了隧道内较大空间,会对靠近掌子面空间内的气体流动产生较大影响,这种影响主要表现在:

(1)由于机体占据一部分隧道空间,形成对气体流道的阻塞效应,会加大机体周边范围内的空气的流速,也加大粉尘的流速,不利于除尘风机对粉尘的捕捉。

(2)受机体的影响,机体周边的气流湍流效应明显,气流和粉尘的流动无序性增加,对于除尘风机的粉尘捕捉功效会产生明显影响。

基于以上原因,除尘风机应布置在悬臂掘进机工作位置的后方,但是为了尽可能控制粉尘在尽可能小的隧道区域,只需保证其有效吸程能够覆盖住机体尾部。所以,除尘风机建议布置在悬臂掘进机后方4～18m的位置效果较好。

根据现场实际情况反复调整,最终确定隧道风机风压为除尘风机风压的3.5倍,且将除尘风机安放在距掌子面30m左右(距离掘进机后方18m左右)的位置,除尘效果最好,见图4-56。

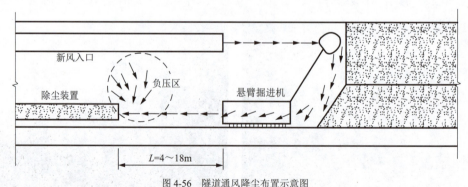

图4-56 隧道通风降尘布置示意图

4)隧道施工空气质量监控技术研究

区间隧道内的空气质量主要是监测燃料燃烧不充分产生的CO含量、施工过程中产生的粉尘含量、隧道内施工时的温度等。施工过程中,对空气质量实施动态监测,根据风机运行时间、洞内空气质量和洞内施工情况三个要素的关系,选择一种最佳的隧道通风布置方式,合理的组织施工,减少施工过程中的盲目性,指导现场施工。

针对隧道内粉尘含量的检测和 CO 含量的检测每周进行 4 次。悬浮颗粒的检测采用 LCJ-1P PM2.5 检测仪进行检测,CO 含量采用 Gas Detector Alarm 可燃气体检测和报警装置进行检测,见图 4-57。

根据检测结果,可采取加大通风量、喷雾降尘或暂停局部工作面等方式来提高隧道内施工的空气质量,避免因空气质量较差影响隧道正常施工。

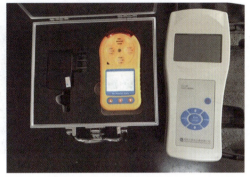

图 4-57 隧道粉尘及有害气体检测仪

5）通风降尘的控制与管理

（1）洞内机械排放尾气控制

隧道内施工过程中机械种类较多,比如自卸汽车、装载机、挖掘机、喷射混凝土机、混凝土搅拌车等,排放的尾气种类也会很多,主要成分为 CO、硫化物等有害气体,严重影响洞内的作业环境,危害到施工现场工人的身心健康。为减少这类有害物质的产生,建议在隧道内的机械采用质量较高的高标号燃油,改善洞内的交通环境,加强对洞内施工机械的日常维修保养,严禁超载,严格落实洞内车辆的管理制度。

（2）风机及风管的安装、维修、保养

隧道内主要的粉尘来源为机械设备排放的尾气及悬臂掘进机开挖产生的粉尘,所以在隧道外安装风机,在洞内安装除尘风机辅助洞内除尘。施工过程中应派专人进行日常的巡视工作,做好风机及风管的日常维修及保养工作,保证隧道内通风的正常进行。

6）相关辅助设施的选用

当风机打开后,部分粉尘会通过空气循环进入洞口处,影响工人作业及洞内环境。确定在隧道横通道马头门处增加一道密目网及环向喷淋设备,将通过洞口处的粉尘降下来。隧道内掘进机进行开挖时,在隧道竖井口设置一环喷淋设备,将隧道洞内溢出的粉尘降低,防治粉尘溢出后造成周边环境污染,见图 4-58、图 4-59。

a) b)

图 4-58 隧道喷淋管及密目网

a)   b)

图 4-59 隧道竖井口环向喷淋管

通过对区间悬臂掘进机施工通风降尘控制的研究,在掘进施工过程中采取了增加除尘风机、安装密目网及环向喷淋管等措施,有效地降低了隧道施工过程中的粉尘浓度,保证了隧道内的施工作业环境,同时也杜绝了隧道粉尘溢出对周边环境污染的现象,确保了周边居民的正常生活。

通过表 4-20 可以看出,在区间隧道悬臂掘进机施工过程中的持续粉尘产生且浓度较高的问题已经得到了改善,由此,节省了很多由于粉尘问题造成工期耽误的时间,加快了悬臂掘进机的施工进度。

隧道开挖粉尘浓度测量数据统计表   表 4-20

日期(年-月-日)	距洞口(m)	检测时间(通风后)(min)	粉尘浓度(mg/m³)	供风量(m³/min)	风速(m/s)
2015-9-2	80	10	7	550	3.5
2015-9-7	80	10	11	550	3.5
2015-9-12	80	10	6	550	3.5
2015-9-17	80	10	5	550	3.5
2015-9-22	80	10	8	550	3.5
2015-10-8	80	10	7	550	3.5
2015-10-15	80	10	7	550	3.5
2015-10-22	80	10	8	550	3.5
2015-11-7	80	10	6	550	3.5
2015-11-12	80	10	6	550	3.5
2015-11-17	80	10	12	550	3.5
2015-11-22	80	10	8	550	3.5
2015-11-27	80	10	6	550	3.5

4.5.4 悬臂掘进机开挖施工地层变形研究

悬臂掘进机施工的每次开挖循环的开挖进深为 1～2.5m,1～2.5m 的开挖进尺是根据现场条件初步设定的,需要采用更为精确的软件模拟在每次开挖 1～2.5m 进深的条件下,强发育岩溶地层的变形和风险控制。

延安路站—中山路站区间隧道下穿的地段地面建筑物密集,虽然针对隧道施工采取了较为严密的监测方案,但监测只是一种被动的施工风险控制措施,施工过程需要根据施工条件进行三维的数值模拟分析,针对现场施工模拟计算地层的变形,提前为施工提供参考。根据现场条件改进施工组织,在保证安全的前提下加快施工进度,加大每次开挖的进深,提高施工速度。借助于三维数值模拟软件,探索在更大开挖进深的条件下,地层的变形和风险,找出满足安全条件下的合理开挖进深,为优化施工组织,加快施工进度提供参考。

本次施工数值计算的目的在于利用三维数值模拟软件,对悬臂掘进机开挖过程中的围岩受力性能进行模拟,分析围岩在开挖过程中的变形以及地面建筑物的变形特点,为施工中的风险控制提供建议。同时对每次开挖的进尺进行优化,给出合理的开挖进尺值。

1)隧道开挖三维数值模拟的要点

(1)地层分层

地层应根据实际勘察资料进行分层,分层可不必过多,以2～4层为宜。但对于力学性质有显著差异的地层必须分层。同时各层的地质分界面尽量以地质勘察资料中的数据为准,除非资料中没有说明,否则不宜采用水平分层。

(2)地面建筑物的荷载

数值模型中必须考虑地面建筑物的荷载。地面建筑物荷载的位置和大小以勘察资料给定的值为准。如果无法确定,需结合现场地面环境确定,或者直接布置在隧道正上方,按最不利的情况考虑。

(3)地层岩溶的模拟

需要根据勘察资料,或者根据设定的不利情况,针对地层中的溶洞以及溶洞的位置和大小对隧道开挖过程进行模拟。数值建模时,溶洞的位置和大小可以根据相关资料合理设定(溶洞位于隧道的前方、左方、右方等),分析开挖时地层的变形和地面的变形。

①数值模拟的资料和参数。隧道开挖按照上、下台阶法开挖建模,其中上台阶开挖的高度为从隧道拱顶以下5m范围。

②区间围岩等级为Ⅳ级。

③开挖地层变形验算时,悬臂掘进机开挖每循环进尺为1～2.5m。

④建模开挖按照以下施工流程进行:上台阶开挖—下台阶开挖—架设型钢拱架—喷射混凝土施工。岩石掘进机开挖施工流程如图4-60所示。

2)数值模拟的几种工况

采用三维有限元数值建模,对悬臂掘进机施工的过程进行建模计算。综合考虑各种因素条件下的施工工况,将施工条件划分为以下几种情况:

(1)地层分层,不考虑地面建筑物超载,单线隧洞施工。

(2)地层分层,考虑地面建筑物超载,单线隧洞施工。

(3)地层分层,不考虑地面建筑物超载,双线隧洞施工。

(4)地层分层,考虑地面建筑物超载,双线隧洞施工。

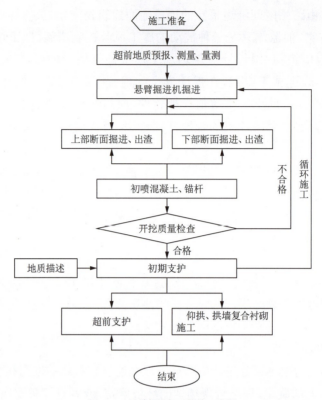

图 4-60　悬臂掘进机开挖施工流程

软件建模与计算是一个时间相关的过程,隧道开挖和地层卸载所引起的地层位移和岩体内力随着施工的进展而发生动态变化。施工步即是隧道施工过程中的每个预定的施工步骤。在建模计算的过程中,每次都以施工步完成之后的状态作为计算模型,而不考虑施工步之内的施工过程的影响。因而施工步的划分越细致,对于整个隧道施工过程的模拟就越为精确。在本次数值计算中,每次施工步的划分遵循施工实际而定。

延安路站—中山路站区间隧道的断面尺寸不大,考虑到悬臂掘进机的施工特点和能力,选取上、下二台阶法进行开挖。在每次开挖循环时,基本施工步的构建见图 4-61。

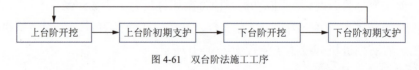

图 4-61　双台阶法施工工序

三维建模时,在隧道纵向取 30m 的长度为模型纵向尺寸。单洞隧道施工建模时,共构建了 50 个施工步;双洞隧道施工建模时,构建了 49 个施工步。由于初期支护采用密集的钢拱架和喷射混凝土施工,在完成初期支护后,地层变形趋于稳定,在建模时不考虑初次衬砌施工之后的工况。

3）建模参数的确定

建模过程中,地层划分,材料的尺寸和力学参数需要提前确定。参数确定主要根据详细地质勘察报告。

建模参数取值如下:岩土材料取为各项同性弹性材料,其破坏准则取为通用的 D-P 准则(Drucker-Prager 准则);初期支护为 C25 喷射混凝土,厚度取为 25cm;上台阶开挖的高度为距拱顶 3.25m,下台阶为 3.70m,直达隧道拱底;地面超载的确定:考虑本区间施工隧道下穿未拆迁的建筑群,需要计入地面建筑物的超载。根据施工勘察报告以及现场踏勘,施工区域的建筑物主要为多层砖混结构,基础形式为条形基础。根据砖混结构物的特点,取地面建筑物的荷载为 150kN/m²,并设定为隧道上方的均布荷载形式。考虑道路荷载的存在,取道路分布荷载为 70kN/m²,这样考虑实际为最不利的情形。

根据勘察报告,地层选取三层典型地层建模。从上至下依次为块石层,泥质石灰岩,泥质白云岩,如图 4-62 所示。其他材料参数的确定依次如图 4-63～图 4-66 所示。

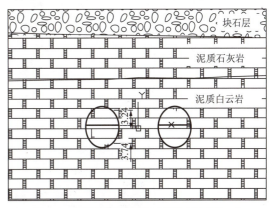

图 4-62　隧道建模地层划分示意图(尺寸单位:m)

图 4-63　块石层的材料力学参数设定

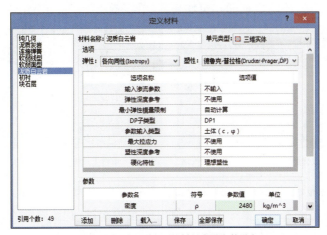

图 4-64　泥质白云岩层的材料力学参数设定

图 4-65 泥质灰岩层的材料力学参数设定

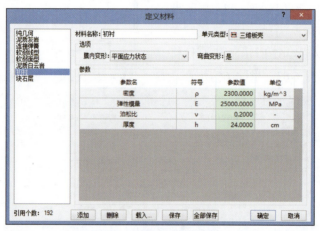

图 4-66 衬砌材料的力学参数设定

4）三维数值模拟结果分析

考虑上述四种工况下隧道的开挖变形，建立隧道开挖的模型并给出模拟结果。

（1）地层合理划分，不考虑地面建筑物超载，单线隧道施工的工况，见图 4-67、图 4-68。

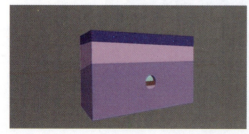 

图 4-67 单洞无地面超载情形下的三维模型（上台阶形成）　　图 4-68 单洞无地面超载情形下的三维模型（下台阶开挖）

数值模拟结果显示，地层开挖引发的最大地面沉降值为 0.443mm，最大沉降发生在第 50 个施工步，即终止施工步。第一主应力值出现在初期衬砌上，最大值为 178.0kPa。变形值和岩土体第一主应力值均在安全范围之内，见图 4-69～图 4-71。

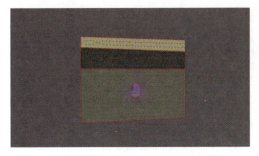
图 4-69　单洞无地面超载情形下三维模型网格划分

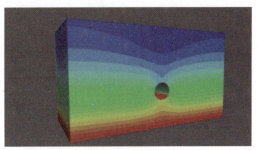
图 4-70　单洞无地面超载情形下的地层变形

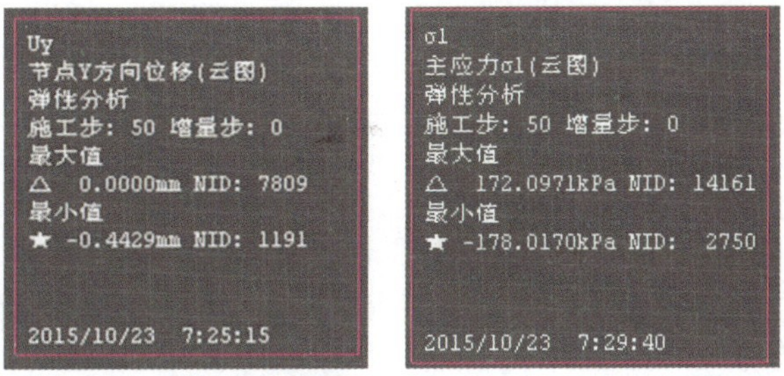

a)　　　　　　　　　　　　　b)

图 4-71　单洞无地面超载情形下的地层变形最大值以及第一主应力最大值

（2）地层合理分层，考虑地面建筑物超载，单线隧洞施工。

数值模拟结果显示，地层开挖引发的最大地面沉降值为 0.468mm，最大沉降发生在第 49 个施工步，即终止施工步。第一主应力值出现在初期衬砌上，最大值为 182.9kPa。变形值和岩土体第一主应力值均在安全范围之内，见图 4-72～图 4-76。

图 4-72　单洞有地面超载情形下的现场照片

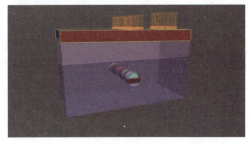
图 4-73　单洞有地面超载情形下三维模型

图 4-74　单洞有地面超载情形下的三维模型

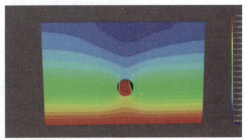
图 4-75　单洞有地面超载情形下的地层变形

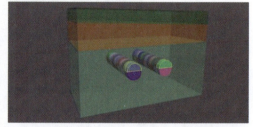

a)   b)

图 4-76　单洞有地面超载情形下的地层变形最大值以及第一主应力最大值

（3）地层合理分层，不考虑地面建筑物超载，双线隧道施工，见图 4-77、图 4-78。

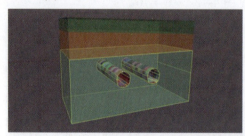

图 4-77　双洞无地面超载情形下的现场照片　　　图 4-78　双洞无地面超载情形下的三维模型

数值模拟显示，双洞施工中不考虑地面建筑物和道路超载的条件下，地层最大沉降为 0.70mm，最大沉降值发生在第 48 施工步，即最终施工步；第一主应力值出现在初期衬砌上，最大值为 204.4kPa。变形值和岩土体第一主应力值均在安全范围之内应在合理范围。见图 4-79～图 4-82。

图 4-79　双洞无地面超载情形下的三维模型　　　图 4-80　双洞无地面超载情形下的三维模型网格划分

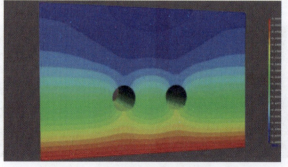

图 4-81　双洞无地面超载情形下的地层变形

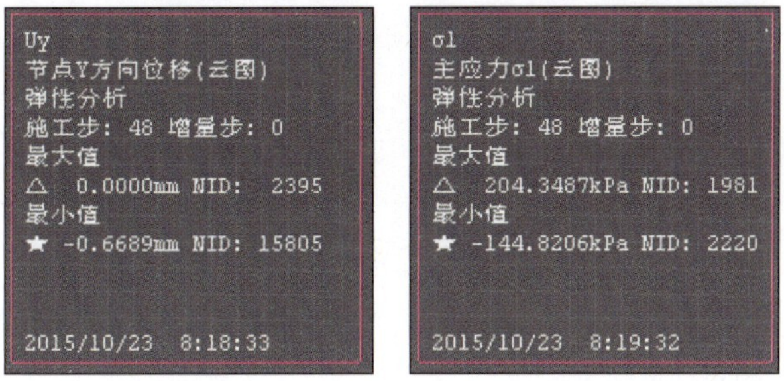

第4章 喀斯特地貌山地城市轨道交通区间隧道悬臂掘进机工法

图 4-82 双洞无地面超载情形下的地层变形最大值以及第一主应力最大值

（4）地层合理分层，考虑地面建筑物超载，双线隧洞施工。

考虑地面建筑物荷载以最不利位置均布于隧道上方，隧道开挖仍旧按照既定施工步考虑。

数值模拟显示，双洞施工中在考虑地面建筑物和道路超载的条件下，地层最大沉降为 0.80mm，最大沉降值发生在第 48 施工步，即最终施工步；第一主应力值出现在初期衬砌上，最大值为 239.47kPa。变形值和岩土体第一主应力值均在安全范围之内，见图 4-83～图 4-87。

图 4-83 双洞有地面超载情形下的现场照片

图 4-84 双洞有地面超载情形下的三维模型

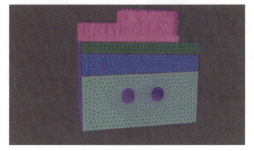

图 4-85 双洞有地面超载情形三维模型网格划分

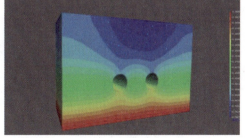

图 4-86 双洞无地面超载情形下的地层变形

通过对延安路站—中山路站区间隧道地层变形控制的研究，明确了在不同开挖工况的施工控制技术要点，为岩石悬臂掘进机施工过程中施工组织的及时改进和加快进度施工提供了有力的技术保障，为各种地层的开挖进尺指明了方向，将施工过程中被动风险控制变为主动风险控制，确保了隧道在不同地层情况下的正常掘进。

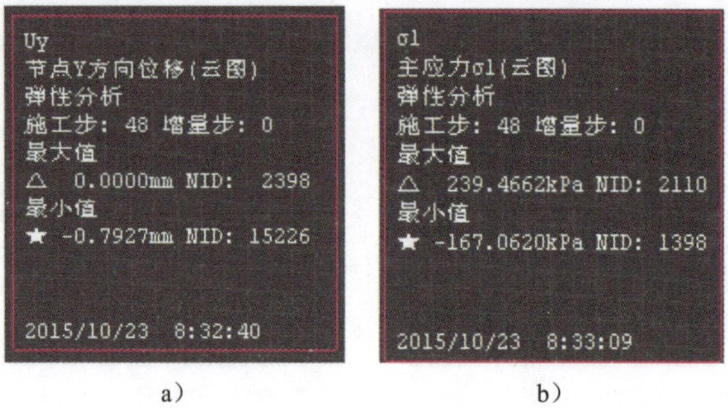

图 4-87 双洞有地面超载情形下的地层变形最大值以及第一主应力最大值

4.5.5　移动互联网在延安路站—中山路站区间隧道工程监测中的研究与应用

目前隧道施工的监测通常采用的是人工进行监测,人工监测需要耗费巨大的人力、物力,并且对于某些细微的环境变化感觉不灵敏,无法保证进行 24h 不间断测量,在强发育岩溶富水地铁隧道施工特殊段落(下穿、侧穿建筑物、河流)施工过程中,为了保证隧道施工周边环境的安全,必须进行 24h 不间断测量及保证监测数据的连续性和准确性,根据现场实际情况,以人工智能为基础,以信息技术、通信技术为手段,在延安路站—中山路站区间隧道施工过程中,采用综合监控技术来满足高风险隧道施工监测的要求。

原理:利用各个现场实时监测点的监测数据通过计算机网络即时传输,对信息进行快速的处理,并最终将发生的异常监测数据做出快速准确地判断,为风险的应对和相关措施的制订提供依据。

在延安路站—中山路站区间隧道施工过程中引进了移动互联网,在隧道特殊段落施工时采用视频监控和自动化监测手段,见图 4-88。

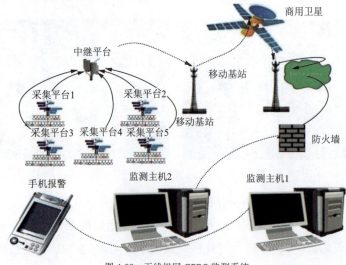

图 4-88　无线组网 GPRS 监测系统

1)隧道视频监控系统

(1)隧道主体信息采集系统

通过建设一定规模的结构数据传感网络,为防灾减灾提供及时、准确的基础信息资料。

(2)视频监控系统

在隧道重要地段、地质结构复杂的地点建设视频监视系统,为实时、直观监视城市地铁安全状况提供可靠的途径。见图 4-89、图 4-90。

图 4-89　隧道视频监控图

图 4-90　隧道视频监控中心处理库

2)多元信息远程自动化监测系统

恒信远程自动化监测系统是一套全自动的,采用 GPRS 远程数据传输,定时采集无人值守的智能系统,用于隧道工程结构物的受力状态及沉降变形监测。

本系统可以实现传感器数据远程自动化采集,并将数据服务器平台发布,实现 Web 和移动客户端实时查询,并对监测到的超限数据及时发布报警信息。系统特点如下:

①自动采集云服务。所有传感器监测项目均通过 GPRS 网络并入系统服务器平台,可实现现场无人管理的远程自动化数据采集,系统服务器提供大数据存储,并对数据计算分析后,发布于网络终端。

②远程实时采集。采集软件通过 Internet 网络及 GPRS 数据传输向现场控制器发布命令并回传数据,此方式可实现高频率的数据采集(10min 采集一次),及时发现危险。

③Web 平台及移动客户端 App 查看。搭建 Web 服务平台,将监测信息及时发布。同时配套有移动客户端(App),可使用手机进行数据实时查看。

④短信报警功能。若楼体发生较大沉降或倾斜,系统会及时发布报警信息,第一时间通知相关人员。

⑤无线传输。并网传感器可采用无线方式传输数据,节约大量线缆不影响现场施工,极大提高了自动化采集系统的便捷性。

自动采集发射箱利用 GPRS 网络将传感器数据信息传输至云端服务器,然后经服务器计算中心分析计算后,将数据实时发布至 Web 监测预警平台,网络终端可通过 Internet 网络及 App 查看数据。见图 4-91、图 4-92。

(1)下穿、侧穿建筑物监测

延安路站—中山路站区间下穿、侧穿建筑物较多,其中左隧 ZDK23+135～ZDK23+230下穿公园 2008 小区、贵阳金沙坡旧货市场,左隧 ZDK23+510～ZDK23+575 段紧邻都市名园,左隧 ZDK23+655～ZDK23+695 段紧邻市医学会 7 层楼房,左隧 ZDK23+605～ZDK23+655

段侧穿正在建设的国贸置业,右隧 YDK23+505 ～ YDK23+698 下穿 5 栋 6 ～ 7 层的楼房,右隧 YDK23+105 ～ YDK23+125 临近 7 层楼房。利用自动化监控量测掌握施工中围岩和支护的力学动态信息和建筑物的沉降情况,及时反馈指导施工,以便及时采取措施,确保施工安全。

图 4-91 自动采集发射箱　　　　　　　图 4-92 网络终端登录平台

①下穿、侧穿建筑物时在隧道拱顶及拱腰埋设应力计,24h 监测施工过程中隧道拱顶下沉和洞周收敛位移情况。见图 4-93。

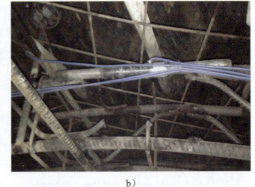

a)　　　　　　　　　　　　　　　b)

图 4-93 隧道拱顶和拱腰埋设应力计照片

②下穿、侧穿建筑物时在建筑物上布设静力水准仪监测施工过程中建筑物沉降情况。见图 4-94。

a)　　　　　　　　　　　　　　　b)

图 4-94 建筑物上布设静力水准仪照片

(2) 下穿河流监控量测

延安路站—中山路站区间右隧 YDK23+225～YDK23+265、YDK23+335～YDK23+390、左隧 ZDK23+225～ZDK23+255、ZDK23+360～ZDK23+420 段四次下穿贯城河，隧道拱顶距河底 6～7m。

① 下穿贯城河时在隧道拱顶及拱腰埋设应力计，24h 监测施工过程中隧道拱顶下沉和洞周收敛位移情况，见图 4-95。

 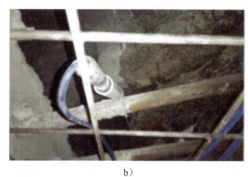

a)　　　　　　　　　　　　　　　b)

图 4-95　隧道拱顶和拱腰埋设应力计照片

② 下穿贯城河时在贯城河河道侧边安装静力水准仪，24h 监测施工过程中贯城河沉降情况。见图 4-96。

图 4-96　贯城河河堤安装静力水准仪照片

③ 下穿贯城河时在贯城河周边布设自动化水位监测，实时监测贯城河及周边水位变化情况。见图 4-97～图 4-100、表 4-21。

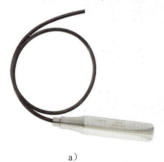 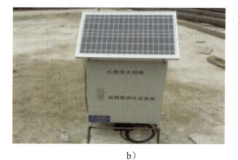

a)　　　　　　　　　　　　　　　b)

图 4-97　贯城河周边安装自动化水位监测照片

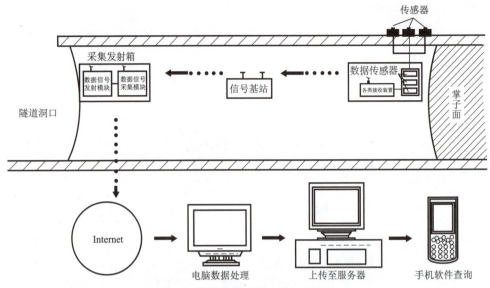

图 4-98 隧道内监测数据传输方式示意图

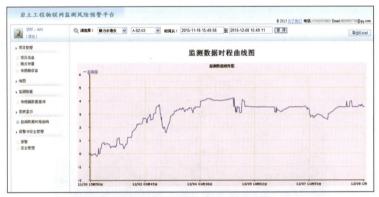

图 4-99 监测平台 IE 浏览器查询

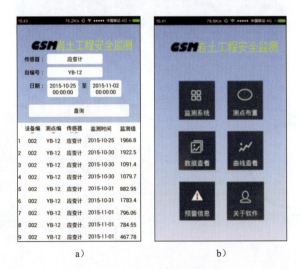

a)　　　　　　　　b)

图 4-100 监测平台手机查询客户端

监控量测值控制值(单位:mm)   表 4-21

序号	检测项目	允许位移控制值	位移平均速率控制值	位移最大速率控制值
1	地表沉降	30	2	5
2	拱顶沉降	7	0.2	0.5
3	水平收敛	20	1	3

通过移动互联网智能化监测手段,在延安路站—中山路站区间监测的运用,为施工过程提供了高质量、高可靠性的监测条件,有效提高了监测效率及精度,保证了隧道施工安全及周边环境的安全。

4.5.6 悬臂掘进机施工方案优化

1)全断面施工改进措施

针对悬臂掘进机施工临空面过大问题,加大监控量测频率,根据监控量测数据来指导实际施工,在掌子面稳定的情况下,设计允许采用全断面法进行施工,在工法及机械方面可采取"改进悬臂掘进机切割头长度""实施悬臂掘进机部分断面开挖"两种方案进行掘进施工。下穿站房段初期支护钢架设计间距为 0.35m/榀,掘进时每循环进尺控制在 0.6m 以内,并预留靠近已施作初期支护附近洞身,采用风镐或挖掘机进行修整;下穿站场段初期支护钢架设计间距为 0.5m/榀,掘进时每循环进尺控制在 0.8m 以内,并预留靠近已施作初期支护附近洞身,采用风镐或挖掘机进行修整。

(1)改进悬臂掘进机切割头长度:与悬臂掘进机厂家技术专家沟通,可通过更换体型较小的切割头以最大限度地缩短掌子面临空面在 50cm 左右。

(2)实施悬臂掘进机部分断面开挖:采用悬臂掘进机进行掘进工作时,只开挖隧道部分断面,即在保证不破坏已施作初期支护的情况下尽可能地采用切割头切削洞身,预留开挖面采用风镐或挖掘机进行开挖修整。悬臂掘进机部分断面开挖示意如图 4-101 所示。

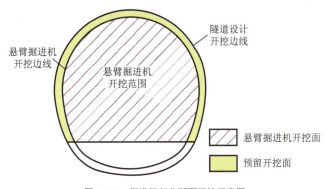

图 4-101 掘进机部分断面开挖示意图

①采用风镐开挖预留开挖面:悬臂掘进机开挖完成后将初期支护台架顶移就位,悬臂掘进机退至台架后方,再由工人持风镐修整预留开挖面部分。此方法需用风镐进行洞身修整

约 $5m^3$/ 延米,需用时间 $4\sim5h$。

②采用挖掘机开挖预留开挖面:悬臂掘进机开挖完成后退至横通道,挖掘机行进至掌子面修整预留开挖面部分。此方法需用挖掘机进行洞身修整约 $5m^3$/ 每延米,需用时间 $1\sim2h$。

2)保证仰拱、仰拱填充正常施工的施工组织措施

进行仰拱及仰拱填充施工时,在已施作仰拱填充与未施作仰拱填充部分架设钢栈桥,出渣车、挖掘机等机械设备及工人利用钢栈桥通行,悬臂掘进机在掌子面掘进施工。保证仰拱及仰拱填充正常施工组织,见图 4-102。

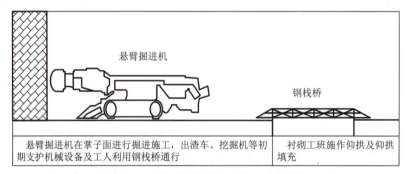

图 4-102　仰拱及仰拱填充正常施工组织示意图

3)保证二次衬砌正常施工的施工组织措施

根据区间隧道地质情况,针对本区间无特殊情况的隧道段,按照《隧道施工安全九条规定》(安监总管二〔2014〕104 号)进行二次衬砌施作。针对个别围岩软弱及特殊里程段实施二次衬砌跳护施工(即根据特殊情况先行施作该特殊里程段落二次衬砌)。针对悬臂掘进机无法正常通过二次衬砌台车的问题,在洞内安排 2 台悬臂掘进机进行掘进施工,当左线大里程方向通过联络通道后,该方向设置 1 台悬臂掘进机进行单方向掘进,并以联络通道为起点向大里程方向施作二次衬砌;另外 1 台悬臂掘进机则通过联络通道及横通道进行剩余 3 个隧洞工作面的掘进施工。见图 4-103。

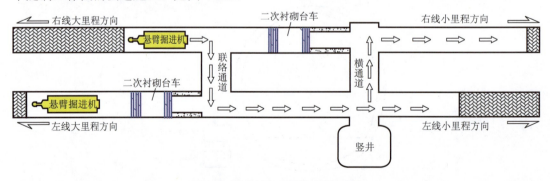

图 4-103　二次衬砌正常施工组织示意图

4)针对悬臂掘进机实施分台阶施工的解决方案及组织措施

由于区间地质情况较好,绝大多数段落为Ⅳ级围岩,隧道掘进过程中严格按照设计要求

对掌子面进行超前地质预报工作,并实时监测初期支护变形情况,选用台阶法进行隧道掘进施工。如围岩稳定台阶适当延长,以便悬臂掘进机进行施工,仰拱初期支护与掌子面最大距离不超过 35m,当出现掌子面地质差、围岩不稳定、遇溶洞等情况时,应停止掘进施工,封闭上台阶掌子面,邀请设计、地勘、监理单位现场研究处理方案,按商定的方案处理完成后再进行掘进施工。为保证悬臂掘进机隧道施工顺利及提高功效,以上试验段施工每 300m 进行一次施工总结,下穿特殊段单独进行总结,通过总结将更好的施工方法及有利于施工的各项措施用于下一阶段施工,以便更好地保证施工质量安全及加快施工进度。

4.5.7 强发育岩溶情况下悬臂掘进机施工分析

1)强发育岩溶区间悬臂掘进机施工三维数值模型

由中国水电顾问集团贵阳勘测设计研究院主编的《岩溶地质》将溶洞划分为横向渗流形成的溶洞和竖向渗流形成的溶洞。横向渗流的溶洞在形态上表现为宽高比较大,竖向渗流溶洞在形态上表现为宽高比较小。

延安路站—中山路站区间隧道围岩等级为Ⅳ级,按照上下二台阶法开挖建模,其中上台阶开挖的高度为从隧道拱顶以下 5m 范围,悬臂掘进机开挖每循环进尺为 1～2.5m,建模开挖按照以下施工流程进行:上台阶开挖—下台阶开挖—架设型钢拱架—喷射混凝土施工。

溶洞采用椭圆形模拟,椭圆的定义参数 a,b 即为溶洞大小。根据工程实地勘察资料,选取较为常见的宽 2.5～3m、高 1～1.5m 的小型溶洞进行模拟。初步选定 $2a=2.5m$,$2b=1m$,在考虑溶洞不同大小的影响时,采用比例系数 1.5 进行模拟。考虑竖向渗流溶洞和横向渗流溶洞以及不同大小溶洞、不同溶洞位置对隧道开挖的影响,考虑溶洞均为干燥、不连通、无填充物的溶洞。

三维建模时,在隧道纵向取 30m 的长度为模型纵向尺寸。考虑单洞隧道施工建模时,共构建了 50 个施工步;考虑双洞隧道施工建模时,构建了 49 个施工步。由于初期支护采用密集的钢拱架和喷射混凝土施工,在完成初期支护后,地层变形趋于稳定,在建模时不考虑初次衬砌施工之后的工况。

建模参数取值见 4.5.4 节相关内容,地层建模参数的确定同图 4-63～图 4-66 所示。

考虑本区间施工隧道下穿未拆迁的建筑群,需要计入地面建筑物的超载。根据施工勘查报告以及现场踏勘,施工区域的建筑物主要为多层砖混结构,基础形式为条形基础。根据砖混结构物的特点,取地面建筑物的荷载为 $150kN/m^2$,并设定为隧道上方的均布荷载形式。考虑道路荷载的存在,取道路分布荷载为 $70kN/m^2$,这样考虑实际为最不利的情形。

本模型求解可以选择塑性求解模式和弹性求解模式(无水土耦合作用),由于在围岩变形较小的情况下塑性模式计算结果和弹性模式计算结果相近,而塑形求解模式收敛性差、收敛时间远长于弹性模式,所以优先选用弹性模式计算。

2）岩溶位置和渗流方向隧道悬臂掘进机施工三维数值模拟

（1）溶洞位于隧道拱顶情况分析，见图4-104。

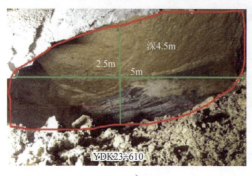
a)

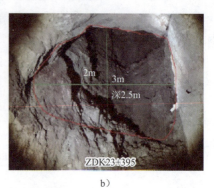
b)

图 4-104　隧道掘进过程揭示的拱顶及渗流溶洞

①横向渗流溶洞模拟分析，见图4-105～图4-108。

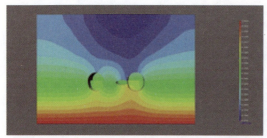
a）12 施工步

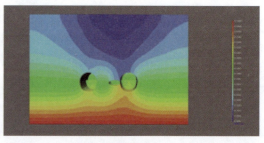
b）24 施工步

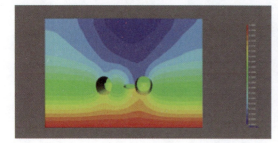
c）36 施工步

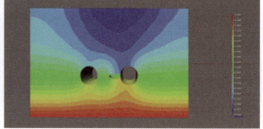
d）48 施工步

图 4-105　12、24、36、48 施工步下的沉降位移云图

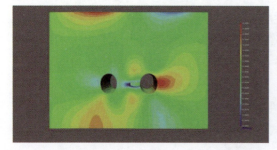
图 4-106　隧道的侧向位移

图 4-107　衬砌竖向应力

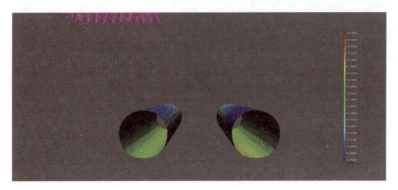

图 4-108 衬砌竖向位移

②竖向渗流溶洞模拟分析,见图 4-109～图 4-112。

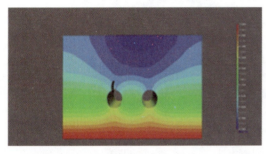

a)12 施工步

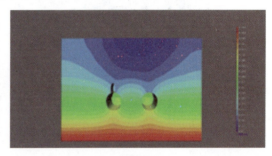

b)24 施工步

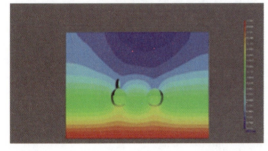

c)36 施工步

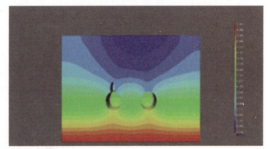

d)48 施工步

图 4-109 12、24、36、48 施工步下的沉降位移云图

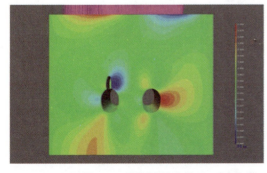

图 4-110 隧道的侧向位移

图 4-111 衬砌竖向应力

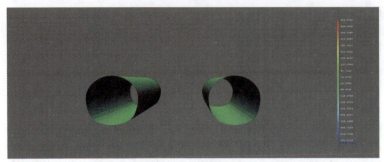

图 4-112　衬砌竖向位移

（2）溶洞位于隧道底部情况分析，见图 4-113。

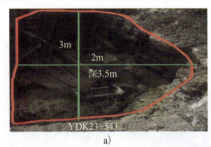 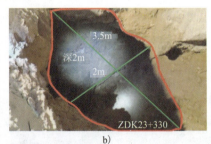

图 4-113　隧道掘进过程揭示的底部及渗流溶洞

（3）溶洞位于两隧洞之间情况分析，见图 4-114。

 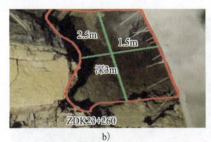

图 4-114　隧道掘进过程揭示的两隧之间溶洞及渗流溶洞

（4）溶洞位于两隧洞外侧情况分析，见图 4-115。

 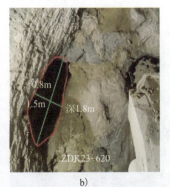

图 4-115　隧道掘进过程揭示的两隧洞外侧溶洞及渗流溶洞

3)岩溶大小和渗流方向隧道悬臂掘进机施工三维数值模拟

(1)横向渗流溶洞模拟分析,见图4-116~图4-119。

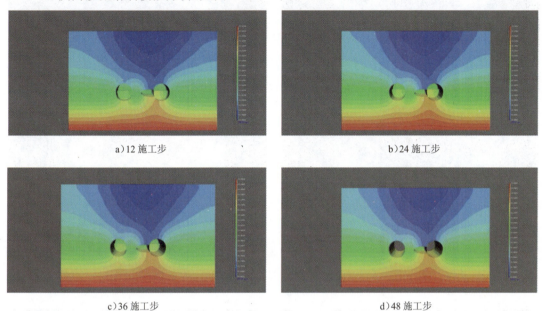

图4-116 12、24、36、48施工步下的沉降位移云图

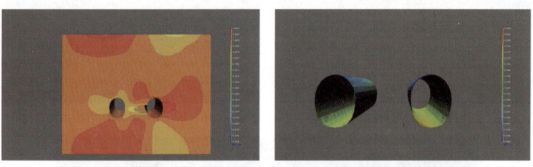

图4-117 隧道的侧向位移　　　　　图4-118 衬砌竖向应力

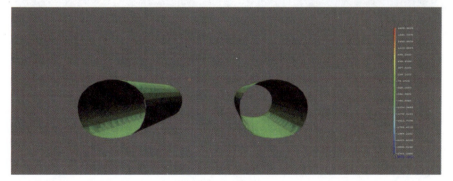

图4-119 衬砌竖向位移

(2)竖向渗流溶洞模拟分析,见图4-120~图4-123。

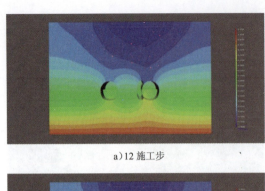
a)12 施工步

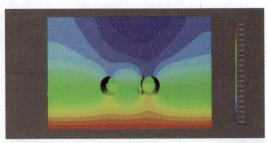
b)24 施工步

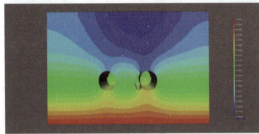
c)36 施工步

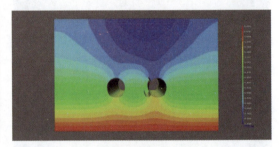
d)48 施工步

图 4-120　12、24、36、48 施工步下的沉降位移云图

图 4-121　隧道的侧向位移

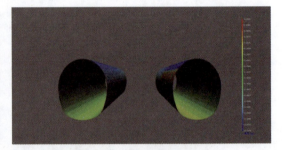
图 4-122　衬砌竖向应力

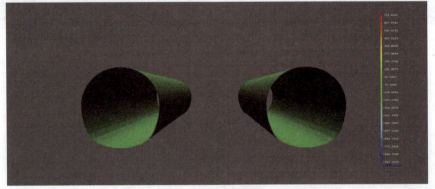
图 4-123　衬砌竖向位移

4)强发育岩溶对隧道悬臂掘进机施工影响分析及处治方案

(1)不同位置、不同大小的横向渗流形成溶洞对隧道开挖的影响

根据数值模拟结果,分析不同位置溶洞位置对隧道开挖的影响。见表 4-22。

不同位置不同类型溶洞最大地表沉降计算结果汇总（单位：mm） 表4-22

类型	两隧道外侧	拱顶	仰拱	两隧道中间
横向溶洞	0.8169	0.7958	0.8028	0.8418
竖向溶洞	0.8068	0.7978	0.7989	0.8051

注：考虑到数值模拟的安全系数取 $k=3$，实际最不利沉降在 2.535mm 左右。

当溶洞位于两隧道开挖中间并且和隧道拱腰接触时地表沉降最大（0.84mm）且不均匀。

溶洞位于隧道拱顶和仰拱位置时，对地表沉降影响较小，且沉降较为均匀性。溶洞孔洞处衬砌位移应力均较大，所以最好对小溶洞进行填充。

（2）不同大小的横向渗流形成溶洞对隧道开挖的影响

当溶洞等比例放大 1.5 倍后，最大位移增加 4.4%，0.87mm，沉降更不均匀。溶洞孔洞处衬砌位移应力更大，所以最好对小溶洞进行填充。溶洞放大 1.5 倍后，地表沉降增加 2.1%，沉降较均匀。溶洞孔洞处衬砌位移应力更大，所以最好对小溶洞进行填充。见表 4-23。

两隧道中间不同类型及不同大小溶洞最大地表沉降计算结果汇总（单位：mm） 表4-23

大小及类型	正常洞径横向溶洞	大洞径横向溶洞	正常洞径竖向溶洞	大洞径竖向溶洞
地表最大沉降	0.8418	0.8792	0.8051	0.8308
放大后沉降增加百分比	4.4%		3.2%	

注：1. 考虑到数值模拟的安全系数取 $k=3$，实际最不利沉降在 2.638mm 左右。
2. 在模拟假设下，考虑溶洞时隧道开挖产生的地层总体变形在安全范围之内。
3. 当溶洞位于两隧道开挖中间并且和一隧道接触时地表沉降最大（0.81mm），沉降较均匀。
4. 溶洞位于隧道拱顶和仰拱位置时，对地表沉降影响较小，且不影响沉降的均匀性。

溶洞孔洞处衬砌位移应力均较大，所以最好对小溶洞进行填充。

（3）不同类型溶洞对隧道开挖的影响

两种不同形状溶洞在最不利位置情况下对隧道的影响见表 4-24。

不同类型溶洞最不利位置影响比较 表4-24

溶洞类型	沉降大小	沉降均匀性	衬砌位移内力影响	横向位移
横向溶洞	大	不均匀	大	大
竖向溶洞	小	较均匀	小	小

5）强发育岩溶位于正前方对悬臂掘进机施工影响分析及处治方案

悬臂掘进机在施工过程中遇拱顶、墙身、隧道底部部位的溶洞时，直接揭示溶洞对悬臂掘进机施工存在风险。然而隧道正前方遇溶洞时，岩石悬臂掘进机则能直接揭示。

当隧道正前方中心偏上遇溶洞，直接开孔不会影响其他部位形变，开孔顺序见图 4-124、图 4-125，依次从高到低开孔，使溶腔内部填充物分层流出，将其势能降至最低。

开孔顺序：依次由图①②③④的顺序进行开孔，使其内部充填物逐步降低。

当隧道中心正前方遇溶洞时，直接使用悬臂掘进机在隧道中心开孔，初步释放溶腔内部充填物，再从中心孔螺旋放大整体释放内部充填物。隧道正前方靠近底部时，直接使用悬臂掘进机开孔释放内部充填物。隧道中心开孔施工见图 4-126～图 4-129。

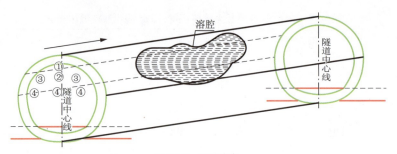

图 4-124　开孔步序

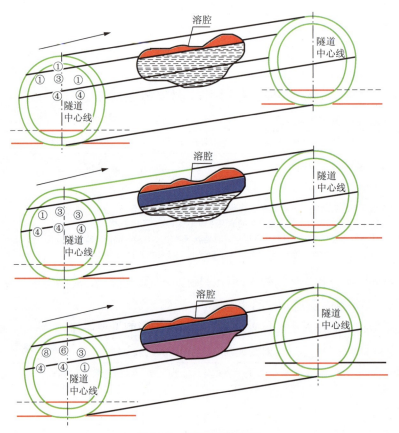

图 4-125　开挖势能释放步序

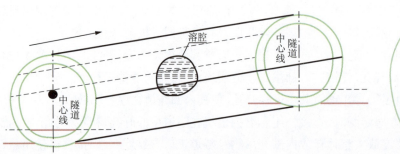

图 4-126　中心开孔螺旋放大

图 4-127　中心开孔螺旋放大

图 4-128　中心开孔释放水压

图 4-129　中心开孔释放溶洞填充物

4.6　火车站站—沙冲路站区间隧道掘进机施工实例

火车站站—沙冲路站区间暗挖隧道设计为冷挖施工,采用普通冷挖机械每循环掘进施工长达 30～48 h,每循环完成约为 3d,按既定工期要求根本不可能完成任务,而采用悬臂掘进机每循环掘进施工仅需 8～9 h,每循环约为 24h。

为保证总体工期目标,经多方考察,选定火车站站—沙冲路站区间 YDK26+300～YDK26+862、ZDK26+300～ZDK26+880 里程段暗挖隧道作为试验段,采用型号为 EBZ260 的悬臂掘进机进行隧道施工。

4.6.1　施工准备

因掘进机使用 1140V 高压,一台掘进机需架设一台特变变压器(其输出电压为 1140V),准备高压电 1000kVA 相变及准备相应长度电缆(从箱式变压器至悬臂掘进机工作处)、风、水管、配套挖掘机及运输车出渣,该准备工作为悬臂掘进机施工前提。

采用超前地质预报技术,减少或避免施工中可能遇到的诸如塌方、涌水、流沙、涌土等地质灾害。采用地球物理探测技术有弹性波法、电磁波法(探地雷达探测技术)、声波探测法和红外探水法、超前水平钻探等超前预报系统等措施将前方岩层地质情况探明,以保证设备及人员的安全作业。

根据本区间隧道实际开采出的岩石试验结果,饱和抗压强度 R_c 最高达 85MPa,根据地层情况采用型号 EBZ260 的悬臂掘进机进行施工,可一次完成隧道断面开挖(不含仰拱部分),掘进方量约为 34m³。

4.6.2　悬臂掘进机掘进施工人员和机械配置

为保证隧道作业 24h 不间断施工,掘进工班实行两班制,每台掘进机配套施工人员每班 6h 轮流上班,具体人员、机械配置如下:人员配置每班 18 人,其中包括掘进机操作主副手 2

人,配合 2 人,掌子面观测 1 人,清理渣土 3 人,电缆转运 2 人,维修工 1 人,电工 1 人,焊工 1 人,挖掘机操作手 2 人,渣土车司机 2 人,协调指挥 1 人;机械配置 5 台,其中悬臂掘进机 1 台,挖掘机 2 台(因本区间施工场地限制,其中 1 台挖掘机用于临时存渣区平整渣土),渣土运输车 2 辆。

4.6.3 悬臂掘进机切割方式

悬臂掘进机就位后,开始从掌子面底部水平切削出一条槽,向前移动掘进机再一次就位,就位后切割头采取自下而上、左右循环切削。在切削同时铲板部耙爪将切削下来的渣土装入第一运输机,第一运输机转运至第二运输机,第二运输机直接装入出渣车运出洞外。从底部开挖到顶部完成后,进行二次修整以达到准确的设计断面。当局部遇有硬岩时(强度≥100MPa),可先掘周围软岩,使大块硬岩坠落,采用破碎方式另行处理,以降低掘进难度及截齿消耗量。悬臂掘进机的切割方式是从扫底开始切割,再按 S 形或 Z 形左右循环向上的切割路线逐级切割以上部分。选用右旋切割头切割硬岩,先由右向左从扫底开始切割,再按从左至右、自下往上的方式或从右往左、自上而下逐步进行切割。如遇节理发育较好岩石,则应选择沿岩石节理方向逐步切割,见图 4-130。

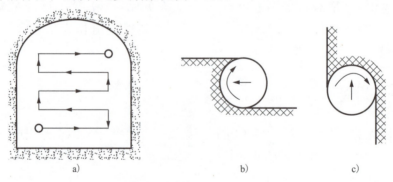

图 4-130 悬臂掘进机切割方式示意图

针对不同硬度的岩石可定制不同的截齿,科学合理的截齿螺旋线排布,确保机器有更好的掘削能力,并具有自洁功能,可根据实际工况条件为用户选择最佳切割头,提高施工效率。当局部遇有硬岩时,可以选用小直径切割头,切割力大,破岩能力强,以降低掘进难度及截齿消耗量,见图 4-131。

图 4-131 掘进机切割头及截齿实物图

4.6.4 悬臂掘进机出料运输方式

通过切割头旋转切削,由耙爪、第一运输机实现落渣的装运与转载,第一运输机转运至第二运输机,第二运输机直接装入出渣车运出洞外,或由第二运输机将料渣转运到料车中,运到提升井一次除渣完毕。在本工程小断面隧道施工中,为改善洞内施工环境,降低工人劳动强度,决定拆除第二运输机,采用挖掘机出渣替代第二运输机功用。见图4-132。

4.6.5 悬臂掘进机施工方案

图4-132 采用第二运输机现场图

掘进施工时悬臂掘进机先驶入隧道,利用切割部在隧道掌子面进行切削掘进,切削下来的渣土直接由第一运输机输送至掘进机后方,再用挖掘机装入运渣车运至竖井后垂直提升至场内临时存渣区,掘进完成后利用掘进机切割头将初期支护台车运至掌子面进行初期支护(钢拱架架设、喷射混凝土)施作,掘进机则后退至不影响后续工序施工位置等待下一掘进工序。仰拱部分采用挖掘机开挖,整个隧道掘进过程实现全机械开挖,不仅对围岩扰动小,也避免对周围建筑的影响。

悬臂掘进机在隧道施工中对围岩扰动小,适应能力强,开挖质量高,洞室开挖断面圆顺度高,便于喷混凝土支护,缩短工期,安全有保障,见图4-133、图4-134。

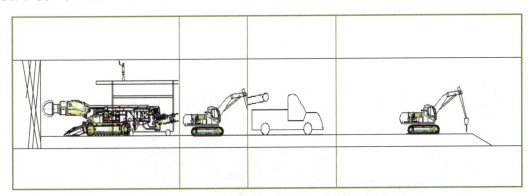

图4-133 悬臂掘进机掘进施工示意图

图4-134 悬臂掘进机掘进施工现场图

4.6.6 施工流程及保障措施

（1）超前探测：为保持施工安全，在悬臂掘进机开挖前，需采取措施超前探测前方瓦斯和地下水情况。

（2）开挖出料：由悬臂掘进机在掌子面进行切割，切割下来的碎石物料通过铲板、第一运输机再转到第二运输机传送到运料车运出洞外，见图4-135。

a) b)

图4-135 开挖出料

（3）支护喷浆：悬臂掘进机掘进一段距离后需进行支护，一般需要支护人员在支护台车上进行打锚杆、挂网、喷浆支护。现在悬臂掘进机切割部上设计支护平台，该平台允许2～3人站立施工，支护人员可在该平台上施工作业，见图4-136。

a) b)

图4-136 支护喷浆

（4）超欠挖控制：使用激光导向仪定位控制断面超差或欠挖，由隧道施工项目部技术人员在测量定位时在已支护段固定几个点（8个或更多），在固定点上设置红外激光仪，悬臂掘进机司机根据红外线定位切割范围，防止超欠挖，见图4-137，每次测量时移动红外定位点。

（5）使用描红标记：由项目部技术人员放线定尺寸，用红色等明显色彩在掌子面设定定位点，悬臂掘进机切割时沿定位点切割。

第4章 喀斯特地貌山地城市轨道交通区间隧道悬臂掘进机工法

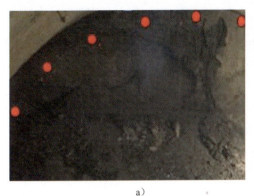

a)　　　　　　　　　　　　　　　b)

图 4-137　激光导向仪定位

（6）粉尘控制：针对隧洞除尘问题，悬臂掘进机配备喷雾除尘和一体式风机除尘，吸风筒向前延伸到切割臂前端吸取粉尘气体，经机身后部的除尘器过滤后排出新鲜空气，总除尘效率大于90%，见图4-138。

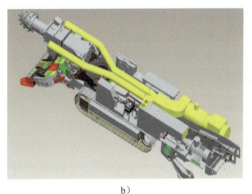

a)　　　　　　　　　　　　　　　b)

图 4-138　粉尘控制

4.7　小　　结

贵阳轨道交通1号线悬臂掘进机施工法安全、顺利完成了强发育岩溶富水区间隧道施工，为强发育岩溶富水隧道工程采用悬臂掘进机施工提供了技术支撑和借鉴依据。主要取得了以下创新成果：

（1）针对喀斯特山地城市轨道交通区间隧道施工，提出了适应各种复杂条件下悬臂掘进机开挖的方案。在区间隧道地面无建筑、无城市道路的施工段落采用悬臂掘进机长台阶法开挖；在区间隧道下穿河流、下穿及侧穿区间建筑物、遇强发育岩溶富水地段的施工段采用悬臂掘进机短台阶法开挖；在区间隧道围岩完整地段采用悬臂掘进机全断面法开挖。

（2）提出了采用激光环指向仪辅助控制悬臂掘进机施工超欠挖控制方案。区间隧道悬臂掘进机施工采用了激光环指向仪进行控制网的传递，在开挖前借助全站仪调整激光指向仪的方向，让激光照到掌子面处，借助激光点指示隧道的设计轮廓线，指导工人操作机械开挖，有效地控制了悬臂掘进机施工的超欠挖，提高了施工功效，降低了施工成本。

（3）提出了基于视觉测量的开挖定位技术，实现区间隧道悬臂掘进机施工的三维自动化开挖。三维自动化开挖有利于加快施工进度，提升施工质量，保障施工安全，降低施工成本。

（4）提出了悬臂掘进机施工粉尘降低方案，形成了喀斯特山地城市轨道交通工程区间隧道悬臂掘进机系列技术。为降低悬臂掘进机施工的粉尘浓度，隧道风机风压为除尘风机风压的 3.5 倍，除尘风机安放在距掌子面 30m 左右（距离掘进机后方 18m 左右）的位置；在隧道横通道马头门处增加一道密目网及环向喷淋设备，在隧道竖井口设置一环喷淋设备进行辅助降尘。采用粉尘降低方案有效地降低了隧道施工过程中的粉尘浓度，保证了隧道内的施工作业环境，同时也杜绝了隧道粉尘溢出对周边环境污染的现象，确保了周边居民的正常生活。

（5）以人工智能为基础，以信息技术、通信技术为手段，形成了综合监控技术，实现在强岩溶富水区间隧道施工特殊段（下穿、侧穿建筑物、河流）高风险施工监测要求。在强岩溶富水地铁隧道特殊段（下穿、侧穿建筑物、河流）施工过程中，进行 24h 不间断测量及保证监测数据的准确性，为隧道安全施工提供保障。

（6）提出喀斯特地貌山地城市轨道交通隧道悬臂掘进机地层沉降控制方案。利用三维数值模拟软件对悬臂掘进机开挖过程中的围岩受力性能进行模拟，综合考虑（不考虑地面建筑物超载，单线隧洞施工；考虑地面建筑物超载，单线隧洞施工；不考虑地面建筑物超载，双线隧洞施工；考虑地面建筑物超载，双线隧洞施工）4 种施工工况。根据分析结果明确了在不同开挖工况的施工控制技术要点，为悬臂掘进机施工过程中施工组织的及时改进和加快进度提供了有力的技术保障，为各种地层的开挖进尺指明了方向，将施工过程中被动风险控制变为主动风险控制，确保了隧道在不同地层情况下的正常掘进。

（7）当悬臂掘进机施工过程中隧道正前方中心偏上遇溶洞，直接开孔不会影响其他部位形变，开孔顺序依次从高到低开孔，使溶腔内部填充物分层流出，将其势能降至最低。当隧道中心正前方遇溶洞时，直接使用悬臂掘进机在隧道中心开孔，初步释放溶腔内部充填物，再从中心孔螺旋放大整体释放内部充填物。隧道正前方靠近底部时，直接使用悬臂掘进机开孔释放内部充填物。降低了悬臂掘进机在岩溶区遇岩溶施工的风险。

（8）得出喀斯特山地城市隧道悬臂掘进机横向溶洞影响最大的结论。在利用三维数值模拟软件针对悬臂掘进机开挖过程中的围岩内力、地面沉降进行模拟预测，分析围岩在有溶洞地质条件下悬臂掘进机开挖过程中的地表沉降和衬砌内力，得出两隧道中间的横向溶洞的影响最大，为施工中的风险控制提供建议。

第5章 喀斯特地貌山地城市轨道交通下穿建(构)筑物关键技术

5.1 下穿建(构)筑物概况

在城市轨道交通的建设过程中,下穿既有建(构)筑物是普遍都会遇到的难题,建(构)筑物的变形、不均匀沉降,甚至于建(构)筑物的破坏都会时有发生,因此,下穿既有建(构)筑物的工程风险是城市轨道交通建设中不可避免的重点,控制好下穿既有建(构)筑物的工程风险也成了轨道交通建设的工程风险控制的重难点。

贵阳市属典型的山地城市,采用"双核多组团"的空间结构形式。城区各组团内功能过度集中,用地和人口单中心聚集,资源紧缺,道路狭窄,建(构)筑物密集。在贵阳市的特殊地形地貌、城市环境条件下,城市轨道交通修建时下穿各种既有建(构)筑物是普遍现象。由于历史原因,贵阳市老城区既有建(构)筑物特别是20世纪建设的建筑物基础资料收集困难,存在大量基础资料无法收集、严重缺失的情况。贵阳市地下基岩主要以石灰岩、白云岩等可溶岩为主,岩溶普遍中至强发育,水文地质复杂。在如此特殊、复杂的地形及地质条件下,贵阳轨道交通1号线建设面临的下穿既有建(构)筑物的难题在全国范围都是较为罕见的。

其中下穿风险较高的既有建(构)筑物有:4次下穿铁路及火车站,2次下穿高速公路,2次下穿南明河,多处下穿楼房、桥梁等既有建(构)筑物,见表5-1。

贵阳轨道交通1号线下穿既有建(构)筑物情况表(部分)　　表5-1

编号	区间名称	隧道类型	下穿建(构)筑物名称	与区间隧道关系	地质
1	下麦西站—将军山站	单洞双线	环城高速公路	下穿高速公路	洞身位于灰岩、页岩中
2	将军山站—云潭路站	单洞双线	林城西路	区间隧道平行下穿	洞身穿越灰岩、白云质灰岩泥岩、页岩等地层

续上表

编号	区间名称	隧道类型	下穿建(构)筑物名称	与区间隧道关系	地 质
3	诚信路站—行政中心站	单洞双线	林城西路	区间隧道平行下穿	洞身主要位于灰岩、白云质灰岩中,局部拱为黏土夹碎块石
4	行政中心站—会展中心站	单洞双线+三线断面	林城东路	区间隧道平行下穿	洞身穿越杂填土、泥质白云岩、白云岩和泥岩地层
5	会展中心站—朱家湾站	双洞单线+单洞双线	规划道路及农田	区间隧道平行下穿	岩层由上到下分别为杂填土红黏土、白云岩
6	朱家湾站—大寨站	双洞单线	中心环北线阳光立交桥、规划210国道	区间隧道平行下穿	隧道拱顶及洞身多穿行于松软填土层及强风化白云岩中
7	大寨站—大关站	双洞单线	贵遵高速	大角度斜交下穿	隧道主要穿越白云岩、泥质白云岩、泥质灰岩
8	大关站—贵阳北站	双洞单线	甲秀北路	区间隧道正交下穿	隧道穿越泥质白云岩、白云岩及泥质灰岩地层
9	贵阳北站—雅关站小关一号隧道	双洞单线+单洞双线	观山东路	区间隧道正交下穿	隧道主要穿越砂岩、灰岩和白云岩
10	贵阳北站—雅关站小关四号隧道	双洞单线+单洞双线	川黔铁路—大寨三号明洞隧道	区间隧道54°平交下穿	洞身位于泥质砂岩中
11	雅关站—蛮坡站	双洞单线+单洞双线	小寨村民房、中心环线桥梁	暗挖下穿	洞身位于泥岩、灰岩中
12	蛮坡站—安云路站	双洞单线+单洞双线	市北路、黔灵半山居民区、黔灵山隧道	暗挖下穿	隧道主要位于石灰岩地层中
13	安云路站—北京路站	双洞单线	规划市政道路	区间隧道平行下穿	隧道穿越三叠系白云岩地层
14	北京路站—延安路站	双洞单线	规划市政道路、三鑫大厦	区间隧道平行下穿	隧道穿越三叠系白云岩地层
15	延安路站—中山路站	双洞单线	公园2008小区、公园路	暗挖下穿	隧道主要穿越中风化白云岩、泥质白云岩
16	中山路站—人民广场站	719.205	南路河、都司路高架桥	暗挖下穿	隧道穿越中风化泥质白云岩
17	人民广场站—火车站站	1196.8	民房、遵义路、解放路高架桥、南明河	暗挖下穿	隧道穿越中风化泥质白云岩
18	火车站站—沙冲路站	双洞单线	火车站售票厅、股道、朝阳洞路	暗挖下穿	隧道主要位于中分化泥质白云岩及石灰岩地层
19	沙中路站—望城坡站	双洞单线	南关铁路、巢村安置点	暗挖下穿	隧道穿越中风化白云岩
20	望城坡站—新村站	双洞单线	珠江北路	区间隧道平行下穿	隧道主要位于强分化砂岩和泥岩内
21	新村站—长江路站	双洞单线	珠江路	区间隧道平行下穿	隧道主要穿越强、中风化泥岩地层
22	长江路站—清水江路站	双连供+双洞单线	珠显村、阳光家园,南西铁路	暗挖下穿	隧道主要穿越中风化泥岩地层

5.1.1 下穿铁路

贵阳轨道交通 1 号线区间隧道先后 4 处下穿既有铁路,分别如下。

(1)贵阳北站—雅关站区间,小关四号隧道下穿川黔铁路贵阳段大寨三号隧道明洞(图 5-1),下穿段区间隧道采用双洞单线结构形式,左、右隧净距 11m,隧道与川黔铁路 54°平交。隧道处于泥质砂岩中,埋深 27m,与川黔线既有隧道净距 13m。明洞主体结构为石砌直边墙+模筑拱部混凝土,洞顶为回填覆土。

 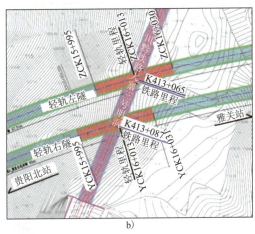

图 5-1 小关四号隧道下穿川黔线大寨三号隧道明洞

(2)火车站站—沙冲路站区间,出火车站后一次斜交下穿贵阳火车站售票厅、行包房及站场(图 5-2)。下穿段为双洞单线结构,线间距 16m,隧顶埋深 16.4~22.5m,洞身位于中风化白云岩中。其中下穿站房售票厅(3 层)及行包房(2 层)段,影响范围为长 55m,站房为桩基础,桩基直径 1000~2600mm,隧道下穿施工影响范围内的桩基达 21 根。下穿站场(客运站台及股道)影响范围为长 128m。

 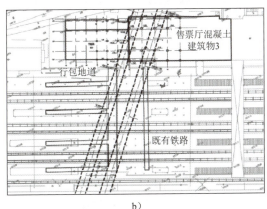

图 5-2 火车站站—沙冲路站区间下穿贵阳火车站及站场股道

(3)沙冲路站—望城坡站区间下穿贵阳南站到贵阳西站联络线(以下简称"南关铁路"),见图 5-3。

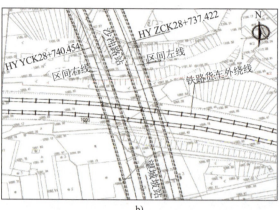

图 5-3　沙冲路站—望城坡站区间下穿南关线路基段

(4)长江路站—清水江路站区间隧道下穿贵阳南站到贵阳西站联络线(以下简称"南西铁路"),如图 5-4 所示。隧道左线下穿铁路框架桥,右线下穿铁路路堤。框架桥基位于中风化泥岩,框架桥基础距隧道拱顶约 8.5m。

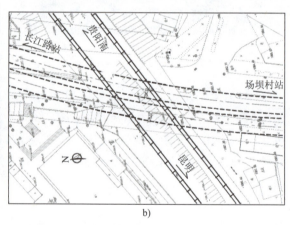

图 5-4　长江路站—清水江路站区间下穿南西铁路

隧道下穿铁路施工风险主要有铁路道床发生整体或不均匀沉降,相邻股道发生不均匀沉降,引发铁路维护保养工作增加,甚至铁路正常运营受影响。例如道床沉降过大导致铁路运行降速通过,并需尽快维修养护,若相邻两股道沉降变形过大,高速运行列车通过时会引起列车脱轨等严重后果。

5.1.2　下穿河流

1 号线区间隧道下穿的河流主要有贯城河和南明河。

(1)下穿贯城河

延安路站—中山路站区间两次下穿贯城河。贯城河是一条由北向南纵贯贵阳市城区的河,流域面积仅为21km²,为南明河左岸的一级支流,河面宽度约为14m,河水深度30～50cm,发源于茶店村以北的唐家山,河源高程为1438.0m,最后汇入南明河。贯城河流量受季节性影响,洪水期水量大、水位高,水位一般可上涨到现桥(路)面下1～2m,特殊情况下及洪水期会淹没道路,形成短期区域积水,枯水期,河水位会下降到河床底面。枯水期与洪水期河水位变化幅度一般在2～4m。

(2)下穿南明河

轨道交通1号线先后在中山路站—人民广场站、人民广场站—火车站站区间两次暗挖下穿南明河。其中,中山路站—人民广场站区间线路与南明河斜交,下穿南明河段长度达260m;人民广场站—火车站站区间线路与南明河正交,下穿段长60m(图5-5～图5-9)。

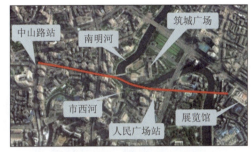

图5-5 区间下穿南明河总平面图

图5-6 下穿段南明河现状

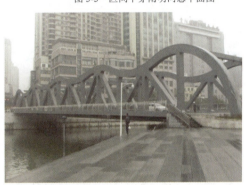

图5-7 新一中桥

图5-8 河道翻板坝及管线

图5-9 市西河与南明河交叉口

南明河主要发源于花溪林卡一带,在贵阳城南由花溪河、四方河、小车河汇合而成,乌当附近尚有鱼梁河注入,自乌当东北流出区外,于开阳平寨附近注入清水江再转入乌江。

区内流域面积约1100km²,长72km,比降2.5‰,根据贵阳水文站资料,1964—1971年,最大水位幅变化 3.65m,多年平均 2.40m。1951—1957 年,多年平均流量 13.8m³/s,平均径流模数 18.05L/s·km²,平均径流深 567.6mm,最大洪峰流量 579m³/s,最小日平均流量 0.76m³/s,5 至 8 月流量占全面的 65%。平均含沙量 0.256kg/m³。

5.1.3 下穿房屋建筑

轨道交通 1 号线下穿房屋建筑多为中低层居民片区、高层住宅、酒店及商铺等,其中风险较高的主要有:①人民广场站—火车站站区间隧道下穿青云路南侧群楼,多为 1~6 层居民楼,基础为条形基础,均为砖混结构。②火车站站—沙冲路站区间隧道下穿玉田坝新一栋小区 1 号、2 号、3 号,桂花园小区 2 号、3 号、4 号及 5 号(图 5-10),博泰小区 3 号、4 号,茶花新村小区 1 号、2 号,多为 7~9 层居民楼,基础为桩基或条形基础,框架结构。③北京路站—延安路站区间隧道下穿三鑫大厦(七天连锁酒店)(图 5-11),15+2F(二层地下室),底层为商铺,基础为桩基,框架结构。④延安路站—中山路站区间下穿 2008 小区,为 10+1 商住楼,基础为独立柱基,框架结构,其中裙楼为 4 层,2 栋塔楼为 7 层,地下负 2 层为车库。

图 5-10 桂花园小区居民楼

图 5-11 三鑫大厦

5.2 区间隧道下穿既有建(构)筑物风险分析和控制措施

贵阳地区为典型喀斯特地貌岩溶山地城市,地形起伏大,地区岩溶发育。岩溶峰谷交错,地层上软下硬,地下水丰富,地质条件突变大。岩溶以充填型岩溶为主,小规模、局部岩溶充填物易塌落,且受地下水影响易造成塌方、冒顶施工风险。以岩溶为代表,贵阳的不良地质与其他城市不同,不可控因素多,施工风险高。

引起既有建(构)筑物沉降和坍塌的风险主要表现为:地质风险、过水管涵渗漏及基础资料缺失、施工方法等风险。

5.2.1 岩溶隧道下穿既有建(构)筑物风险分析

1）地质风险

基于轨道交通线路受车站埋深的限制，区间隧道下穿既有建(构)筑物段，隧道埋深一般位于20m以内，隧顶多位于岩土分界线附近，土层主要由杂填土层和黏土层构成，基岩以岩溶中等至强力发育的白云岩或灰岩为主，地下水位较高、地下水丰富。

（1）杂填土层固结沉降

轨道交通1号线沿线分布的杂填土层主要特点是无规则堆积、成分复杂、性质各异、厚薄不均、规律性差。同一场地表现为压缩性和强度的明显差异，极易造成不均匀沉降。下穿段隧道开挖时，爆破振动、围岩扰动和地下水流失会引起和加速杂填土层固结沉降，引起路面沉降和管线开裂渗漏，引起雨污管的损坏、渗漏，导致工程环境恶化，尤其是观山湖区新建市政道路路基压实度相比老城区较差，下穿施工对路面的影响更为明显，施工中最大沉降达50cm以上，路基固结沉降见图5-12、图5-13。

图5-12 高速路填方路基固结沉降

图5-13 市政道路路基固结沉降

（2）红黏土层软化坍塌

轨道交通1号线沿线杂填土层与基岩之间多分布有一层厚度不均的红黏土层，呈软塑~硬塑状，具有强度高、压缩性低、遇水软化及失水收缩的特性，稳定性极差。当隧道开挖时（硬塑状红黏土层开挖见图5-14），红黏土层因扰动产生沉降和裂缝，使地表水或上层滞水沿裂缝渗入红黏土层中引起软化、变形、坍塌（图5-15），甚至引发地面塌陷、管线破坏渗漏、房屋沉降开裂等次生风险。

图5-14 硬塑状红黏土层开挖

图5-15 黏土层软化坍塌

（3）岩溶突涌塌陷

轨道交通1号线区间隧道主要穿越可溶岩地层，区域内岩溶较为发育，地表岩溶形态以溶孔、溶槽、溶裂为主，地下岩溶形态以溶洞、溶隙岩溶管道为主，溶洞充填软塑或流塑状黏土（图5-16）。隧道开挖揭露岩溶时，极易发生涌水、突泥（图5-17）或地面塌陷（图5-18、图5-19）。

图5-16 隧顶小型岩溶

图5-17 揭露岩溶后发生突泥

图5-18 岩溶塌陷

图5-19 岩溶塌陷

在云潭路站—诚信路站、诚信路站—行政中心站，以及老城区的中山路站—人民广场站等区间，都先后发生了因岩溶引起的地面坍塌事故，最大的坍塌空腔达2000m³以上。

轨道交通1号线建设中，出现岩溶引起的隧道洞内坍塌、地表沉降变形、地表坍塌等问题非常频繁，一般地段可通过加强监测、应急响应等措施控制风险。对下穿重要构建筑地段，岩溶及岩溶的预处治就显的必要、关键，所采取的措施必须确保万无一失、安全可控。

2）市政管线渗漏

区间隧道下穿市政道路时，因部分市政管网及道路修建年代较早，部分市政管网渗漏严重（图5-20），在长年累月渗漏冲刷下，土中细颗粒逐步被带走，形成空洞，导致轨道交通施工时出现涌水、突泥，甚至塌方冒顶（图5-21），为区间隧道下穿施工增添了环境不确定因素和风险。

图5-20 给水管渗漏

图5-21 下穿施工时过水管涵渗漏引起路面坍塌

3）既有建（构）筑物资料缺失

完整的基础资料是进行下穿工程方案设计的必要条件，贵阳老城区部分房屋及市政管线年代久远，加之早期城建档案资料不全的历史原因，导致在轨道交通建设时部分资料缺失，影响了下穿工程设计和施工安全的判断，为工程施工时留下安全隐患。

（1）对缺失基础资料的房屋建筑，需根据现场探测和经验判断开展区间隧道下穿设计与施工，但岩溶地区不良地质的特殊性质，导致相同结构形式的房屋在不同的位置可能具有不同的基础形式。比如贵阳市常规 6 层以下的框架结构，基础形式一般为条形基础，但施工中揭露部分 2～3 层的房屋基础却采用桩基；高层建筑桩基施工过程中由于部分桩基因大型岩溶或溶槽无法嵌岩而调整为采用摩擦桩，若按嵌岩桩进行下穿设计，可能无法保证下穿建筑的安全。类似因基础资料不完整，导致区间隧道在设计和施工时存在一定的安全风险。

（2）大型或重要市政管网资料缺失，使得设计和施工中没有针对性措施，尤其是当下穿施工揭露的市政管网与结构（图 5-22、图 5-23）冲突时，不仅增加了施工风险，还增加了管网改迁的额外投资，常常在区间隧道施工中遇到未知的雨污水管线和人防工程，引发涌水、突泥等事故。

图 5-22　开挖揭露的排水大沟

图 5-23　开挖揭露的防空洞

综合建设过程中的实际情况和贵阳市管网情况，管网与隧道建设工程的相互影响，在既有构筑周边和下方，应摸清管网的情况，避免因管网的渗漏恶化下穿段的地质环境条件，增加下穿施工的风险和难度。

4）施工扰动风险

城市轨道交通暗挖隧道下穿既有建（构）筑物施工主要有矿山法、机械掘进法（盾构）以及顶管法。机械掘进法（盾构）在围岩掘进对地层扰动较小，支护及时，围岩变形小，在下穿施工时，常常在"不知不觉"中就已穿越；顶管法需要作业空间和顶进距离限制，具有独特的适应性；矿山法施工技术成熟、施工灵活、适应性强，但其爆破振动带来的环境影响和支护受工序影响时间长，对既有建（构）筑的影响较大。贵阳轨道交通 1 号线受地形地质条件特别是岩溶的限制，全线暗挖区间隧道均采用矿山法，下穿既有建（构）筑物风险控制十分重要。

5.2.2　下穿既有建（构）筑物的主要控制措施

区间隧道施工存在工期长、水文地质不断变化、周边环境复杂等一系列不确定性因素，在设计施工过程中,采取有效措施控制安全风险,杜绝安全事故发生是轨道交通建设过程中的首要问题。在区间隧道下穿既有建(构)筑物时采取的主要控制措施如下。

1)优化线路平面和埋深

(1)提前对线路沿线控制性的建筑进行实测,并根据实测的重要建(构)筑物资料合理调整和优化线路平面布置,从线路敷设上规避下穿风险。

(2)因可溶岩地层岩土分界线峰谷交错,地层上软下硬,地下水丰富,地质条件突变大。浅埋暗挖段应适当加大线路埋深,使隧顶具有一定厚度的完整基岩,避免开挖揭露溶沟溶槽时引起隧道坍塌和塌方冒顶。

(3)提前排查超浅埋下穿市政道路段重要地下管线及下穿重要房屋的基础形式及埋深情况,提前调整和优化线路埋深。

2)根据具体的风险源,制订合理的下穿及施工方案

根据下穿建(构)筑物的具体情况和下穿风险等级,为了确保下穿建(构)筑物的安全,需制定相应的下穿方案,必要时采取洞内或洞外加固措施。

3)通过其他辅助手段对质量和安全进行控制

采用物探方法对管网和房屋基础进行探测和核实,通过第三方进行下穿风险评估(图 5-24、图 5-25)。

a)

b)

图 5-24　地质雷达扫描

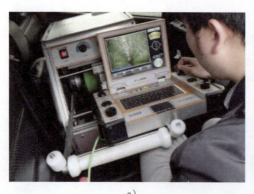
a)

b)

图 5-25　机器人探测管网渗漏情况

5.3 区间隧道下穿既有运营火车站关键技术

贵阳轨道交通 1 号线多次下穿既有铁路,区间隧道施工对既有铁路和站房的影响主要受地质条件和埋深情况控制,国内其他城市轨道交通下穿既有火车站及站场区段的工程实例并不多,类似下穿贵阳火车站上方非对称群桩大荷载、岩溶地层、隧桩小间距、矿山法施工综合复杂环境地质条件下穿施工尚无先例。根据地区工程经验,预测区间隧道下穿火车站及站房施工时的影响,有针对性地制订有效的保护方案,确保既有火车站及站房结构和运营安全。

5.3.1 区间隧道下穿贵阳火车站概况

贵阳轨道交通 1 号线火车站站—沙冲路站区间下穿贵阳火车站及站场枢纽,火车站为在运营枢纽站,成贵、渝黔、贵昆等火车客流都引入此站,该站车次频多、客流密集。贵阳火车站场地平坦,场地高程为 1068.67m,场地地层为混凝土路面、杂填土、块石层、硬塑红黏土、白云岩。场地附近无地表水系,经钻探揭示各钻孔未见地下水,地下水不发育,仅有少量上层滞水,地下水水位较深,静止水位高程为 1053.00m,经钻孔取水化验,对混凝土、钢筋具微腐蚀性。不良地质及特殊地质主要为岩溶:岩溶中等发育,钻探岩溶率为 8.1%。

火车站站—沙冲路站区间隧道线路出火车站站后,与火车站站房呈 70°夹角交叉,左、右线路下穿火车站站房售票厅和行包房、火车站客运站台及铁路股道(图 5-26)。火车站站下穿段范围左隧为长约 183m,右隧长约 184m(图 5-27)。

图 5-26 贵阳火车站站房

图 5-27 贵阳火车站场股道

隧道下穿站房段区间隧道范围,右隧:YDK26+149 ~ YDK26+204,长约 55m;左隧:ZDK26+145 ~ ZDK26+200,长约 55m,投影长度约 48m。该段区间隧道下穿站房售票厅(3 层)及行包房(2 层)段为双洞单线结构,拱顶埋深为 16m。区间隧道下穿段围岩由上至下依次为杂填土、块石层、硬塑红黏土,6.0m 之下为中风化白云岩,岩溶中等发育。

隧道下穿火车站站场铁路范围，右隧：YDK26+204～YDK26+338，长约128.811m；左隧：ZDK26+200～ZDK26+355，长约127.779m。区间隧道下穿火车站客运站台及铁路段为双洞单线结构，拱顶埋深为16.4～22.5m，铁路既有线无道砟，下部为整体道板。区间隧道下穿段围岩由上至下依次为杂填土、块石层、硬塑红黏土，6.0m以下下伏基岩为中风化白云岩（拱顶以上厚10～16m）。

5.3.2 区间隧道下穿贵阳火车站方案

贵阳轨道交通1号线火车站站为1号线与4号线换乘车站。根据下穿火车站的特点和风险，以下穿火车站风险控制为重点，开展了1号线与4号线以火车站站为中心的三站两区间规划与布置研究。1号线火车站站线路走向控制点见图5-28，火车站站布置见图5-29～图5-31。

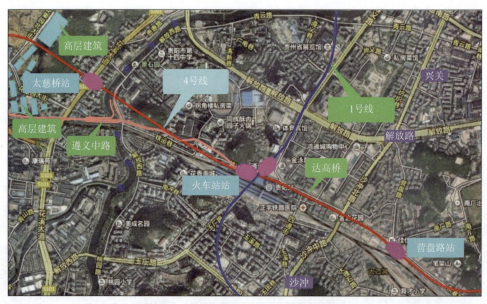

图5-28　1号线火车站站线路走向控制点示意图

贵阳火车站站房为桩基基础结构，站房（售票厅及行包房）桩基21根，站房扩建部分桩基18根，桩长长短不一，单桩设计承载力值为200～1600t，下穿站房段存在非对称群桩大荷载的特点。为避免1号线和4号线区间结构与站桩基发生冲突，导致下穿时需进行桩基托换，减小对火车站的影响。调整了1号线、4号线敷设高程，尽可能地降低了1号线的埋置深度，为安全、经济、快捷的穿越既有火车站创造有利条件，减少不必要的施工风险。

经研究，区间隧道结构完全避开站房桩基，桩基距拱顶最小距离仅4.29m。下穿段的平面位置见图5-32～图5-35，站房段桩基参数见表5-2，站房段（改造）桩基参数见表5-3。

第 5 章 喀斯特地貌山地城市轨道交通下穿建（构）筑物关键技术

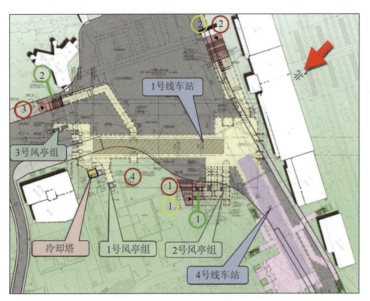

图 5-29 火车站站总平面图

图 5-30 火车站站剖视图

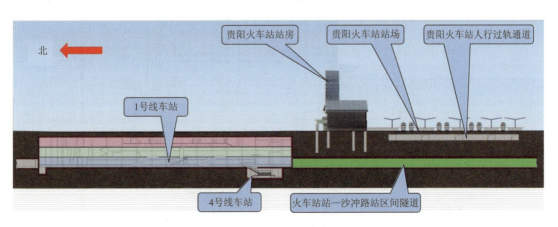

图 5-31 火车站站纵剖面图

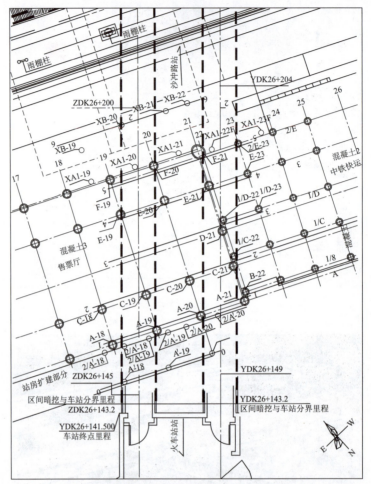

图 5-32　区间隧道与火车站售票厅及行包房桩基位置平面图

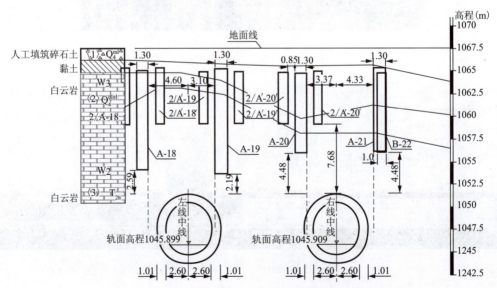

图 5-33　区间隧道与火车站售票厅及行包房桩基位置剖面(尺寸单位:m)

第5章 喀斯特地貌山地城市轨道交通下穿建（构）筑物关键技术

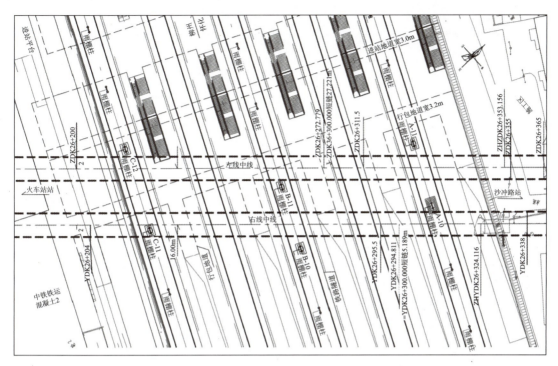

图 5-34 区间隧道与火车站站场股道位置平面图

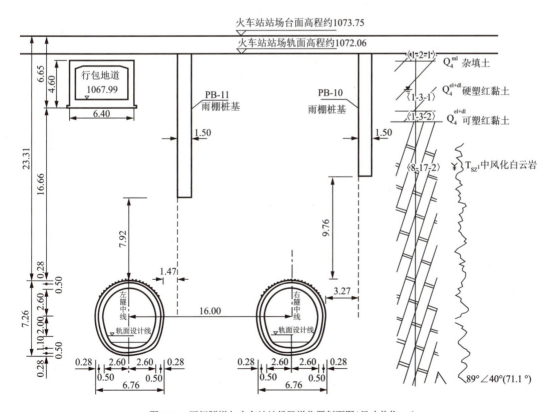

图 5-35 区间隧道与火车站站场股道位置剖面图（尺寸单位：m）

下穿段站房桩基参数 表 5-2

序号	桩号	混凝土等级	单桩设计承载力值（kN）	桩尺寸 直径D（mm）D_1/D_2	桩底高程（m）	桩长（m）	桩底与隧道距离 距隧道中线水平（m）	距隧道拱顶竖向（m）
1	1/B-22	C25	1900	1000	1056	8.8	4.73	4.48
2	2/E-23	C25			1057.4	7.7	3.08	6.02
3	1/C-22	C25	3300	1000	1057	7.9	2.46	5.28
4	1/D-23	C25			1054.4	10.6	7.6	2.87
5	1/D-22	C25			1056.2	8.8	0.16	4.67
6	E-23	C25			1055.5	9.4	5.27	4.06
7	A-21	C25	5200	1300	1056.1	9.3	4.33	4.58
8	A-19	C25			1053.7	11.6	3.1	2.19
9	A-18	C25			1054.1	11.0	4.6	2.59
10	C-21	C25			1056.8	8	2.12	5.48
11	C-19	C25			1054.5	10.6	0.9	2.97
12	C-18	C25			1056.3	9.08	6.81	4.77
13	D-21	C25			1056.5	8.5	0	4.97
14	F-20	C25			1056.5	8.7	2.6	5.15
15	F-19	C25			1055.3	10	5.1	3.95
16	A-20	C25	6300	1300	1056	8.8	3.37	4.48
17	C-20	C25			1057	7.9	5.58	5.48
18	E-20	C25			1056.5	8.7	4.79	5.10
19	E-19	C25			1054.5	10.3	2.92	3.10
20	F-21	C25	16000	2000/2600	1056.8	8.3	3	5.42
21	E-21	C25	6300	1600	1057.7	7.4	1.34	6.26

下穿段站房（改造）桩基参数 表 5-3

序号	桩号	混凝土等级	单桩设计承载力值（kN）	桩尺寸 直径D（mm）D_1/D_2	桩底高程（m）	距隧道中线水平（m）	距隧道拱顶竖向（m）
1	XA1-23F	C40			1056	8.0	6.52
2	XA1-22F	C40			1057.4	1.2	8.02
3	XA1-21	C40			1057	6.67	7.52
4	XA1-20	C40			1054.4	0.0	4.95
5	XA1-19	C40	5500	1000	1056.2	7.91	3.35
6	XB-19	C40			1059.1	11.1	7.82
7	XB-20	C40			1058.7	2.8	7.42
8	XB-21	C40			1056.9	5.2	5.62
9	XB-22	C40			1057.5	6.1	6.25

续上表

序号	桩号	混凝土等级	单桩设计承载力值（kN）	桩尺寸 直径 D（mm）D_1/D_2	桩底高程（m）	桩底与隧道距离 距隧道中线水平（m）	距隧道拱顶竖向（m）
10	A′-20	C30	3800	1300	1059.2	1.10	7.68
11	A′-19	C30			1059.2	5.67	7.68
12	A′-18	C30			1059.2	2.33	7.68
13	2/A′-20	C30	2300	1000	1059.2	5.52	7.68
14	2/A′-20′	C30			1059.2	1.52	7.68
15	2/A′-19	C30			1059.2	1.25	7.68
16	2/A′-19′	C30			1059.2	6.1	7.68
17	2/A′-18	C30			1059.2	6.75	7.68
18	2/A′-18′	C30			1059.2	2.75	7.68

5.3.3 隧道下穿火车站变形控制标准

下穿施工必须严格控制地表及建筑物的沉降，上方建筑和道床的沉降变形应满足结构和运营安全要求。根据《普速铁路线路修理规则》和贵阳火车站及站场实际情况，综合评定相关沉降及变形控制标准，见表 5-4。

线路钢轨道静态几何尺寸容许偏差管理值 表 5-4

项目		$v_{max}>160km/h$ 正线			$160km/h=v_{max}>120km/h$ 正线			$v_{max}=120km/h$ 正线及到发线			其他站线		
		作业验收	经常保养	临时补修	作业验收	经常保养	临时补修	作业验收	经常保养	临时补修	作业验收	经常保养	临时补修
轨距（mm）		+2 -2	+4 -2	+6 -4	+4 -2	+6 -2	+8 -4	+6 -2	+7 -4	+9 -4	+6 -2	+9 -4	+10 -4
水平（mm）		3	5	8	4	6	8	4	6	10	5	8	11
高低（mm）		3	5	8	4	6	8	4	6	10	5	8	11
轨向（直线）（mm）		3	4	7	4	6	8	4	6	10	5	8	11
三角线（扭曲）（mm）	缓和曲线	3	4	6	4	5	6	4	5	7	5	7	8
	直线和圆曲线	3	4	6	4	6	8	6	7	9	7	8	10

注：1. 轨距偏差不含曲线上按规定设置的轨距加宽值，但最大轨距（含加宽值和偏差）不得超过1456mm。
    2. 轨向偏差和高低偏差为 10m 弦测量的最大矢度值。

（1）贵阳轨道交通 1 号线第七工作段火车站站—沙冲路站暗挖区间下穿贵阳火车站站场段既有铁路结构变形控制标准为：

①轨面沉降值不得超过 10mm。
②相邻两股钢轨水平高差不得超过 6mm。
③相邻两股钢轨三角坑不得超过 6mm。
④前后高低（纵向水平）6mm。

（2）贵阳轨道交通1号线第七工作段火车站站—沙冲路站区间隧道下穿站房桩基主要的变形控制指标为：

①桩基竖向位移（沉降），控制值为14mm，预警值为10.5mm。

②相邻桩基间的差异沉降，控制值为$L/500$，预警值为$3L/2000$。

③桩基水平位移，控制值为5m，预警值为3.75m。

（3）监测的实际变形值达到控制标准的70%时，应发出预警通知，并及时研究处理；当达到监测控制标准值时，应立即停止施工，并及时采取措施。

5.3.4 隧道下穿火车站施工措施

1）加强超前地质预报工作

下穿段隧道采用以地质调查法为基础，以超前钻探法为主，结合多种物探手段进行超前地质预报，并采用宏观预报指导微观预报、长距离预报指导中短距离预报的方法。下穿施工时利用TSP、地质雷达、红外探测、超前探孔（图5-36）等综合超前地质预报手段，对前方发现的岩溶空洞、软弱不良充填物进行注浆加固预处理。

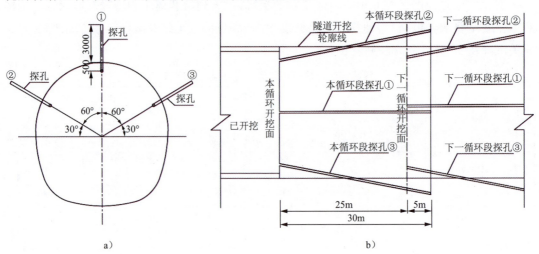

图5-36 超前地质钻探（尺寸单位：mm）

2）加强超前支护及围岩预加固措施

由于火车站站房桩基荷载为点荷载投影，桩基底部加固十分重要。在隧道拱顶设置$\phi 159$超前注浆大管棚（图5-37），考虑将桩基底部基岩松散区加固并有效组合连接成整体。注浆大管棚主要作用有加固桩基底部围岩，增强桩基底部刚度提升承载能力，同时可以将桩底荷载均布分散到隧道拱顶，起到梁板的作用。考虑到下穿段岩溶发育，利用大管棚钻孔提前探知前方围岩，协同超前地质预报对前方岩溶裂隙及溶洞及时发现并处理，避免突发事件。

3）加强初期支护的强度和刚度

在初期支护主要承担荷载的钢架方面选取了刚度大的I28b型钢架，间距0.35m/榀。为了增强初期支护强度,选取强度等级为 C30 湿喷早强混凝土,厚度为 36cm,配合双层钢筋网片,系统锚管等进行支护。为保证开挖前超前注浆效果,采用 $\phi 42$ 超前注浆小导管对管棚范围内注浆不充分处进行跟踪补充注浆。为避免初期支护后有空隙或不密实现象,初期支护完成 1~2 环后,须立即对初期支护后进行补注浆。通过这些措施,全面减小支护后的沉降与变形。

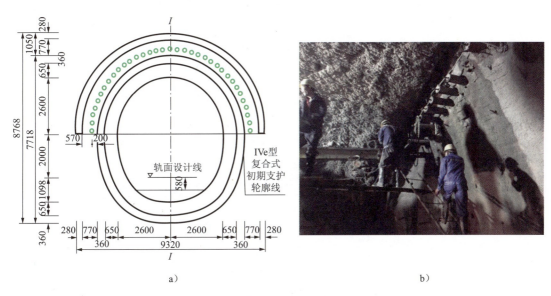

图 5-37 大管棚正面布置图(尺寸单位:mm)

4)施工开挖方式和工法

支护结构的强度和刚度十分重要,同时有效、及时可靠地完成支护的施工方法也必不可少。为保障初期支护及时封闭成环,二次衬砌尽快施作,降低开挖风险及沉降风险,下穿段全部采用非爆破发开挖,即悬臂掘进机开挖。该开挖方式避免了控制爆破开挖引起的爆破振动带来的影响,有效避免了地表附近填充层振动引起的沉降变形。但缺点是该工法容易造成开挖进尺过大,因此,特别对施工进尺进行了要求,要求循环进尺不超前 0.5m,同时加强施工过程的监管,避免因超挖造成前方临空面过大,有效控制开挖引起的应力重分布"纵向空间效应"产生的变形和沉降。

施工工法采取了"一步一回头、全刚性支撑开挖法"(图 5-38),即在开挖支护上台阶 5m 后封闭掌子面并停止开挖上台阶,进行下台阶开挖及支护,整个开挖过程中进尺为一榀钢架间距,做到开挖一榀支护一榀,原则上通过刚性支撑,使钢架与工法配合,完全承受上方荷载,减小支撑变形引起的地层变形。初期支护完成 5m 后停止掌子面开挖,及时浇筑二次衬砌。

5)加强监控量测

加强洞内监测及隧道上部构筑物的监测,执行第三方监测并制定专项监测方案。检测时线路钢轨道静态几何尺寸容许偏差严格按照沉降控制标准进行监测控制。

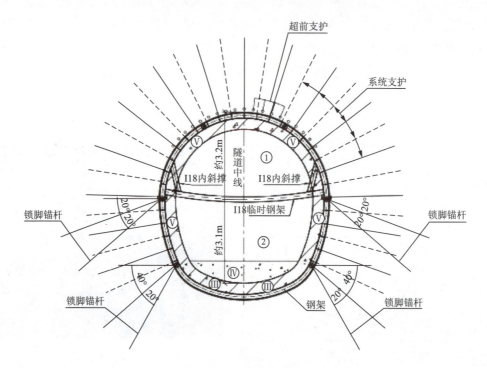

a) 台阶法施工工序横断面

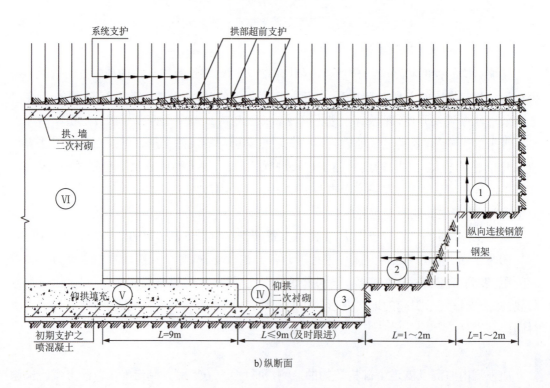

b) 纵断面

图 5-38 "一步一回头"台阶法施工工序

5.3.5 下穿火车站施工模拟分析

1）建模及参数选择

（1）建立模型

隧道处于半无线地层中,数值计算模型应充分考虑边界效应对隧道的影响,根据圣维南原理,模型建立时应考虑隧道开挖、上部结构各类荷载的影响范围建立三维实体模型,采用有限差分计算软件,支护结构均采用弹性实体单元,土体采用莫尔-库仑准则,模拟中除了充分考虑岩土体在自重情况下的应力场、站场股道上的列车荷载,还考虑了作用在站房桩基上的荷载。其中,列车荷载采用"中-活载"的技术方法将其简化为恒定不变的静荷载,并换算成具有一定高度和分布宽度的土柱。站房桩基施工模拟三维计算模型（图5-39～图5-41）。

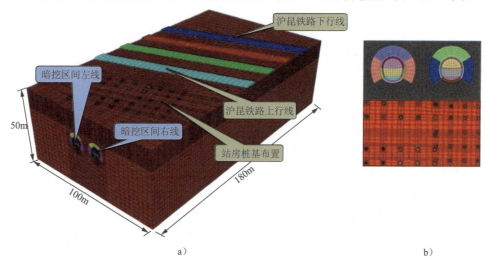

图 5-39 数值模拟整体模型

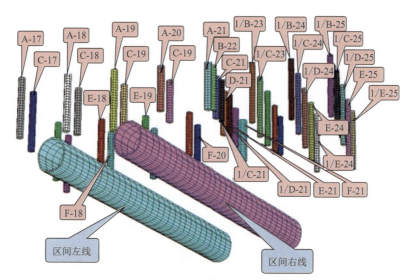

图 5-40 站房桩基基础与隧道相对关系

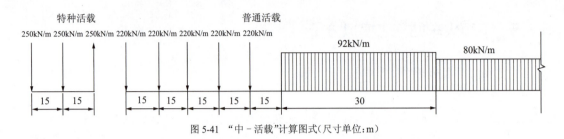

图 5-41 "中-活载"计算图式(尺寸单位:m)

(2)边界条件

在整体计算模型中,采用位移边界条件,底面为竖向约束,四周为法相约束。

(3)计算参数的选取

计算模型所取土层深度范围内的地层计算参数选取见表 5-5。

地 层 计 算 参 数　　　　　　表 5-5

地　层	重度(kN/m^3)	摩擦角 θ(°)	弹性模量(GPa)	泊　松　比	黏聚力(MPa)
路基	20.0	25	0.08	0.3	0.028
填土层	19.5	10	0.007	0.42	0.010
红黏土	17.0	15.35	0.012	0.37	0.050
泥质白云岩	24.2	39.10	14.49	0.22	3.518
管棚加固区	25	46.92	17.39	0.22	4.222
锚杆加固区	24.6	43.01	15.94	0.22	3.870
C25 喷射混凝土	22	—	23	0.23	—
C35 钢筋混凝土	25	—	32	0.2	—

2)下穿段区间开挖及支护模拟工况分析

下穿火车站站房及站场段采用"一步一回、全刚性支撑开挖法",模拟隧道开挖与支护时,用空模型来模拟开挖,用弹性实体单元来模拟支护,通过时步来模拟开挖与支护之间的时间。

对于区间下穿站场段,分别选取区间左、右洞分别与沪昆铁路上/下行线平面的 4 个交叉点,作为暗挖区间下穿火车站站场施工影响分析研究的对象(图 5-42)。从下穿段隧道的开挖循环中提取出 12 个典型工况,分别为典型工况一(左隧上台阶刚开挖时)、典型工况二~工况五(左隧上台阶开挖至交叉点一~交叉点四处时)、典型工况六(左隧贯通时)、典型工况七(右隧上台阶刚开挖时)、典型工况八~工况十一(右隧上台阶开挖至交叉点一~交叉点四处时)、典型工况十二(右隧贯通时),来研究区间下穿施工对火车站站场铁路的影响。

对于区间下穿站房段,从区间下穿段施工的 465 个开挖循环中提取 8 个典型工况,分别为典型工况一(左隧刚开挖至站房桩基下方时)、典型工况二(左隧开挖至站房中间时)、典型工况三(左隧开挖下穿完最后一根桩基时)、典型工况四(左隧贯通时)、典型工况五~工况八(右隧工况,划分方法与左隧相同),来研究区间暗挖对站房桩基的影响。

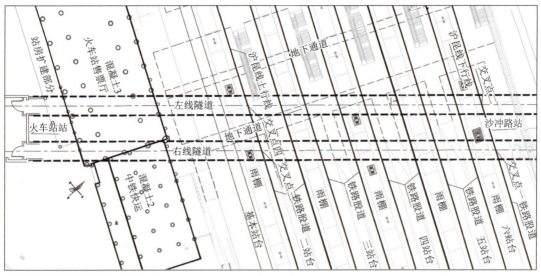

图 5-42 区间与站场铁路交叉点示意图

3)模拟结果与分析

(1)初始应力场

在考虑自重应力、站场股道上的列车荷载,站房桩基上的荷载情况下初始应力场见图 5-43、图 5-44。

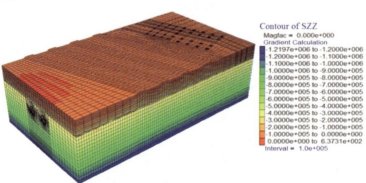

图 5-43 站场列车荷载下初始地应力云图

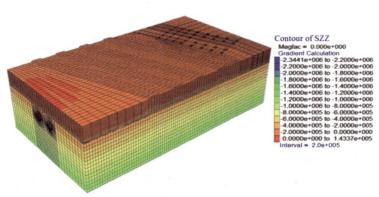

图 5-44 站房荷载下初始地应力云图

（2）下穿站场段施工影响分析

①地表沉降变化。

区间动态施工模拟过程中，下穿段路基地表沉降云图如图 5-45 所示。

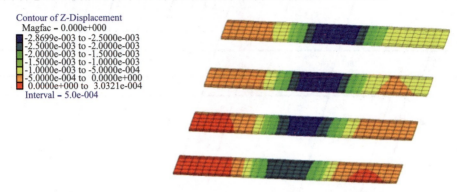

图 5-45　站房段路基地表沉降变化典型云图（典型工况十二）

通过动态施工模拟，区间下穿施工对火车站站场有一定的影响，待区间施工完成后，路基最大沉降值为 2.87mm，满足下穿站场既有铁路变形的控制标准。

②交叉点处沉降值随暗挖区间开挖过程的变化。

从区间下穿段施工的 456 个开挖循环中统计出各个交叉点处的代表循环施工情况下路基的沉降值变化，并绘制成图，如图 5-46 所示。

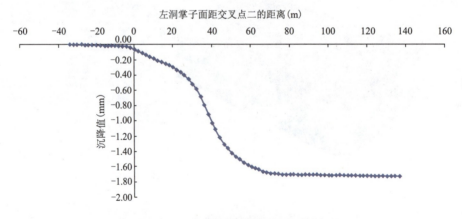

图 5-46　交叉点处路基沉降值随开挖典型变化

③路基纵向沉降槽。

为全面了解下穿火车站站场段对既有铁路沉降的影响，除了分析交叉点处沉降随暗挖区间开挖过程的变化，还分析路基的纵向沉降。暗挖区间施工完毕后，铁路路基纵向沉降槽典型断面如图 5-47 所示。

从监测数据显示，下穿段轨道沉降值的纵向分布近似为正态分布曲线，沉降影响范围为 −50～50m 之间，轨道沉降最大值发生在暗挖区间左、右线中线处，为 2.87mm，满足下穿站场段既有铁路变形控制标准。

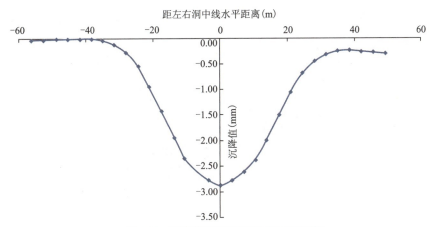

图 5-47　暗挖区间施工完毕后轨道纵向沉降槽

(3) 下穿站房段施工影响分析

隧道开挖前由于土体的长期固结沉降以及外荷载作用下,桩基处于一个平衡状态,而隧道开挖后,由于地层损失造成桩周土体的移动,进而引起桩基产生附加变形和内力,使得桩基产生向下的拖拽力,严重的话将会引起桩基沉降过大或者不均匀沉降,对上部结构的安全稳定造成威胁。区间动态施工模拟过程中,桩基在不同典型工况下的竖向沉降及水平位移如图 5-48、图 5-49 所示。

图 5-48　桩基在典型工况下竖向沉降变化云图(典型工况八)

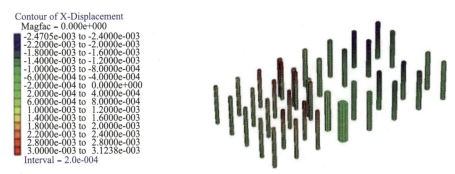

图 5-49　桩基在典型工况下水平位移变化云图(典型工况八)

从图 5-48、图 5-49 中可以看出,暗挖区间下穿施工时对站房桩基有一定的影响,待区间施工完毕后,桩基最大沉降值为 4.89mm,最大水平位移为 3.12mm,均满足区间下穿站房段既有桩基变形控制标准。

(4) 暗挖区间衬砌结构安全性分析

从模型中提取处暗挖区间施工完毕后,二次衬砌结构最大主应力如图 5-50 所示。

图 5-50　暗挖区间施工完毕后衬砌最大主应力云图

通过模拟计算,区间施工完毕后二次衬砌结构应力主要集中在结构的拱腰及拱顶处,最大主应力峰值为 0.713MPa,出现在二次衬砌结构拱顶处,最小主应力峰值为 1.089MPa,出现在二次衬砌结构拱腰处。二次衬砌结构采用 C35 钢筋混凝土,满足拱顶极限抗拉及拱腰偏心受压要求。

(5) 计算结论

①下穿站场段,随着下穿段暗挖区间的逐步开挖,站场的地表沉降逐渐增大,待二次衬砌结构变形稳定后,地表沉降最大值为 2.77mm,轨道纵向沉降最大值为 2.87mm,均满足下穿站场段既有铁路变形控制标准。

②下穿站房桩基段,因桩基相对于周围土体有很大的轴向刚度,故桩基从桩顶开始到桩端其竖向变形没有太大差别,桩的最大竖向沉降值为 4.89mm。桩基的水平位移从桩顶位置开始增大,随着隧道的开挖,桩侧土体有向隧道掌子面收敛的趋势,所以导致桩基上下受到不同大小和方向的土压力,其桩顶水平位移向隧道侧运动,桩端水平位移有背离隧道侧运动的趋势。当暗挖区间下穿站房段施工完毕后,桩基最大水平位移为 3.12mm。桩基沉降和位移均满足下穿站房既有桩基变形控制标准。

③经过数值模拟分析计算隧道二次衬砌结构受压类型既有大偏心又有小偏心受压。轴力值从拱顶至墙脚向两侧呈逐渐增大的趋势,且两侧基本对称,墙脚处出现最大轴力。左洞隧道衬砌结构安全系数最小值出现在拱顶处,其值为 5.74。右洞隧道衬砌结构安全系数最小值也出现在拱顶处,其值为 6.21,满足要求。

(6) 现场监控量测

下穿隧道施工过程中站房及站场(站台及轨道)监测数据见表 5-6 和表 5-7。通过监测数据发现下穿火车站站房最多沉降 4.5mm,站场股道最多沉降 2.9mm,沉降整体较小,符合既定沉降控制标准。隧道支护结构及工法等配套工程措施有效控制了构筑物沉降、倾斜等,为安全下穿火车站站房及站场奠定了基础。

火车站站—沙冲路站区间下穿火车站站场段监测数据统计表　　表 5-6

监测项目	单次变量		累计变化最大量	
	点　号	变化量(mm)	点　号	变化量(mm)
下穿站台沉降	ZTDC05-14	-1.26	ZTDC07-14	-3.41
股道监测(轨距)	GJ05-01	0.97	GJ05-01	2.68
股道监测(水平)	SP06-01	1.40	SP04-11	-2.88
股道监测(高低)	YGD09-05	4.15	ZGD06-15	-2.55
股道监测(轨向)	YGX10-02	-0.98	ZGX01-09	-2.88
道床沉降	DCC03-03	1.23	DCC02-01	-2.68
行包地道沉降	XBJC06-02	0.99	XBJC01-08	-3.31
雨棚立柱沉降	LZJC02-04	1.00	LZJC02-04	-4.20

火车站站—沙冲路站区间下穿火车站站场段沉降监测数据统计表　　表 5-7

点　号	初始值(m)	本周变量(mm)	累计变量(mm)
B-JC01-01	1068.11163	-0.92	-1.96
B-JC01-02	1068.1127	0.98	-0.99
B-JC01-03	1068.11309	-0.94	-0.5
B-JC01-04	1068.11497	-0.82	-1.35
B-JC01-05	1068.11251	0.24	-4.52
B-JC01-06	1068.1168	1.00	0.47
B-JC01-07	1068.11427	0.86	-0.6
JC02-01	1067.96516	-0.87	-4.15
JC02-02	1068.39086	0.72	0.98
JC02-03	1068.39260	-0.88	-2.72
B-JC03-01	1068.11035	0.71	-1.49
B-JC03-02	1068.18330	-0.82	-0.11
B-JC03-03	1068.23559	0.73	-0.74
B-JC03-04	1068.28806	-0.89	-1.34
B-JC03-05	1068.25163	0.73	-0.78
B-JC03-06	1068.27190	-0.82	-2.71

5.4　区间隧道下穿既有房屋建筑加固技术

城市轨道交通下穿地表既有建筑房屋时,区间隧道施工对既有建筑物的影响是无法避免的,目前主要按照"控制隧道变形为主,地基和房屋加固为辅"的原则,洞内严格控制区间隧道施工引起的地层变形,同时对既有房屋结构和基础进行必要的加固处理等措施,尽量减小区间隧道开挖对既有建筑的影响，保障建筑物的正常使用。

5.4.1 整体筏基托换公园 2008 小区

1）区间下穿公园 2008 小区设计方案

延安路站—中山路站区间为双洞单线暗挖隧道，其中左隧于里程 ZDK23+150～ZDK23+179 段下穿公园 2008 小区。公园 2008 小区位于延安中路南侧、公园北路东侧交叉口处，紧邻延安路车站，为 10+1F（一层地下室）商住楼，框架结构，基础为独立柱基，其中裙楼为 4 层，2 栋塔楼为 7 层，负 2 层为车库。

区间隧道下穿段隧顶埋深 14.4～14.9m，隧道距地下层底板 7.2m，地层为中厚层～厚层中风化泥质白云岩，隧道位于中风化泥质白云岩内，地下水位于地下室底板附近，独立柱基全部位于中风化泥质白云岩层上。图 5-51 为下穿段地质情况图。

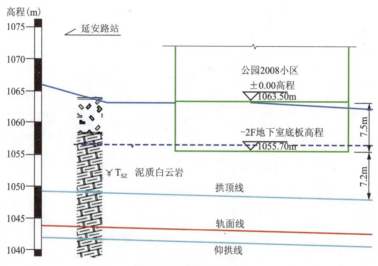

图 5-51 下穿段地质剖面

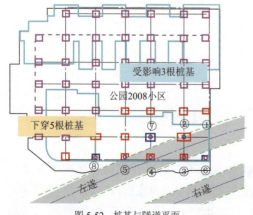

图 5-52 桩基与隧道平面

桩基与隧道平面关系：有 5 根桩位于隧道洞顶正上方，两侧受影响较大的桩有 3 根（距隧道轮廓小于 5m）（图 5-52）。桩基底与隧道竖向关系：桩基底距隧道拱顶距离较近，约 3～5.3m（图 5-53、图 5-54）。

综合下穿段地质、下穿房屋基础资料及隧道与下穿房屋的位置关系，决定采用洞内处理及地表处理相结合的方式，即洞内采用非爆破开挖、大管棚支护、加强初期支护及二次衬砌进行下穿施工，洞外采用新增筏板基础托换独立桩基、注浆加固地基、新增剪力墙、新增柱基及斜撑等措施对原有独立桩基受力体系进行转换。

第 5 章 喀斯特地貌山地城市轨道交通下穿建（构）筑物关键技术

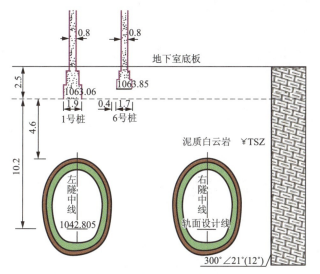

图 5-53　1 号、6 号桩与隧道竖向关系（尺寸单位：m）

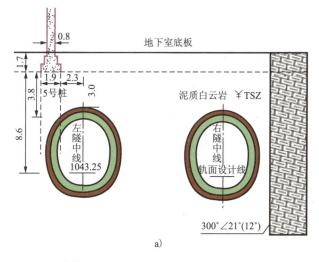

a)

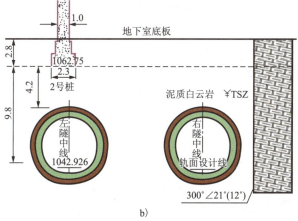

b)

图 5-54　2 号、5 号桩与隧道竖向关系（尺寸单位：m）

(1)洞外措施

①地表注浆。

在公园2008小区地下车库范围内对隧道及周边进行注浆加固(图5-55),以提高围岩完整性。

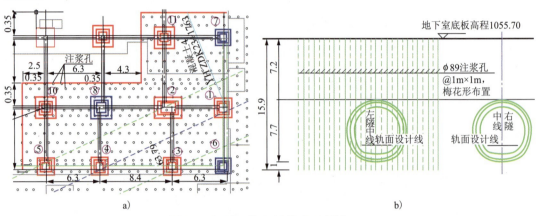

图5-55 地下室注浆平面及剖面(尺寸单位:m)

②新增筏板基础及剪力墙(图5-56)。

在地下室底板下方设置一块厚度为4.1m的筏板,将隧道下穿影响范围内的桩基进行整体托换,并在筏板与立柱之间设置剪力墙,以增加筏板与桩之间的抗剪强度。筏板基础钢筋混凝土整体浇筑,筏板基础和剪力墙与既有结构之间采用植筋方式连接。

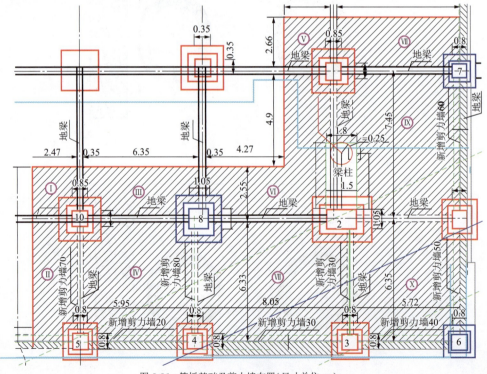

图5-56 筏板基础及剪力墙布置(尺寸单位:m)

③新增桩及斜撑(图 5-57)。

为加强隧道施工过程中公园 2008 小区结构的安全,结合公园 2008 小区施工图,对 2 号柱进行加固处理。即在 2 号柱与 11 号柱之间新增一人工挖孔桩,并在桩上设置一斜撑对 2 号柱进行加固,斜柱与 2 号柱采用植筋及工字钢对拉连接。施工完成后拆除地下室底板以上斜柱。

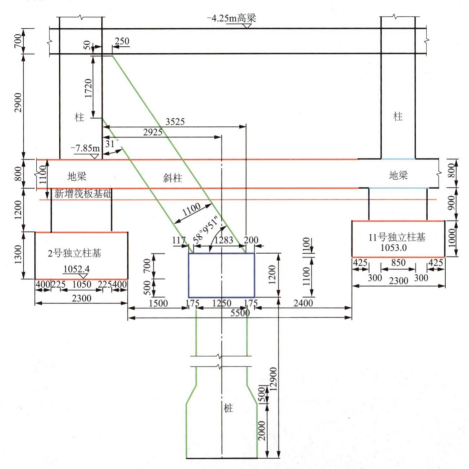

图 5-57 桩及斜撑示意图(尺寸单位:mm)

(2)洞内加固措施

①大管棚超前支护。

洞内大管棚由钢管和型钢架组成。管棚是利用型钢架,沿着开挖轮廓线,以较小的外插角,向开挖面前方打入钢管,形成对开挖面前方围岩的预支护。图 5-58 为洞内大管棚示意图。

②加强初期支护。

根据计算及贵阳地区施工经验,初期支护厚度为 36cm,二次衬砌厚度为 65cm。初期支护采用 28b 工字钢钢架,纵向间距 0.35m/榀;拱部采用 ϕ32 注浆锚管对拱顶部位围岩进行注浆加固。

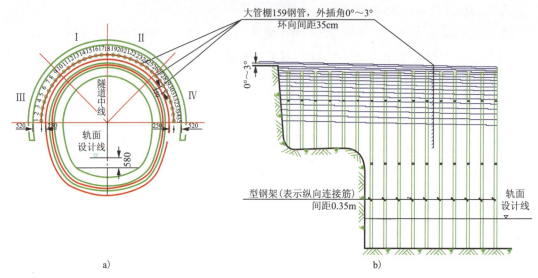

图 5-58 洞内大管棚示意图（尺寸单位：mm）

2）现场施工模拟分析

针对区间隧道下穿既有房屋的特点，施工模拟主要分析区间隧道施工对上部房屋基础及结构的影响以及上部结构的荷载作用对区间隧道衬砌的影响。对隧道下穿公园 2008 小区楼房段，结合隧道开挖及支护结构，计算模拟二者的相互影响。

① 区间隧道施工对公园 2008 小区楼的影响。

经计算分析，区间隧道施工对 2 号桩开挖过程进行计算分析，计算模拟过程如图 5-59、图 5-60 所示。数值模拟显示地面下沉 0.4mm，拱顶下沉 0.6mm。

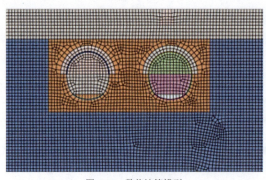
图 5-59 数值计算模型

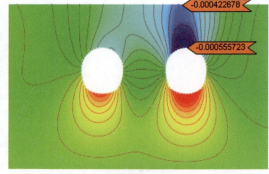
图 5-60 竖向位移

区间隧道施工对 5 号桩开挖过程进行计算分析，计算模拟过程如图 5-61、图 5-62 所示。分析结果显示地面下沉 0.6mm，拱顶下沉 0.8mm。

通过计算分析可知，在既有处理措施下，区间隧道施工对公园 2008 小区影响较小，施工中可以有效安全的通过。

② 公园 2008 小区荷载对区间隧道结构的影响。

2 号桩基底部距离隧道拱顶 4.2m，荷载为 1230kN，5 号桩基底部拱顶距柱基底 3.0m，荷载为 2080kN，相对位置关系如图 5-63 所示，桩基荷载压力按柱基底均布荷载直接作用于衬砌拱腰考虑，计算模型如图 5-64 所示。

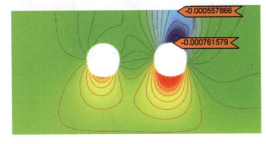

图 5-61 数值计算模型

图 5-62 竖向位移

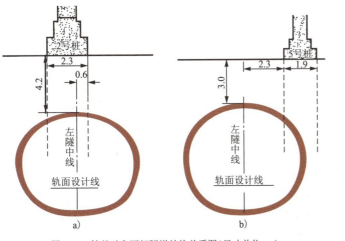

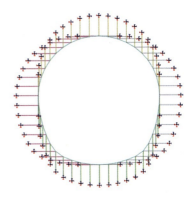

图 5-63 桩基础和区间隧道结构关系图（尺寸单位：m）

图 5-64 数值计算模型

a. 初期支护结构分析。

经计算在 2 号桩和 5 号桩荷载作用下，初期支护结构弯矩和轴力图如图 5-65～图 5-68 所示。

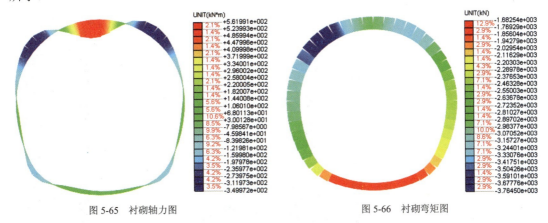

图 5-65 衬砌轴力图

图 5-66 衬砌弯矩图

通过计算，区间隧道初期支护需采用 36cm 厚、强度等级为 C30 的早强混凝土，I28b @ 0.35m 工字钢钢架，方可满足要求。

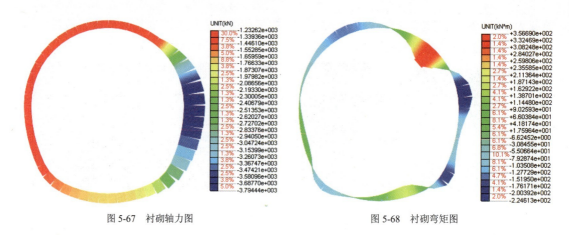

图 5-67　衬砌轴力图　　　　　　图 5-68　衬砌弯矩图

b. 二次衬砌结构分析。

公园 2008 小区 5 号独立柱基位于隧道拱腰，隧道拱顶距柱基基底 3.8m，竖向压力按直接作用于隧道结构上考虑，P=1571kN。水位线位于拱顶以上 6.3～7.0m，静水压力直接作用于二次衬砌。计算中，隧道宽取 6.5m，隧道最大开挖高度取 7.0m，按浅隧道计算，经计算在 5 号桩荷载作用下，二次衬砌结构内力图见图 5-69。

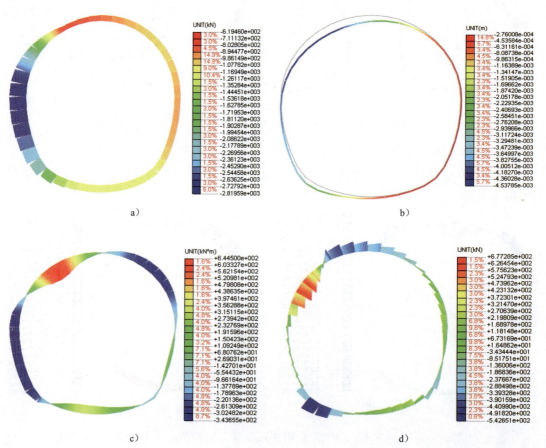

图 5-69　衬砌内力图

通过计算,区间隧道二次衬砌需采用强度等级为C35的钢筋混凝土,厚度60cm。主筋采用钢筋$\phi25@200$方可满足要求。比普通段区间隧道二次衬砌结构受力大很多,可知上部结构的桩基距离隧道结构较近,对区间隧道的结构影响大,需对该段进行结构加强。

3)整体筏基托换及现场施工监测情况

托换方案设计时充分利用被托换房屋地下室可供托换的操作空间、基础形式及良好的地质条件,在地下室内对地层进行整体注浆加固后,以加固后的地层作为持力层,采用整体筏板基础对隧道下穿影响范围内的独立柱基进行托换。下穿段隧道施工过程中,通过隧道内超前加固措施严格控制地表沉降,采用悬臂掘进机开挖,以防止开挖扰动和振动,初期支护及时封闭成环,初期支护达一次、二次衬砌施作长度时,停止掌子面开挖,及时施作二次衬砌。

整个下穿公园2008小区段通过精细化施工控制,于2017年12月安全穿越公园2008小区,8根被托换的柱基在区间隧道施工过程中最大沉降量为0.7mm,周边临近结构柱无沉降及变形。

5.4.2 下穿三鑫大厦主动托换桩基

1)区间下穿三鑫大厦概况

三鑫大厦位于贵阳市黔灵西路与合群路交叉口东南象限,修建于1996年,建筑面积约为8500m²,该建筑共分为4个区,Ⅰ区为12+1F(一层地下室),Ⅱ区为15+2F(二层地下室),底层为商铺,Ⅲ、Ⅳ区已拆除。三鑫大厦如图5-70所示。轨道交通1号线北京路站—延安路站区间全长617m,为双洞单线隧道,区间左隧在延安路站端ZDK22+743~+764(21m)段下穿三鑫大厦Ⅱ区(七天连锁酒店)(图5-71)。

图5-70 三鑫大厦

三鑫大厦结构形式为框架剪力墙结构,基础为人工挖孔桩。Ⅱ区共有8根桩侵入隧道开挖轮廓线内,4根桩临近隧道边线,桩径为1.2m、1.5m两种。根据隧道与桩基之间的空间位置关系见图5-72、图5-73。

图 5-71 三鑫大厦（Ⅱ区）

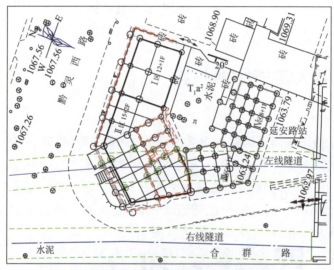

图 5-72 三鑫大厦基础与区间隧道平面位置

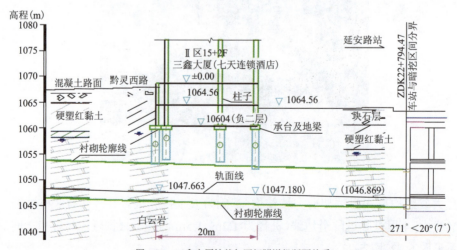

图 5-73 三鑫大厦桩基与区间隧道纵断面关系

地下二层底板与隧顶之间的距离为7.4～7.8m，桩底高程均位于隧顶附近。该段地层自上而下依次为红黏土和三叠系下统安顺组二段中厚层状白云岩，隧顶基岩厚度为5m，隧道洞身位于中风化白云岩中，见图5-74、图5-75。

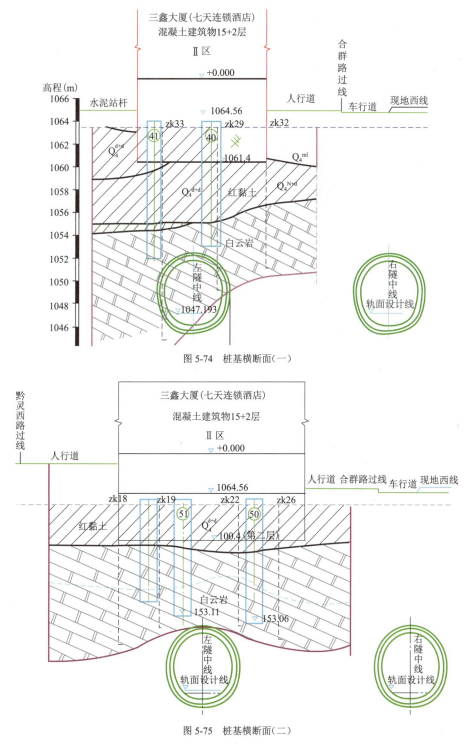

图5-74 桩基横断面（一）

图5-75 桩基横断面（二）

2)下穿三鑫大厦桩基托换方案

根据隧道与桩基之间的空间位置关系,结合所处地质情况及三鑫大厦地下室 F2 层使用功能可以废弃的有利条件,综合分析对隧道下穿施工影响范围内的桩基(共 12 根)采用主动托换方案(图 5-76),即沿着隧道开挖轮廓线外施作两排托换桩,在地下室负二层底板上施作预应力托换梁并与隧道两侧托换桩和被托换的立柱连接,形成新的受力转换体系,立柱的轴力通过托换梁传递到两侧托换桩,达到托换柱下桩基的目的。

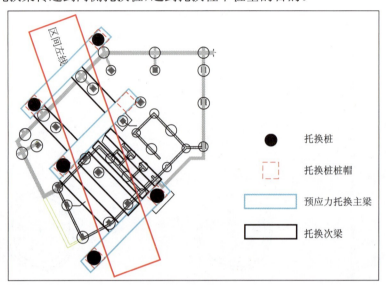

图 5-76 桩基托换平面

根据该建筑的变形要求以及整体性能,该托换采用预应力主梁与次梁托换方式。托换时将上部结构柱荷载通过节点传递至次梁上后,再由次梁传递到主梁上的力学转换方法来实现托换。在主梁的纵向上设置预应力钢绞线束,利用张拉预应力钢绞线束减小托换梁的受力变形,托换原理如图 5-77 所示。

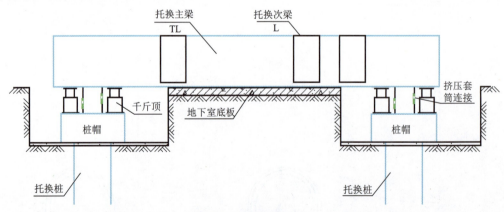

图 5-77 托换原理示意图

(1)桩基托换设计的重难点

三鑫大厦桩基托换由于托换荷载大,通过计算和模拟分析,被托换部分的上部结构总重量约为 40485.3kN,设计的单根托换桩最大荷载 11405.9kN,设计的托换梁最大跨度 22.08m,而地下室空间小、暗挖隧道相互影响突出,因此,设计中存在较大的困难。地下水位位于地下室底板以上,人工挖孔施工难度大。

①确定托换荷载的制约因素多。

桩基托换受力体系制约因素多,转换复杂,需要根据不同阶段、不同荷载的作用,分阶段确定托换荷载。除要考虑三鑫大厦托换建筑物正常使用阶段的受力外,由于托换柱的数量多,相互间影响大,需针对不同的托换柱在托换施工、暗挖隧道施工期间的受力变形影响,分析三鑫大厦可能的最大最小受力情况,以选择桩基托换各阶段的控制荷载。

②托换柱变形控制要求高。

三鑫大厦已经存在的沉降变形将对后期变形产生影响,同时,桩基托换施工过程中的顶升、沉降,以及暗挖隧道施工期间的土体扰动等变形都将对三鑫大厦及桩基托换结构带来影响,因此,托换柱变形控制要求将大大高于规范允许的桩基变形标准。

③大轴力作用下的托换大梁与节点抗滑移问题是关键。

采取何种措施,使托换大梁与节点的先后期混凝土形成整体,以弥补黏结能力削弱,是三鑫大厦桩基托换设计的关键,将决定三鑫大厦大轴力桩基托换工程实施的成败。

④托换大梁的预应力结构体系及徐变影响。

由于三鑫大厦地下室空间限制,要满足托换大梁能承受大轴力柱带来的强度和刚度要求,需要采用预应力来解决。预应力如何施加,预应力结构徐变对三鑫大厦及托换结构的影响如何处理,都需要在设计中重点研究。

⑤托换结构与暗挖隧道结构受力变形的相互影响。

暗挖隧道施工必然对托换新桩周边土体产生扰动,增大托换新桩的侧移,造成周边摩阻力减小。而暗挖隧道的开挖支护又将引起托换结构受力体系的改变,为此,托换结构的设计必须考虑暗挖隧道施工的影响,同时对暗挖隧道设计提出要求。

⑥托换桩采用人工挖孔桩,地下水位位于地下室底板以上,需制订专项止水方案。

(2)托换桩及托换梁设置

①托换桩。

共设置六根托换桩,均为人工挖孔灌注桩,桩径 D(桩身直径)为 1600mm 和 1800mm,桩底高程不得高于隧底高程以下 1m。土层段采用钢筋混凝土护壁,岩层段通过抽芯破除。托换桩所需设计参数见表 5-8。

托换桩设计参数 表 5-8

桩 号	混凝土强度等级	单桩竖向承载力特征值 R (kN)	护壁厚度(mm)		桩尺寸(mm)			
			a_1	a_2	D	H	H_1	H_2
TZ1、TZ2 共2根	C40	23504	150	150	1600	14650	—	300
TZ3、TZ4 共2根	C40	29747	150	150	1800	14650	—	300
TZ5 共1根	C40	25218	150	150	1800	14650	—	300
TZ6 共1根	C40	21407	150	150	1800	14650	—	300

②托换梁。

托换梁均位于三鑫大厦地下室 F2 层,综合考虑托换梁实际空间位置和结构刚度等因素,托换量采用的尺寸高为 2000mm,宽度根据梁的类型和承受的荷载分为 1200mm、1800mm、1600mm 和 2000mm 四种。托换梁按功能分为预应力主梁和次梁,托换时将上部结构柱荷载通过节点传递至次梁上后,再由次梁传递到主梁上,在主梁的纵向上设置预应力钢绞线束,利用张拉预应力钢绞线束减小托换主梁的受力变形。预应力钢绞线布置均按照抛物线形式布置(图 5-78),并采用 4 段抛物线的形式确定,预应力采用二级抗裂等级控制。托换梁钢筋绑扎及主梁的张拉如图 5-79 所示。

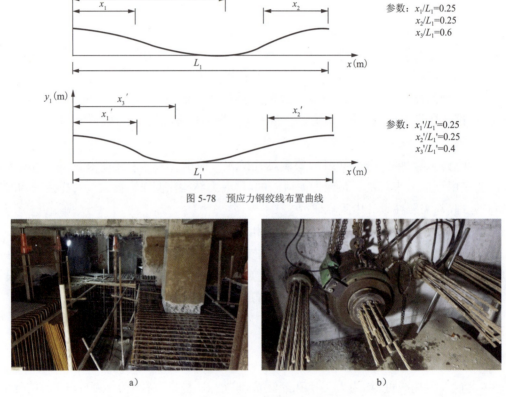

图 5-78 预应力钢绞线布置曲线

a)   b)

图 5-79 托换梁钢筋绑扎及主梁张拉

③托换梁与新桩节点构造。

为了满足顶升要求,托换桩定设置桩帽,桩帽顶与托换梁直接预留不少于 700mm 的顶升操作空间,桩帽与托换梁之间分别预留竖向接桩钢筋,顶升完成后,竖向钢筋焊接连接。接桩大样及桩帽钢筋绑扎如图 5-80 所示。

④托换梁与托换柱节点构造。

根据托换梁与托换柱节点抗剪滑移的机理:结构抗剪强度由被托换柱-托换梁间新旧混凝土的黏结力、摩阻力,预应力产生的摩阻力,新旧混凝土之间的企口咬合力及销栓抗剪所组成。设计时对节点处做了进一步地细化和优化,使得梁柱节点更为安全可靠。

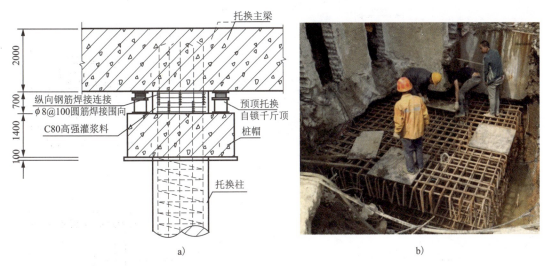

图 5-80 接桩大样及桩帽钢筋绑扎(尺寸单位:mm)

将托换节点处既有柱钢筋保护层破除,使既有柱主筋暴露出来,便于植筋施工。考虑到所植销栓筋主要为竖向受剪,更主要是避免损伤既有柱的核心混凝土部分,销栓筋植入深度为 200mm。

为了增强节点处的摩阻力和新旧混凝土的咬合力,节点处采用了自锁式抗震设计(图 5-81、图 5-82),在节点处增设 V 形环形钢筋笼。

图 5-81 自锁节点示意图(尺寸单位:mm)

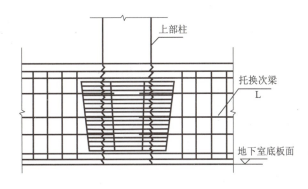

图 5-82 自锁节点大样透视图

(3)托换受力体系转换

采用主动托换法施工,即采用托换梁结合托换新桩的方式,托换梁与托换桩各自独立施工,待桩基托换受力转换后再组成刚性整体结构。当托换桩、托换梁或托换承台混凝土达到设计强度时才能进行加载托换施工。托换时,在托换梁与钻孔桩之间设置千斤顶(预顶承台上)加载,使上部结构的荷载转移到钻孔桩上,同时使新桩的大部分位移通过千斤顶顶升的预压来抵消,从而通过主动加载实现托换桩替代原桩受力。千斤顶与钢垫块的布置情况如图 5-83 所示。

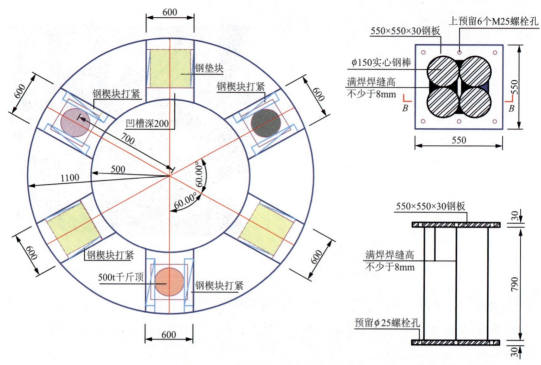

图 5-83 千斤顶与钢垫块布置(尺寸单位:mm)

3)桩基托换施工

(1)地下室填充墙破除

地下室填充墙破除范围如图 5-84 所示(红色部位),剪力墙(钢筋混凝土墙)及不破除的填充墙(蓝色部位)禁止进行破除。

破除方法:人工使用大锤对填充墙破除,破除时从上往下依次进行,严禁从下往上进行破除。

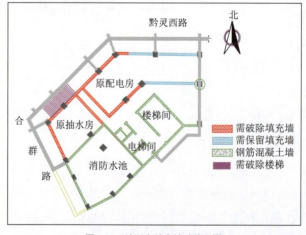

图 5-84 地下室填充墙破除范围

(2)施工通道开挖

采用挖机开挖,并对开挖区域内已拆迁房屋基础进行破除。开挖总长度 12m,包含 3m

坡底平台,9m 放坡段,宽度 3m,坡底最深处深度为 4.2m。两侧采用 1:0.5 放坡,采用 $\phi 6$ 钢筋网格覆盖,打设 $\phi 22$ 锚杆,长度 1m,1m×1m 梅花形布置,并喷射 10cm 厚混凝土。底部采用 $\phi 6$ 钢筋网格覆盖,并喷射 20cm 厚混凝土。

(3)混凝土墙破除

施工通道形成后进行混凝土墙破除,破除时先采用水磨钻沿破除轮廓线钻孔,破除范围如图 5-85 所示。

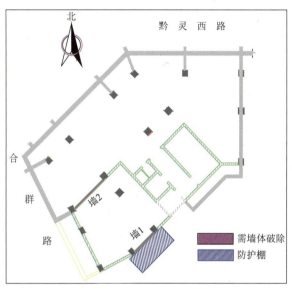

图 5-85 混凝土墙破除范围

墙 1 破除前,先对墙 1 上方一层填充墙进行破除,破除前确保人员撤离完成,防止填充墙垮塌造成人员伤亡。

填充墙破除完成后在墙 1 外侧搭设防护棚架。防护棚架采用钢管脚手架+竹跳板搭设。钢管脚手架宽度控制在 2m,长度为 5m,搭设高度高于原地面 2m。立杆间距为 1m×1m,横杆层间为 1.5m,顶部横杆水平间距为 0.5m,脚手架搭设完成后,在顶部水平横杆上铺设一层竹跳板,并与钢管绑扎牢固。

防护棚搭设完成后采用水磨钻沿着墙 1、墙 2 破除轮廓线进行钻孔。钻孔顺序:先上部及两侧,最后下部。钻孔过程中,必须采用挖机对墙体进行支挡,防止混凝土墙体突然垮塌造成人员伤亡。钻孔完成后利用挖机对墙体进行移除。钻孔仅对混凝土墙体进行,禁止对暗梁、柱钻孔,施工过程中严格按现场施工员指挥进行施工。

墙 1、墙 2 破除完成后,在墙体破除位置采用钢架进行支撑,钢架采用 20b 工字钢,钢架具体尺寸如图 5-86 所示。

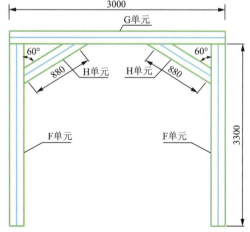

图 5-86 墙体破除位置钢架支撑尺寸(尺寸单位:mm)

(4) 托换桩基施工

托换桩基平面位置如图 5-87 所示。

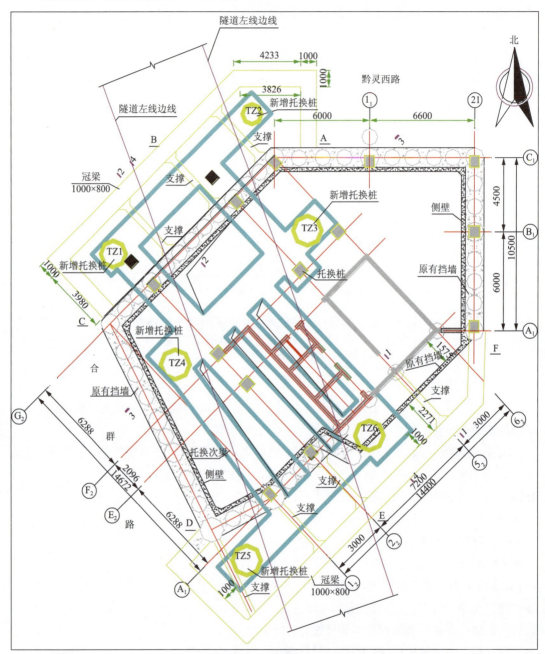

图 5-87 托换桩基平面位置图(尺寸单位:mm)

根据地勘报告及现场实际情况显示地下室地下水位较高,考虑到托换桩施工过程中的安全,在桩基周围进行注浆帷幕止水,注浆管长度控制在托换桩桩底以下 3m,布置如图 5-88 所示。

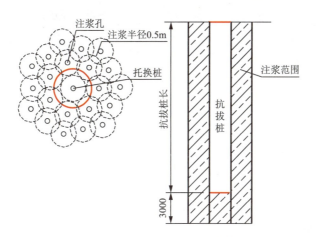

图 5-88 托换桩注浆孔位布置图(尺寸单位:mm)

(5)托换梁施工

托换梁施工顺序为:绑扎钢筋,支立模板,浇筑混凝土。施工时对梁端预顶部位严格控制预埋钢板的位置。梁底纵向受拉钢筋较多,要进行分层浇筑,确保混凝土振捣质量。浇筑混凝土时,在托换梁底预留 DN20 导管及对应桩预留钢筋,待预顶完成后,在保持预顶力稳定不变的情况下,将桩、梁钢筋接好,浇筑 C35 微膨胀混凝土封桩。在封桩混凝土终凝后如果托换梁底与封桩混凝土之间有空隙,则压注灌浆料填充。

(6)受力体系转换施工

采用主动托换法施工,即采用托换梁结合托换新 3 桩的方式,托换梁与托换桩各自独立施工,待桩基托换受力转换后再组成刚性整体结构。当托换桩、托换梁或托换承台混凝土达到设计强度时才能进行加载托换施工。托换时,在托换梁与钻孔桩之间设置千斤顶(预顶承台上)加载,使上部结构的荷载转移到钻孔桩上,同时使新桩的大部分位移通过千斤顶顶升的预压来抵消,从而通过主动加载实现钻孔桩替代原桩受力。

①自锁顶升千斤顶的安装。

在每根桩预顶承台的预埋钢板上布置 3 台带自锁装置的 YSD2000kN 千斤顶。千斤顶高度不足时,可采用钢板垫块垫高,要求钢垫块确保足够的强度和刚度及平整度,承受荷载时有足够的稳定性。

②钢管垫块安全装置的安装。

可调自锁千斤顶预顶到位时,及时安装钢管垫块安全装置并用楔形钢板塞紧。

钢管垫块安全装置的安装是主动托换施工中相当关键的一项步骤,也是主动托换实施中控制上部结构变形与新桩预压所产生沉降的保证。施工工艺要求其结构形式必须满足预顶过程中具有可调性和稳定性。并且要求在顶升结束时,千斤顶卸荷后,使新桩与托换梁之间能形成整体,且能承受原千斤顶全部的顶力并保持稳定。

(7)预顶

预顶的作用是通过在托换桩与托换梁间施加顶力,消除托换桩变形对托换体系的不利影响，检验托换体系的承载能力，并且通过千斤顶进行微调，确保托换的成功。当托换桩、托换梁或托换承台的混凝土强度达到100%后，方可进行。

①预顶前的准备工作。

可调自锁千斤顶、钢管垫块安全装置在安装前必须进行标定和调试，确认合格后才能安装。检查千斤顶、钢管垫块安全装置的安全可靠性，安装后保证有足够的行程，以便在整个调整时期内不需反复安装。建立全方位的位移、沉降、应变监测系统，并保证其数据的准确性。确定托换桩施顶荷载分级次数和施顶的时间。

②施加顶力。

a. 在顶升过程中，当千斤顶回油或出现故障时，钢管垫块起到临时支承的作用，另一方面待托换荷载转换完成后，置换千斤顶。

b. 预顶采取"等变形、等荷载"的分级加载原则，将设计最大顶升力不等分成10级逐步施加顶升力，每级荷载增量为千斤顶加载上限值的10%，不可一次加载到最大值。每级荷载保持10min，等结构稳定后方可加次级荷载。最后一级加载后持续12h以上，观测新桩沉降速度小于0.1mm/h后，顶紧钢管垫块，松开千斤顶。

c. 千斤顶逐级加载至20%的设计预顶力和位移值，通过钢管垫块应力测试、托换梁上应力测试及位移变化测试，与理论计算值对照双控，使原桩的荷载逐步转移到托换梁及新托换桩上，并实现对新桩和托换梁的预压。随后，用被托换桩位移、托换梁的截面应力测试值分析结果，指导千斤顶逐级顶升。

d. 严格控制每级顶力，并使顶力缓慢、均匀增加，避免桩和梁的荷载突变而导致不良后果。被托换桩的上抬量不能大于1mm，大于此值应停止加载。在加载过程中同时应严格监测托换梁裂缝的产生及发展，最大裂缝宽度大于0.18mm时，停止加载。

e. 预顶时，必须严格控制千斤顶的顶升力和托换梁两端的位移，各千斤顶顶升力达到控制值而梁端位移未达到位移范围值以内，或梁端位移值已达到控制值而顶升力未达到控制值时，则立即通知设计单位，对施工参数进行调整。千斤顶吨位及相关控制值见表5-9。

预定应力控制表　　　　　　　表5-9

托换梁编号	承台编号	梁端预顶力（kN）	预顶千斤顶（数量×吨位）	预顶期间梁端位移值（mm）	预顶期间桩端上抬控制值（mm）
TL1	CT1	4375	3×200	1～2	1
TL1	CT2	2664	3×200	5～6	1
TL2	CT3	3312	3×200	2～3	1
TL2	CT4	3320	3×200	2～3	1

注：表中梁端位移值为预顶阶段梁端相对于原桩和托换梁接触面的位移。

托换时将上部结构柱荷载通过节点传递至次梁上后，再由次梁传递到主梁上的力学转换方法来实现托换。在主梁的纵向上设置预应力钢绞线束，利用张拉预应力钢绞线束减小托换梁的受力变形。

(8) 封桩

托换梁施工时,在托换梁对应桩纵向钢筋的位置预埋钢筋,待预顶完成后,在保持预顶力稳定不变的情况下将桩、梁预留钢筋焊接,然后封桩,封桩混凝土浇筑顺序为:浇筑桩芯混凝土(C35 微膨胀混凝土)→养生(桩芯混凝土达到 90% 强度后)→拆卸预顶千斤顶→用 C30 混凝土满灌预顶承台与托换梁节点处除桩芯外其他部位。

4) 施工计算分析

(1) 整体模型

为有效分析三鑫大厦桩基托换的影响分析,建立数值计算模型对托换后的结构进行整体建模分析,如图 5-89 所示。

(2) 原结构底层柱下荷载

原房屋结构底层各柱下荷载如图 5-90 所示。

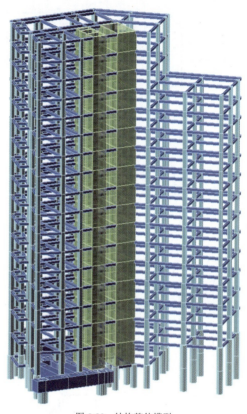

图 5-89 结构整体模型

(3) 托换梁预应力计算

根据托换梁模拟计算得到的内力包络图,对托换主梁进行预应力钢绞线布置如图 5-91 所示,并计算得到托换梁预应力配筋配置如图 5-92 所示。

(4) 托梁与框架柱交接界面计算

由结构底层柱下荷载可得,当框架柱截面为 700mm 时上部结构柱所受最大轴力为 3176.0kN,当框架柱截面为 600mm 时上部结构柱所受最大轴力为 2608.0kN,托换梁均为 2000mm 厚。预应力混凝土为 C45,柱混凝土强度要求:负 2~10 层为 C30,11~15 层为 C25。

$$N \leqslant 0.15 f_c S_P \tag{5-1}$$

式中:f_c——托梁与柱混凝土轴心抗压强度设计值较小值(N/mm²);

S_P——托梁与柱交接界面面积(mm²)。

经验算在框架柱截面为 600mm、700mm 时,托梁与柱交接面均满足要求。

(5) 托换桩计算

①桩顶荷载标准值计算见图 5-93,地层计算参数见表 5-10。

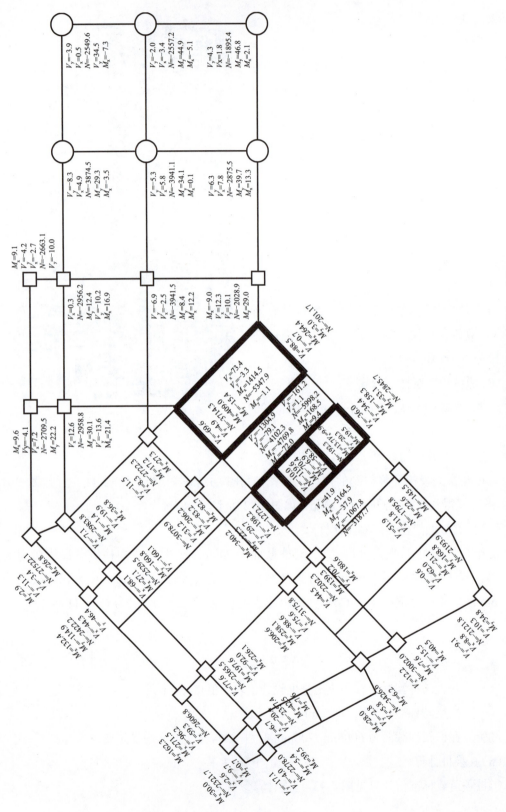

图 5-90 托换结构以上结构柱下荷载标准值（恒荷载+活荷载）（单位：kN）

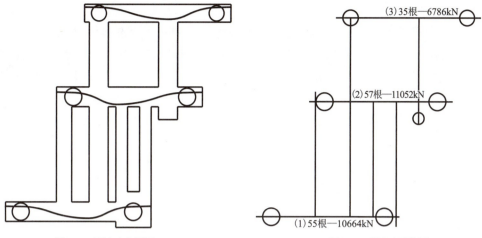

图 5-91 预应力布置图

图 5-92 预应力配筋图

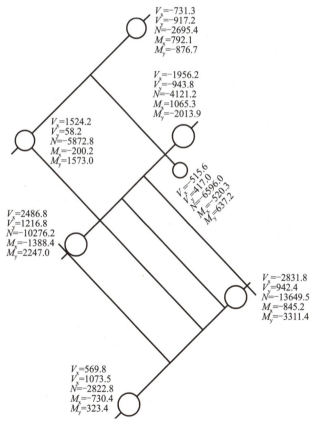

图 5-93 桩顶荷载标准值计算图(单位:kN)

地层计算参数　　　　　　　　　　　　　　　表 5-10

层 号	岩土名称	极限侧阻力标准值 q_{sik} (kPa)	极限端阻力标准值 q_{pk} (kPa)
1a	填土	0	0
2b	黏土	50	1700
3c	中风化岩	900	9000

②单桩承载力计算（TZ1）。

单桩竖向极限承载力是指单桩在竖向荷载作用下到破坏状态前或出现不适于继续承载的变形时所对应的最大荷载，它取决于桩身材料强度和地基土对桩的支撑力，一般由地基土对桩的支撑力控制，但对于端承桩、超长桩和桩身质量有缺陷的桩可能由桩身材料强度控制。经计算，托换桩的单桩承载力（考虑桩身强度承载力）见表5-11，满足托换承载力要求。

托换桩单桩竖向承载力设计值　　　　表5-11

桩	TZ1	TZ2	TZ3	TZ4	TZ5	TZ6
桩身直径(mm)	1600	1600	1800	1800	1800	1800
桩承载力(kN)	23504	23504	29747	29747	25218	21407

5）三鑫大厦桩基托换现场监控量测及效果分析

托换顶升及封桩完成后，进行下穿隧道施工，下穿隧道采用悬臂掘进机开挖，以防止开挖扰动和振动，初期支护及时封闭成环，初期支护达一次、二次衬砌施作长度时，停止掌子面开挖，及时施作二次衬砌。在整个托换和暗挖隧道施工中，12根被托换柱最大最小沉降量分别为3.2mm和1.7mm，周边临近结构柱无沉降。下穿施工完成后对托换梁、被托换柱基相邻结构进行全面检查，未发现新增裂缝和既有裂缝发展。通过实践充分证明了采用主动托换技术对三鑫大厦桩基进行托换是成功的、正确的、有效的。

5.5　区间隧道下穿南明河关键技术

城市轨道交通一般埋深较浅，当其下穿河流时，面临较大的施工风险，一方面防止受到开挖时地层变形过大，出现洞内塌方；另一方面防止河水渗漏，避免施工作业面突涌乃至河水倒灌风险，特别是小净距隧道如何科学选择施工方法和施工顺序，以及防水止水措施，是下穿河流的关键，避免施工风险带来的损失。

5.5.1　下穿南明河概况

南明河段河底以下为中风化泥质白云岩，岩溶中等发育，岩石中节理裂隙及溶孔是地下水运移渗透的通道。南明河河底最低高程1046m，河水水位高程1048.90m，50年一遇洪水位1053.00m，下穿段河床宽度37～58m，枯水期流量13m³/s，属季节性河流。南明河丰水期和枯水期状态分别如图5-94、图5-95所示。

中山路站—人民广场站区间线路与南明河斜交，区间下穿南明河长260m，隧道结构最小埋深8.26m，为双洞单线结构，线间距12m，双洞最小净距5m；人民广场站—火车站站区间线路与南明河正交，下穿段长60m，隧道结构最小埋深10.7m，左线含一停车线，为单洞双线结构，线间距4.6m，右线为双洞单线结构。南明河与线路的平纵关系如图5-96～图5-98所示。

图 5-94 丰水期的南明河

图 5-95 枯水期的南明河

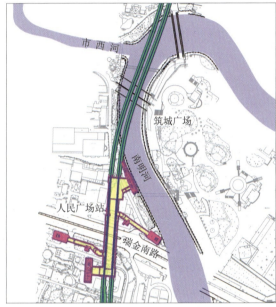
图 5-96 中山路站—人民广场站区间隧道下穿南明河平面

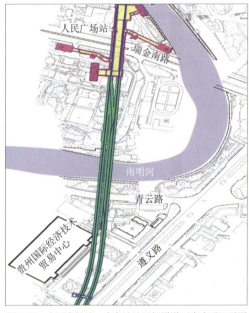
图 5-97 人民广场站—火车站站区间隧道下穿南明河平面

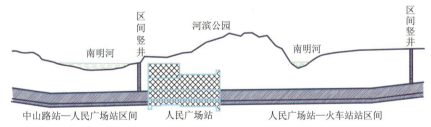
图 5-98 区间隧道下穿南明河纵断面

5.5.2 下穿南明河的施工工法选择

目前区间隧道下穿河流主要的工法有：明挖法、盾构法、矿山法等，这些施工方法在国内地铁都得到了成功的应用。选择施工方法的先决条件是隧道所穿越的地层情况、地面环境要求和隧道埋深、地下管线以及区间功能要求。在方案的设计中,应仔细、认真地分析各种条件,综合考虑施工工艺、工期、工程造价、工程质量等各方面因素进行综合评定。

区间隧道施工可选用的工法有明挖法、矿山法和盾构法。各种工法的分析和比较见表5-12。

区间隧道施工方法综合比较表 表5-12

序号	项目	围堰明挖法	矿山法	盾构法
1	应用情况	适用于管线改移少,房屋拆迁少,可与市政工程建设相结合的工程	适用于地质情况较好,地下水位低,房屋、管线多,交通疏解难,结构断面复杂多变的工程	适用于地层单一,地下水位高,房屋、管线多,交通疏解难,对沉降控制要求严格的工程
2	结构形式	形式多样的单跨或多跨矩形结构	形式多样的单跨或多跨马蹄形结构	形式单一的圆形结构
3	对交通影响	有一定干扰	无影响	无影响
4	对管线影响	遇管线时一般须改移或悬吊	有一定影响,有时需跟踪注浆等保护措施	影响较小
5	对环境影响	对环境的干扰大	对环境的干扰小	对环境的干扰小
6	对邻近建筑物影响	影响大	影响较大	影响最小
7	施工难度	技术成熟,难度小	技术成熟,难度小	技术成熟,施工工艺较复杂,难度较小
8	施工风险	小	较大	小
9	作业人数	多	中	少
10	作业环境	好	恶劣	好
11	施工降水	基坑内降水	视情况降水	不需要降水
12	结构防水	质量好	质量可以满足要求	质量好
13	沉降控制	一般	较好	好
14	施工速度	分段施工,综合速度快	速度较慢	机械化施工,速度快
15	施工工期	可多个工作面同时施工,工期较短	可增加工作面同时施工,工期长	施工准备时间较长,工期也相对较长(但不影响工期)
16	对车站影响	无影响	无影响	对车站结构和施工影响较大
17	受车站影响	无影响	无影响	影响大
18	施工场地	施工用地极大	施工用地较少	施工用地一般
19	工程质量	采用模筑混凝土,易于进行质量控制	复合衬砌,质量可以控制	预制管片精度高,质量可靠
20	工程造价	造价较高,可控性差(与结构埋深、周围环境有关)	造价较高,可控性差	造价较低,可控性好

经综合比较,考虑到区间隧道要下穿的南明河是贵阳市的景观河,且南明河承担着贵阳市的城市雨水的排泄功能,而且雨季南明河水位高,有时甚至没过河岸,采用明挖法施工会影响城市景观,且风险极大。所以,不推荐明挖法施工。

由于沿线地层岩溶较发育,岩石较坚硬,地层上软下硬情况普遍,贵阳地区适于进行盾构施工的范围较小,因此贵阳轨道交通1号线全线均采用矿山法施工,若为下穿南明河采用盾构法施工要设置专门的管片,投入也较大,而且也存在遇较大岩溶风险。因此,认为采用盾构法施工成本高、风险不可控。

由于矿山法施工工艺成熟、灵活,可根据施工监控量测的信息反馈来验证或修改设计和施工工艺,达到安全与经济的目的;断面形式丰富,对不同的地质情况及周边环境采用不同的工程措施及施工方法,针对性强;对溶洞发育的地层,处理方便容易。因此本区间推荐采用矿山法施工,通过加强工程辅助措施,可以保证过河安全。

区间隧道在南明河下方主要穿过的地层为泥质白云岩,溶洞、溶隙等岩溶发育。隧道拱顶距河床最小距离7.8m。区间隧道通过该地段时,爆破开挖使地层受到扰动,如果岩层超前加固及超前堵水不及时会造成涌水、涌砂;岩溶空洞或充填物不预先处理,盲目开挖揭露时,易引起坍塌失稳,甚至揭通河底,发生河水涌淹隧道的风险;工程措施不当、施工控制不到位,结构防水失败,造成结构渗漏风险等。

5.5.3 下穿河流施工控制

1)超前地质预报

由于下穿段地层为可溶岩,溶洞、溶隙较为发育,加之河里水量丰富,如果隧道围岩与河水存在水力联系,在隧道开挖过程中极易发生涌水。开挖前在掌子面采用ISP、地质雷达、红外探水、超前探孔等综合超前地质预报和超前探水孔探明前方地质及富水情况,对不良地质做到预发现的目的。对超前地质预报发现的岩溶及岩溶充填体,通过加强物探和钻探,进一步摸清其发育的范围、规模、充填物的性质、与河底的水力联系,然后制订专项处治措施,进行处治完毕后才能进行下一步的施工。做到"预发现、预处理"。

2)洞内超前帷幕注浆预加固

为避免岩溶涌水,下穿南明河段隧道结构采用全断面帷幕注浆的方式,以减少围岩透水性和及时封堵岩溶管道,避免洞内涌水风险。注浆范围为开挖洞径以外4m,帷幕注浆孔平面布置如图5-99所示,注浆孔布置及现场注浆如图5-100所示。

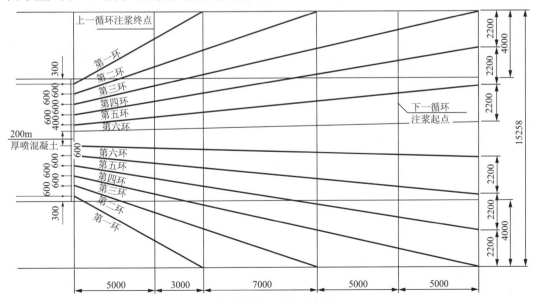

图5-99 帷幕注浆孔布置图(尺寸单位:mm)

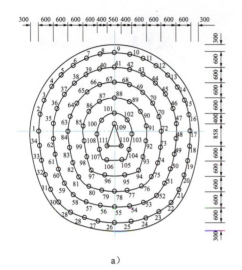
a)

b)

图 5-100 注浆孔布置及注浆(尺寸单位:mm)

3)超浅埋帷幕注浆控制措施

图 5-101 河底透浆

预注浆方法主要有自掌子面向内的逐段前进式灌注法、自内而外的后退式灌注法、综合灌注法、全孔一次灌注法等。综合下穿南明河段埋深、地质和周边环境情况,为防止超浅埋帷幕注浆时发生河底透浆(图 5-101)、河岸绿化带透浆等风险,钻孔和注浆顺序先外圈后内圈、自上而下、先近后远,同一圈孔间隔施工,采用分段前进式注浆。注浆系统布置及管路连接如图 5-102 所示。

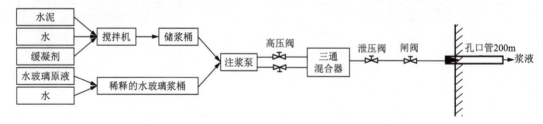

图 5-102 注浆系统布置及管路连接图

(1)开孔及孔口管安装

先用钻机开孔至 2m 深,钻孔直径 130mm,安设固结孔口管(孔口管采用长 4.2m,孔口外露 20cm,108 钢管),然后通过孔口管钻设 φ100 注浆孔。开孔做到轻加压、速度慢、给水足。孔口管埋设,对无水地段采用干硬性早强砂浆堵塞定位,对于孔口涌水地段,孔口管的埋设采用增强型防水剂和水泥配制的固管混合料来定位固管。

(2)注浆工艺

注浆采用前进式注浆施工,注浆胶凝时间的确定根据水压确定。采用前进式分段注浆工艺,钻一段,注一段。分段长度根据钻孔情况确定,若出现大的涌水或泥沙($Q > 10m^3/h$)则按 1~2m 分段;若涌水、突泥(沙)较小($Q < 10m^3/h$)或轻微卡钻,则钻孔注浆段长度可适当加大至 3~5m。如无涌水、突泥(沙)和卡钻的情况发生,则可采用全孔一次性注浆方式进行。以保证注浆质量和减少扫孔作业,增加作业时间和效率。

(3)注浆顺序

注浆顺序如图 5-103 所示。原则是先注外圈孔,再注内圈孔;同圈孔间隔注浆,注完一孔,跳过一孔或多孔注浆;先注无水区,后注有水区。后序孔可检查前序孔的注浆效果。

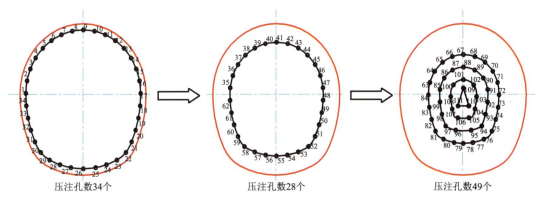

图 5-103 下穿南明河段全断面帷幕注浆压注顺序示意图

同时结合涌水水源点位置和水流方向,按由有水孔到无水孔的顺序施工,检查孔施工顺序待注浆孔注浆结束后视现场情况而定。如进浆量大于 300L/min,泵压力长时间不升高,凝胶时间选用 1~2min;如进浆量中等 100~300L/min,泵压力稳定上升,凝胶时间选用 3~4min;如进水量小于 100L/min,泵压力升高较快,凝胶时间可用 5~6min,凝胶时间通过外加剂调节。

(4)注浆压力控制

注浆终压定为 0.5~1.0MPa,注浆过程根据浆液扩散情况并结合注浆量大小对注浆压力终值进行验证,确定合适的注浆终压。单孔注浆压力达到设计终压并维持 10min 以上可结束该孔。

岩溶地层典型异常注浆情况处理:当处理断层破碎带,地下水流速很大时,则宜先注入惰性材料,如中粗砂或岩粉等,以充填过水通道,增加浆液流动阻力,减少跑浆,然后注入水泥-水玻璃双液浆堵水。

对于涌水量很大且具有较大储水空间的岩溶裂隙型管道的大股涌水,堵水措施是将动水变为相对静水时再行注浆,即设置堵截墙,使用快速胶凝的浆液堵水。还可采用分流减压、减流速的办法,再调整胶凝时间对出水点进行封堵。注浆材料选水泥-水玻璃浆液或超细水泥浆液。

(5)单孔注浆结束标准

以定量定压相结合定量,注浆量根据类似地层空隙率,每米注浆量控制在 0.8~1.2m³,

当注浆量达到设计注浆量的 1.5～2 倍,压力仍然不上升,可采取调整浆液配比缩短凝胶时间或进行间歇注浆等工艺,压力达到设计终压结束该孔注浆。

(6)全段结束标准

设计的所有注浆孔均达到注浆结束标准,无漏注现象。

(7)注浆效果及评定

注浆结束后,按总注浆孔的 5%～10% 设计纵向检查孔,钻孔 $\phi 80$,不少于 3 个,检查孔长度应覆盖注浆段长。在拱部钻设 3 个径向检查孔,径向检查孔长 5.0m,钻孔 $\phi 50$。通过定性观察和定量方法对注浆效果进行检测,决定是否需要补充钻孔注浆。检查孔涌水量 $< 0.2L/(min \cdot m)$,否则应补孔注浆。浆液填充率反算。通过统计总注浆量,反算浆液对空隙填充率,浆液填充率达到 70% 以上。

4)下穿段超小净距隧道控制措施

中山路站—人民广场站区间隧道下穿段为单洞单线结构,线间距 13m,区间结构净距约 6m,下穿段洞顶最小岩层厚度约 7.8m。人民广场站—火车站站区间隧道下穿段为人民广场站后停车线段,停车线长度约 325m,线间距 14m,区间下穿南明河段为停车线单洞双线及单洞单线结构并行区域,区间净距约 2.5m,下穿段洞顶最小岩层厚度约 10m,如图 5-104 所示。

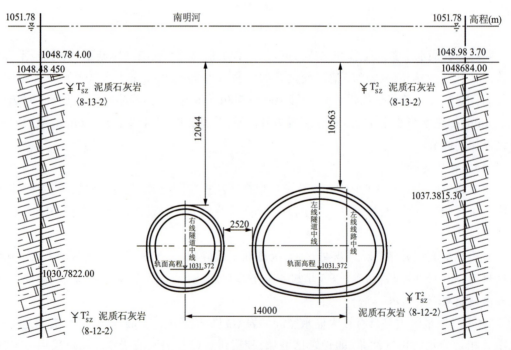

图 5-104　区间停车线下穿南明河横断面图(尺寸单位:mm)

浅埋小净距隧道施工中如何保证该区间隧道中间岩柱、围岩、地表既有构筑物的安全是区间隧道施工难点。因此,针对小净距隧道的具体情况,结合地质条件和周边环境,设计进行针对性的研究,经过模拟分析和大量工程内比,得出结论:Ⅳ、Ⅴ级围岩,在开挖过程中若不加支护情况下,在中夹岩柱处将出现塑性区,此时岩柱围岩极不稳定,特别是中夹岩柱厚度在≤3m时,塑性区会贯通中夹岩柱。所有将净距在3m以内(部分地质条件差、上方荷载大地段5m以内)隧道按小净距进行设计。人民广场站—火车站站区间净距约2.5m,为非对称超小净距隧道。

超小净距隧道需从结构设计、施工工序及工法等进行特殊设计,具体控制措施如下:

(1)结构设计

小净距隧道的结构形式,充分利用了中壁围岩的自承能力,符合新奥法的设计思想。对于下穿南明河段超浅埋非对称超小净距隧道,在岩体破碎、节理裂隙比较发育的情况下,中壁岩柱的支撑能力能否正常发挥就成了整个小净距隧道设计成败的关键。在下穿段隧道结构设计中,对超小净距段除采用了传统的辅助施工措施外,主要还针对隧道的软弱中壁围岩采取了帷幕注浆的加固和预支护措施。

(2)施工工序

小净距隧道的施工方法,关键在于施工中对中壁岩柱体的保护和加固,因此小净距隧道施工的难点、重点是合理选取开挖顺序、控制爆破作业,确保隧道开挖过程围岩的稳定,减小两隧道之间由于净距较小引起的围岩变形、爆破震动等不利因素。对于下穿南明河超小净距非对称超浅埋隧道,重点在于确定合理的开挖顺序,和开挖工法,减少对围岩的扰动,因此采用小断面隧道先行,上下台阶法开挖,后行洞采用正向侧壁导坑开挖,且临近中壁岩柱侧导坑采用非爆破开挖。此开挖顺序小断面隧道既可起到超前地质预报作用,及时发现断层破碎带等不良地质情况,同时当大断面隧道施工时发现较大涌水时,可以通过小断面隧道进行横向注浆,达到大断面超前注浆的效果。

5.5.4 施工模拟分析

1)模型的建立及参数选择

(1)模型的建立

模型计算采用岩土与隧道有限差分计算软件,建立三维实体模型。鉴于隧道处于半无限地层中,根据一般的力学原理,分析范围的选取以边界效应对隧道的影响可以忽略为前提。暗挖区间支护结构均采用弹性实体单一进行模拟,地层采用莫尔-库仑破坏准则,地应力场按自重应力场考虑。施工开挖计算模拟模型和二次衬砌结构计算模型分布见图5-105、图5-106。

(2)边界条件

在整体计算模型中,采用位移边界条件,底面为竖向约束,四周为法相约束。

(3)计算参数的选取

计算模型所取土层深度范围内的岩土层计算参数选取见表5-13,结构计算参数见表5-14。

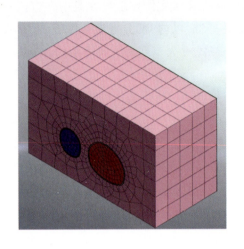 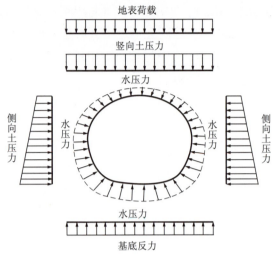

图 5-105　下穿南明河段开挖及初期支护计算模型　　　图 5-106　二次衬砌荷载分布示意图

岩土层计算参数　　　　　　　　　　　　表 5-13

围岩	围岩重度 (kN/m³)	摩擦角 θ (°)	侧压系数 k_0	弹性抗力系数(MPa)	
				垂直	水平
杂填土	18.5	—	—	—	—
可塑红黏土	17.9	30	0.56	32	35
泥质白云岩	25	45.6	0.18	1000	1000

结构计算参数　　　　　　　　　　　　表 5-14

材料	弹性模量 E (GPa)	泊松比 μ	重度 γ (kN/m³)
C25 喷混凝土	23	0.23	22
C35 钢筋混凝土	32	0.2	25
C25 素混凝土	29.5	0.2	23

2）计算结果与分析

通过模拟计算，左隧（小断面）开挖时，对地层扰动较小，河底最大沉降发生在右隧（大断面）开挖完成后，地表最大沉降 0.8mm，最大沉降区域位于大断面正上方约偏向左隧方向，拱顶沉降最大 1.1mm，仰拱最大沉降 0.4mm，见图 5-107、图 5-108。即通过帷幕注浆对掌子面前方岩体进行注浆加固后，隧道开挖时对围岩的扰动和沉降几乎可以忽略。

采用结构-荷载模型对下穿段右隧大断面二次衬砌结构进行模拟计算，采用梁单元模拟混凝土衬砌，仅受压弹簧模拟衬砌与岩土的相互作用。根据围岩力学参数及隧道埋深，大断面隧道二次衬砌计算结果见图 5-109～图 5-112。

经过数值模拟分析计算隧道二次衬砌结构受压类型既有大偏心又有小偏心受压。轴力值从拱顶至墙脚向两侧呈逐渐增大的趋势，且两侧基本对称，仰拱处出现最大轴力。隧道衬砌结构安全系数最小值出现在拱顶处，其值为 5.3，满足要求。

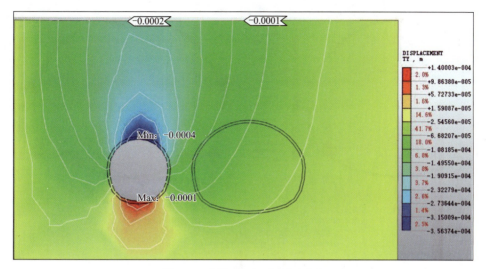

图 5-107 左隧开挖时 Y 方向竖向位移

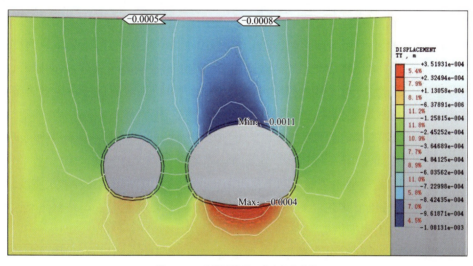

图 5-108 右隧开挖后 Y 方向竖向位移

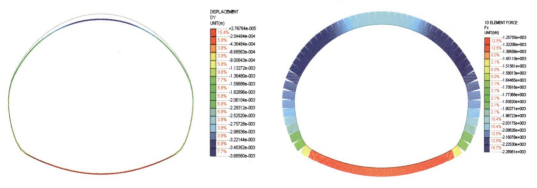

图 5-109 竖向衬砌变形图　　　　　　　图 5-110 衬砌轴力图

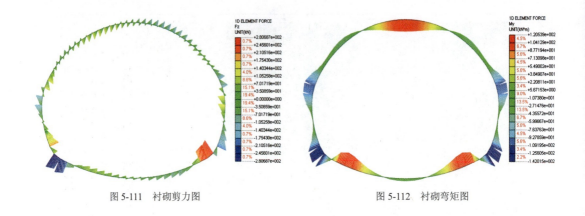

图 5-111 衬砌剪力图　　　　　　图 5-112 衬砌弯矩图

5.6 小　　结

在贵阳特殊的、复杂的地形及地质条件下,贵阳轨道交通建设面临着下穿既有建(构)筑物的巨大难题,如何有效控制隧道开挖风险和保障周边环境的安全,是贵阳轨道交通下穿工程的难点和重点。通过轨道交通1号线区间暗挖隧道下穿铁路及火车站、南明河、房屋建筑等既有建(构)筑物,分析具体的风险源,摸索适合贵阳特殊地质条件和环境的施工工艺和加固方法,对后续线路建设具有很多的指导和借鉴意义。

(1)喀斯特地貌轨道交通下穿引起既有建(构)筑物沉降和坍塌的风险主要表现为:地质风险、过水管涵渗漏及基础资料缺失、施工方法等风险。

(2)通过贵阳轨道交通1号线成功下穿贵阳火车站站房及站场设计和施工实践,我们取得了一套关于地铁隧道下穿在岩溶、大荷载、非对称桩群的既有运营火车站枢纽及铁路技术经验,可为以后类似工程提供借鉴。

①在下穿火车站铁路枢纽站房及站台股道时,由于构筑物沉降风险高,造成事故社会影响大,后期维修及养护处理复杂,优先考虑下穿铁路枢纽站房及站场的安全可行条件下统筹考虑1号线、4号线换乘站——火车站站的敷设高程,为1号线成功下穿火车站枢纽打下了有利的条件和基础。

②应充分重视下穿段的地质条件,采用必要的围岩加固措施,确保围岩的稳定性。如采用超前大管棚注浆,对前方岩溶及不良地质体进行加固,改善了围岩不良地质条件,减少了岩溶和不良地质体带来的风险,增强了围岩的自承能力和自稳性,为施工安全开挖和控制沉降变形增加了筹码。

③合理、可靠的施工方法是复杂条件下成功穿越的关键因素之一。优先考虑控制构筑物变形采取"管超前、短进尺、强支护、冷开挖、勤量测"的原则。"一步一回头、全刚性支撑开挖法"能有效控制开挖进尺,减小临空面,有效运用初期支护的支护作用,有效控制开挖引起的变形。

(3)通过现场实际情况确定桩基托换方案,并进行计算分析、查阅和借鉴相关托换工程的成功经验,施工中进行全过程监测等方法,对三鑫大厦和公园 2008 小区桩基托换的一系列技术问题进行了综合研究,并取得了如下成果:

①三鑫大厦桩基托换时,通过采用自锁式节点设计,在节点处增设 V 形环形钢筋笼,解决了托换梁上多根托换柱的梁柱托换体系和接头的选型问题,即采用预应力主梁+次梁的托换梁体系和"企口+锚筋+自锁钢筋笼"的梁柱接头形式,采用该接头形式,能使接头与柱体达到等强效果。

②三鑫大厦桩基托换时,根据该建筑的变形要求以及整体性能,该托换采用预应力主梁与次梁托换方式。在主梁的纵向上设置预应力钢绞线束,利用张拉预应力钢绞线束减小托换梁的受力变形。通过顶升,检验托换体系的承载能力,使托换体系提前受力,消除托换桩、托换梁变形以及截桩对托换体系的不利影响。

③岩溶地区进行地下室内桩基托换施工,当水位较高、地下水丰富时,由于不能进行降水处理,同时不能采用机械成孔,人工挖孔桩必须采用有效的超前止水方案,否则,无法进行托换桩的施工。

④下穿公园 2008 小区时,充分利用基础形式及地下室底板下方良好的地质条件,对柱下独立基础的加固形式研究后,大胆对其基础进行了置换处理,即采用整体筏基置换原柱下独立基础的加固形式,开创岩溶地区隧道下穿楼房时的基础处治的成功案例。下穿隧道施工时,采用无扰动、扰民的悬臂掘进机进行开挖,开挖前通过洞内大管棚进行超前支护,变集中荷载为分布荷载,进而避免了开挖扰动和沉降对筏板基础的影响。

(4)岩溶地区超浅埋隧道全断面注浆加固围岩施工时,通过灵活的注浆工艺并实时调整注浆顺序的方法,可有效地对前方围岩体进行注浆预加固,以减少围岩透水性和及时封堵岩溶管道,避免洞内涌水风险。

第6章　喀斯特地貌山地城市轨道交通车站修建创新与实践

贵州省以其独特的"喀斯特"景观闻名全国，贵阳市则为典型的山地城市，同时贵阳又处于黔中典型岩溶山区，喀斯特地貌占比高达71.8%。在喀斯特地貌山地城市中修建轨道交通工程困难重重，重庆市的轨道交通工程修建就是一个典型先例，然而贵阳轨道交通修建所遇到的困难有过之而无不及，其中贵阳轨道交通车站的修建更是首当其冲，难中之难。贵阳轨道交通车站不仅类型多（涵盖地下车站、高架车站及地面车站），而且地质构造极其复杂、地下水极为丰富、对周边环境影响大、施工风险极高。下面就从"轨道交通1号线车站建设特点和难点""富水岩溶条件下车站修建关键技术""新型式车站修建关键技术"及"喀斯特山地城市轨道交通车站拱盖法修建关键技术"等四方面对喀斯特地貌山地城市轨道交通车站修建创新与实践进行介绍。

6.1　轨道交通1号线车站建设特点和难点

6.1.1　车站类型

1号线全线长35.11km，其中地下线30.07km，高架及地面线5.04km；共设车站25座，其中地下站20座，地面站2座，高架站3座。

（1）地下车站：云潭路站、诚信路站、行政中心站、会展中心站、朱家湾站、大寨站、大关站、贵阳北站、蛮坡站、安云路站、北京路站、延安路站、中山路站、人民广场站、火车站站、沙冲路站、望城坡站、新村站、长江路站、清水江路站。

（2）高架车站：窦官站、将军山站、雅关站。

（3）地面站：下麦西站、场坝村站。

6.1.2 车站建设特点分析

1）车站施工对城市影响大

贵阳为山地城市，老城区人口聚集于市区中心，在人口密集的贵阳闹市区的车站建设中，明挖施工会对市容市貌、城区市民与出行、城市运行等造成重大影响，若采用矿山法爆破暗挖施工，则爆破振动也会对周边居民生活影响巨大，如何选择能适应贵阳特殊环境的安全、经济、地质适应性强的施工方法成为一大难题。

2）各类市政管线错综复杂

贵阳老城区各种市政管线错综复杂，分属不同单位管辖，施工需先把施工区域的管线排查清楚，由相关部门提供设计图纸，能够在一定程度上避免。但是，因老城区部分道路经过拓宽或垫高，而权属部门提供的设计图纸数据未及时更新，"按图索骥"、贸然用机器设备直接开挖基坑，可能挖断线缆等造成巨大经济损失、耽误工期，例如：在蛮坡站征地红线内影响地面施工管线有 3 根 10kV 强电、3 根 380V 强电、1 根广电的电缆以及 1 根钢电杆、1 根水泥电杆，这些管线都需要迁改；在安云路站，各产权单位要求必须保证各自有独立的检查井，燃气不允许在其管道上再建设其他产权单位的管线。

3）交通疏解难度大

贵阳轨道交通 1 号线建设最大的难点在老城区，线路南北贯通老城核心区域，车站站点多位于主干道交叉路口，如老城区蛮坡站—望城坡站等 9 个站点。老城区的建筑密集，道路狭窄，多数道路交通流量已近饱和状态，加上狭窄拥堵的城市道路，城市轨道交通工程的施工犹如在城市的心脏地带动手术，一旦组织疏解不利，极有可能引起交通瘫痪。

4）地质条件差、风险高

贵阳市为喀斯特地貌区，轨道交通建设必须直面断层破碎带、岩溶管道水、涌水、突泥、溶洞等不良地质，加上暗河流经，地下水极为丰富。同时，车站下穿河流、桥梁等，且喀斯特地质网状岩溶、裂隙、溶洞发育，施工条件复杂。车站施工揭露穿越岩溶管道时，若利用原溶洞通道排水，排水能力不确定，且易受堵塞，不确定因素多，特别是地下水的保护没有把握。在延安路站施工时，兼具内外因的双重影响，诱发地表岩溶塌陷的可能性最大，需采取强有力措施进行预防及治理。

6.1.3 车站建设难点

贵阳轨道交通 1 号线车站修建主要存在如下难点：

（1）地质构造复杂。车站途经有下麦西断层、将军山断层、新桥街断层、长坡岭断层、黔灵山断层、偏坡寨断层、鹿冲关断层、长江路断层等 11 条大断层。

（2）不良地质种类多。沿线不良地质以岩溶为典型代表，伴随煤层瓦斯及红黏土、顺层及滑坡、软土等不良地质情况。

（3）地下水极其丰富。地下水以岩溶裂隙水为主，水量大；伴随第四系孔隙水、碎屑岩基岩裂隙水、溶管道水等严重影响车站工程修建。

（4）对周边环境影响大、风险高。贵阳老城区车站（如安云路站、北京路站、延安路站等）的施工对城市影响大，也导致城区交通疏解难度大；此外，各类市政管线错综复杂，修建难度大、风险高，稍有不慎即可造成极其严重后果。

6.2 富水岩溶条件下车站修建关键技术

贵阳轨道交通1号线沿线地势：北西高、南东低，主要为溶丘、洼地与槽谷地貌。线路自下麦西站至贵阳北站，贵阳北站出站后，于小关河谷设雅关站，经蛮坡站至安云路站，线路紧坡而下，出安云路站后，经北京路站、延安路站、中山路站、人民广场站、火车站站至沙冲路站，线路穿行于繁华的中心城区，地形最低处为南明河河底，海拔高程1047.2m，其余地段地面海拔高程多在1062m左右，属河流、岩溶槽谷地貌。其中，延安路站为1号线与2号线的换乘车站，位于合群路与延安中路交叉口。延安路站处于老城区核心地段的低洼地势，又为换乘车站，站场区不仅地下管网密布，而且地表周边环境复杂，此外修建过程中还揭露众多填充型富水岩溶。延安路站是贵阳轨道交通1号线富水岩溶车站中的典型代表，故下面以延安路站为例介绍贵阳轨道交通1号线中的富水岩溶条件下车站修建关键技术。

6.2.1 延安路站概况

1）基本概况

延安路站为贵阳轨道交通1号线与2号线的换乘车站，位于合群路与延安中路交叉口。

1号线车站沿合群路呈南北方向布置，为地下二层15m岛式站台车站，有效站台中心里程为YDK22+895.674，车站总长180m，宽度约23.9m，轨面埋深15.43m，车站顶板覆土厚度3.2～4.0mm，车站两端接矿山法区间。1号线共设4个出入口、两组共8个风亭，沿合群路两侧布置。

2号线车站沿延安中路呈东西方向布置，为地下三层15m宽岛式站台车站，车站总长191.5m，标准段宽23.90m，轨面埋深22.53m，车站顶板覆土厚度约3.33m，车站两端接矿山法区间。2号线布置有4个出入口、两组共设6个风亭，沿延安中路东侧布置，车站西端隧道风井布置在延安中路西侧的区间。

1号线车站与2号线车站之间采用通道站厅换乘，换乘通道为地下两层结构，其中地下二层为1号线的区间，地下一层为换乘通道。换乘通道长约78.97m，标准段宽23.90m。

2）水文地质情况

车站场地为可溶岩分布区，碳酸盐岩分布较广，据工程地质调绘、钻探及相关资料表明，拟建场站调查范围内可溶岩分布地段岩溶形态主要以溶洞、溶沟（槽）、溶蚀裂隙、石芽为主，岩体内主要为溶孔、垂直溶洞（隙）等，溶洞被黏土呈全充填状态。拟建场地内的岩溶主要成管道连通。通过分析全部26个勘察钻孔发现，遇溶率为34.2%。

岩溶地下水特别发育，经计算：一般情况下，1号线及2号线延安路站基坑施工过程中每天涌入基坑的水量为$7320.5m^3$。特殊情况下（基坑开挖揭露岩溶管道），每天涌入基坑的水量为$16452.7m^3$。

6.2.2 延安路站工程重点及难点

1）周边环境复杂

车站站址周围建筑物复杂，为商厦、酒店、办公楼、学校以及住宅楼等，多为高层建筑。西北象限有龙泉大厦（26F）、港湾宾馆（21F）等高层建筑及嘉城苑居民楼（8F）；东北象限多为高层建筑，有景天城（31F）、贵州省新华书店（11F）、振华科技大厦（33F）；东南象限分布着贵州信合大厦（28F）、贵州省新闻出版大楼（21F）、虹祥大厦（28F）等高层建筑；西南象限的有凯迪大厦（17F）等高层建筑及云岩区少年宫（5～7F），其余多为高层住宅。建筑物距车站基坑边为3～10m。

地面交通繁忙，合群路现状车行道宽约15m，为双向五车道，延安中路车行道宽约23m，为双向六车道，地面交通非常繁忙。

根据车站建筑物基础形式及地质情况，设计单位进行了针对性设计。在有重要建筑物地段，加大了围护桩直径，加深了围护桩的插入深度，同时第一道支撑采用钢筋混凝土支撑，确保基坑的整体稳定性。在龙泉大厦及景天城位置，建筑物离基坑特别近，第一道支撑和第三道支撑均采用混凝土支撑，同时在实施了车站中板后才拆除第三道混凝土支撑，确保龙泉大厦和景天城的绝对安全。

针对地面交通实情，邀请了昆明理工大学的专家组进行区域交通疏解研究，延安中路方向1号线车站采用半盖挖方案，合理地解决了该区域的交通疏解与车站施工期间矛盾的难题。

2）水文地质条件复杂

(1)岩溶和地下水分布及处理方案

根据车站水文地质情况，组织了多次专家审查，车站围护桩采用套管咬合桩的方案，并且对车站基底采取全基坑注浆止水的措施。

(2)顺层处理方案

根据地质勘察单位提供的勘察报告，结合该区域地质图，综合确定断层南北两盘的岩层产状：照壁山断层（F15）北盘岩层产状为（250°～278°）∠（20°～40°），最优产状为265°∠30°，北盘岩层产状为（290°～300°）∠（12°～25°），最优产状为296°∠23°。车站基坑的东侧相对岩层为顺向边坡，在车站基坑计算及设计过程中，充分考虑了顺层对车站基坑的影响，计算时采用了地勘单位提供的结构面参数进行分析计算，并根据顺层计算结果加强了围护桩的布置以及围护桩的配筋。

6.2.3 延安路站设计及施工技术

1）设计方案

（1）车站主体围护结构设计

根据车站所处的环境、工程地质、水文地质及水文资料条件以及基坑深度，建筑基坑安全等级为一级；经技术经济综合比较、计算分析和工程类比，围护结构为桩加内支撑支护。支撑系统临时立柱桩采用ϕ1200钻孔灌注桩。

1号线车站和换乘通道基坑宽约23.9m，基坑深17.3～19.0m。周边无重大建（构）筑物时围护桩采用ϕ1200@900套管咬合桩，咬合厚度300mm，采用"一荤一素"的布置形式，套管桩插入基底以下中风化岩石深度为3.0m；在贵阳市第五幼儿园、达亨大厦、景天城和龙泉大厦处围护桩采用ϕ1500@1200套管咬合桩，咬合厚度300mm，套管桩插入基底以下中风化岩石深度为4.0m。车站竖向采用三道内支撑，第一道支撑采用钢筋混凝土支撑（1200mm×800mm），间距6m，第二、三道支撑采用钢管支撑，水平间距为3m，中间设置ϕ1200临时钢筋混凝土立柱。景天城处第三道支撑采用钢筋混凝土支撑（1200mm×1000mm），间距6m。

2号线车站基坑宽约23.9m，基坑深24.5～26.8m。基坑北侧围护桩采用ϕ1500@1150套管咬合桩，咬合厚度350mm，采用"一荤一素"的布置形式，套管咬合桩插入中风化岩石深度为4.0m；车站西侧局部1层结构及半截桩部分采用ϕ1200套管咬合桩，桩中心间距为900mm，咬合厚度300mm，采用"一荤一素"的布置形式，套管桩插入中风化岩石深度为4.0m。车站现侧围护结构采用ϕ1200@2000钻孔桩，插入中风化岩石深度为2.5m，桩间基岩裂隙水采用注浆止水方案。车站竖向采用四道内支撑，第一道支撑结合铺盖系统采用混凝土支撑（1200mm×1400mm），水平间距为6m，第二～第四道支撑采用钢管支撑，支撑水平间距为3m，采用ϕ609、壁厚16mm的钢管支撑，中间设置ϕ1200临时钢筋混凝土立柱。

（2）车站主体结构设计

车站为1号、2号线换乘站，1号线车站地下二层15m岛式站台车站，车站总长180m，宽度约23.9m，为现浇框架钢筋混凝土结构，车站两端接矿山法区间。2号线车站为地下三层15m宽岛式站台车站，车站总长191.5m，标准段宽23.9m，为现浇框架钢筋混凝土结构。

车站主体结构尺寸的拟定须满足主体结构的受力、变形以及建筑净空及限界的要求。

2）施工关键技术

由于延安路站地质复杂，注浆和开挖施工过程中都面临着巨大的安全风险，为详细、准确地了解和摸清地质情况，也为制订方案提供依据，引进了中国地质大学瑞雷波探测技术，对基坑未开挖段和周边部分段落进行检测。传统的地震勘探方法以激发、测量纵波为主，面波则属于干扰波。事实上，面波传播的运动学、动力学特征同样包含着地下介质特性的丰富信息。瑞雷波探测技术是近年来发展起来的一种新兴岩土工程勘探方法，它具有分辨率高、应用范围广、受场地影响小、检测设备简单、检测速度快等优点，因此被广泛地应用于岩土工程领域。

(1) 瑞雷波探测技术

探测原理：在地层介质中，震源处的振动（扰动）以地震波的形式传播并引起介质质点在其平衡位置附近运动。按照介质质点运动的特点和波的传播规律，地震波可分为两类：即体波和面波。纵波（P 波，压缩波）和横波（S 波，剪切波）统称为体波，它们在地球介质内独立传播，遇到界面时会发生反射和透射。

当介质中存在分界面时，在一定的条件下体波（P 波或 S 波，或二者兼有）会形成相长干涉并叠加产生出一类频率较低、能量较强的次生波。这类地震波与界面有关，且主要沿着介质的分界面传播，其能量随着与界面距离的增加迅速衰减，因而被称为面波。在岩土工程中，分界面常指岩土介质各层之间的界面，地表面是一层较为特殊的分界面，其上的介质为空气（密度很小的流体），有时又把它称为自由表面，把自由表面上形成的面波称作表面波。

面波主要有两种类型：瑞雷面波和拉夫面波。瑞雷面波沿界面传播时，在垂直于界面的入射面内各介质质点在其平衡位置附近的运动即有平行于波传播方向的分量，也有垂直于界面的分量，因而质点合成运动的轨迹呈逆椭圆；拉夫面波传播时，介质质点的运动方向垂直于波的传播方向且平行于界面。目前在岩土工程测试中以应用瑞雷面波勘探为主。

从以上各类波在介质中传播的速度来看，在离震源较远的观测点处应该接收到一地震波列，其到达的先后次序是 P 波（纵波），S 波（SV、SH），拉夫面波和瑞雷面波。

瑞雷波法勘探实质上是根据瑞雷面波传播的频散特性，利用人工震源激发产生多种频率成分的瑞雷面波，寻找出波速随频率的变化关系，从而最终确定出地表岩土的瑞雷波速度随场点坐标 (x, z) 的变化关系，以解决浅层工程地质和地基岩土的地震工程等问题。

瑞雷波沿地面表层传播，表层的厚度约为一个波长，因此，同一波长的瑞雷波的传播特性反映了地质条件在水平方向的变化情况，不同波长的瑞雷波的传播特性反映着不同深度的地质情况。在地面上沿波的传播方向，以一定的道间距 Δx 设置 $N+1$ 个检波器，就可以检测到瑞雷波在 $N、\Delta x$ 长度范围内的波场，设瑞雷波的频率为 f_i，相邻检波器记录的瑞雷波的时间差为 Δt 或相位差为 $\Delta \phi$，则相邻道 Δx 长度内瑞雷波的传播速度为：

$$V_{Ri} = \frac{\Delta x}{\Delta t_i} \tag{6-1}$$

或

$$V_{Ri} = \frac{2\pi f_i \Delta x}{\Delta \phi_i} \tag{6-2}$$

$$\Delta t = \frac{T}{2\pi} \Delta \phi \tag{6-3}$$

在满足空间采样定理的条件下，测量范围 $N、\Delta x$ 内平均波速为：

$$V_R = \frac{N \Delta x}{\sum_{i=1}^{N} \Delta t_i} \quad (6\text{-}4)$$

或

$$V_R = \frac{2\pi f_i N \Delta x}{\sum_{i=1}^{N} \Delta \phi_i} \quad (6\text{-}5)$$

在同一测点测量出一系列频率 f_i 的 V_{Ri} 值，就可以得到一条 $V_R\text{-}f$ 曲线，即所谓的频散曲线或转换为 $V_R\text{-}\lambda_R$ 曲线，λ_R 为波长：$\lambda_R = V_R/f$，其中 $V_R\text{-}f$ 曲线或 $V_R\text{-}\lambda_R$ 曲线的变化规律与地下介质条件存在着内在联系，通过对频散曲线进行反演解释，可得到地下某一深度范围内的地质构造情况和不同深度的瑞雷波传播速度 V_R 值；另一方面，V_R 值的大小与介质的物理特性有关，据此可以对岩土的物理性质做出评价。

由于波长反映着探测地层深度，而波传播速度与介质的物理力学特性密切相关，因此通过对频散曲线进行反演研究，即可推测某一深度范围内的地质构造情况。

瑞雷波法根据其激发的震源的不同，可分为稳态法和瞬态法两种。

现仅展示部分现场探测图及瑞雷波相速度成像垂直切片如图 6-1、图 6-2 所示。

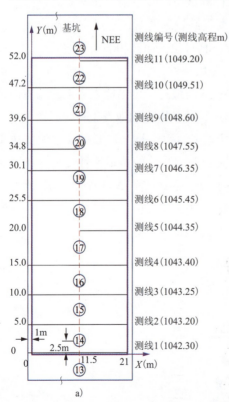

图 6-1　车站基坑瑞雷波测线布置

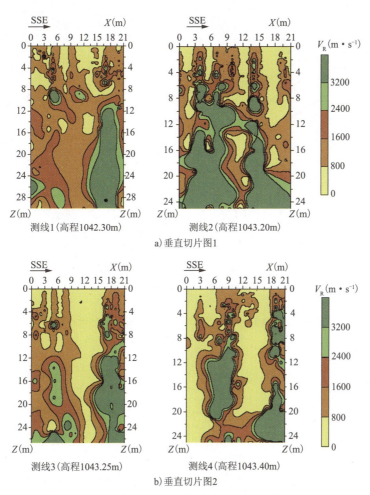

图 6-2 车站基坑瑞雷波相速度成像垂直切片图

基坑周边地面及薛家井附近路面的探测结果表明：自地表到一定深度范围内的浅表低速区，可解译为第四系覆盖土层；覆盖层以下一定深度范围内波速大于 800m/s＜V_R ≤ 2400m/s 的波速分布区域，应为强风化~中风化的岩层；间或存在、并且与浅部覆盖层联通的低速区（V_R ≤ 800m/s），可能为基岩顶部发育的溶蚀槽；更深部的岩体内形成圈闭的低速区则可能为溶洞。基坑周边基岩顶部发育的溶蚀凹槽、溶洞存在向基坑导水的可能性。

在基坑 13 号临时立柱至 23 号临时立柱之间开挖面布置的瑞雷波探测结果表明（图 6-3）：在测区范围内东部（$Y=20m$ 以东），基坑低速区（基岩破碎带、岩溶发育带）浅部分布范围较大，但影响深度有限，与深部基本没有联通，推断为基岩顶部岩溶凹槽和封闭型溶洞；在测区西部（$Y=24m$ 以西）存在与深部联通的低速区，极可能是断层与岩溶作用叠加作用的结果，与可能成为基坑涌水的导水通道。

根据瑞雷波探测结果，将探测水平切片和垂直切片相结合，将车站基底地质分布情况形成三维立体图，能直观地反映出基底地质情况，为制订施工方案提供可靠依据。

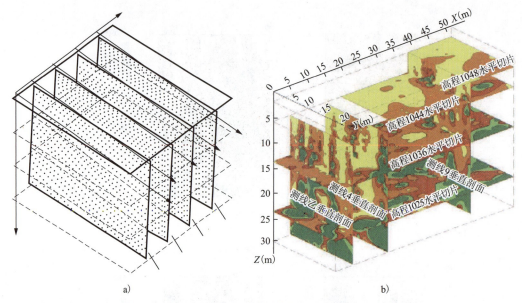

图 6-3 延安路 2 号线车站岩体瑞雷波相速度三维成像切片透视图

(2) 车站基底注浆技术

延安路站 2 号线车站西侧端头于 2015 年 11 月 27 日开挖至基坑高程 1042.642m，由于受照壁山断层构造影响，基坑处于岩溶水强发育地带，在距冠梁顶 17～19m 时，基坑 $A\sim K$ 轴范围内出现潜水及承压水，2015 年 12 月 7 日对基底涌水点进行了注浆止水施工。

注浆方案：钻孔注浆前在渗水点周边 3m×3m 范围灌注 50cm 厚的 C30 混凝土层，使基底形成初步堵水板块。待堵水板块形成后，注浆采用长短结合，分层分段的原则对整个基底进行处理。先针对渗水点位周边进行钻孔注浆。渗水点的注浆孔定位在渗水点距离 0.5m 范围，渗水点涌水量大时周边呈矩形状布置 4 个注浆孔，渗水点小时周边呈三角形布置 3 个注浆孔。初次钻孔深度为 3m，进行浅层注浆使开挖面往下 3m 范围形成完整、密实的堵水层。周边渗水孔涌水量明显减小，浓浆溢出后关闭阀门，稳压一段时间后停止注浆。注浆压力最大控制在 0.8～1.5MPa。3m 厚度的堵水层达到无渗水现象后，再针对原渗水点位进行深层注浆。具体补孔要求如下：在原渗水点 1.5m 半径范围内进行钻孔，注浆孔采用 0.9m×0.9m 梅花形布置，孔深为 9m（即与围护结构桩底齐平）。进行注浆使开挖面往下 9m 范围形成完整、密实的堵水层，最终达到开挖条件，涌水及注浆现场见图 6-4～图 6-10。

2016 年 3 月 27 日 20 时，2 号涌水点由于水压过大（图 6-11），多处止水墙被地下水冲散，2 号涌水水头高度距离基底 7.2m（图 6-12）。2016 年 3 月 27 日 22 时，针对 2 号涌水点因水压过大造成止水墙松散部位，再次浇筑 C50 早强水下混凝土 30m³。2016 年 3 月 28 日 14 时，2 号涌水点由于水量过大，封堵面过小，未达到全面封闭效果，周边采用水泥袋围闭，铺设土工布，采用海带填堵其他涌水孔洞，并投入钢珠和绿豆以减小水压，再浇筑 C50 早强水下混凝土 60m³。

a)   b)

图 6-4 北侧基底局部涌水照片

图 6-5 基底铺设土工布   图 6-6 基底浇筑混凝土

a)   b)

图 6-7 现场局部注浆照片

a)   b)

图 6-8 注浆完成后照片

图 6-9 涌水点投入钢珠、铁矿砂照片

图 6-10 涌水点处理后照片

a)

b)

图 6-11 涌水点处理照片

a)

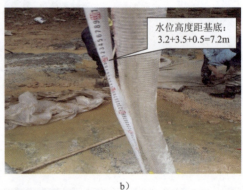

b)

图 6-12 测量 2 号涌水点平衡水位高度

2016 年 3 月 29 日 8 时，开挖过程中发现新涌水点（3 号涌水点）位于临时 10 号立柱桩处，距北侧侧墙 6m，距基底 2.5m。

通过四次局部注浆止水施工和后期开挖过程中出现新的涌水点反应，采用局部注浆效果不明显，注浆过程中产生新的涌水点，且注浆过程中基底产生大量的淤泥（图 6-13），导致开挖时无法正常清运，需采用水泥掺拌后才能正常清运（图 6-14），过程中需投入大量的财力、物力和人力，而且达不到预期的效果。同时基坑内进行大量抽排水，给周边环境带来重大的安全隐患。

a)   b)

图 6-13 注浆后形成淤泥照片

a)   b)

图 6-14 注浆淤泥掺拌水泥处理照片

（3）全套管咬合桩施工

延安路站地质复杂，地下水丰富，原定的间隔桩不能满足后期基坑开挖需求，将车站间隔桩基更改为咬合桩，隔离基坑外侧的水进入车站基坑，减少车站开挖时涌水的风险，以达到基坑止水目的。为保证咬合桩施工质量，引进 RT-200A 全回转钻机施工，施工工艺流程如图 6-15 所示。

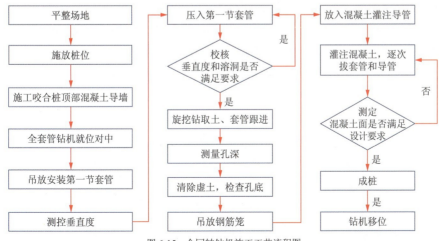

图 6-15 全回转钻机施工工艺流程图

咬合桩即桩与桩之间相互咬合排列的一种基坑围护结构。施工主要采用"全套管钻机+超缓凝型混凝土"方案。咬合桩的排列方式采用一个素混凝土桩（A桩）和一个钢筋混凝土桩（B桩）间隔。如图6-16所示先施工A桩，后施工B桩，A桩混凝土采用超缓凝型混凝土，要求必须在A桩混凝土初凝之前完成B桩的施工，B桩施工时，利用套管桩机的切割能力切割掉相邻A桩相交部分的混凝土，则实现了咬合。

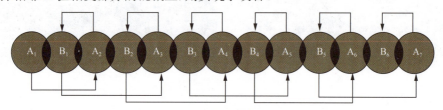

图6-16　全套管钻孔咬合桩的施工工艺原理

全回转套管成孔灌注桩施工工艺具有其他的钻孔灌注桩施工法（如泥浆循环回转施工法、冲击反循环施工法、旋挖施工法等）无法比拟的优势特点：施工过程中全孔套管护壁、无孔壁坍塌风险，无断桩和缩径的风险；成桩的垂直精度高；成桩过程中对周边建筑物地基无扰动；无振动和噪声，不扰民；几乎适用于所有复杂地层；适用于深基坑钻孔咬合桩。

①导墙施工。

a. 测放桩位：根据设计图纸提供的坐标计算咬合桩中心线坐标，采用全站仪根据地面导线控制点进行实地放样，作为导墙施工的控制中线。

b. 导墙沟槽开挖：桩位放样线符合要求后即可进行沟槽的开挖，立即将中心线引入沟槽下，以控制底模及模板施工，确保导墙中心线的正确无误。

导墙模板采用定型钢模，每段长度4.6m（φ1500桩）模板支撑采用钢条及地脚锚杆。模板位置严格按咬合桩位轴线定位，垂直度偏差控制在2‰以内。

c. 钢筋绑扎：模板施工结束后绑扎导墙钢筋。

d. 混凝土浇筑施工：混凝土浇筑采用人工与混凝土输送车配合，严防走模；如发生走模，应立即停止混凝土的浇筑，重新加固模板，并纠正到设计位置后，方可继续进行浇筑。导墙采用C30商品混凝土，人工入模，插入式振动棒振捣，在混凝土强度达到70%后拆模，拆模后立即加设对口撑，保证导墙在施工中保持稳定。混凝土养护期为7d，冬季注意覆盖保暖，不得洒水，养护期间严禁在导墙上堆放材料及机具设备，严禁任何车辆通行。

②钻孔施工。

a. 全回转钻机就位前，对主要机具及配套设备进行检查、维修。

b. 就位，将全回转钻机置于咬合桩导墙上。将履带式起重机置于路面，起重机底盘部分与钻机连接滑箱相互连接，用起重机车大钩将钻机尾部稍微吊起，再移动起重机位置，将钻机置于合适的桩位，再放下。

c. 先压入第一节套管，套管在压入过程中，要始终保持套管底低于开挖面2.5m左右（开始钻进时，适当控制进尺，使初期成孔竖直、圆顺，防止孔位偏心）。第一节套管压入土中后

(地面上应留出 1.2～1.5m 以便于接管)，检测套管垂直度，如果不合格则进行纠偏调整，如合格则安装第二节套管继续下压取土，如此继续，直至到达设计孔底高程。钻进过程中及时滤渣，同时经常注意地层的变化，在地层的变化处均应保存渣样，判断地质的类型，记入记录表中，并与设计提供的地质剖面图相对照，钻孔渣样应编号保存，以便分析钻取渣样是否与设计提供的是否一致。在套管压入过程中，采用旋挖钻进行配合取芯掏渣，禁止采用冲锤及抓斗对岩层进行冲击，以减小对周边环境（达亨大厦）的扰动；在钻孔过程中若遇溶洞，立即停止钻进工作，通知参建各方，并及时采用低标号混凝土进行回填，待混凝土达到强度后，再继续钻孔。

③测量孔深。

当钻机停止钻进时，用测绳对孔深进行测量，并与应钻孔深进行比较，当测量孔深小于应钻孔深时，重复钻进工作，直至达到设计孔底高程。

④成孔质量检查。

为了保证施工过程中咬合桩的垂直度和咬合质量，项目部将"JL-IUDS（B）智能超声成孔质量检测仪"首次引入贵阳地区，通过桩基成像检测预控车站围护结构桩基的垂直度，通过成孔检测还收集到了施工范围内岩溶的大体分布情况，为后期施工方案的调整收集了第一手基础资料（图 6-17）。

a) b)

图 6-17 JL-IUDS（B）智能超声成孔质量检测仪进行垂直度检测

该施工工艺与其他工法相比具有显著的应用创新特点，是城市建设中广谱高效、绿色环保的新型钻孔灌注桩施工方法。

6.2.4 自动化监测

针对复杂地质区域的施工，需制订合理完善的监控量测方案以保障工程顺利开展。为做好现场监测工作，针对不同结构特点，制订了针对性的监测方案，并结合强有力的现场监控量测管理，严格督促现场按监测方案实施监测。首次将智能化自动监测仪引入贵阳，确保了监测数据的及时性和准确性，如图 6-18、图 6-19 所示。

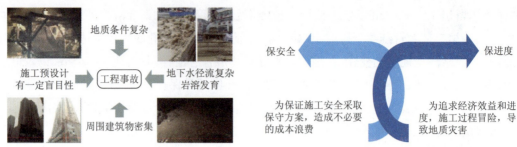

图 6-18　工程事故发生的原因

图 6-19　复杂地质地下工程施工过程中信息匮乏、不确定、不及时的问题

1）自动采集云服务

系统采用先进的无线传输技术和云服务技术，将浏览器和服务器端（B/S）技术和客户机和服务器端（C/S）技术相结合，实现了传统监测与互联网、物联网融合，突破了传统监测数据传输的空间限制。

2）远程实时监控

该采集系统具有较高的性价比，可弥补大多数传统人工监测频率不高的问题，尤其适于地铁、高铁、公路、水利、矿山等各类隧道、边坡、深基坑等环境效应风险较高的岩土施工过程监控。

3）短信报警功能

该系统可以实现高频率数据采集，服务器平台发布，实现 Web 和移动客户端实时查询，并对监测到的超限数据及时发布报警信息，如图 6-20～图 6-22 所示。

图 6-20　施工现场自动化监测设备安装情况

引入应用远程自动化智能监测技术，有效提高了监测效率及精度，及时反馈数据为施工决策提供依据，避免发生重大灾害，促进车站和隧道安全文明施工。

图 6-21 监测风险预警平台

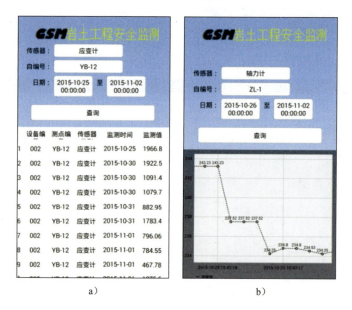

图 6-22 手机查询客户端

6.2.5 建筑信息模型(BIM)应用平台

地下工程的风险很大,施工过程中的有效控制信息的获取十分重要。实时进行现场安全监测工作,其表现形式比较枯燥,获取信息不够直观。采用综合监测信息平台作为信息交互增强补充手段。

简单来说,综合监测信息平台即是用 BIM+互联网的理念,通过云的方式,解决基坑风险中的信息沟通问题,并在解决问题的过程中,积累大数据,为以后的工程安全提供实践与理论基础，BIM 检测如图 6-23～图 6-27 所示。

图 6-23　BIM 监测平台登录界面

图 6-24　延安路站 BIM 监测平台

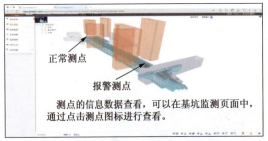

图 6-25　延安路站 BIM 建模及监测点布置

图 6-26　延安路站 BIM 监测数据图

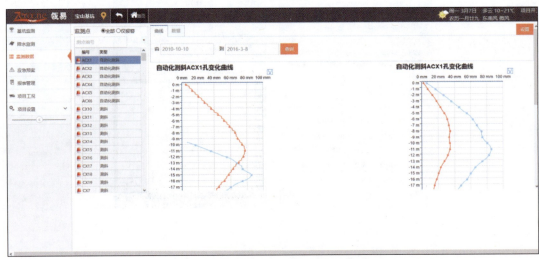

图 6-27　延安路站 BIM 监测数据变化曲线图

项目的数据导入手段有两种，一种是人工监测数据的手动批量导入，如图 6-28 所示；另一种是自动化监测数据的后台对接。

系统并不只停留在办公室应用环境。还可以生成二维码如图 6-29 所示，张贴在现场的测点附近。通过手机 App 进行扫描，在验证账号正确的前提下，可以直接拿到当前测点的监测信息。

手机 App 安装完毕后，点开 App，用平台用户登录如图 6-30 所示。登录成功后，可滑动和点开查看测点信息数据和报警信息如图 6-31、图 6-32 所示。

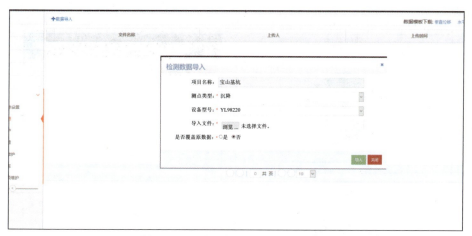

图 6-28　人工监测数据的手动批量导入方式

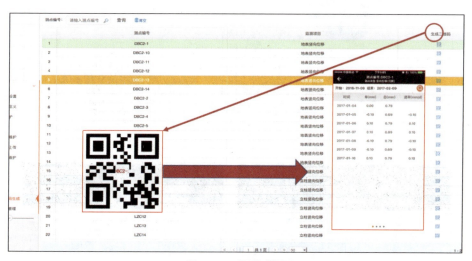

图 6-29　二维码扫描图

a）

b）

图 6-30　手机客户端登录界面

登录：在 App 登录界面输入用户名和密码。

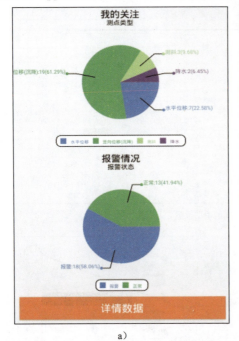

a)　　　　　　　　　　　　b)

图 6-31　机测点数据查询

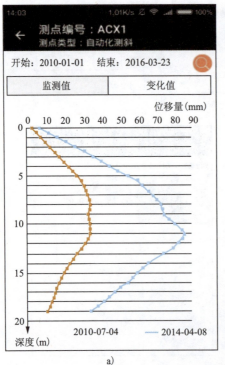
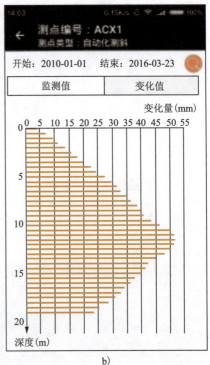

a)　　　　　　　　　　　　b)

图 6-32　手机测点数据查询

6.3 新型车站修建关键技术

对于城市轨道交通来说,通常将车站建设于地面以下一定深度,以便顺畅连接区间线路。但贵阳轨道交通1号线的蛮坡站却颇为特殊,也颇具特色。为克服地形等困难,设计将站厅布设于地面而站台则深埋于地下,这为该蛮坡站的施工带来较大困难,在修建关键技术上也与常规车站有所不同。

蛮坡站为贵阳轨道交通1号线工程中间车站,位于中心环线蛮坡大桥南侧地下,西侧距车站90m为南垭路,东侧为宅吉村,南侧为山地。站址周边有中环路BRT(Bus Rapid Transit)快速公交站、兰馨苑小区、麻冲社区。站址周边远期规划以居住用地为主,车站设牵引降压混合变电所。蛮坡站共3层,1层为站厅及设备区,负1层为站厅转换层及设备区,负2层为站台层。车站地下部分总长165m,标准段宽34.90m,车站总建筑面积12755.8m²。

从地形上来看,蛮坡站位于云岩区南垭路与中心环北线高架桥交叉口东南象限的一处山谷的最低处。站位周边三面环山,谷底凹凸不平,起伏较大,并有121m的麻冲大沟斜穿站位,顺谷底排向东南方向,场地条件极其苛刻,具典型的喀斯特地貌特征。

车站中心处自然地面距西北象限的南垭路路面高差约40m,与中心环北线高架桥面高差约28m。线路斜穿中心环北线高架桥基础后至站位处的线间距为28m,车站中心处轨面距自然地面高差约34m。

在蛮坡站的设计中解决了以下难题:

(1)车站线路埋深较大,站位环境条件恶劣、空间局促,车站设计应布局合理,乘降流线顺畅、在满足功能前提下,尽量节省工程投资。

(2)车站设于三面环山的低洼地带,通达性较差,需充分考虑车站对周边地块客流的吸引。

(3)车站建筑风格在充分尊重地域性特色的基础上,增强轨道交通车站的标识性。

克服地形等困难,设计将站厅布设于地面而站台则深埋于地下,车站形成独特的分离式地下暗挖站台、地下一层转换站厅、地面站厅的布置格局(图6-33、图6-34)。蛮坡站在修建技术上也与常规车站有所不同,施工难度也较大。

图6-33 车站剖视图

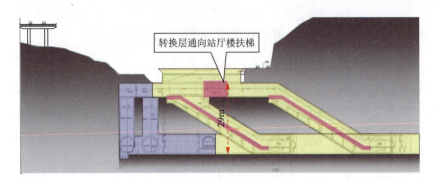

图 6-34 车站纵剖面图

6.3.1 蛮坡站简介

蛮坡站拟建场区为可溶岩分布区,碳酸盐岩分布较广,据工程地质调绘、钻探及相关资料表明,根据拟建站周边建筑场地开挖揭露岩溶发育情况,本次勘察的拟建场站调查范围内,可溶岩分布地段岩溶形态主要以溶洞、溶沟(槽)、裂隙为主,岩体内主要为溶孔、垂直溶洞(隙)等,溶洞充填状态为全充填状态、半充填状态。在拟建站里程 YDK19+290 西侧发育一高约 2m,水平延伸大于 4.0m 溶洞。拟建站里程 YDK19+430 附近发育一直径约 3.00m,垂直竖向大于 5m 溶洞。钻探虽未遇溶洞、裂隙,但相邻钻孔揭露的基岩面高差大于 5m,根据《贵州建筑岩土工程技术规范》(DB 22/46—2004)7.1.3 款,场地为岩溶强发育场地。蛮坡站区内地表水以岩溶洼地内积水(局部形成湖泊)为主,站址区及附近发育小河(溪)流,区域性主要地表河流为贯城河及景观水体等。场地内地层分为碳酸盐岩裂隙溶洞含水岩组、基岩裂隙含水岩组和松散孔隙含水岩组。

车站为明暗挖结合形式,设备层为明挖,结构最大宽度 64.7m,车站南北端均接矿山法区间。明挖设备层为地下一层结构,局部为地下二层结构,采用矩形多跨框架结构形式,广场范围覆土 0.5m。

蛮坡站北侧基坑边坡为土-岩质顺向组合基坑边坡,采用锚索+围护桩支护结构;拟建站西侧基坑边坡为土-岩质反向组合基坑边坡,采用锚索+围护桩支护结构;拟建站南侧基坑边坡为土质-岩质反向组合基坑边坡,采用锚索+围护桩支护结构;拟建站东侧基坑边坡为土-岩质切向组合基坑边坡,采用土钉墙支护措施。基坑安全等级为Ⅰ级,危险等级系数为 1.1。

站台层及连接设备层与站台层的斜通道为矿山法结构,站台隧道最小埋深 31.7m,最大埋深 85.3m,车站南北端均接矿山法区间。站厅为地面一层框架结构,层高 7.35m。蛮坡站起止里程为 YDK19+249.34～YDK19+415.3,车站有效站台中心里程 YDK19+352.5。

隧道围岩长度见表 6-1。

蛮坡站暗挖站台隧道围岩长度统计表　　　　　　　　　表 6-1

序号	里程桩号	衬砌类型	长度(m)
1	ZDK19+295.9～ZDK19+318.2　ZDK19+273.8～ZDK19+283.9 ZDK19+387.8～ZDK19+415.3　ZDK19+333.8～ZDK19+372.2 YDK19+295.9～YDK19+318.2　YDK19+273.8～YDK19+283.9 YDK19+333.8～YDK19+372.2　YDK19+387.8～YDK19+415.3	站台隧道 A 型衬砌	67.66×2
2	ZDK19+283.9～ZDK19+295.9　ZDK19+249.34～ZDK19+273.8 ZDK19+372.2～ZDK19+387.8　ZDK19+318.2～ZDK19+333.8 YDK19+283.9～YDK19+295.9　YDK19+249.34～YDK19+273.8 YDK19+372.2～YDK19+387.8　YDK19+318.2～YDK19+333.8	站台隧道 B 型衬砌	98.3×2
合　　计			165.96×2

6.3.2　工程重点及难点

1）周边环境复杂

拟建站北侧为中心环线蛮坡大桥，与拟建线路相交，距拟建站 77.50～90.50m，东侧为宅吉村，南侧为丛林高山，西侧为南垭路，与拟建站相距 90.00m。本次勘察范围内地形高程为 1145.03～1210.00m，最大高差 64.97m，场地总体呈为南高北低。周边环境如图 6-35 所示。

场地位于贵阳盆地北端峰丛谷地及雅关剥地地蚀及侵蚀地貌区，本场地地貌为溶蚀斜坡～洼地。

图 6-35　蛮坡站周边环境

2）车站结构形式导致开挖工序复杂

车站需采用先施工竖井形式，从地面利用风道开挖到站台层，进行矿山法部分的施工，后期回筑至底板底面，上部初期支护凿除。明挖部分采用顺筑法施工，主体基坑开挖到底时可以自上向下开挖 1 号人行斜通道，主体结构施工封顶后再从上向下施工 2 号人行斜通道。在此期间站台隧道应至少开挖至人行横通道位置。站厅结构必须在地下一层结构浇筑完成并达到强度后才能施工。

由于车站明暗挖结构上下重叠，地面地形起伏不定，蛮坡站施工顺序的选择十分重要，各道工序如不合理安排，不但会对施工自身造成干扰，影响工期进度，甚至会影响施工过程中的结构安全性。

3）妥善处理强发育岩溶

拟建场区场地为岩溶强发育场地。明挖施工期间在基底发现小型溶洞,清理后采用C15素混凝土回填处理。围护桩施工期间偶遇小型溶洞,用与桩身同强度等级的混凝土回灌解决。锚索施工期间遇串珠型溶洞,采用砂浆灌填,灌填范围以保证锚索的锚固段受力为准,砂浆回灌至无法灌入为止。岩溶发育地段暗挖隧道的开挖与支护,根据综合超前地质预报成果及开挖揭示的岩溶形态及大小、填充情况以及与隧道的相对位置等具体情况综合研究采取合理措施。

4）妥善处理强顺层边坡

根据地勘报告,拟建站暗挖部分无顺层影响,拟建站明挖部分基坑拟建场站下伏场区基岩出露为二叠系龙潭组三段(Plt^3)和三叠系大冶组(Td^1)岩层,地层岩性为泥岩、泥质石灰岩及石灰岩。泥岩:灰黑色、黑色、薄~中厚层状,易风化、崩解,局部含砂质或夹灰岩透镜体,于场地内广泛分布。根据其风化程度分为强风化岩石和中风化岩石。

受区域构造的影响,节理很发育,结构面主要为层面和节理面,主要发育2组节理,J1:($283°$~$293°$)∠($30°$~$68°$),J2:($120°$~$160°$)∠$70°$;结构面为泥质、铁质及钙质充填,胶结差,结合差~一般,张开度1~3mm,线密度为10~30条/m。

5）车站支护结构优化设计

根据《建筑基坑支护技术规程》(JGJ 120—2012)规定:排桩的中心距不宜大于桩直径的2.0倍。但从现场实际地质条件和环境情况来看,车站部分位置基岩埋深较浅,仅下挖1~2m即到岩面,同时部分基坑深度受地形影响才6~9m,而本站基坑根据地形地貌条件选择采用人工挖孔桩,为便于施工,均考虑直径为1.2m,如果均按2.4m间距设计过于浪费。

考虑以上条件,可考虑对部分地质好、基坑浅的地段,将围护桩间距进行优化设计,以节约工程造价,减少施工工期。

6.3.3 明挖车站设计及优化

1）车站主体围护结构设计

根据车站所处的环境、工程地质、水文地质及水文资料条件以及基坑深度,基坑安全等级为一级,基坑重要性系数1.1。经技术经济综合比较、计算分析和工程类比,围护结构主要为土钉墙和围护桩加锚索两种支护形式,其中桩锚支护在广场完成后作为永久支挡结构,设计使用年限为100年,重要性系数1.1。

根据场地条件、地质情况及基坑深度,车站基坑除东侧采用土钉墙支护外,其余部分均采用ϕ1200人工挖孔桩加锚索支护,根据计算桩间距有2m和3m两种,锚索道数2~5道。桩间挂网HPB300,顶板以上ϕ12@200mm×200mm,顶板以下ϕ8@200mm×200mm。土钉为ϕ42、壁厚3.5mm的钢花管,土钉孔采用钻孔成孔方式,孔径110mm;喷射混凝土强度等级C20,厚度150mm。坡面挂网HPB300,ϕ8@150mm×150mm。

2）车站主体结构设计

车站主体结构尺寸的拟定须满足主体结构的受力、变形以及建筑净空及限界的要求。

根据工程类比并经计算分析后,本站主体结构主要尺寸的拟定,见表6-2。

蛮坡站主体结构主要尺寸拟定表　　　　　　　表6-2

序　号	结构类型	结构尺寸(mm)	序　号	结构类型	结构尺寸(mm)
1	顶板	800	6	电缆夹层板中纵梁	800×1000
2	电缆夹层板	400	7	底纵梁	1000×2000
3	底板	800	8	消防车道下中柱	1000×1500
4	侧墙	700	9	普通段中柱	800×800
5	顶纵梁	1200×1800			

3)车站地面结构设计

地面站厅采用现浇钢筋混凝土框架结构,层高7.35m,柱跨9m左右,基础部分与明挖地下结构连接,部分采用独立基础。

4)车站支护结构的优化设计

根据《建筑基坑支护技术规程》(JGJ 120—2012)规定:排桩的中心距不宜大于桩直径的2.0倍。但从现场实际地质条件和环境情况来看,车站部分位置基岩埋深较浅,仅下挖1~2m即到岩面,同时部分基坑深度受地形影响才6~9m,横断面如图6-36所示。

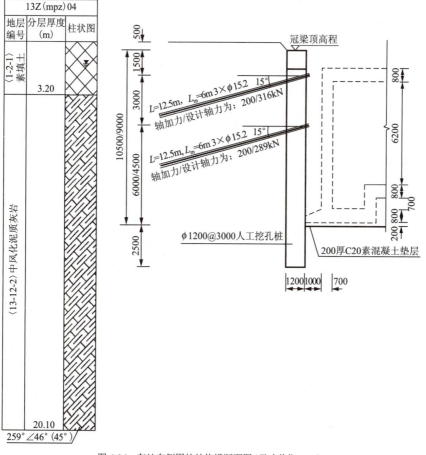

图6-36　车站东侧围护结构横断面图(尺寸单位:mm)

本站基坑根据地形地貌条件选择采用人工挖孔桩，为便于施工，均考虑直径为 1.2m，如果均按 2.4m 间距设计过于浪费。

考虑以上条件，并经过验算，部分地质好、基坑浅的地段，将围护桩间距优化为 3m，节约了造价，同时还减少了施工工期。根据施工过程中基坑的信息化监测反馈的结果，该部分桩基在施工过程中均是稳定、可靠的。

6.3.4 暗挖站台隧道衬砌支护设计

各种断面衬砌支护参数根据有关规范的技术原则，结合工程类比和数值分析计算的方法，并结合本工程特点确定。隧道衬砌断面共 8 种形式，相应的支护参数见表 6-3。

矿山法隧道衬砌支护参数　　　　表 6-3

衬砌类型	初期支护参数			加强支护格栅钢架	超前支护	二次衬砌
	系统锚杆	钢筋网	喷射混凝土			
站台隧道A型	拱部：φ25中空注浆锚杆，L=3m；边墙：φ22砂浆锚杆，L=3.0m@1.0m×0.8m（环×纵）	φ8钢筋网、全环@0.15m×0.15m	C25喷混凝土厚30cm	格栅钢架@0.8m全环	φ42超前小导管，L=4@0.35m×2.4m；拱部120°布置	C35防水钢筋混凝土，厚50cm
站台隧道B型	拱部：φ25中空注浆锚杆，L=3.5m；边墙：φ22砂浆锚杆，L=3.0m@1.0m×0.6m（环×纵）	φ8钢筋网、全环@0.15m×0.15m	C25喷混凝土厚30cm	格栅钢架@0.6m全环	φ42超前小导管，L=4@0.35m×1.8m；拱部120°布置	C35防水钢筋混凝土，厚50cm
人行斜通道A型	拱部：φ25中空注浆锚杆，L=3m；边墙：φ22砂浆锚杆，L=3.0m@1.0m×0.8m（环×纵）	φ8钢筋网、全环@0.15m×0.15m	C25喷混凝土厚30cm	格栅钢架@0.8m全环	φ42超前小导管，L=4@0.35m×2.4m；拱部120°布置	C35防水钢筋混凝土，拱墙厚60cm，底板厚80cm
人行斜通道B型	拱部：φ25中空注浆锚杆，L=3m；边墙：φ22砂浆锚杆，L=3.0m@1.0m×0.8m（环×纵）	φ8钢筋网、全环@0.15m×0.15m	C25喷混凝土厚30cm	格栅钢架@0.8m全环	φ42超前小导管，L=4@0.35×2.4m；拱部120°布置	C35防水钢筋混凝土，厚60cm
人行斜通道C型	拱部：φ25中空注浆锚杆，L=3.5m；边墙：φ22砂浆锚杆，L=3.0m@1.0m×0.6m（环×纵）	φ8钢筋网、全环@0.15m×0.15m	C25喷混凝土厚30cm	格栅钢架@0.6m全环	φ42超前小导管，L=4@0.35m×1.8m；拱部120°布置	C35防水钢筋混凝土，厚60cm
人行横通道A型	拱部：φ25中空注浆锚杆，L=3.5m；边墙：φ22砂浆锚杆，L=3.0m@1.0m×0.6m（环×纵）	φ8钢筋网、全环@0.15m×0.15m	C25喷混凝土厚30cm	格栅钢架@0.6m全环	φ42超前小导管，L=4@0.35m×1.8m；拱部120°布置	C35防水钢筋混凝土，厚50cm

续上表

衬砌类型	初期支护参数			加强支护格栅钢架	超前支护	二次衬砌
	系统锚杆	钢筋网	喷射混凝土			
设备横通道A型	拱部：$\phi 25$中空注浆锚杆，$L=3m$；边墙：$\phi 22$砂浆锚杆，$L=3.0m@1.0m\times 0.8m$（环×纵）	$\phi 8$钢筋网、全环@$0.15m\times 0.15m$	C25喷混凝土厚30cm	格栅钢架@0.8m全环	$\phi 42$超前小导管，$L=3.5@0.35m\times 2.4m$；拱部120°布置	C35防水钢筋混凝土，厚50cm
风道A型	拱部：$\phi 25$中空注浆锚杆，$L=3m$；边墙：$\phi 22$砂浆锚杆，$L=3.0m@1.0m\times 0.8m$（环×纵）	$\phi 8$钢筋网、全环@$0.15m\times 0.15m$	C25喷混凝土厚30cm	格栅钢架@0.8m全环	$\phi 42$超前小导管，$L=3.5@0.35m\times 2.4m$；拱部120°布置	C35防水钢筋混凝土，厚50cm

6.3.5　蛮坡站基坑冷开挖施工

蛮坡站位于南垭路与中心环北线交叉的东南象限，部分施工场地与1.5环交叉，三面环山，西侧为南垭路和1.5环高架桥（最小水平距离6.5m）、北至东侧为中心环北线蛮坡大桥（最小水平距离9m）和1.5环高架桥（最小水平距离1.5m），南侧和西南侧为宅吉村（最小水平距离22m）。

1）爆破施工不利影响因素分析

（1）中环路北线蛮坡大桥影响

中环路北线蛮坡大桥位于蛮坡站明挖基坑东侧，最小水平距离为9m，2014年8月18日，雅关站—蛮坡站区间ZDK19+209发生涌水（涌水点位于蛮坡大桥下方），导致已开挖隧道及35m深竖井全部被淹没，2014年9月20日，发现沿大桥走向（垂直雅关站—蛮坡站区间线路方向）地表出现多条裂缝，且大桥桥墩沉降累计最大点为5号墩的两个监测点，累计沉降值为9.0mm、8.5mm，已超过设计沉降观测控制值（10mm）70%的黄色预警值（7mm），其他墩监测点接近预警值。需采取紧急抢险处理措施，对蛮坡大桥墩柱的扩大基础下方进行注浆加固措施。

2015年1月至3月份之间，地质勘察单位对蛮坡大桥下方与雅关站—蛮坡站区间隧道上方之间的岩体进行了补勘，发现了多个除ZDK19+209外的溶洞。2015年4月22日，蛮坡站明挖基坑开挖时（此时ZDK19+209溶洞未回填完成、桥下其他溶洞未回填），若采用爆破方式进行基坑开挖，会因爆破扰动（水平距离仅9m），导致溶洞的垮塌，会导致蛮坡大桥突发性的沉降、垮塌。

（2）南垭路1.5环高架桥影响

南垭路1.5环高架桥将蛮坡站明挖基坑西、北东侧包围，最小水平距离仅1.5m，其高架桥采用现浇施工，施工进度较慢。

（3）宅吉村村民阻工影响

2014年10月至2014年11月，蛮坡站站台隧道采用爆破施工，宅吉村村民多次阻工，声称其房屋被振裂,要求停止爆破。2014年11月7日,委托有资质的贵州山川地源安防工程检测有限公司对蛮坡站站台隧道爆破施工进行振动检测,在宅吉村房屋周边布设6个检测点,所测振动速度均在《爆破安全规程》(GB 6722—2014)范围内。但宅吉村村民仍要求停止爆破施工或将其房屋进行征迁。

(4)蛮坡站明挖基坑西侧、南侧桩顶水平位移影响

2015年9月12日,蛮坡站南侧桩顶水平位移、锚索轴力均出现异常,立即停止基坑开挖并加大了对基坑监测的频率。2015年9月20日,基坑监测达到橙色预警,建设单位立即组织参建各方组织召开了应急抢险处理会议,对蛮坡站南侧桩锚支护进行了加强处理。经分析,造成基坑南侧监测预警的主要原因是:南侧山体覆土层为可塑性黏土且较厚,受雨水浸泡变为流塑性,侧土压力增大。

若采用爆破方式进行基坑开挖,对周边土体扰动极大,安全风险极高。

(5)蛮坡站西侧、东侧高回填区影响

蛮坡站西侧在修建南垭路时,对南垭路南侧沟谷进行了回填,回填范围为南垭路至基坑边2m左右、回填深度为6~16m;蛮坡站东侧在修建安置房小区时,进行了大量回填,直至回填至基坑边,回填深度1~20m不等,后期1.5环修筑又对桥下范围进行了大量回填,回填深度约5~10m。

(6)蛮坡站明、暗挖间距影响

蛮坡站是上下分离式车站,明暗挖间距仅14m,2号竖井施工揭露的蛮坡站明挖围岩均为薄层状泥炭质石灰岩,水平节理发育。由于蛮坡站暗挖站台隧道先行施作完成(初期支护施作完成,衬砌还未施作),基坑明挖滞后站台隧道开挖初期支护的施工,若采用爆破施工,可能会引起蛮坡站台隧道初期支护变形、开裂甚至垮塌。蛮坡站明挖、暗挖的位置关系如图6-34~图6-36所示。

2)基坑冷开挖

蛮坡站施工环境复杂,为确保施工安全和维护社会稳定,蛮坡站明挖基坑的石方全部采用冷开挖的方式进行。

6.3.6 暗挖站台施工关键技术

1)暗挖站台施工工艺流程

蛮坡站暗挖站台隧道及人行斜通道、人行横通道的开挖采用"CD法"进行施工,设备横通道采用"台阶法"进行施工。开挖采用简易作业台架、人工钻眼、微差爆破方法进行开挖,出渣采用无轨出渣方式进行,配备2台装载机装渣。

施工准备以钻爆、作业台架、二次衬砌台车、挖掘机、自卸汽车、混凝土喷射机等为主要特征的机械设备配套施工体系,实现钻爆、装运、喷锚、衬砌、辅助施工等作业线的有机配合,严格机械设备"管、用、养、修"制度,科学管理,达到优质快速施工的目的,总体施工流程如图6-37所示。

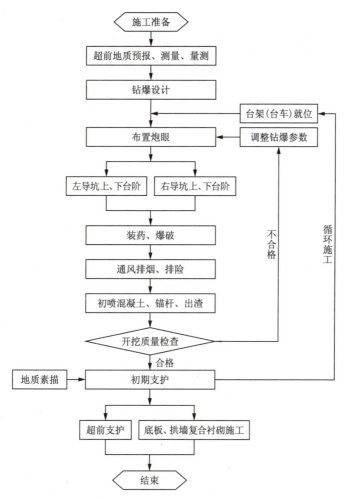

图 6-37　蛮坡站暗挖站台隧道及斜通道、人行横通道施工工序

隧道在施工过程中，左、右导坑台阶长度依据施工机具与围岩情况进行适当调整，一般左导坑的上台阶长度为 5～10m，左导坑的下台阶长度为 5～10m，左导坑超前右导坑 5～10m。仰拱及二次衬砌施工根据开挖距离适时紧跟，仰拱的初期支护完成后要及时施作仰拱及填充，拱墙衬砌依据仰拱填充完成的实际进度适时施作。仰拱衬砌采用组合钢模，拱墙衬砌采用二次衬砌台车进行施工。混凝土采用商品混凝土，混凝土搅拌车运输至现场，采用输送泵进行浇筑，附着式振捣器配合插入式振动棒捣固密实。

2）暗挖站台进洞方案

蛮坡站暗挖站台隧道左线通过蛮坡站 2 号风井（兼作施工竖井）组织进洞施工，依据设计要求，对竖井与站台隧道交叉部分进行破除竖井支护并在其他部位进行加固处理，同时架设安装蛮坡站暗挖站台隧道的第一循环初期支护、超前支护并与竖井的支护按设计要求进行连接，形成整体。站台暗挖隧道及附属横通道、斜通道通过竖井施工，竖井进入正洞的施工通过临时钢架进行支护体系的转换，架立正洞初期支护。在施工完成第一循环后，依据监控数据指导开挖支护的下一循环。

蛮坡站暗挖部分的斜通道、横通道(人行、设备)的施工,均通过站台隧道进行施工。

蛮坡站暗挖站台隧道洞口围岩为中风化灰岩,受构造影响岩层产状多变,局部有岩溶裂隙,岩体破碎,稳定性较差。进洞采用 5m 长 $\phi 42$ 超前小导管预支护,小导管外插角以 $5°\sim 7°$ 为宜,竖井与正洞相交部分,进洞采用上下台阶法进洞,采用临时门型钢架作为拱部支护,支护完成后施作正洞初期支护,进入正洞后(与竖井不相交部分)采用"CD 法"进行站台隧道及斜通道、人行横通道的施工,设备横通道采用"台阶法"进行施工。按照施工要求,严格监控,加强监控量测,加强洞顶地表的沉降观测,用监控数据指导施工。每开挖一循环立即进行初期支护,完成后再继续向前开挖。

3)蛮坡站暗挖站台隧道洞身开挖支护

蛮坡站暗挖站台隧道洞身开挖利用台架,采用气腿式凿岩机进行钻孔(水钻),毫秒雷管起爆进行微差控制爆破作业,蛮坡站暗挖站台隧道围岩均为 V 级围岩,除设备横通道采用"台阶法"以外,其余部分(包括暗挖站台隧道、斜通道、人行横通道)开挖方法均采用"CD 法"。蛮坡站暗挖站台隧道及附属暗挖通道出渣采用无轨运输,装载机装渣,自卸汽车运至竖井提升系统,通过竖井井架将渣土提升出竖井,运至渣场。

4)蛮坡站暗挖站台隧道岩溶处理

蛮坡站暗挖站台隧道隧址区为可溶岩分布区,岩溶强发育,根据地勘资料,拟建场区碳酸盐分布较广,岩溶形态主要以溶洞、溶沟、裂隙为主,岩体内主要为溶孔、垂直溶洞等,溶洞填充状态为全填充状态、半填充状态;在拟建站里程 YDK19+290 西侧发育一高约 2m,水平延伸大于 4m 溶洞;在拟建站里程 YDK19+430 附近发育一直径约 3m,垂直竖向大于 5m 溶洞。

岩溶处理措施应根据超前地质预报确定的岩溶形态及大小、填充情况与隧道的相对位置等具体情况综合研究。内容如下:

(1)拱部充填溶洞处理:采取管棚超前支护,后开挖通过的原则。

(2)小型溶蚀空腔:开挖后根据溶洞规模及形态研究处理,一般隧底的溶洞根据水文地质条件,能回填的进行回填,否则采用板或桩基措施跨越,边墙及拱部溶洞空腔,原则上采用混凝土回填处理。

(3)大型溶洞:应根据具体情况制订专项方案。

(4)涌水、突泥风险的岩溶,应根据地质勘查资料,对地质构造富水地段采取超前帷幕注浆,超前周边注浆措施进行处理。

(5)洞身出水点:原则上采用深孔注浆进行封堵,遇到不能封堵的岩溶管道则采用管道连通,保证水路畅通,或根据现场揭露情况研究适当的水处理方案。

对于正洞超前探水遇溶洞溶槽涌水的处理如图 6-38 所示。具体如下:

(1)若涌水压力较小,且空洞较大时,可考虑采用泵送 C15 混凝土填充。

(2)涌水量及涌水压力不大时(小于 0.5MPa),使用孔口安装止浆塞直接利用探水孔进行注浆,若涌水量及压力较大,则在出水孔口处 2~4m 范围内钻 1~2 个分流孔,以减小涌水压力,有利于注浆,探水孔和分流孔均作为注浆孔。

(3)若孔口段岩石破碎,应安设孔口管,孔口管安设前先用麻丝棉纱等缠绕孔口管,然后打入注浆孔,孔口与岩壁之间用膨胀快硬水泥堵塞,然后注浆,注浆完毕后,封堵孔口。

(4)注浆材料采用水泥浆,水泥浆水灰比 1:1~1:0.6,注浆终压:P(水压)+0.5~1.0MPa。注浆前,在类似地质条件下进行注浆试验,初步掌握浆液充填率、注浆量、浆液配合比、胶凝时间、浆液扩散半径、注浆终压等指标,以使注浆达最佳效果。

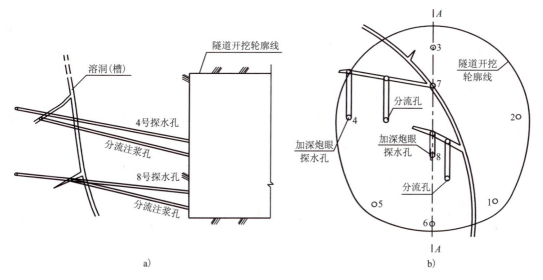

图 6-38 正洞超前探水遇溶洞溶槽涌水的处理

对于超前探水未揭示而开挖后暴露的涌水溶洞处理如下:

(1)超前探水未揭示而开挖后暴露的涌水溶洞止水设计如图 6-39 所示。

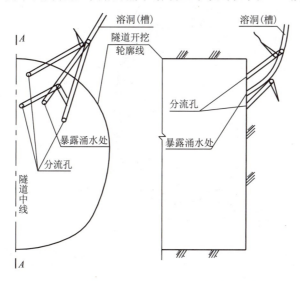

图 6-39 超前探水未揭示而开挖后暴露的涌水溶洞处理

(2)处理涌水时,原则上在出水口附近钻 2~4 个分流孔以减小涌水流量和压力,并安设孔口管。涌水压力及流量较大时,可视具体情况增设 1~2 个分流孔,分流孔应在一定深度(3~10m)与溶洞或溶隙交汇。

(3)在出水孔孔口及分流孔孔口安设孔口管,并对孔壁与孔口管之间用膨胀快硬水泥进行有效封堵,然后再进行注浆处理。

(4)注浆材料采用水泥浆,水灰比 1:1~1:0.6,注浆终压:P(水压)$+0.5~1.0$MPa。

(5)注浆结束后应钻 1~2 个检查孔,确认已达预期处理效果后方可进行下一步施工开挖。

对于起拱线以上部位溶洞超前处理如图 6-40、图 6-41 所示。具体如下:

(1)采用 $\phi 42$ 注浆小导管提前至少三榀钢架对拱,腰部溶洞进行超前预支护,每榀钢架施作一环,前后排错开施工,溶腔内的小导管采用每两榀钢架施作一环。小导管长度暂定为 3.5m,施工时根据溶洞规模作适当调整。

(2)通过超前支护,尽量防止溶洞内充填物塌落引起地表沉陷,必要时可加钢插板等措施。

(3)开挖后采用 $\phi 42$ 注浆小导管注浆加固。

(4)溶洞处初期支护钢架调整为 0.5m/榀,初期支护封闭后立即注浆充填密实。

(5)出露于隧道底板的溶洞,在隧道底板施工前,应清除填充物,自下而上以干砌片石、C15 片石混凝土回填;当溶洞深度大于 5m,清除有困难时,可采用注浆小导管进行注浆加固处理。

(6)对于隧道浅埋地段及下穿既有构筑物地段,拱部溶腔必须回填密实,除吹砂或 C25 混凝土回填外,另预埋注浆管,待初期支护封闭成环后,进行注浆回填密实。

(7)对于拱腰以上无充填的溶洞,应提前压注混凝土或注浆回填。

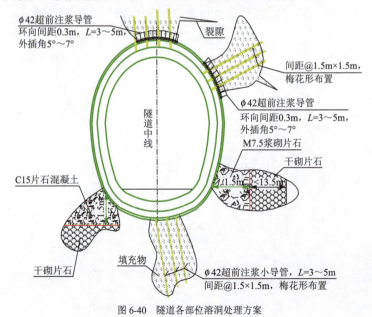

图 6-40 隧道各部位溶洞处理方案

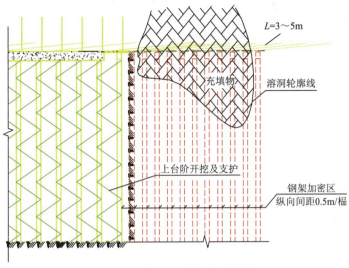

图 6-41 起拱线以上部位溶洞超前处理

6.4 喀斯特山地城市轨道交通车站拱盖法修建关键技术

6.4.1 安云路站简介

安云路站为轨道交通 1 号线工程的一个中间站,北接蛮坡站,南接北京路站。该站位于黔灵山脚下,30m 宽八鸽岩路、规划公园路正下方,横穿八鸽岩路,车站呈南北走向。除八鸽岩路路口东南象限为教育科研用地之外,其余象限地块均为居住用地。车站为地下二层岛式车站,采用明暗挖结合方式开挖,车站大、小里程端均采用暗挖施工,区间人防隔门设置在车站大里程端暗挖区间内。

安云路站位于安云路与八鸽岩路交叉口,与上一段蛮坡站至安云路站区间隧道的分界里程为 YDK21+263.570,与下一段安云路站至北京路站区间隧道的分界里程为 YDK21+483.380。车站起点里程为 YDK21+264.070,终点里程为 YDK21+482.880,车站长 218.810m,车站暗挖段里程为 YDK21+264.070～YDK21+380.000,长为 115.93m,车站明挖段里程为 YDK21+380.000～YDK21+482.880,长为 102.880m,宽为 19.3m,线间距 13.5m。明挖段结构总高 15.2m。为满足施工进度要求,于 YDK21+352.50 处线路右侧设置一座斜井,全长 150m,坡度为 10%,采用无轨单车道运输。

安云路站明挖基坑标准段宽 15.5m,起止里程为 YDK21+380.000～YDK21+438.38,长 103.38m,开挖深度 19～33m,上层覆土厚度 6.23～5.27m,开挖土方约 10245m³,开挖石方约 45298m³。基坑的开挖分两部分:原地面至 1086.800m(高程)部分采用放坡开挖,靠近斜井一侧采用 1:0.3 的坡,靠近安云路一侧采用 1:1 的坡,坡面防护采用土钉进行支护;基坑采用围护桩加内横支撑和锚索的方式进行支护,围护桩顶端为间隔 2m 的 4 道锚索,下方为2道钢支撑。结构为上下两层（站厅层和站台层），高度15.2m，上层覆土厚度2～14m。

安云路站斜井总长150m（起止里程XDK0+0～XDK0+150），其中斜井明挖部分长90m，暗挖60m。明挖部分支护形式由两部分组成：XDK0+060～XDK0+135段为围护桩加内支撑的方式进行支护，基坑深4.84～22.84m，宽5.7～11.6m；XDK0+135～ZDK0+150段为放坡开挖的土钉支护。

安云路站上方规划修建公园路，公园路与安云路站平行而建，山脚下修建公园路隧道，为分离式隧道，其中左线隧道位于安云路站上方。车站暗挖段里程为YDK21+265.070～YDK21+311.91上方为公园路隧道，其余暗挖段上方为路堑段。公园路路基面距隧道开挖结构拱顶距离为2.9～6.1m。先修建安云路站，后修建公园路。

安云路站重要性等级为一级，场地为一级场地（复杂场地），场区为Ⅱ类建筑场地。车站由起点里程（小里程）向终点里程（大里程）按0.2%找坡，车站起点里程、有效站台设计中点里程、车站终点里程轨面相对高程均为-1.050m，其对应的绝对高程为1230.352m、1230.092m、1229.950m，其余位置相对以上高程内插。车站终点里程绝对高程1229.950m，竖曲线里程为YDK11+410.000，高程为（1229.926m，$R=3000m$，$T=3.0000$，$E=0.0015$），绝对高程采用1956年黄海高程系统。±0.000高程为有效站台装修面高程，有效站台设计中点里程±0.000高程对应绝对高程为1231.342m。车站相对高程对应基点为同一里程处的轨面高程。车站共设8个风亭、4个出入口和1个消防通道。

6.4.2 工程重点及难点分析

1）周边环境影响大

安云路站附属结构处于溶蚀中低山及贵阳溶蚀盆地北侧、黔灵山溶蚀残丘东面和贵阳溶蚀盆地核心地段，贵阳向斜北部扬起端近轴部，属于贵阳构造盆地中心区，位于贵阳市主城区范围。由于受现代化城市建设进程影响，现状地面呈北高南低之势，地面高程为1082.50～1126.09m，相对高差约为43.59m，拟建场区范围内民用建筑物较密集，人口活动频繁，地下管网线分布复杂，工程环境条件复杂。车站范围内为⟨9-17-2⟩安顺组一段中风化白云岩，中风化白云岩饱和单轴抗压强度标准值为27.09MPa。

2）开挖方案影响大

根据地质条件，结合车站的周边环境以及社会影响，安云路站埋深高差较大，对于埋深较浅段落，采用明挖法施工，对于埋深较大段落采用暗挖法施工，暗挖横断面见图6-43。施工期间需占用八鸽岩路等道路，并且对八鸽岩路的交通影响巨大，因此本站的施工场地受到较大的限制。车站施工仅对车站上方范围内建筑物考虑拆除，周边还存在较多的民房，施工期间对周边环境造成重大的社会影响。最终车站考虑采用非爆破开挖的方式对车站暗挖段进行开挖。

3）针对不良地质的处理方案

根据地勘单位提供的地勘报告，车站范围内不良地质主要为岩溶。

车站场地为可溶岩分布区,受构造影响,岩溶地貌较为发育,据工程地质调绘、钻探及相关资料表明,拟建场地范围内可溶岩分布地段岩溶形态主要以溶洞、溶沟(槽)、石芽为主,岩体内主要为溶孔、垂直溶洞(隙)等,溶洞被黏土呈全充填状态。经钻探揭露,本次勘察共施钻 31 个孔,遇溶洞钻孔 2 个,利用初勘施钻 5 个孔,遇溶洞钻孔 2 个,合计遇溶率为 11.1%,岩溶发育程度为中等发育。钻探揭露岩溶洞(隙)垂高为 0.6～1.9m,软塑红黏土充填。

为保证隧道施工安全、优化设计、实现信息化施工,施工期间施工单位加强了施工地质工作,并对暗挖段实施了全隧超前地质预测预报,将其纳入到正常施工工序进行管理。通过地质调查、水平探孔超前探测等超前地质预测预报方法,核实和预测了掌子面前方的地质条件,及时调整工程措施,确保了施工及结构安全。

同时在设计时针对溶洞所处不同位置、溶洞大小、溶洞充填情况及不同岩溶形式制订了相应的预处理措施,确保了施工安全。

6.4.3 拱盖法设计方案

1)拱盖法结构设计概况

(1)车站主体围护结构设计(明挖段)

根据场地条件、地质情况及基坑深度,车站基坑南北侧上部[(既有地面至 1086.800m,(高程)]采用放坡+土钉,下部[1086.800m(高程)至坑底]采用钻孔灌注桩+内支撑;东侧采用钻孔灌注桩+内支撑;西侧上部[既有地面至 1086.800m(高程)]采用钻孔灌注桩+锚索,下部[1086.800m(高程)至坑底]采用钻孔灌注桩+内支撑。

1086.800m(高程)至坑底,基坑四周共设内支撑三道,第一道混凝土支撑,其余两道为钢支撑。除西侧采用 $\phi1200@2000mm$ 钻孔灌注桩外,其余侧桩均为 $\phi1200@2400mm$。围护桩间顶板面以上挂 $\phi12@200mm\times200mm$ 钢筋网,顶板面以下挂 $\phi8@200mm\times200mm$ 钢筋网,喷射 C20 混凝土,厚 150mm;土钉采用 $\phi20$ 螺纹钢筋,面层采用 150mm 厚 C20 混凝土钢筋网,钢筋网采用 $\phi8@200mm\times200mm$。

(2)车站主体结构设计(明挖段)

车站明挖段长 102.88m,标准段宽度为 19.3m,线间距 13.5m,车站为地下两层岛式车站,车站两端均接矿山法区间。

车站主体结构尺寸的拟定须满足主体结构的受力、变形以及建筑净空及限界的要求。

(3)车站结构设计(暗挖段)

根据车站所处的环境、工程地质、水文地质资料、埋深情况等,经技术经济综合比较、计算分析并结合工程类比,因此 YDK21+264.070～YDK21+380.0 段考虑采用暗挖法(矿山法)施工。结构形式及断面根据工程地质条件,结合受力情况,采用大拱脚+直墙的形式,采用超前小导管、锚喷+工字钢拱架初期支护、加强初期支护、二次衬砌等支护措施。

①初期支护设计。

根据地勘报告,隧道围岩级别为Ⅳ级,隧道设计按安全、经济、合理的原则,在遵循《地铁设计规范》(GB 50157—2013)和《铁路隧道设计规范》(TB 10003—2016)的同时,以工程类比法和结构计算进行设计,设计结果经大型通用有限元程序分析验算,确保安全经济可靠,车站主体隧道按新奥法原理组织施工,信息法设计,车站主体结构设计支护参数见表6-4。

隧道主体结构设计支护参数表 表6-4

断面类型	应用范围	初期支护	加强初期支护	二次衬砌
一般段复合衬砌	YDK21+278～YDK21+380	拱部中空注浆锚杆:$\phi25$,$L=4m$,@1.0m(环)×0.6(或0.5)m(纵);边墙砂浆锚杆$\phi22$(或$\phi28$),$L=4m$(6m),@1.0m(环)×0.6(或0.5)m(纵);C25喷射混凝土,厚280mm;钢筋网$\phi8$@200mm×200mm;工字钢拱架,I20b@0.6m(与出入口风道连接处间距为0.5m)	C35防水混凝土(P10),拱部厚0.5～1.77m	C35防水混凝土(P10),拱部厚0.7～0.8m,仰拱0.9m
加宽段复合衬砌	YDK21+264.07～YDK21+278	中空注浆锚杆$\phi25$,$L=4m$,@1.0m×0.5m,梅花形布置;边墙砂浆锚杆$\phi22$(或$\phi28$),$L=4m$(或6m),@1.0m(环)×0.5m(纵);C25喷射混凝土,厚280mm;钢筋网$\phi8$@200×200mm;工字钢拱架,I20b@0.5m		

初期支护施工时应在拱墙范围内预埋$\phi42$钢花管作注浆管,壁厚3.5mm,长0.8m。注浆管间距1.0m×1.0m,梅花形布置,每当初期支护闭合成环一定长度后,即对初期衬砌背后压注水泥浆。开挖后地下水出露较多地段、初次衬砌及回填注浆后仍有渗漏水地段以及围岩破碎地段应视具体情况向衬砌背后更深层围岩进行注浆。

②二次衬砌结构设计。

车站主体结构尺寸的拟定须满足主体结构的受力、变形以及建筑净空及限界的要求。

本站防水采用全包防水模式,加强初期支护、二次衬砌采用C35防水混凝土,抗渗等级为P10,施工时采用模筑现浇,商品混凝土的输送采用机械泵送。

③施工方法设计。

车站主体隧道采用矿山法施工,拱部按双侧壁导坑法进行开挖,下部采用台阶分部法开挖。车站设有1处斜井施工通道,能满足出渣及进料等施工要求。斜井施工通道接车站地板高程,须进行抬高并反挑等工序转换,方可进行拱部双侧壁导坑的开挖。在施工车站主体与风道及出入口等的交叉口前,应先钻设超前小导管加强支护,在施作加强初期支护前,需对风道、通道暗挖段设超前支护。

加强初期支护施作达到一定强度后,在其安全掩护下,拆除拱部内部分隔墙等临时支护,并以台阶法开挖支护下部。防水层和二次衬砌采用从下至上顺筑法施工,拱部二次衬砌采用模板台车模筑混凝土。爆破振速应符合《爆破安全规程》(GB 6722—2014)的要求,并不得大于1.5cm/s。

(4) 车站附属结构设计

车站暗挖段共设置1个出入口通道,1号活塞风道、4号活塞风道、新风道及排风道。

①初期支护设计。

根据地勘报告,隧道围岩级别为Ⅳ级,车站附属风道及部分出入口隧道按新奥法原理组织施工,风井采用倒挂井壁法施工,信息法设计,车站附属结构设计支护参数见表6-5。

隧道主体结构设计支护参数表　　　　　　表6-5

应用范围	初期支护	二次衬砌
活塞风井、新(排)风井	全环系统锚杆:地面下10m内,φ42小导管,L=3m,@1m(环)×0.6m(纵);地面下10m外,φ42小导管,L=3m,@1m(环)×1m(纵)。C25喷射混凝土,厚300mm;钢筋网φ8@200mm×200mm;格栅钢架,地面下10m内间距0.6m,地面下10m外间距1m	C35防水混凝土(P12),全环厚0.5m
活塞风道	Ⅳ级围岩,拱部采用φ42小导管,L=3.5m,纵向间距2.4m;C25喷射混凝土,厚260mm;钢筋网φ8@200mm×200mm;工字钢拱架,I18@0.8m	
新(排)风井	Ⅳ级围岩,拱部采用φ42小导管,L=3.5m,纵向间距2.4m;C25喷射混凝土,厚280mm;钢筋网φ8@200mm×200mm;工字钢拱架,I20b@0.8m	
1号出入口	Ⅳ级围岩,拱部采用φ42小导管,L=3.0m,纵向间距1.8m;C25喷射混凝土,厚260mm;钢筋网φ8@200mm×200mm;工字钢拱架,I18@0.8m	C35防水混凝土(P10),全环厚0.5m

初期支护施工时应在拱墙范围内预埋φ42钢花管作注浆管,壁厚3.5mm,长0.8m。注浆管间距1.0m×1.0m,梅花形布置,每当初期支护闭合成环一定长度后,即对初次衬砌背后压注水泥浆。开挖后地下水出露较多地段、初次衬砌及回填注浆后仍有渗漏水地段以及围岩破碎地段应视具体情况向衬砌背后更深层围岩进行注浆。

②二次衬砌结构设计。

本站防水采用全包防水模式,加强初期支护、二次衬砌采用C35防水混凝土,抗渗等级为P10,结构埋深大于30m时,抗渗等级为P12。施工时采用模筑现浇,商品混凝土的输送采用机械泵送。

③施工方法。

风井结构采用明挖法由上自下施工,施工中爆破振速应符合《爆破安全规程》(GB 6722—2014)的要求,并不得大于1.5cm/s,当对周边环境影响较大时,应采用机械开挖。防水层和二次衬砌采用从下至上顺筑法施工,二次衬砌采用模筑混凝土。当车站站厅层施工完成后,可由车站施工风道,当车站站厅层未施工完成时,可由风井施工完成后,由风井向风道施工,风道及出入口通道暗挖段采用矿山法施工,均采用台阶法进行开挖。

(5)辅助坑道设计

为满足施工进度要求,于YDK21+352.50处线路右侧设置一座斜井,全长150m,坡度为10%,采用无轨单车道运输。

①明挖段设计。

根据本站的工程特点、地质条件、经济技术比较、环境保护的要求,斜井通道考虑与2号出入口的重合利用,斜井XDK0+060~XDK0+150段采用明挖顺作法施工,基坑围护结构采用钻孔桩,桩径为1.0m,间距2.0m,竖向设置3道支撑;第一道支撑采用600mm×600mm截面钢筋混凝土支撑,为避免爆破振动的影响,靠近明暗分界处采用钢筋混凝土支撑,其余各道均采用φ609壁厚为16mm的钢管支撑。

根据地质、地形以及市政管网布置情况,对于挖深小于5m地段,斜井基坑采用1:0.5坡率放坡,并采用锚网喷进行防护;坑底采用C20混凝土硬化。

②暗挖段设计。

斜井暗挖段采用新奥法原理组织施工。一般段采用喷锚支护结构：以φ22砂浆锚杆、钢筋网、喷射混凝土和型钢架为支护并辅以小导管作为超前支护，洞口段及与正洞相交段增设二次衬砌以策安全。根据线路条件和工程地质及水文地质条件，按不同段落、不同结构形式进行衬砌设计，本隧斜井分别设计了Ⅳ级喷锚支护结构、Ⅳ级模筑衬砌及Ⅳ级加强模筑衬砌结构三种支护结构类型，暗挖段结合工程类比，并结合本工程特点确定。斜井各衬砌断面支护参数详见表6-6。

斜井衬砌结构设计支护参数表　　　　表6-6

衬砌类型	初期支护					二次衬砌
	系统锚杆	钢筋网	喷射混凝土	型钢钢架	超前支护	
Ⅳ级喷锚	φ22砂浆锚杆，L=3.0m@1.0m×1.2m，拱墙梅花形布置	φ8@200mm×200mm	C20喷射混凝土，厚15cm	—	—	—
Ⅳ级模筑	φ22砂浆锚杆，L=3.0m@1.0m×1.2m，拱墙梅花形布置	φ8@200mm×200mm	C20喷射混凝土，厚20cm	I16@1.0m拱墙	φ22砂浆锚杆，L=3.5m@0.4×2.0m，拱部布置	C35混凝土，厚35cm
Ⅳ级加强模筑	φ22砂浆锚杆，L=3.0m@0.6m×1.2m，拱墙梅花形布置	φ8@200mm×200mm	C20喷射混凝土，厚22cm	I18@0.6m拱墙	φ22砂浆锚杆，L=3.5m@0.4×1.8m，拱部布置	C35混凝土，厚60cm

③施工方法。

明挖基坑施工顺序如下：三通一平（含地下管线的保护和改移）→交通疏解→施作围护结构→冠梁、第一道钢筋混凝土支撑施工，待第一道支撑达到设计强度后→基坑内降水→从上至下逐层开挖基坑至各支撑下0.6m架设各道钢管支撑→开挖到最终基坑面→浇筑底板混凝土。

暗挖段施工中爆破震速应符合《爆破安全规程》（GB 6722—2014）的要求，并不得大于1.5cm/s，当对周边环境影响较大时，应采用机械开挖。斜井通道采用矿山法施工，均采用台阶法进行开挖。

（6）对车站结构的优化

根据车站埋深及上方市政规划道路——公园路的影响，同时对车站埋深及车站内轮廓进行优化，降低隧道结构，把隧道拱部圆形弧优化成扁平结构，从内部结构加强考虑设置纵梁及中柱，确保隧道结构安全的同时可保证上方市政道路的可实施性（图6-42）。

2）斜井及风道与车站连接设计

（1）斜井进入车站的挑高设计

由于本站为缩短施工工期，采用斜井施工进入车站站厅层，其断面如图6-43所示。进入车站时需对斜井挑高开挖形成车站拱部轮廓，挑高施工风险较大。本次设计在充分考虑了上述风险因素，利用斜井与车站相连接的5m作为挑高过渡段，来对车站轮廓进行外包的做法，可确保施工安全。

第6章 喀斯特地貌山地城市轨道交通车站修建创新与实践

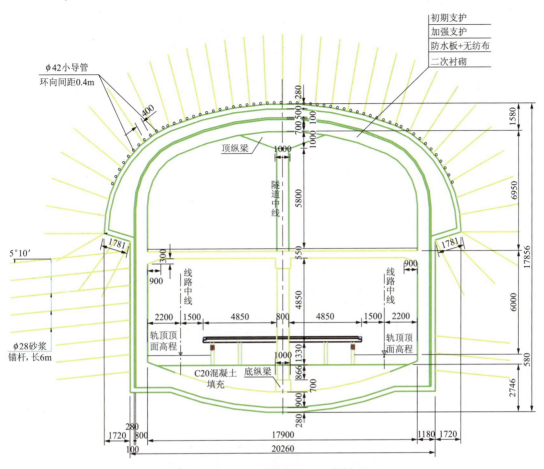

图 6-42 车站暗挖标准段横断面图（尺寸单位：mm）

（2）各附属通道与车站的连接设计

附属结构与主体结构连接处节点为设计难点，要求在主体结构施工时预留出附属结构施工通道，因此在设计考虑连接处主体结构进行加高设计，采用矩形结构预留出相应的通道，同时主体结构改变大拱盖形式，直接落底，确保安全，附属进入车站设计断面如图 6-44 所示。

3）拱盖法结构计算

（1）计算条件

①本次结构计算模型采用荷载-结构模型，采用大型通用有限元软件 MIDAS 进行计算，按破损阶段法进行结构检算。

②考虑永久荷载及围岩约束衬砌的弹性抗力。其中永久荷载包括结构自重及围岩膨胀力。

a. 衬砌重度：$25kN/m^3$。

b. 围岩弹性反力。

采用局部变形理论按下式计算，其作用方向为径向。计算时未考虑衬砌结构与围岩间的黏结作用。

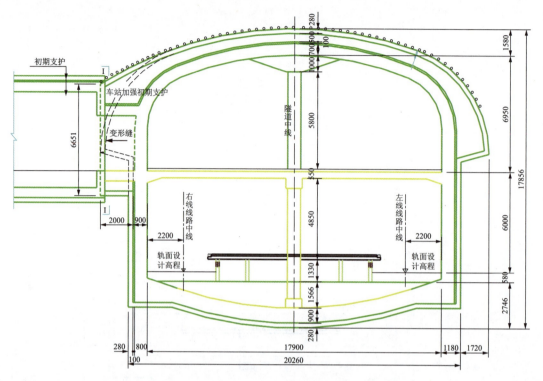

图 6-43 斜井进入车站设计断面图（尺寸单位：mm）

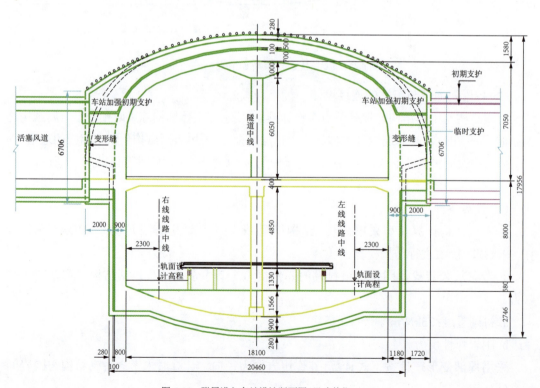

图 6-44 附属进入车站设计断面图（尺寸单位：mm）

$$\sigma = k \cdot \delta \quad (6-6)$$

c. 地震力：本设计计算只考虑水平地震力的影响，并以正交隧道纵轴方向的水平地震力为主。地震荷载包括以下几部分：

a）结构自重产生的水平地震力。

为简化计算，结构自重的水平地震力按下式计算：

$$F_1 = \eta \cdot A_g \cdot m_i \quad (6-7)$$

式中：F_1——水平地震力（N/m）；

η——水平地震作用修正系数，岩石地基取值 0.20，非岩石地基取值 0.25；

A_g——地震动峰值加速度；

m_i——计算质点的构筑物质量或计算土柱质量（kg）。

b）洞顶土柱产生的水平地震力。

水平地震力作用点在土柱高度的 1/2 处，其值为：

$$F_2 = \eta_C \cdot k_h \cdot P \quad (6-8)$$

式中：η_C——综合影响系数；

k_h——水平地震系数；

P——垂直土压力，按《铁路工程设计技术手册——隧道》中公式（17-3-4）及（17-3-10）查询；

c）地震时围岩侧压力的增量，本设计中围岩侧压力因地震引起的增量按《铁路工程设计技术手册——隧道》相关公式查询。

③边界条件：仰拱按弹性地基梁计算，边墙、仰拱约束采用链杆模拟。

④物理力学指标：按《铁路隧道设计规范》（TB 10003—2016）表 3.2.8、5.1.9、5.2.3、5.3.1，《铁路工程设计技术手册——隧道》表 25-3-1 查询；围岩参数根据勘察报告取值，其具体数值见表 6-7、表 6-8。

衬砌材料参数表　　　　　　　　　　　　　　　　表 6-7

参数 材料	衬砌、钢筋力学指标					
	γ（kN/m³）	E_c（GPa）	R_a（MPa）	R_w（MPa）	R_l（MPa）	μ
C35 混凝土	25	32.25	26	32.5	2.45	0.2
HRB400 钢筋	78.5	—	—	—	—	—

围岩特征参数　　　　　　　　　　　　　　　　表 6-8

围岩级别	重度 γ（kN/m³）	水平弹性抗力系数 $K_{侧}$（MPa/m）	竖向弹性抗力系数 $K_{底}$（MPa/m）	计算摩擦角 φ_c（°）	内摩擦角 θ（°）
Ⅳ级	26.5	500	500	74	30

（2）建模

衬砌采用二维弹性梁单元模拟，并考虑结构自重；衬砌与围岩间的相互作用采用仅受压杆单元模拟;考虑站厅层中柱的最大间距为9m,计算荷载按纵向长度取9m的荷载值计算,同时考虑三层衬砌的叠合结构建模计算,各层衬砌间采用弹性连接,弹性反力系数为1000MPa/m,计算模型及单元如图6-45所示。

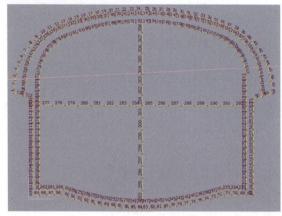

图 6-45　计算模型图

(3)荷载计算

①衬砌自重。

重力加速度按 9.8m/s² 计。

②围岩压力。

深浅埋分界计算 H:

$$h = 0.45 \times 2^{s-1} \times \omega \tag{6-9}$$

$$H = 2.5h \tag{6-10}$$

式中:ω——宽度影响系数,$\omega = 1 + i(B-5)$;

　　　B——坑道开挖宽度(m);

　　　i——B 每增减 1m 时的围岩压力增减率:当 $B<5$m 时,取 0.2;当 $B>5$m 时,取 0.1。

通过上述计算可确定深浅埋分界深度 $H=22$m,而安云路站拱顶最大埋深约为 19.5m,故属于浅埋隧道。

a. 浅埋隧道垂直压力:

$$q_i = \gamma h \left(1 - \frac{\lambda h \tan\theta}{B}\right) \tag{6-11}$$

$$\lambda = \frac{\tan\beta - \tan\varphi_c}{\tan\beta [1 + \tan\beta (\tan\varphi_c - \tan\theta) + \tan\varphi_c \tan\theta]} \tag{6-12}$$

$$\tan\beta = \tan\varphi_c + \sqrt{\frac{(\tan^2\varphi_c + 1)\tan\varphi_c}{\tan\varphi_c - \tan\theta}} \tag{6-13}$$

式中:B——坑道跨度(m);

　　　γ——围岩重度(kN/m³);

h——洞顶地面高度(m);

θ——顶板土柱两侧摩擦角(°);

λ——侧压力系数;

φ_c——围岩计算摩擦角(°);

β——产生最大推力时的破裂角(°)。

b. 浅埋隧道水平侧压力:

$$e_i = \gamma \cdot h_i \cdot \lambda \tag{6-14}$$

式中:e_i——任意点 i 的侧压力值(kN/m²);

γ——围岩重度(kN/m³);

h_i——i 点的土柱高度(m);

λ——侧压力系数。

其余详见《铁路隧道设计规范》(TB 10003—2016)附录 E。

③地震作用。

地震作用(特殊荷载),包括:

a. 衬砌水平地震力。

根据《铁路工程抗震设计规范》(GB 50111—2006)8.1.3 条。

$$F_{ihE} = \eta \cdot A_g \cdot m_i \tag{6-15}$$

式中:F_{ihE}——计算质点的水平地震力(kN);

η——水平地震修正系数,取 0.20;

A_g——地震动峰加速度(m/s²),根据安云站建筑影响系数,按 7 度地震取值为 0.1g 考虑;

m_i——计算质点的构筑物质量或计算土柱质量。

b. 洞顶土柱水平地震力 F_2:

$$F_2 = \eta_C \cdot k_h \cdot P \tag{6-16}$$

式中:η_C——综合影响系数,取 0.2;

k_h——水平地震系数,取 0.1。

水平地震力作用一侧的侧压力(另一侧增量按反对称布置)。

④水压力。

根据安云路站详勘报告所提供的设计水位高程计算水压力,水压力按衬砌方向的径向考虑。水压力计算如下:

$$P_水 = \gamma \cdot h \tag{6-17}$$

式中:γ——水密度,取 10kg/m³;

h——距设计水位的距离(m)。

⑤弹性反力。

各单元节点与围岩间模拟为弹性(仅受压)支撑,弹性反力:

$$\sigma_i = K \cdot \delta_i \tag{6-18}$$

式中：σ_i——弹性反力强度（MPa）；

K——围岩弹性反力系数（MPa/m）；

δ_i——衬砌向围岩方向的变形值（m）。

各种工况下荷载计算模式如图 6-46 所示。

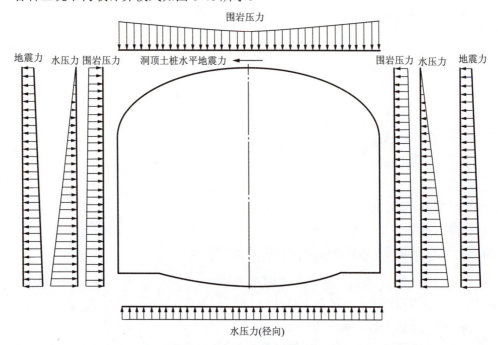

图 6-46　浅埋（地震）荷载结构示意图

（4）计算工况及计算结果

①计算工况。

安云路车站属浅埋隧道，故按浅埋进行计算。计算工况见表 6-9。

安云路车站属浅埋隧道计算工况表　　　　表 6-9

围岩级别	计算工况	备 注
IV 级围岩	加强初期支护IV级浅埋	地震动加速度 0.1g
	二次衬砌IV级浅埋	
	二次衬砌IV级浅埋（地震）	

②计算结果。

a. 加强初期支护计算结果。

加强初期支护计算的弯矩、轴力及剪力分别如图 6-47～图 6-49 所示。

图 6-48～图 6-50 为 IV 级围岩浅埋条件下加强初期支护在承受 9m 范围内荷载后的计算结果，将结果转化为延米量，根据混凝土衬砌结构内力计算安全系数。计算加强初期支护厚度为 0.5～1.72m，通配 5 根 ϕ28（HRB400），拱脚内外侧及中间各加配 5 根 ϕ28（HRB400），各部位配筋结果及裂缝控制见表 6-10。

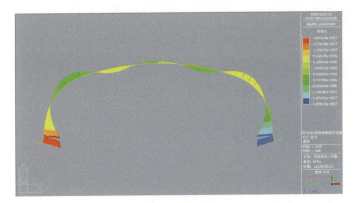

图 6-47 弯矩图

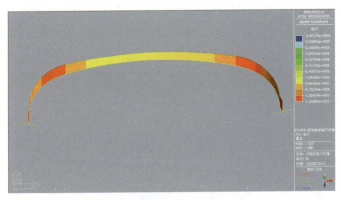

图 6-48 轴力图

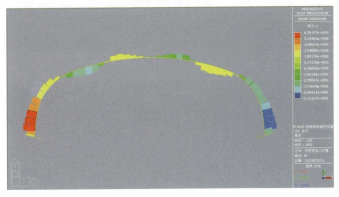

图 6-49 剪力图

加强衬期支护衬砌配筋检算结果　　　　　　　　　　表 6-10

部 位	单元号	内 力 值			配筋情况	裂缝控制（mm）
		弯矩(kN·m)	轴力(kN)	剪力(kN)		
拱顶	24	-690.95	-3712.64	10.41	5ϕ28	无
拱腰	10	-988.51	-3833.19	-348.90	5ϕ28	无
拱脚	1	5108.57	-3143.94	658.30	15ϕ28	0.267

b. 二次衬砌 IV 级浅埋。

二次衬砌 IV 级浅埋计算的弯矩、轴力及剪力分别如图 6-50～图 6-52 所示。

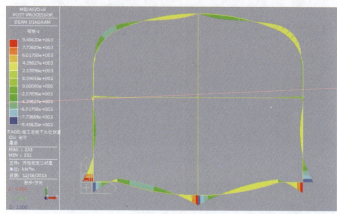

图 6-50　弯矩图

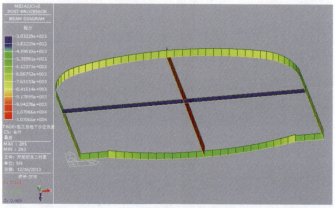

图 6-51　轴力图

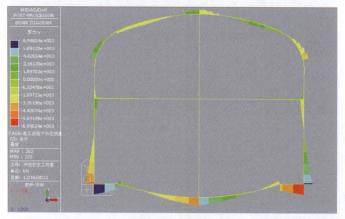

图 6-52　剪力图

图 6-51～图 6-53 为 IV 级围岩浅埋条件下二次衬砌在承受 9m 范围内荷载后的计算结果，将结果转化为延米量，根据混凝土衬砌结构内力计算安全系数。计算拱部厚度为

0.7～0.8m，边墙厚度为0.8m，仰拱厚度为0.9，全环配6ϕ28（HRB400），各部位配筋结果及裂缝控制见表6-11。

二次衬砌配筋检算结果　　　　　　　　　　　表 6-11

部 位	单元号	内 力 值			配筋情况	裂缝控制（mm）
		弯矩(kN·m)	轴力(kN)	剪力(kN)		
拱顶	192	184.35	-740.38	296.40	6ϕ28	无
拱肩	186	277.61	-747.86	-158.21	6ϕ28	0.05
拱腰	179	-527.62	-817.62	-42.85	6ϕ28	0.12
拱脚	170	97.12	-698.42	-5.42	6ϕ28	无
边墙	270	-295.19	-856.28	-28.97	6ϕ28	无
墙脚	263	1050.50	-941.60	-646.52	6ϕ28	0.14
仰拱	249	625.73	-625.68	-531.0	6ϕ28	0.12

c. 二次衬砌Ⅳ级浅埋（地震作用）。

考虑地震作用下二次衬砌Ⅳ级浅埋计算的弯矩、轴力及剪力如图6-53～图6-55所示。

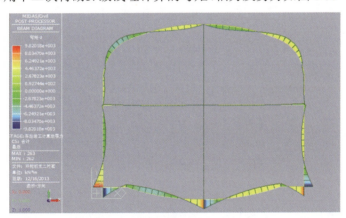

图 6-53　弯矩图

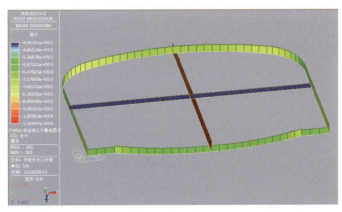

图 6-54　轴力图

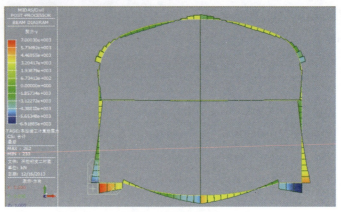

图 6-55 剪力图

图 6-54～图 6-56 为Ⅳ级围岩浅埋（地震作用）条件下二次衬砌在承受 9m 范围内荷载后的计算结果，将结果转化为延米量，根据混凝土衬砌结构内力计算安全系数。计算拱部厚度为 0.7～0.8m，边墙厚度为 0.8m，仰拱厚度为 0.9m，全环配 6ϕ28（HRB400），计算配筋结果及裂缝控制见表 6-12。

二次衬砌配筋检算结果　　　　　　　　　　表 6-12

部　位	单元号	内力值			配筋情况	裂缝控制（mm）
		弯矩(kN·m)	轴力(kN)	剪力(kN)		
拱顶	192	184.47	-738.57	294.0	6ϕ28	无
拱肩	186	271.65	-746.41	-159.74	6ϕ28	0.05
拱腰	179	-529.03	-815.40	-40.97	6ϕ28	0.12
拱脚	170	171.87	-694.83	1.34	6ϕ28	无
边墙	270	-298.15	-845.55	-41.01	6ϕ28	无
墙脚	263	1091.13	-930.88	-643.94	6ϕ28	0.18
仰拱	249	622.84	-625.82	-526.08	6ϕ28	0.12

（5）抗浮检算

根据地勘报告工程抗浮水位高程为 1085.0m，车站暗挖段考虑上方公园路的开挖后情况，其路基面高程约为 1087.9m，车站二次衬砌仰拱底高程约为 1068m。

根据《地铁设计规范》（GB 50157—2013），按延米量来考虑，不考虑侧壁摩擦力作用，水压按静水压考虑；抗浮力为隧道结构自重 G，隧道上部的有效静荷载；隧道内部静荷载可不考虑，计算如下。

水压力：

$$F_{水}=\gamma hA=10\times(1085-1068)\times19.5=3315(kN)$$

隧道结构自重：

$$G=\rho gV=25\times(50.43+8)+24.18\times(25-10)+17.38\times23=2223.19(kN)$$

上部有效静荷载：

$$F=\rho g V=26.5\times(1087.9-1085)\times 19.5=1498.58(\mathrm{kN})$$

抗浮安全系数：

$$K=\frac{G+F}{F_{水}}=\frac{2223.19+1498.58}{3315}=1.12>1.05$$

故满足抗浮要求。

6.4.4 安云路站拱盖法暗挖施工方案

1）施工工艺技术

（1）技术参数

安云路站斜井暗挖围岩支护参数见表6-13、表6-14。

安云路站斜井暗挖围岩支护参数　　表6-13

围岩类型	支 护 参 数 表
Ⅳ级模筑（含衬砌）	超前支护采用 ϕ22 砂浆锚杆，L=3.5m@0.4m×2.0m；系统锚杆采用 ϕ22 砂浆锚杆 L=3m@1m×1.2m；ϕ8 钢筋网拱墙布置 20cm×20cm；I16 型钢拱架间距 1m，厚度 20cm，C20 喷射混凝土；（二次衬砌：C25 混凝土 35cm）
Ⅳ级锚喷	系统锚杆采用 ϕ22 砂浆锚杆 L=3m@1m×1.2m；ϕ8 钢筋网拱墙布置 20cm×20cm；厚度 15cm，C20 喷射混凝土

安云路站暗挖隧道围岩支护参数　　表6-14

围岩类型	支 护 参 数 表
一般复合式衬砌断面	超前支护采用 ϕ42 小导管，L=3.5m@0.4m×2.0m（L=4m@0.4m×2.4m）；拱部 ϕ25 中空锚杆，L=4m，边墙 ϕ22 砂浆锚杆 L=4m，边墙 ϕ28 砂浆锚杆 L=6，0.6（5）m×1.0m；ϕ8 钢筋网全环布置 20×20cm；20b 型钢拱架间距 0.6（0.5）m，临时支撑采用双侧壁侧壁采用 18 工字钢，竖向支撑采用 20b 工字钢；厚度 28cm，C25 喷射混凝土；加强初期支护：C35 防水钢筋混凝土 50cm；二次衬砌：P10，C35 防水钢筋混凝土仰拱 90cm，拱墙 80cm，拱顶 70cm
车站隧道加宽段复合式衬砌断面	超前支护采用 ϕ42 小导管，L=3.5m@0.4m×2.0m，拱部 ϕ25 中空锚杆，L=4m，边墙 ϕ22 砂浆锚杆 L=4m，边墙 ϕ28 砂浆锚杆 L=6，0.6m×1.0m；ϕ8 钢筋网全环布置 20cm×20cm；20b 工字钢拱架间距 0.5m，临时支撑采用双侧壁侧壁采用 18 工字钢，竖向支撑采用 20b 工字钢；厚度 28cm，C25 喷射混凝土；加强初期支护：C35 防水钢筋混凝土 50cm；二次衬砌：P10，C35 防水钢筋混凝土仰拱 90cm，拱墙 80cm，拱顶 70cm

（2）工艺流程

车站隧道净断面长 116.43m、宽为 20.26m×17.96m，由于车站隧道断面面积大，采用上下部分施工，施工工艺流程如图 6-56 所示。

从斜井到正洞施工的主要施工流程如下：斜井明挖进暗挖施工→斜井施工→斜井挑顶→采用双侧壁导坑法施工车站上部→施作加强初期支护→拉槽开挖至车站小里程端头→施作车站暗挖与蛮安区间连接处端头墙。

从车站明暗分界到正洞施工的主要流程如下：明暗分界超前管棚施工→双侧壁导坑法施工上部→施作加强初期支护→开挖支护下部→施作接地、仰拱→站台顶边墙及中柱→中板→站厅层边墙→拱顶。

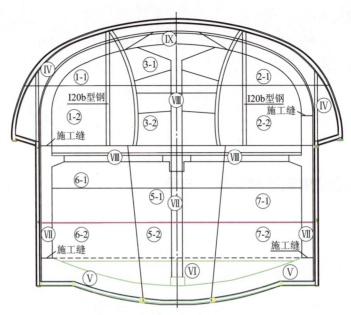

图 6-56 施工工艺流程图

注：1. 斜井进入车站隧道后，开挖形成净宽 6.0m 的临时施工通道。
2. 车站隧道拱部采用双侧壁导坑法施工，下部采用台阶分步法施工，施工顺序如下：1-1 左侧上部上台阶导坑开挖；1-2 左侧上部下台阶导坑开挖，初期支护及临时支护；2-1 右侧上部上台阶导坑开挖；2-2 右侧上部下台阶导坑开挖，初期支护及临时支护；3-1 中部上台阶开挖（采用弱爆破施工，减少对初期支护及临时支护的影响），初期支护；3-2 中部下台阶开挖；Ⅳ 施作拱部加强初期支护，（绑扎加强初期支护钢筋前，清除临时支护顶部喷射混凝土和钢筋网等，完整保留临时支护工字钢，以使加强层钢筋能穿过）；5-1 待加强初期支护达到一定强度后，下部中导槽上台阶开挖；6-1 下部左侧上台阶开挖，初期支护；7-1 下部右侧上台阶开挖，初期支护；5-2 下部中导槽下台阶开挖至隧底，初期支护；6-2 下部左侧下台阶开挖，初期支护；7-2 下部右侧下台阶开挖，初期支护；Ⅴ 施作仰拱防水层，仰拱二次衬砌；Ⅵ 底纵梁、站台层立柱及仰拱填充；Ⅶ 施作边墙防水层，边墙二次衬砌；Ⅷ 施作中板；Ⅸ 施作拱部防水层，模板台车浇筑拱部二次衬砌（浇筑时中板下部需加强临时支护，保留中板浇筑支撑）。
3. 当拱部施作至出入口通道、风道与主体车站隧道连接处时，施工方法参照出入口与车站连接处施工工序施作。
4. 各临时支护及支撑参数详见"斜井进车站施工工序转换设计图"。
5. 开挖仰拱时，注意防止边墙受挤压而内移。
6. 图中台阶高度及每循环进尺长度可根据现场需要适当进行调整，但不得大于图中数值。
7. 支撑拆除时要按照"先顶后拆"的原则进行。
8. 施工过程中可根据现场实际情况增加临时支撑。
9. 拆除临时支撑时应加强对围岩沉降及变形等监控量测。
10. 往左侧开挖时采用与右侧开挖同样的方法施作。
11. 明暗挖分界处需从明挖端为工作面，先施作超前支护，施工方法同正常循环开挖。

从斜井分支到正洞施工的主要流程如下（前提：需要将加强初期支护施作完成、车站暗挖与蛮坡站—安云路站区间连接处端头墙施作完成）：开挖支护下部→施作接地、仰拱→站台顶边墙及中柱→中板→站厅层边墙→拱顶。

隧道在施工过程中，左侧上部、右侧上部、中部及上部各部上下台阶掌子面之间间距为 3～5m，台阶长度为 3～5m，车站暗挖的上部开挖支护全部完成后开始施作加强初期支护，加强初期支护施作完成且满足强度要求后进行下部的开挖支护，下断面开挖完成之后及时的施作仰拱初期支护，尽快地封闭成环。

2）施工方法及控制要点

（1）进洞方案

①斜井明挖进暗挖施工。

斜井明暗分界为 XDK0+199，斜井明挖施作完成后，在设计轮廓线处打设超前锚杆支护，然后采用普通冷挖的方式进入斜井暗挖施工。

②斜井进车站暗挖站厅层施工。

斜井施工至距离车站暗挖边线 5m 时，调整斜井暗挖断面至 7.6m×5.7m（长×宽），然后通过逐步挑高斜井暗挖（图 6-57）。同时做好斜井与车站暗挖交叉口处的初期支护工作。

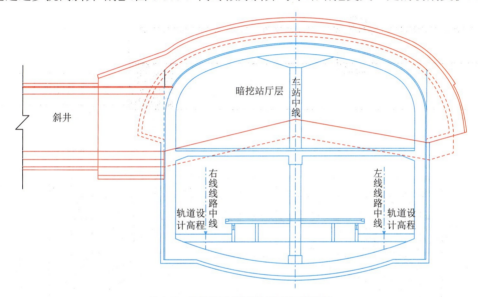

图 6-57 斜井进车站暗挖站厅层施工流程图

初期支护施作完成后施作斜井末端 10m 衬砌结构和斜井与车站暗挖交叉口处的第一层加强初期支护，待强度达到 100% 后进行模板拆除，然后进行车站暗挖拱部的开挖支护。

③斜井分支进车站暗挖站台层施工。

斜井分支主要用于车站暗挖的站台层。车站拱部加强初期支护施作完成后，在车站暗挖的站厅层进行拉槽至车站暗挖与蛮坡站—安云路站区间交界处，拉槽长度为 78m、坡度为 12%，然后对分界处进行扩挖，将车站与区间设置的导向墙施工，然后斜井分支再进洞施工（图 6-58）。

④车站明暗分界进车站暗挖施工。

车站明暗分界护拱施作完成后，施作暗挖导向墙及管棚，然后通过明挖进行暗挖拱部、下部开挖支护及衬砌结构（图 6-59）。具体如下：

a. 管棚施工。

导向墙采用 C35 钢筋混凝土，截面尺寸为 1.2m×1.2m，环向长度可根据实际情况确定，导向墙与围护桩牢固连接。

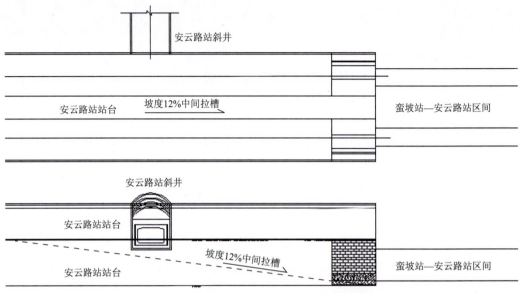

图 6-58 斜井分支进车站暗挖站台层施工流程

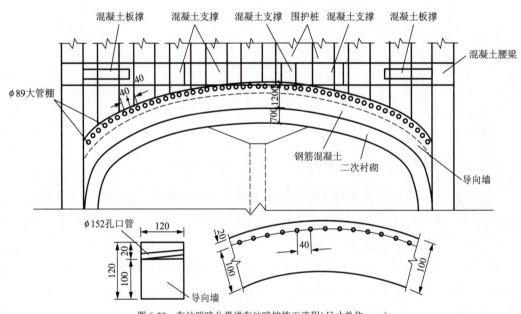

图 6-59 车站明暗分界进车站暗挖施工流程(尺寸单位:mm)

大管棚设计参数：

管棚规格：管棚采用 $\phi 89$，壁厚 6mm 钢花管，导向管采用 $\phi 152$，壁厚 4mm 孔口管，导向管中心距离导向墙顶面为 20cm。

管距：导管设置间距为 40cm 环向布置。

倾角：外插角为 1°。

注浆材料：水泥浆。采用单孔注浆结束标准：注浆压力逐步升高，当达到设计终压（1.5MPa）并稳定 10min；注浆量不小于设计注浆量 80%；进浆速度为开始进浆速度的 1/4。

大管棚施作长度为20m。大管棚尾部2m范围设小导管搭接。管棚导向墙与钢筋混凝土腰梁重合部分,施作时先凿除部分腰梁混凝土后施工。

b.进洞施工。

管棚施作完成后,明暗分界土体继续下挖至拱部底,施作操作平台,以便进洞。平台修筑完成、设置好安全防护网及倒车限位装置以后,按照施工流程进行车站拱部的开挖支护、加强初期支护、下部开挖支护及结构施作。

(2)正洞上部开挖

正洞上部开挖流程见图6-60。施工工序:1-1→1-2→2-1→2-2→3-1→3-2

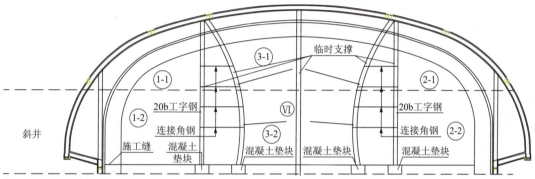

注:临时支撑(不含拱部临时支撑)要随开挖支护及时施作,拱部临时支撑要依据沉降观测,若沉降速率较快或沉降值较大超过预警值后立即施作。

图6-60 正洞上部开挖流程图

①左导坑开挖。

当横通导墙初期支护达到一定强度后,从车站左侧上部向小进程开始正洞开挖,开挖时每个导洞分上下台阶进行开挖,台阶之间间距控制在3～5m之间。

②右导坑开挖。

在当左导坑下台阶前进3～5m后,开始右侧上部开挖,开挖时由于该侧开始施工时,与掌子面存在高差,因此采用中间修筑临时斜坡道,为机械提供临时作业道路和平台。

③中导坑开挖。

中导坑开挖同两侧开挖方式相同采用上下台阶法进行开挖,开挖后及时的施作初期支护,尽快将拱顶初期支护封闭成环。

④临时支撑。

左、右导坑开挖支护(含导坑侧壁支护)完成后,要及时施作竖向临时支撑,并将支撑与侧壁支护的预留连接筋连接牢固、形成整体临时支撑;中导坑的临时竖撑要依据沉降监测情况来确定,若拱顶沉降速度较快、沉降值变大,则需立即安设中导坑临时竖撑。

临时支撑安设时,要加强连接部位的质量控制,避免因预埋连接板位置的不正确造成不能顺利安装。

(3)加强初期支护

拱部加强初期支护每6m浇筑一次,采用衬砌台车进行施工。加强初期支护的施作时间为:拱部开挖支护全部完成、临时支撑全部施作完成后进行。

加强初期支护绑扎加强初期支护钢筋前,清除临时支护顶部喷射混凝土和钢筋网等,完整保留临时支护工字钢,以使加强层钢筋能穿过,待加强初期支护施作完成、强度达到设计100%时,进行临时支撑的拆除。

(4)车站下部开挖

当加强初期支护达到一定强度后开始车站下断面开挖,下断面开挖的顺序为中槽开挖→下部左侧开挖→下部右侧开挖,中槽、下部左侧、下部右侧均采用上下台阶法进行开挖。中槽上下台阶长度按照 5～10m 进行控制,下部左侧及下部右侧上下台阶长度按 3～5m 进行控制,在拉中槽期间加强隧道两侧收敛值监测,根据隧道收敛调整中槽下台阶的长度,当隧道变形值超过警戒值后,应停止开挖,采取一定措施后方可施工。

(5)初期支护

①钢拱架施工。

a. 施工顺序:拱架加工→拱架试拼→拱架批量生产→运至洞内→测量定位→拱架安装→检查验收。

b. 施工参数:斜井横通道钢拱架由竖撑,拱顶钢拱架,体系转换后水平横撑、车站拱顶临时钢支撑,所有拱架间距均为 0.8m,在施工期间可要根据围岩情况进行加密,在斜井横通道施工期间施工横通道下部竖撑,拱顶钢拱架,在支撑体系转换期间,将拱顶钢支撑拆除,及时施作体系转换后水平横撑、车站拱顶临时钢支撑。车站所有喷混凝土均为 C25 早强混凝土,拱面喷混凝土为 25cm,边墙为 20cm,临时横通道钢筋网为 $\phi8@250mm$ 钢筋网片,$\phi22$ 系统砂浆锚杆,$L=3m$,间距为 $1.2m\times0.6(0.5)m$。

车站上断面钢拱架由永久拱架和临时钢拱架两部分组成,上断面永久钢拱架由 5 个 A 单元,4 个 B 单元,2 个 C 单元,2 个 D 单元组成,临时钢拱架由侧壁临时钢拱架及竖向钢支撑组成。车站里程 YDK21+263.570～YDK21+278.0,车站与出入口、风道交叉位置及车站加宽断面拱架间距为 0.5m,其余部分拱架间距均为 0.6m。车站喷混凝土为 C25 早强混凝土,厚度为 28cm,钢筋网为 $\phi8@250mm$ 钢筋网片。具体支护参数详见支护参数表,车站下断面钢拱架由 4 个 E 单元,2 个 F 单元,3 个 G 单元组成。拱架间距喷混凝土厚度、钢筋网片间距同车站上断面。具体支护参数见表 6-14、表 6-15。

②系统锚杆施工。

a. 施工顺序:初喷→钻孔→清孔→注浆→插入锚杆→安设锚垫板。

b. 施工方法:

初喷:锚杆施工前采用 C25 喷射混凝土,初喷 4cm 对岩面进行封闭。

定位:钻孔前应根据设计要求进行测量定出孔位,并做出标记,孔位允许偏差为 +15mm。

③钢筋网施工。

a. 施工顺序:施工准备→测量→铺设钢筋网→检查。

b. 施工方法:测定钢筋网铺设位置,并在断面上画出标记;钢筋网应与锚杆或其他固定装置连接牢固,在喷射混凝土时不得晃动。

④喷射混凝土施工。

喷射前,启用通风、照明设施,做好防尘保护措施。喷射机、水箱、风包、注浆机必须装置压力表和闸阀,并定期进行密封和耐压试验。喷施前先用高压风、水清洗岩面,清除浮石,检查机具设备和管路。处理堵管时,喷嘴前方严禁站人,以免喷射混凝土伤人。第一次喷射厚度和第二次喷射时间、厚度符合设计规范要求,喷射时喷嘴应与受喷面保持垂直,同时与受喷面保持一定的距离(一般为 0.6~1.2m)。喷射作业要分段分片依次进行,喷射顺序应自下而上进行。对有涌水地段喷射混凝土时,应调整合适的配合比,适当增加水泥用量和速凝剂,先喷干混合料,待其与涌水融合后,再逐渐加水喷射,喷射时由远而近,逐渐向涌水点逼近,然后涌水点应安设导管,将水引出,再在导管附近喷射。涌水点较少时,可用开缝摩擦锚杆进行导水处理后再喷射。涌水点较多、涌水范围大时,要依据设计的超前局部注浆堵水或埋设导管进行引排,同时进行喷射混凝土。

⑤超前小导管施工。

a. 超前小导管制作:将进场合格的钢管加工成设计规格,安装好止浆塞。

b. 小导管体安装:将加工好的合格的锚杆,用钻机边旋边送入孔内,最后安装配套附件等。

c. 小导管注浆:将注浆管连接在安装好注浆配套设施的小导管尾部,按照设计要求进行注浆,注浆压力控制在 0.5~1.0MPa。

(6)二次衬砌

车站衬砌施工由 1 号出入口位置作为分界,分别向大小里程两个方向进行施工。车站下部采用台阶法进行开挖,下层开挖完后进行综合接地与仰拱开挖支护,然后进行仰拱钢筋安装、混凝土浇筑,仰拱施工提前拱墙两组,每组 9m,拱部二次衬砌滞后仰拱施工 25d,中板施工滞后二次衬砌 15d,二次衬砌施工流程见图 6-61。

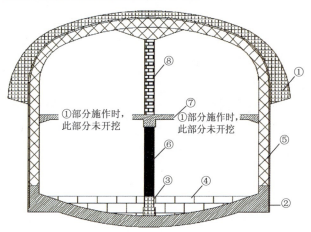

图 6-61 二次衬砌施工流程

①-加强初期支护施工(下部未开挖);②-仰拱施作;③-底纵梁施工;④-仰拱填充施工;⑤-二次衬砌施工;⑥-站台层中柱施工;⑦-中板施工;⑧-站厅层中柱施工

(7)仰拱及底纵梁施工

为尽早形成施工支护封闭环,仰拱、填充及底纵梁尽快施作,施工期间仰拱采用定制标准模板进行浇筑,由于仰拱底纵梁混凝土强度等级相同,结构相连,施工时底纵梁与仰拱一起施工。仰拱与底给梁采用定制模板,如图6-62所示仰拱施工时高度伸入拱墙10cm,以便拱墙施工时的模板搭接。

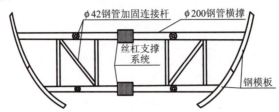

图6-62 仰拱与底给梁模板设置

模板为弧形小模板加支撑系统安装,其具体步骤如下:
①放样隧道中线、模板上下边缘和高程,用于控制模板位置,并用施工线标定出。
②在钢筋上设置好混凝土垫块。
③架设模板,并安装支撑系统,检查模板的尺寸和稳定性。
④安装堵头木挡板,挡板内外设支撑,并在挡板两侧打出高程点,以便控制浇混凝土的高度。如挡板在变形缝位置,在堵头挡板上安装中置式止水带。

工期紧张时或隧底地质条件非常差时,为保障工期和隧底加固处理,仰拱可提前进行施工,为减小施工对隧道掘进的相互干扰,采用可移动栈桥,确保仰拱施工与隧道掌子面施工平行进行。

(8)仰拱填充施工

仰拱填充时采用定制堵头模板,堵头模板安装完成后,由测量站在模板两头放榜仰拱填充高程,并弹墨线,作为仰拱施工时的基线,同时在仰拱高程线上10cm处再弹一道墨线(备用高程线),并用红色小三角进行标注,在混凝土浇筑过程中仰拱高程线被混凝土淹没后,从备用高程线上用直尺向下量10cm挂线进行找平,仰拱施工期间要求横向纵向必须挂线找平,施工完成后平整度误差不得大于5mm。

(9)车站拱墙二次衬砌施工

车站二次衬砌采用衬砌台车进行施工,采用有洛阳高飞桥隧机械有限公司生产的整体式台车进行施工,台车长6m、宽18m、高13.58m,竖向、侧向有效伸展为30cm。衬砌台车的面板为12mm,施工时,需铺设20cm厚枕木,以便台车行走。

采用衬砌台车进行车站暗挖二次衬砌的施工,可一次性将站台层侧墙、站厅层侧墙及拱部进行浇筑,缩短工期,降低安全风险。

衬砌台车结构如图6-63所示。

(10)中柱施工

中柱采用定制钢模,一次浇筑至中纵梁底,由于中柱高度较高,在制作模板时分别在2m、4m、6m高度位置设置泵送管口,施工时先将混凝土泵管接至2m位置接入,当混凝土高度到达2m后将泵管拆除改接至6m位接口并关闭孔口,然后继续进行混凝土浇筑依次浇筑至纵梁底。

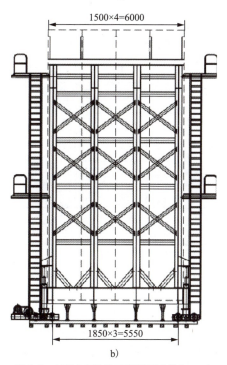

图 6-63 衬砌台车结构示意图（尺寸单位：mm）

柱模由 4 块整体组合钢模板组成，面板厚度 5mm，定做加工。柱箍采用 10 号槽钢，柱箍沿中柱竖向 40cm 布置一道，与模板采用山形扣连接。支撑方法主要采用 ϕ48 脚手管斜支撑，底板（或楼板）预埋钢筋棍及Ω形筋，分别作为支撑脚及钢索拉结点。柱箍使用M16螺栓对拉加固。为保证柱角不漏浆，模板阳角做成企口形式，并粘贴泡沫条，中柱模板及支架示意见图6-64。

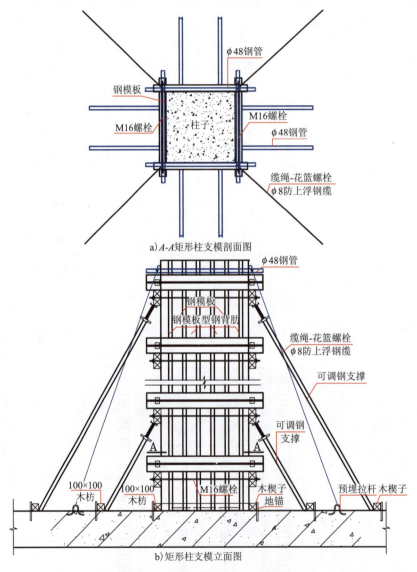

图6-64　中柱模板及支架示意图（尺寸单位：mm）

(11) 中板施工

中板与纵梁相连接，因此纵梁与中板一同施工，车站中板及纵梁采用满堂支架作为承载主体上铺设木方及竹胶板进行浇筑中板，支架钢管采用φ48，壁厚3.5mm的碗扣式满堂脚手架支撑体系。满堂脚手架参数为：立杆间距60cm×60cm（横×纵），水平杆步距为120cm，支架底部和顶部用可调底托和U形顶托；纵肋采用10号工字钢，间距60cm，横肋采用双拼10号槽钢间距60cm。满堂支架需横向每隔5m搭设一道纵向剪力杆，纵向每隔5m搭设一道横向剪力杆,剪力杆采用 $\phi 48$ 壁厚 3.5mm 钢管,剪力杆与满堂支架采用扣件连接,扣件形式同加强初期支护扣件形式,距地面 20cm 处设置纵横扫地杆,满堂支架示意见图 6-65、图 6-66。

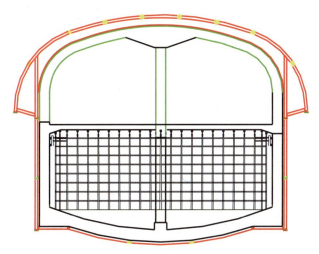

图 6-65　中板满堂支架示意图

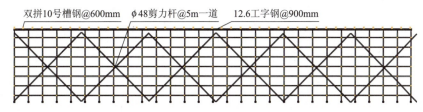

图 6-66　满堂支架纵向搭设示意图

(12) 初期支护、二次衬砌背后注浆施工

①初期支护背后注浆。

初期支护施工时,应在拱墙范围内预埋直径 42mm 的钢花管作注浆管,壁厚 3.5mm,长 60cm,间距为 1m×1m,梅花形布置,注浆的浆液采用水泥浆。当初期支护闭合成环一定长度后,即对初期支护背后进行压注水泥浆,避免初期支护背后存在空腔。同时,开挖后地下水出露较多地段,初期支护及回填注浆后仍有渗漏水地段应依据现场实际情况向初期支护背后更深层围岩进行注浆,以确保初期支护表面干燥,无渗漏水现象。

初期支护背后注浆的浆液一般为单液注浆(水泥:水 =1:1),当渗漏水严重地段,可采用双液注浆(水泥:水:水玻璃 =1:1:0.025)。

②二次衬砌背后注浆。

二次衬砌背后压密注浆由预埋注浆管及注浆两部分组成。在二次衬砌施工完成且强度达到 100% 后,注浆工作方可开始。

注浆管在二次衬砌浇筑前要预埋在拱顶,间距为 3～5m,注浆管的材质为 $\phi 50$ 的 PVC 管,注浆材料为水泥砂浆(配合比为水泥:水:砂 =1:0.5:1)。

6.5 小　　结

1）富水岩溶延安路车站

（1）提出了富水岩溶条件下车站围护结构和止水设计的新方法，隔离了基坑外侧的水进入车站基坑，减小了车站开挖时涌水的风险。

（2）基于瑞雷波探测技术了解场区地质情况，根据实测地质状况设计了车站基底帷幕注浆、基底全断面注浆及基底抗拔桩注浆等三者与全套管咬合桩相结合的防水方案。

（3）针对复杂地质区域的施工与不同结构的特点，制订了一套针对性强的相关监测方案，并首次将智能化自动监测仪引入贵阳轨道交通，确保了监测数据的及时性和准确性。

（4）首次将BIM技术引入到贵阳地下工程的修建中，用BIM+互联网的理念，通过云的方式，解决了基坑风险中的信息沟通问题，并在解决问题的过程中，积累了大数据，可为以后的类似工程安全提供实践与理论基础。

2）明挖车站暗挖站台蛮坡站车站

（1）采用明暗结合的施工工艺，克服了由于车站明暗挖结构上下重叠、地面地形起伏不定的难题。

（2）针对岩溶发育地段暗挖车站隧道的开挖与支护，根据综合超前地质预报成果及开挖揭示的岩溶形态及大小、填充情况以及与隧道的相对位置等具体情况，提出了一套岩溶处治的综合措施。

（3）对蛮坡站支护结构进行了优化设计，针对部分地质好、基坑浅的地段，将围护桩间距优化为3m，节约了造价，同时还减少了施工工期。

（4）根据明暗结合的新型车站形式，设计了明挖站厅、暗挖站台的新型车站的支护参数及施工工艺，对喀斯特山地城市的轨道交通工程修建具有重要意义。

3）大拱盖法施工安云路站车站

（1）针对安云路站上软下硬的地质情况，设计了具有特色的拱盖法暗挖车站结构形式、支护参数，并将拱盖法暗挖车站的设计与工法进行了落实。

（2）根据安云路站埋深及上方市政规划道路——公园路的影响，对安云路站埋深及车站内轮廓进行了优化，降低了隧道结构，把隧道拱部圆形弧优化成扁平结构，设置了纵梁及中柱，确保了暗挖车站结构的安全。

（3）依托安云路站拱盖法设计、施工控制要点，总结提炼了一整套针对喀斯特山地城市轨道交通车站拱盖法修建的工法，成果可为今后贵阳轨道交通工程的修建提供数据支撑和技术指导。

第7章 核心区轨道交通施工期间交通组织

贵阳市是我国典型的山地城市,随着山地城市社会经济的快速发展,城市交通供给和交通需求的矛盾日益突出,出现比平原城市更为严重的交通问题。为解决长期的交通问题,山地城市也加快了实施城市轨道交通的步伐。在城市核心区实施轨道交通工程有施工时间长、影响范围广的特点,施工期间对交通现状产生影响不可避免,在工程建设前对影响范围内的交通进行合理组织,采取多种措施使工程建设对现状交通影响尽量减小,降低施工期对城市运作的影响,是轨道交通工程建设顺利实施的一个重要前提。

由于山地城市地形和道路交通情况的特点,其轨道交通工程施工期间交通组织难度比平原城市更大。在贵阳轨道交通建设前期阶段,贵阳市城市轨道交通有限公司即着手对施工期间的交通组织进行系统研究并付诸实践。

交通组织方案在研究城市现状、交通特征的基础上,结合轨道交通建设实际,从城区、线路、工点不同层次,对区域交通分流、公共交通组织、局部交通疏解、施工车辆安排、实施前必要的工程及宣传、保障工作部署方案等内容认真分析、合理安排,在交通基本顺畅的前提下,工程得以顺利实施。

7.1 贵阳市交通分析

7.1.1 贵阳市现状

贵阳市为贵州省省会,是西南地区中心城市、重要的交通、通信枢纽、工业基地及商贸旅游服务中心,是贵州省政治、经济、文化、科教、交通中心、全国生态休闲度假旅游城市、全国综合性铁路枢纽。建设初期,即 2012 年末,贵阳市常住人口为 445.17 万人。

1）城市自然条件

贵阳市辖区总面积 8034km²,地处黔中丘原盆地,地势西南高、东北低,海拔 1100m 左右。属亚热带湿润温和型气候类型,年平均气温 15.3℃,年平均相对湿度 77%。主要矿产有煤、铝土矿、磷矿等 20 余种。

2）城市社会经济

据建设初期统计,2012 年,全年实现生产总值 1700.30 亿元,比上年增长 15.9%,如图 7-1 所示。到 2017 年地区生产总值已达 3537.96 亿元。贵阳是全省唯一人均生产总值超过万元的城市。

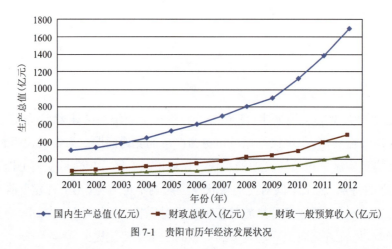

图 7-1 贵阳市历年经济发展状况

贵阳市 2012 年全年实现生产总值 1700.30 亿元,地方财政一般预算收入达到 241.20 亿元,同比增长 28.9%;三次产业结构比为 4.2∶42.2∶53.6,形成了经济增长由二、三产业共同推动的发展新格局。

3）城市空间布局

贵阳市中心城区的空间结构为"双核多组团"的空间结构。"双核"即老城服务核心和观山湖区服务核心;"多组团"包括白云、乌当、花溪、高新区、经开区、综保区、临空经济区等多个城市功能组团。

4）城市规模

贵阳市域总面积 8034km²,城区范围包括老城区和外围龙洞堡、二戈寨、小河区、花溪区、新添、白云区、三桥、观山湖区八个片区,面积约 495km²。2012 年,贵阳市常住人口 445.17 万人中,城镇居住人口为 313.97 万人,占 70.53%;乡村居住人口为 131.2 万人,占 29.47%。

7.1.2 交通基础设施

贵阳市由于自然山体分隔的用地特点,城区呈现跳跃式发展。现状"老城区 + 外围组团"的城市结构和用地模式,决定了其路网结构为"方格网 + 对外放射"形式,如图 7-2 所示。

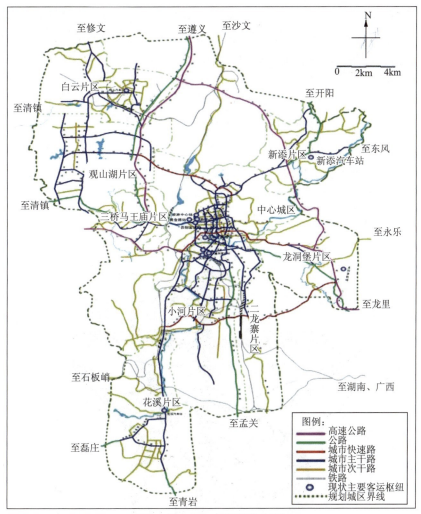

图 7-2 贵阳市中心城现状道路网络

1)城区道路

在轨道交通建设前期,贵阳城区的道路总长度约 390km,道路面积约 1314.3hm^2,城区道路密度约为 2.86km/km^2,道路面积率约为 9.66%,对于规划人口在 200 万以上大城市水平而言,差距较大。

其中,快速路、主干路、次干路与支路的级配构成为 0.9:1.0:0.85:1.63。低等级道路的比例明显偏低,次干路、支路明显不足,特别在老城区表现得相当突出,主干路、次干路及支路的比例为 1:0.84:1.43,次干路、支路通行能力有限,造成大量交通流集中于主要干道。

2)停车设施情况

2012 年,贵阳市机动车拥有量已超过 67 万辆,但停车泊位供给仅有路外停车泊位 6.02 万个,路内停车泊位 1.56 万个,路内路外停车车位比例为 20.6%:79.4%,老城区内停车场包括社会停车场、大型公共建筑物停车场、商业和服务业停车场、大型集散场所停车场等共计 744 处,泊位 34395 个;路内停车泊位 7187 个,停车泊位总量占全市 63%,因城区交通需求集中,停车设施供给总量严重不足;按《城市道路路内停车泊位设置规范》(GA/T 850—2009)规定,大城市路内停车泊位设置率不应超过10%,目前城区路内停车泊位设置率已为17.3%,占用道路资源更多,也加重了路网交通压力。

3)对外交通

城市对外交通是城市存在和发展的必要条件,对城市发展和规划布局有重要影响,是划分轨道交通施工对城市交通影响范围的重要因素。

贵阳市域范围内的过境与对外交通呈现"一环、一横、七射"走廊分布形态,主要包括:环贵阳中心城区经济产业带"一环"走廊,市域北部的黔西—息烽—开阳—瓮安"一横"走廊,与周边城市和地区交通联系的贵阳—息烽—遵义、贵阳—开阳—遵义、贵阳—瓮安、贵阳—凯里和都匀、贵阳—惠水、贵阳—安顺、贵阳—黔西"七射"走廊,见图7-3。

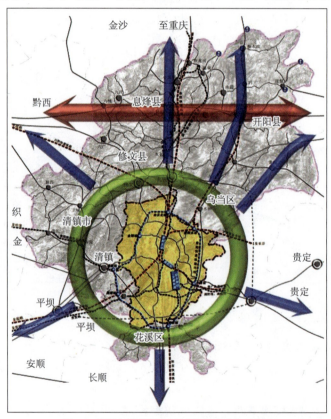

图7-3　贵阳市域过境与对外交通走廊分布示意图

7.1.3　居民出行特征

1)出行次数

出行次数即城市居民的一日出行次数,根据2008年的居民出行调查,贵阳市居民(包括调查的暂住人口)日平均出行次数为2.61次,其中,有出行人口的日平均出行次数为3.08

次。与其他城市相比,贵阳市的居民日出行次数处于较高水平。

2)出行方式

出行方式是指出行者完成一次出行所使用的交通工具。城市居民对出行方式的选择行为比较复杂,受到交通方式的可用性、不同交通方式使用的方便程度、舒适性、安全性、出行速度、可达性、费用以及出行者的个人因素的影响。其中,出行速度、可达性、费用是主要的影响因素。

从老城核心区、观山湖新区及其他组团的各种出行方式的组成比例分析,中心城区、观山湖新区、白云区等区域,步行和公交都是居民出行的主要交通方式,两者比例之和超过80%。与中心城区相比,其他组团的步行出行的比例较高,而市郊区域由于公交线路的覆盖率较低,导致公共汽车的方式分担率与市中心相比偏低。

3)出行目的

出行目的包括上班、上学、购物、娱乐等。根据2012年的调查,贵阳市以回家为出行目的的出行占总出行的比例为45.30%,工作出行的比例为24.65%。上班、上学、回家出行目的比例之和超过80%,因此贵阳市出行主要是通勤出行。同时,购物的出行占7.96%,对中心商业区步行设施、公交车路线和停车场的要优化布置。

4)出行时耗

根据调查,贵阳市老城核心区、观山湖区新区及其周边组团区域居民出行时间存在较大差异。2012年贵阳市居民消耗在回家路上的时间比2008增加了19.5%。主要原因是城市经济发展,部分企业和政府机构迁出主城区,带来大量的通勤交通。城区居民的平均出行时间为31.4min。出行时间在1h内的占80.6%,而2001年为91.1%,长距离的出行比重在逐渐增加,不同方式的出行时耗相差明显,其中公交出行的平均时耗达到53.6min,明显高于居民平均出行时耗。

5)出行时间分布

贵阳市老城核心区、观山湖区新区和其他组团居民出行时间分布较为一致,出行早晚高峰时间段分别为7:00—9:00和17:00—18:00,其他组团在中午时分出现了一个出行小高峰。观山湖区新区早高峰特征较其他两类区域更为明显,其7:00—8:00时段的出行次数占全天出行次数22.6%,而老城核心区及其他组团的这一比例分别为18.71%和19.08%。

6)出行空间分布

贵阳居民出行空间分布中老城区出行量占规划城区范围出行总量的76%,见图7-4。外围片区的区间出行以老城区为最主要联系方向,城市"向心交通"特征明显。老城区仍然是居民出行的核心,但居民的出行不再局限与以组团内部为主,跨组团间的出行开始增多,特别是老城区与外围组团间的联系日益紧密。老城区与观山湖、三桥区、龙洞堡、二戈寨、小河区居民出行量较大,对连接的通道带来巨大的交通压力。跨组团间的出行增加了主城区穿越交通量,对主城区交通组织带来很大影响。

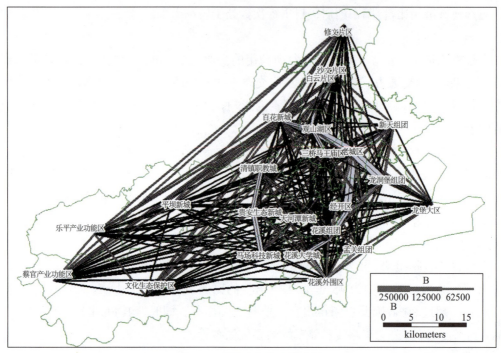

图 7-4 远景年全方式 OD 分布图

7.1.4 公共交通现状

1）总体发展水平

贵阳现状公交系统以常规公共交通为主体，中小巴士、出租车等辅助交通工具，基本覆盖建成区范围。2012 年，贵阳市公交公司完成客运量 6.70 亿人次，日均客运量 183.30 万人次。总体来看，贵阳公交历年完成客运量人次呈增长的趋势，特别是近五年增幅较大，年均增长率达到了 9.9%。2012 年，贵阳公交公司拥有运营公共汽车 3309 辆。

2）公交线路分布

2013 年，贵阳公交公司拥有公交线路达 171 条，见图 7-5。其中市区 144 条（普巴 81 条，社区公交 14 条，夜间 9 条，迷你巴士 9 条，专线 3 条，中高级快巴 28 条），郊区 27 条。

3）公共交通走廊

贵阳市目前主要的商务、办公、商业金融等单位大都分布在中华路、延安路、宝山路、北京路等主要干道两侧。因此，主要干道不仅承担大量机动交通需求，其两侧也集中了大部分就业岗位，由此形成了现状各片区内的主要客流走廊。同时，往来于老城区和外围主要发展片区间的客流也在老城区的主要对外联系通道上形成了片区间联系的主要公交走廊，见图 7-6。

4）公交主要存在问题

随着城市空间结构的扩展，公交整体的发展滞后于城市发展速度，限制了居民出行；随着城市人口规模的不断扩大，公交客运量也逐年攀升，但公交方式出行的比例仍不高，公交吸引力日益下降；贵阳现状高密度的开发和用地模式对公交发展有利，但路网不够完善，网络化层次不清晰，缺乏分层分级的组织模式，导致公交线路过分集中在有限的几条主干道上；由于城市道路网络的结构性缺陷，导致公交线网结构不够合理，线路重复多，站点间距短，平均运行车速较低；公交场站设施不足，缺乏真正意义上的公交换乘枢纽；外围地区公交线网密度低、配车少，居民乘用公交换乘不便。

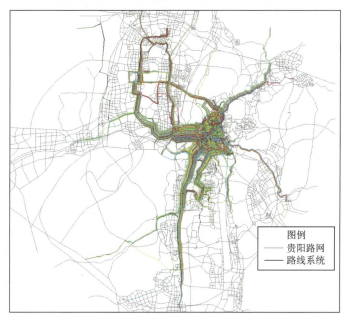

图 7-5　贵阳老城区公共交通线路分布图

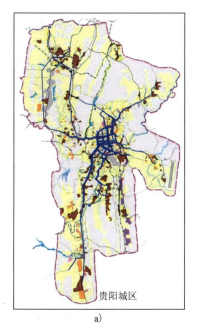

a)

b)

图 7-6　贵阳市区公共交通走廊

7.1.5 交通管理政策

交通需求管理是在现有道路面积不增加的前提下，通过各种方式引导公众理性使用相对稀缺的道路资源，从而达到缓解交通拥堵的目标。交通需求管理政策分为三个层次：行政限制性政策、拥挤收费性政策和外延支撑性政策。

贵阳市从 2011 年开始实施"两限政策"（摇号上牌、车辆限行，2014 年进行了调整）。

1）小型客车限行措施

贵阳市籍牌照及办理长期行驶登记所有小型客车工作日一环路内实施尾号限行。

（1）非贵阳市籍牌照小型客车一环内实施"开三停五"的限行措施。

（2）不受限对象：特种车辆，城市公交、出租及公路客运车辆，邮政专用车及喷涂有统一外观标识的行政执法车和城市专项作业、保障车辆，不受通行限制。

2）货车禁行措施

（1）微型货车、轻型货车：每日 7:00—22:00 禁止驶入一环路（含一环路）以内各条道路；

（2）重（中）型载货汽车、工程车、特种货物运输车以及其他悬挂黄牌的非载客汽车，每日 00:00—24:00 禁止驶入三环路以内（不含三环路）各条道路。

3）汽车限购措施

新登记的小客车将实行新号牌核发规定。新号牌分两类，第一类是小型客车专段号牌，准许驶入所有道路，该类号牌实行配额管理制度，每月 2000 辆；第二类是普通号牌，禁止驶入一环路（含一环路）以内道路，核发数量不受限制。

"两限政策"实施以后，贵阳市老城区交通恶化态势有所遏制，老城区再未出现大面积交通拥堵，交通总体稳定运行。

7.1.6 交通运行现状

1）路网结构

贵阳市老城区为贵阳市商业金融、行政办公、学校、医疗设施等最密集的地区，交通需求集中，交通流量大。南北向长约 4km，东西向宽约 2.5km，老城区核心区空间跨度较小，通过现状调研，既有承担交通功能的道路屈指可数，一环内形成"一环、二纵、三横"方格+环状的骨干路网构架，整体来看，路网结构不太合理，次干道及支路网密度较低，见图 7-7。

一环：北京路、宝山路、解放路、市南路、浣纱路、枣山路。

东西向主干道：延安路、中山路—市西商业街、都司路；次干道：沙河街、威清路—黔灵路、观水路。

南北向主干道：瑞金路、中华路；次干道：环城北路—合群路—公园路、陕西路—富水路、友谊路—文昌路。

图 7-7 老城区路网图

2）重要节点周日交通流量特性

喷水池交叉口、次南门交叉口、新路口交叉口、大十字交叉口为老城区最重要交叉口，交通流量较大。对这些交叉口交通流量周日统计结论表明周一至周六整体日交通量变化趋势不大，拥有各类尾号车辆数目基本一致，路网容量已趋饱和。

3）重要节点日小时交通流量特性

（1）上午交通量分布最大时段为 8:00—9:00，下午集中为 17:00—18:00。

（2）18:00—22:00 这一时间段，交通流量变化趋势不大，反应为高峰流量已持续蔓延，个别节点在晚高峰期流量急速下降，体现为路网容量过于饱和，通行能力急速下降。

4）车速分析

2012 年 9 月，通过浮动车技术获得贵阳老城区路网车辆行驶速度分析，老城区运行早晚高峰车辆运行状态不容乐观，平均行程车速低于 15km/h，低于非机动车平均行程车速。早晚高峰的平均行程车速为 12km/h，个别道路北京路、枣山路等道路平均行程车速仅有 2～3km/h，低于步行速度。

5）路网流量及服务水平分析

贵阳老城区（一环及以内）路段早高峰流量及服务水平分析中可以看出，北京路、宝山路、瑞金路、中华路、浣纱路、都司路等部分路段流量较大，道路服务水平较低，交通较为拥堵。在所有的主干道中，D 级及以下服务水平的路段占到 49.2%。贵阳老城区路段在工作日早高峰局部非常拥堵。

6）老城区路网容量分析评价

采用时空消耗法进行路网容量分析，贵阳老城区一环以内路网高峰小时容量为 35000pcu（标准车当量数，Passenger Car Unit），全日路网容量为 190000pcu。采用进出口通行能力法计算老城区高峰小时路网容量为 46388 pcu。

结果表明贵阳老城区的交通瓶颈在老城区内部节点。缓解老城区内部的交通拥堵，必须对进入老城区的交通量进行控制。

另外，根据贵阳老城区交通需求模型的测算结果，与老城区相关的出行占总的出行的比例约为 60%，高峰小时与老城区相关的交通量为 34056pcu，占路网容量的比例达到 97%。所以，从路网容量利用的角度，老城区交通需求已经接近于交通供给的极限。

从贵阳市机动车保有量和居民出行的强度看，截至 2012 年年底，贵阳市机动车保有量达到 67.4 万辆。老城区机动车的保有量占全市机动车保有量的比例为 57.8%，一环内两个区机动车保有量约为 9.35 万辆，高峰小时出行比例为 0.18，老城区的机动车出行量达到 3.23 万辆左右，仅老城区一环内交通需求就已经接近于交通供给的极限。

轨道交通工程施工时路网的交通供给减少，容量降低，如不控制交通需求，老城区交通需求势必会超过路网容量，导致路网服务水平急剧降低。

7.1.7　城市交通特征

贵阳市受自然条件的限制，仍然为典型的"单中心+外围组团"城市结构，观山湖区新区作为城市第二中心的功能尚未真正发挥，老城区仍是城市核心及区域服务中心。

现状老城区的平均的人口密度达到 2.3 万人 /km^2。人口与城市功能的高度聚集，使老城区成为全市交通活动的重点地区，目前老城区交通出行量占市区交通出行总量的比例高达 76%。城市功能高度集中，外围片区相对独立，彼此相互联系较弱，组团间联系均以老城为核心，城市向心交通和穿越交通出行特征突出。

基于贵阳市城市布局、路网结构、时空分布特征分析，结合贵阳市交通运行现状，总结贵阳市交通呈现八大特征和三大症结。

1）八大特征

特征一：向心交通需求特征较为明显，老城区路网体系需承担多类型交通需求。

特征二：次干道和支路系统严重匮乏，主干道"孤军奋战"。

特征三：潮汐式交通进一步降低道路设施利用率，同时加大交通管理难度。

特征四：主干道路段两侧机动车出入口成为道路拥堵点。

特征五：路边停车让仅有的支路系统交通功能丧失殆尽。

特征六：常规"公交优先"步履艰难。

特征七：交通流的"纯净化"为提升道路通行效率打下了基础，但驾驶员素质的"差异化"加剧了交通拥堵。

特征八：具有贵阳特色的交叉口渠化与精细化信号配时，使得交叉口的通行能力得到较大提高。

2）三大症结

症结一：动静失稳。

道路供给水平低：现状道路网密度为 2.86km/km²，仅为规范标准的一半。

人口功能高度密集：一环以内老城核心区人口密度达到 4.5 万人 /km²，城市功能高度聚集，老城区交通出行量占市区交通出行总量的比例高达 76%。

道路资源供给不足是贵阳城市交通问题的最根本原因。

症结二：结构失调。

次干道和支路系统严重匮乏，次支路的路网密度仅为规范值的三分之一。导致主干道"孤军奋战"，内外交通相互干扰。

症结三：供需失衡。

静态交通缺失导致对动态交通严重干扰。

2010 年贵阳市机动车拥有量为 61.1 万辆，停车泊位供给仅为 6.02 万个，体现为泊位供给严重不足。在停车泊位中有 1.56 万个为路侧停车泊位，导致大量的路内占道停车，使得城市支路机动车交通功能丧失，本身就十分有限的路网容量进一步大大削弱，严重影响了动态交通的通行效率。

7.2 轨道交通建设影响分析

7.2.1 轨道交通沿线概况

1）轨道交通走向

1 号线在核心区西北起于贵阳北站，南至沙冲路站，线路主要沿安云路、合群路、公园路、遵义路及朝阳洞路布设，线路总长 14.42km。1 号线核心区段共设置了 10 个站点，分别为贵阳北站、雅关站、蛮坡站、安云路站、北京路站、延安路站、中山路站、人民广场站、火车站站、沙冲路站，平均站距约为 1.6km，站点所处位置大都为交叉口处，见图 7-8。

2）轨道交通沿线用地分析

核心区安云路站—中山路站两侧开发强度一般，用地以居住为主，兼有部分商业、商务办公、体育设施用地；中山路站—沙冲路站两侧开发强度较高，用地以商业、办公为主，兼有部分居住、教育设施用地。

7.2.2 轨道线路沿线交通情况

1）沿线道路及功能分析

核心区一环内主要道路有一环路、东西向主干道、南北向主干道。

图 7-8 老城区轨道线路走向

核心区轨道沿线(都司路—八鸽岩路)的主要道路有中华路、瑞金路、北京路、延安路、中山路、都司路等主干道,以及八鸽岩路、安云路、环城北路—合群路—公园路、城基路、沙河街、永乐路、龙泉巷、嘉禾路、毓秀路、太平路、飞山街、省府西路、飞山横街、市府路等次支道路,见图7-9、图7-10。

图7-9 八鸽岩路—延安路路网

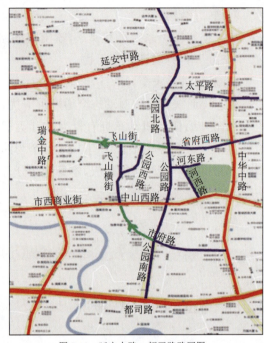

图7-10 延安中路—都司路路网图

沙河街、城基路(黔灵西路以南)、毓秀路、市府路(公园路以西)、嘉禾路采用单向交通组织方式,其余道路交通组织方式为双向交通。

北京路、宝山路、瑞金路、延安路交通量较大,高峰期交通运行状况较差,服务水平较低,拥堵现象较为显著。

解放路、枣山路—浣纱路交通量较大,服务水平较差,市南路交通运行状况良好。

遵义路、新华路、友谊路—文昌路、沙河街、西湖路—观水路、永乐路、毓秀路、八鸽岩路、安云路、市北路、盐务街平峰时段交通量较小,交通运行状况良好。

飞山街为次干路、城基路、龙泉巷、嘉禾路、太平路、河东路—河西路、市府路为城市支路,主要满足居民需求。

2)沿线公共交通现状

沿线公共交通现状(表7-1、图7-11)。

安云路、环城北路、合群路、公园路沿线公交线路汇总 表7-1

道路名称	路段	站点	运行公交线路
安云路	八鸽岩路—北京路	安云路口	22、30
环城北路、合群路	北京路—黔灵路	环城北路	20、30、66、248
		上合群路	20、30、66
		黔灵西路口	20、30、66

续上表

道路名称	路　　段	站　　点	运行公交线路
合群路	黔灵路—延安路	下合群路	20、32、34、66
公园北路	延安路—省府西路	公园北路	20、32、34、66
公园路	省府西路—都司路	公园路	11、20、34、39、66
		市府路口	14、20、66
		公园南路	14、20、66

图 7-11　安云路、环城北路、合群路、公园路沿线公交线路

核心区安云路、环城北路、合群路、公园路沿线共设置 8 对公交站点，8 条公交线路运行，其中安云路路段上运行的公交线路最少，仅为 2 条，公园路（飞山街—中山路）路段上运行的公交线路多达 5 条。

遵义路是通往贵阳市大型交通枢纽站——贵阳火车站的唯一通道，同时也是联系老城区与小河区、花溪区的重要通道之一，沿线设有 3 对公交站点，有多条公交线路运行，运行线路多达 26 条，其中解放路—火车站段运行的公交线路最多，多达 19 条，见表 7-2 及图 7-12。

遵义路沿线公交线路汇总　　表7-2

路　段	站　点	运 行 公 交 线 路
中华南路—瑞金路	邮电大楼	1、2、15、21、24、52、218、253、306、208
瑞金路—解放路	展览馆	1、2、6、17、20、24、28、65、253、308、k29、219
解放路—火车站	火车站	1、2、17、20、24、9、43、60、61、63、65、74、216、219、224、240、241、253、k29

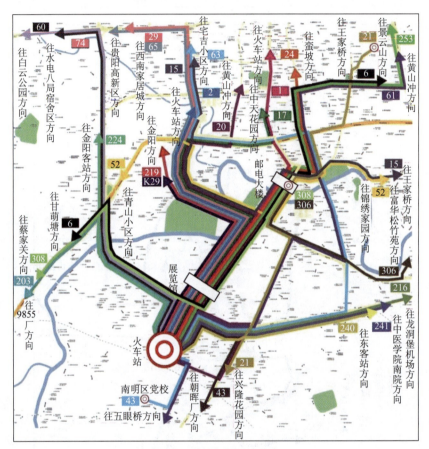

图7-12　遵义路沿线公交线路

3）行人过街设施及流量

（1）行人过街设施

都司路—八鸽岩路段轨道线路经过7个交叉口，交叉口行人过街设施形式较为多样。其中：4个交叉口行人过街设施为平面过街；2个交叉口过街设施为地下通道；1个交叉口过街设施为天桥，见图7-13。

人民广场站—沙冲路站路段轨道线路经过3个交叉口，交叉口行人过街设施形式较为多样。其中，2个交叉口行人过街设施为地下通道；1个交叉口过街设施为天桥，见图7-14。

（2）行人过街流量

根据节点的重要性，分析了4个节点的行人过街流量。

第 7 章 核心区轨道交通施工期间交通组织

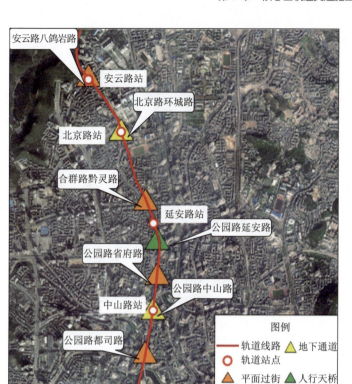

图 7-13 都司路—八鸽岩路轨道沿线行人过街设施现状

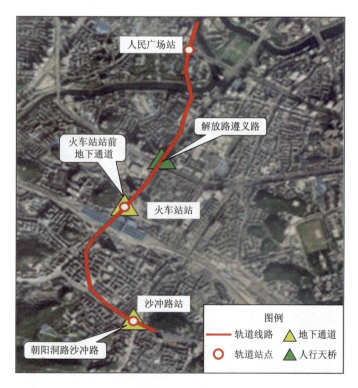

图 7-14 人民广场站—沙冲路站轨道沿线行人过街设施现状

①北京路与环城路节点,见图 7-15 及表 7-3。

图 7-15　北京路与环城路节点行人过街流量统计示意图

北京路与环城路节点不同情景假设下人行过街通道宽度及所需时间表　　表 7-3

节点 / 方向		高峰行人流量（人/h）	情景 1:无障碍及信号灯影响,行人通道宽度要求（m）	情景 2:南北向人行过街采用平面设施,人行全部通过所需时间（min）	情景 2 下北京路通行能力下降程度
北京路环城路节点	北口(东西向)	840	0.75	无	—
	南口(东西向)	1080	0.75	无	—
	南北向	1560	—	9.36	北京路东西向通行能力下降 16%

②延安路与合群路节点,见图 7-16 及表 7-4。

图 7-16　延安路与合群路节点行人过街流量统计示意图

延安路与合群路节点不同情景假设下人行过街通道宽度及所需时间表　　表7-4

节点/方向		高峰行人流量（人/h）	情景1：无障碍及信号灯影响,行人通道宽度要求（m）	情景2：人行过街采用平面设施,人行全部通过所需时间（min）	情景3：东口或西口架设钢便桥,东西向单侧可通行,钢便桥及人行通道宽度要求(m)
延安路合群路节点	东西向	3744	1.6	11	人行通道:1.6
	东口（南北向断面最大量）	2508	1.5	15	钢便桥:2.7
	西口（南北向断面最大量）	3060	1.5	19	

③中山路与公园路节点,见图7-17及表7-5。

图7-17　中山路与公园路节点行人过街流量统计示意图

中山路与公园路节点不同情景假设下人行过街通道宽度及所需时间表　　表7-5

节点/方向		高峰行人流量（人/h）	情景1：无障碍及信号灯影响,行人通道宽度要求（m）	情景2：人行过街采用平面设施人行全部通过所需时间（min）	情景3,东口或西口架设钢便桥,东西仅单侧可通行,钢便桥及单侧通道宽度要求(m)
中山路公园路节点	东口（南北向）	2898	—	17.4	钢便桥:3
	南口（东西向）	3168	1.5	19	人行通道:3
	西口（南北向）	3468	—	21	钢便桥:3
	北口（东西向）	3312	1.5	20	人行通道:3

④贵阳火车站节点。

目前贵阳市火车站是贵阳市对外大型交通客运枢纽站之一,人行交通量较大。高峰日高峰小时客运发送量为4500人次/h,同时考虑到送客等客流因素影响,在此基础上应适当增加客运量。经过计算高峰日高峰小时进站行人通道宽度设置不得小于6m。考虑到出站客流具有短时聚集特性,在入站通道宽度基础上适当加大出站通道宽度。实际设置不得小于7m。

4）重要节点机动车交通流及服务水平分析

重要节点的机动车交通流及服务水平分析的目的是为后续微观交通组织方案中交叉口渠化以及人行过街方案提供定量支撑。

轨道交通 1 号线建设阶段重点分析贵阳老城区关键节点的机动车交通流和服务水平。总体来看，东西向北京路、延安路、中山路交通量相对较大服务水平等级较低，交通运行状况较差；公园（延安路—中山路）路段交通量较大，服务水平等级较低；环城北路及安云路交通流量较小，服务水平良好。

（1）北京路与环城路节点

东西向北京路进出口交通流量较大，服务等级均在 D 级以上，交通流接近或处于不稳定流，服务水平较差；南北向安云路、环城路交通流量相对较小，服务等级大都为 A/B 级，交通流处于自由流，服务水平良好，见表 7-6 及图 7-18。

北京路与环城路节点流量及服务水平分析表　　　　　表 7-6

进 出 口		通行能力 C（辆）	流量 V（辆）	V/C	服务等级
东口	进口	4935	3142	0.64	B
	出口	4569	3775	0.83	D
南口	进口	800	500	0.63	B
	出口	800	1013	1.27	F
西口	进口	4569	4288	0.94	E
	出口	4935	3112	0.63	B
北口	进口	800	212	0.26	A
	出口	800	242	0.3	A

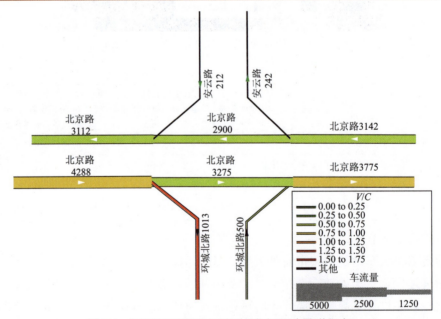

图 7-18　北京路与环城路节点流量及服务水平示意图（单位：辆）

（2）延安路与公园路节点

东西向延安路进出口交通流量较大，服务等级大多为 D/E 级，交通流接近或处于不稳定流，服务水平较差；南北向公园路交通流量相对较小，服务等级大多为 B～E 级，服务水平相对良好，见表 7-7 及图 7-19。

延安路与公园路节点流量及服务水平分析表　　　　　　　表 7-7

进出口		通行能力 C（辆）	流量 V（辆）	V/C	服务等级
东口	进口	1763	1560	0.88	D
	出口	2526	1572	0.62	B
南口	进口	1763	1008	0.57	B
	出口	1112	936	0.84	D
西口	进口	1763	1434	0.81	D
	出口	1291	1278	0.99	E
北口	进口	1763	834	0.47	B

图 7-19　延安路与公园路节点流量及服务水平示意图（单位：辆）

（3）中山路与公园路节点

西口、北口交通流量较大，服务等级大都在 D 级以上，交通流接近或处于不稳定流，服务水平较差；东口、南口交通流量相对较小，服务等级大多为 B～E 级，见表 7-8 及图 7-20。

中山路与公园路节点流量及服务水平分析表　　　　　　　表 7-8

进出口		通行能力 C（辆）	流量 V（辆）	V/C	服务等级
东口	进口	1219	666	0.55	B
	出口	1182	630	0.53	B
南口	进口	1408	978	0.69	C
	出口	2272	780	0.34	A
西口	进口	1711	1358	0.79	D
	出口	1517	1400	0.92	E
北口	进口	1088	1242	1.14	F
	出口	1539	1280	0.83	D

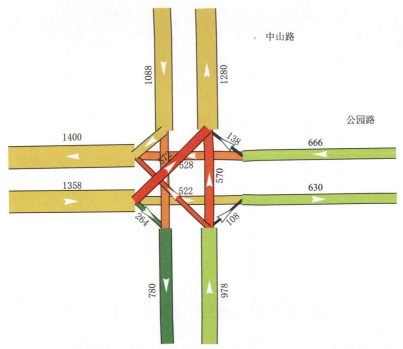

图 7-20　中山路与公园路节点流量及服务水平示意图（单位：辆）

7.2.3　轨道交通建设影响分析

1）轨道交通施工方案

轨道交通施工方案简要包括站点和区间的施工方法（明挖、暗挖、高架等）、施工周期、施工围挡位置、竖井的位置等。

贵阳轨道交通 1 号线经过区域轨道交通施工方案见表 7-9 及图 7-21。

老城区区间及站点施工方案介绍　　　　表 7-9

车站或区间	施工方法	施工周期（月）	交通影响程度
贵阳北站—雅关站	高架+暗挖+路基	—	无
雅关站	高架	26	无
雅关站—蛮坡站	路基+高架+暗挖	—	无
蛮坡站	明挖+暗挖		较小
蛮坡站—安云路站	暗挖	—	无
安云路站	明挖+暗挖	27	有影响
安云路站—北京路站	暗挖	—	无
北京路站	明挖	26	影响较大
北京路站—延安路站	暗挖	—	无
延安路站	明挖	26	影响较大
延安路站—中山路站	暗挖	—	无
中山路站	明挖	27	影响较大

续上表

车站或区间	施工方法	施工周期(月)	交通影响程度
中山路站—人民广场站	暗挖	—	无
人民广场站	明挖+暗挖	27	有影响
人民广场站—火车站站	暗挖	—	无
火车站站	明挖	29	影响较大
火车站站—沙冲路站	暗挖	—	无
沙冲路站	明挖	27	有影响

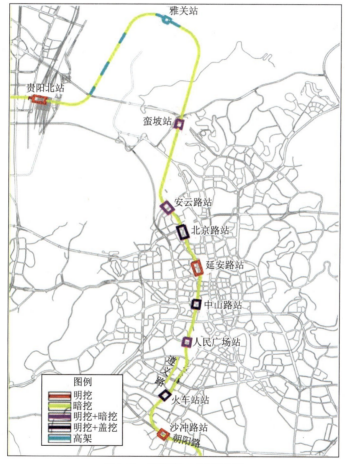

图 7-21 老城区施工方案示意图

2)沿线交通影响分析

(1)核心区沿线特点

①沿线用地以居住、商业为主,都司路—中山路路段为贵阳市公共服务商业开发密集区域,此外途经贵阳市大型对外交通枢纽站——火车站。

②沿线与城市多条主次干道相交,东西向北京路、延安路、中山路道路交通功能极为重要。

③轨道途经道路具有双重交通功能,环城路、合群路、公园路成为沿线底层商业设施的

唯一出入口。

④沿线道路至少有三条以上公交线路运行,但大部分线路仅停靠一个公交站点。

⑤沿线不仅集中了大量的人口和岗位,而且有很多如医院、学校、军事单位、政府部门等重要设施。

(2)核心区轨道交通工程施工影响阶段

贵阳老城区轨道交通老城区段主要为八鸽岩路到都司路。老城区轨道交通的施工周期总共有 27 个月,可以划分为 6 个时间段,各时间段的施工围挡区域如图 7-22、图 7-23 所示。

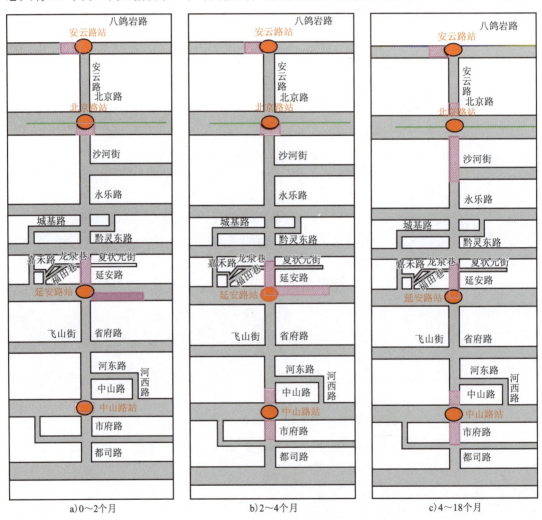

图 7-22 老城区段施工前三个时间段公园路沿线道路通行情况

① 0～2 个月施工期交通影响分析。

在最初 2 个月施工期,八鸽岩路和合群路部分路段(黔灵东路和延安路之间)完全断交,路网的交通状况如图 7-24 所示。D 级及以上路段的比例由 49.2% 增加至 52.4%,老城区交通状况明显恶化,见图 7-25。

第7章 核心区轨道交通施工期间交通组织

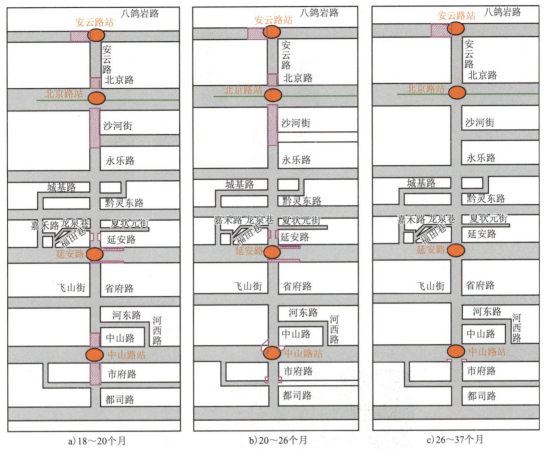

a) 18~20个月　　　　b) 20~26个月　　　　c) 26~37个月

图7-23　老城区段施工后三个时间段公园路沿线道路通行情况

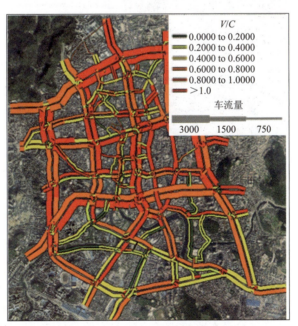

图7-24　0~2个月老城区交通状况

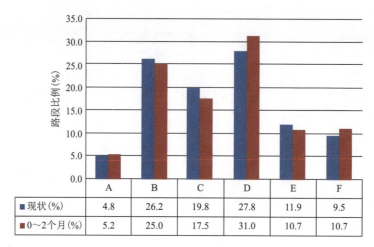

图 7-25　0～2 个月不同服务水平路段比例变化

② 2～4 个月施工期交通影响分析。

在第 2～4 个月施工期，新增合群路的省府路—中山路以及中山路—都司路段断交，路网的交通状况如图 7-26 所示。D 级及以上路段的比例由现状的 49.2% 增加至 53.2%，老城区交通状况进一步恶化，见图 7-27。

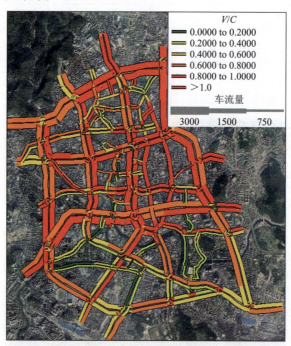

图 7-26　2～4 个月施工期老城区交通状况

③ 4～18 个月施工期交通影响分析。

在第 4～18 个月施工期，合群路的北京路—沙河街路段完全断交，其他和前一个施工期大体相同。由于安云路和黔灵东路以南的合群路在前一施工期已经断交，新增加的断交路段对整个路网的交通状况不会有大的影响。所以 D 级及以上路段的比例为 53.6%，变化不大，见图 7-28。

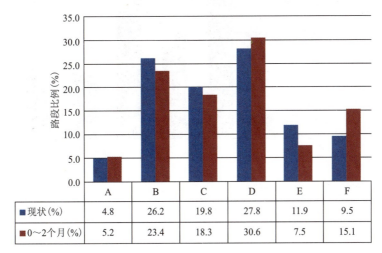

	A	B	C	D	E	F
现状(%)	4.8	26.2	19.8	27.8	11.9	9.5
0～2个月(%)	5.2	23.4	18.3	30.6	7.5	15.1

图 7-27　2～4 个月施工期不同服务水平路段比例变化

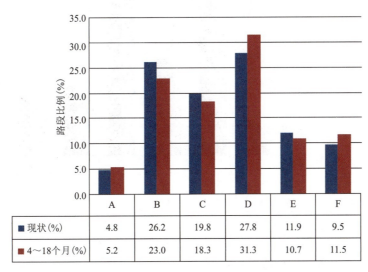

	A	B	C	D	E	F
现状(%)	4.8	26.2	19.8	27.8	11.9	9.5
4～18个月(%)	5.2	23.0	18.3	31.3	10.7	11.5

图 7-28　4～18 个月不同服务水平路段比例变化

④ 18～20 个月施工期交通影响分析。

在第 18～20 个月施工期，黔灵东路和延安路之间的合群路恢复通车，其他与前一个施工期大体相同。由于合群路部分路段已经恢复通车，所以路网交通状况有一定的改善。D 级及以上路段的比例由上一阶段的 53.6% 降低为 50.4%，见图 7-29。

⑤ 20～26 个月施工期交通影响分析。

在第 20～26 个月施工期，位于省府路与都司路之间的合群路基本恢复通行。由于省府路与都司路之间的合群路恢复通车，路网整体的交通状况有所改善。所以，D 级及以上路段的比例由上一阶段的 50.4% 降低为 50.0%，见图 7-30。

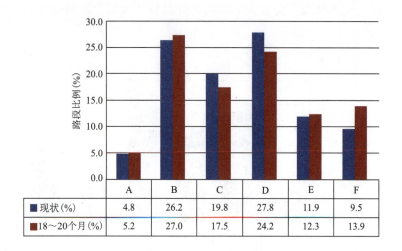

图 7-29　18～20 个月不同服务水平路段比例变化

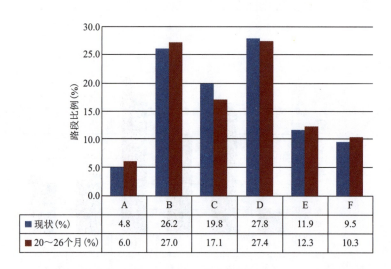

图 7-30　20～26 个月交通状况

⑥ 26～27 个月施工期交通影响分析。

在第 26～27 个月施工期，除八鸽岩路仍然处于断交状态外，其余路段都恢复至施工前的状态。路网的整体状况相对于施工前变化不大，D 级及以上路段的比例由施工前的 49.2% 增加为 49.6%，见图 7-31。

（3）施工对路网容量的影响

根据轨道交通工程施工的特点，在不同的施工阶段会造成公园路—合群路部分路段断交，如在 4～18 个月施工期，与中山路、延安路、北京路相交的部分路段完全断交，因此，公园路—合群路所承担的通过性交通功能不复存在。公园路—合群路的断交必然会导致老城区路网容量的下降。经过测算，公园路—合群路的车道长度为 16768m。当公园路—合群路断交时，老城区路网的容量变为 33135pcu/h，下降了 5.3%。

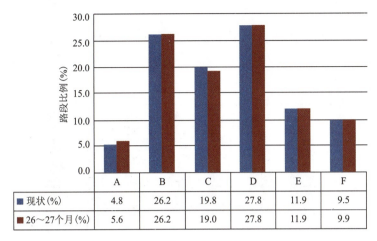

图 7-31　6～27 个月不同服务水平路段比例变化

轨道交通工程施工除导致公园路—合群路断交外,东西向的北京路、延安路、中山路,会由于车道数的减少或者道路线型的变差,导致通过能力的降低。综合考虑各施工站点围挡情况,这些道路的通行能力整体会降低约 20%,在此情况下,路网容量会进一步降低。经过测算,在公园路—合群路断交,与之相交的北京路、延安路、中山路通行能力降低 20% 的情况下,路网容量变为 32978pcu/h,与施工前相比下降了 5.8%。

(4) 施工对路网主干道的影响

瑞金路和中华路是与公园路—合群路平行的两条重要城市主干道,当公园路—合群路由于轨道建设施工的影响断交或通行能力锐减后,这两条道路将分担主要的交通流。在不同的施工阶段,瑞金路(北京路—都司路)和中华路(八角岩路至都司路)的交通流量和道路服务水平会发生明显的变化。

① 中华路。

中华路双向平均服务水平在不同的施工阶段变化不相同,总体看在 2～4 个月变化最为明显,由施工前的 D 级变为 E 级,见图 7-32。

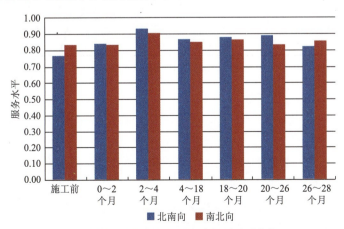

图 7-32　中华路在不同施工阶段服务水平变化

② 瑞金路。

瑞金路南到北方向平均服务水平由 D 级变为 E 级，北到南方向由 C 级变为 D 级，见图 7-33。

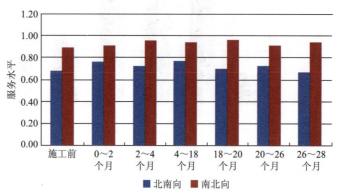

图 7-33　瑞金路在不同施工阶段服务水平变化

3）单个站点施工交通影响分析

（1）蛮坡站

本车站施工方法采用明暗挖相结合，施工期间周边建筑物需拆除，交通影响只涉及现状一条约 5m 左右的入村道路，对外围交通无影响，见图 7-34。

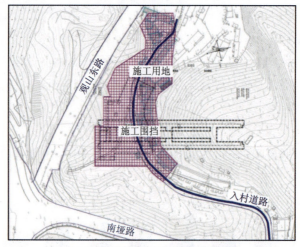

图 7-34　蛮坡站施工方案及交通影响分析

（2）安云路站

该车站主体结构采用明挖+暗挖的施工方法，附属结构采用明挖施工，施工周期约为 27 个月。

在施工期间，主体结构施工场地主要布置在八鸽岩路，附属结构主要布置在八鸽岩路两侧。

该站点施工期间八鸽岩路及安云路断交，同时交叉口部分用地出入口被占用，居民无法出入，八鸽岩路单边临时公交站点被拆除，见图 7-35。

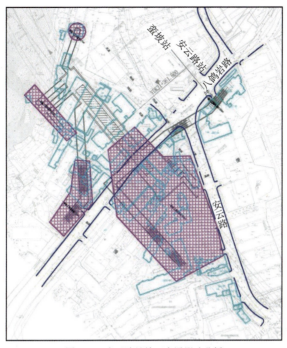

图 7-35 安云路站施工交通影响分析

(3) 北京路站

该站点共分为两期施工。

为保证后期施工北京路交通通行,一期施工架设钢便桥范围内围护结构,施工期间将占用交叉口大半幅空间,施工周期约为 4 个月,机动车可通行空间剩余 9m。施工期间环城北路与北京路无法实现交通转换,东西向北京路能保证通行,施工期北京路通行能力受到较大影响,见图 7-36。

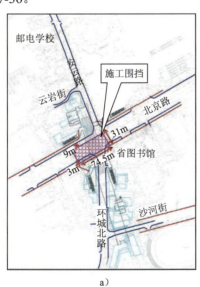

a) b)

图 7-36 北京路站施工交通影响分析

二期施工车站主体以及附属结构,施工周期约为 22 个月,施工期间南口和北口全部封闭,北京路围挡区域至南侧路缘石边线距离约为 30m。

二期施工期间,南北向的安云路以及环城北路在交叉口处不具备通行条件;沙河街与环城路无法实现交通转换,东西方向北京路能保证通行,基本不受影响。

(4) 延安路站

一期施工期间 2 号线车站同时施工,一期施工车站主体结构,1 号线车站采用明挖施工方法,2 号线车站采用分幅盖挖施工,施工周期约需 18 个月,见图 7-37。

图 7-37 延安路站一期施工交通影响分析

施工期间车站范围内合群路全部围挡,合群路断交。延安路剩余道路空间为 13m,在交叉口西口施工方法为铺盖施工。施工期间东西方向延安路上交通能保证通行,但通行能力受到一定影响;南北向合群路交通完全中断,公园路在交叉口只能实现左右转向功能,对交通影响很大。

施工时该交叉口处的行人天桥将被拆除,行人跨过延安路受阻。

部分支路龙泉巷与合群路无法实现交通转换,沿线用地多个出入口无法出入。

二期施工车站附属结构,1 号线车站施工点零星的分布于合群路两侧,2 号线车站施工点分布与于延安路两侧,施工周期约为 8 个月,见图 7-38。

1 号线施工期间合群路路面交通恢复,施工期主要占用部分行人空间;2 号线施工期间占用延安路部分行人以及车行空间,同时交叉口南口剩余车道宽度仅为 2.66m,延安路行车道宽度为 15.3m。

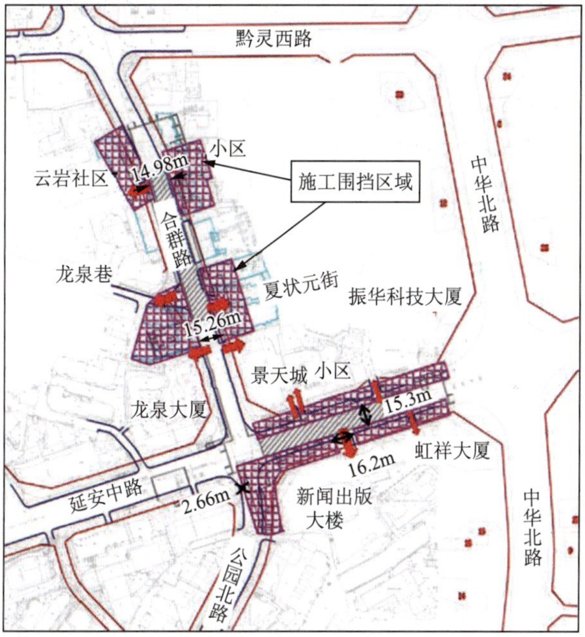

图 7-38 延安路站二期施工交通影响分析

二期施工期间，可保证南北向合群路机动车交通正常通行，但部分支路如龙泉巷与合群路无法实现交通转换；东西向延安路可保证基本通行，但对通行能力有一定影响。

公园北路进口处基本无法通行，对交通影响很大，此外沿线用地仍有部分无法出入。

(5) 中山路站

中山路站分为四期进行施工。一期为保证后期施工中山路通行，先在交叉口处小范围施工盖挖部分军便梁。

一期设计两个方案，方案一基本完全占用交叉口空间。施工周期约为二个月；方案二采用分幅搭设军便梁，共分三期进行，方案二施工期间能保证中山路双向五车道通行空间，施工周期约为 2 个月。方案一围挡区域边缘距离交叉口东北侧路缘石 5.16m，距离东南侧路缘石 3.62m，距离西南侧路缘石 9.55m。施工期间，该交叉口机动车交通受到很大影响，东西、南北向直行交通不能通行，转向交通受到不同程度影响。东、南、西进口仅能实现右转转向；北进口无法实现转向。

二期主要为车站主体结构施工，施工方法主要为明挖施工，施工周期约为 18 个月，二期施工期间，南、北进口交通完全中断，公园路丧失交通功能，同时沿线部分用地无法出入，东西向中山路通过一期实施的军用梁钢便桥保证直行交通通行。二期施工期间，能保证东西向中山路直行交通通行，但南北向的公园路交通将被中断，同时恒力贵印大厦无法出入。

三期为大部分附属结构施工，施工周期约为 6 个月，围挡分为四个区域，其中西北角围挡区域基本占用西进口全部道路空间，距离路缘石仅 2.57m。东北角围挡区域位于东进口，距离路缘石之间最窄处 8.35m。西南角以及东南角围挡区域位于路缘石之外。围挡施工期间，南北向直行交通基本能够正常通行，但东西向交通中断，此外沿线部分用地将无法出入。

四期为剩余附属结构施工，将占用交叉口部分空间。施工周期约为4个月，两部分围挡区域间隔13.89m。施工期间，东西和南北向直行交通不受影响，西进口右转、南进口左转和右转以及东进口左转流线线性不畅，同时部分人行空间被占用，行人无法通行，见图7-39～图7-42。

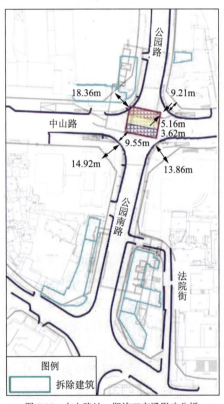

图7-39 中山路站一期施工交通影响分析

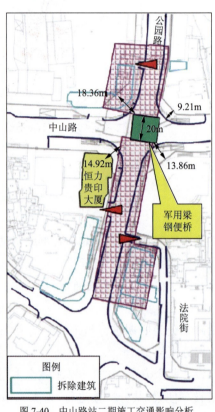

图7-40 中山路站二期施工交通影响分析

（6）人民广场站

该车站主体结构施工方法采用明暗挖相结合的施工方法，瑞金路以南采用暗挖施工，以北采用明挖施工，一期施工车站主体结构，施工周期约为25个月。一期施工期间瑞金南路上机动车交通基本不受影响，北侧部分行人空间被占用，该侧行人将无法通行。此外雪涯路无法连接瑞金南路，对雪涯路交通有一定影响，但可绕行至文化路。

二期为附属结构施工，施工周期约为9个月，施工期间，雪涯路在车站范围内完全被阻断。施工期间瑞金南路交通不受影响。雪涯路无法连接至瑞金南路，对雪涯路交通有一定影响，见图7-43、图7-44。

（7）火车站站

该站点施工分为四期，一期主要为车站主体结构临时铺盖系统部分，施工周期约为20个月，施工场地将占用遵义路部分空间，围挡边界最远点至遵义路东侧路缘石距离约为22m。

一期施工期间,遵义路南北方向可以通行,但该处汇集了贵阳市最大对外交通枢纽站——贵阳火车站以及公交枢纽站,现状火车站以及公交枢纽受制于场地因素,加之客流较为繁忙,交通较为混乱,施工期间施工场地占用出租车下客停靠区、部分停车场空间、遵义路部分路幅,但能保证铁运巷通行,原本混乱的交通状况在施工期间无疑雪上加霜,因此施工期在站点单点的交通组织上火车站站是重中之重。

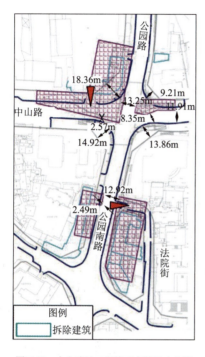

图 7-41 中山路站三期施工交通影响分析

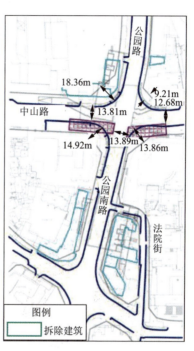

图 7-42 中山路站四期施工交通影响分析

图 7-43 人民广场站三期施工交通影响分析

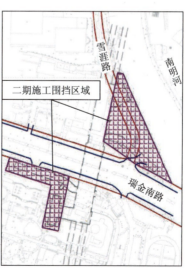

图 7-44 人民广场站四期施工交通影响分析

二期施工车站主体结构,采用明、盖挖相结合的施工方法,二期施工场地加大围挡面积,施工周期约为 20 个月。二期施工将继续占用遵义路部分空间、出租车下客区、火车站站前广场部分空间,同时铁运巷不能通行,售票厅出入口至进站口间的通道将被占用。

三期主要为附属结构施工,施工周期约为 6 个月,施工场地零星地分布于车站主体结构的四个角落,施工围挡区域加大对遵义路的空间占用,东北角的围挡线至遵义路两侧路缘石线距剩余最窄处道路宽度分别为 2m、7m。施工期间遵义路通行能力下降较大,需拆除步行道否则仅能保证双向两车道的通行空间,现有出租车下客区仍被占用、火车站站前广场大部分区域被占用,人流集散将受到影响。铁运巷剩余最窄处道路宽度为 3m。

四期仍对车站附属进行施工,施工周期约为 3 个月,围挡边线距离遵义路西侧路缘石线仅为 10m。整体来看施工围挡面积最小,但围挡形状为长条"L"形,对交通影响程度不亚于前三期,施工期间公交场站车辆出入口被占用,公交车不能驶出,同时仍占用出租车下客区空间,见图 7-45～图 7-48。

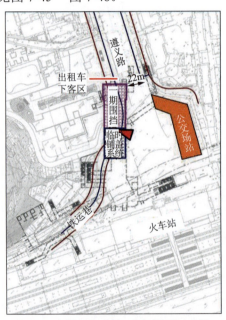 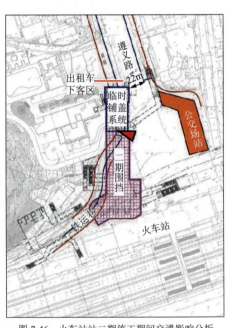

图 7-45　火车站站一期施工期间交通影响分析　　图 7-46　火车站站二期施工期间交通影响分析

(8)沙冲路站

沙冲路站施工共分为两期进行。一期为车站主体结构以及部分附属结构施工,施工周期约为 21 个月,施工期间,将占用朝阳洞路北侧半幅路,南侧道路路缘石线距离围挡边线 12m 左右。施工期间,朝阳洞路剩余半幅机动车通行空间,北侧的行人将无法通行,且在交叉口处西进口左转进入沙冲路的流线较差。对沙冲路上交通基本无影响。

二期施工剩余附属结构,施工周期约为 6 个月,施工点零星分布于朝阳洞路南侧路幅以及红线外的北侧,道路可用约 16.5m。施工期间,朝阳洞路剩余半幅通行空间,南侧行人无法通行,对南北向沙冲路基本无影响,见图 7-49、图 7-50。

 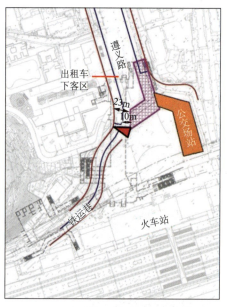

图 7-47 火车站站三期施工期间交通影响分析　　图 7-48 火车站站四期施工期间交通影响分析

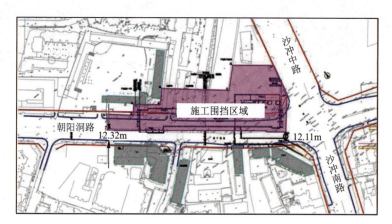

图 7-49 沙冲路站一期施工交通影响分析

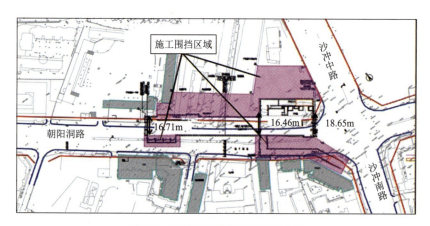

图 7-50 沙冲路站二期施工交通影响分析

4）区间施工交通影响分析

轨道沿线暗挖区间及竖井位置如图 7-51、图 7-52 所示。从图可以看出，暗挖竖井均位于道路范围之外，暗挖区间对沿线交通基本无影响。其中，长江路站至场坝村站区间采用三种施工方法，暗挖、明挖、高架，其中明挖区段对浦江路及清水江路上的交通影响较大，该明挖区段施工周期约为 10 个月。

图 7-51　贵阳北站—北京路站暗挖区间位置示意图　　图 7-52　延安路站—沙冲路站暗挖区间位置示意图

5）施工交通影响分析结论

（1）1 号线在施工期间对贵阳老城区的交通会造成严重的干扰，施工期间路网容量下降约 5.3%，受影响车辆数占总数的 30%，D 级及以上路段服务水平较现状增加 3%～5%，特别是施工期前 4 个月，D 级及以上路段服务水平较现状增加 5%，在原本路网容趋于饱和的状态下，施工期如不进行有效疏解，会造成大面积交通瘫痪，即使进行有效的交通疏解，老城区交通短时拥堵不可避免。

（2）老城区交通流构成较为复杂，对交通不仅是点、线上影响，还有市域范围影响，因此交通组织需从宏观、中观、微观层面进行组织。

（3）通过流量 V/C 分析，1 号线施工期交通组织需采用多种组合策略，在采用各种有效交通组织方案基础上需采用交通需求管理措施，削减交通总量，充分利用既有交通网能力，方可保证老城区交通基本运转。

7.3　轨道交通施工期间的交通组织方案

解决轨道交通施工期间的交通组织要在交通政策层面、路网公交层面、局部区域三个层面协调组织，以保障轨道交通工程顺利进行为原则，系统分析和优化，在保证沿线居民基本出行需求的基础上,统筹制订可行的、相对稳定性与适应性相结合的交通组织方案。

配合组织方案实施需采取多种组合策略,采取停车管控、尾号限行以及重点路段限行等交通需求管理及组织方案落实措施。为了保障交通组织方案的实施,必要的配套市政工程需要提前进行。

7.3.1 区域交通分流组织方案

贵阳老城区道路网络承担了多类型交通功能,在没有轨道交通施工的情况下,交通运行状况就已不容乐观,在轨道交通施工期间,利用已有交通网络,区域交通分流是一个重点。

过境交通分流的目的是要控制老城区交通总量。通过交通现状及施工影响分析可知:因地形等因素影响,贵阳市环路系统跨度过大,距离过远,组团与组团间交通出行者路径选择仍偏向于穿越老城区。因此,施工期间应分流组团与组团间过境交通,见图7-53。

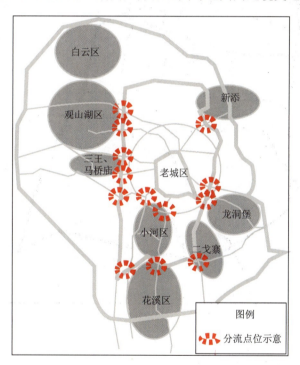

图7-53 贵阳老城区过境交通分流示意图

此外,施工期间为保证东西方向主干道通行,在交叉口处不因轨道交通工程施工而导致通行能力大幅下降,在交叉口组织方案中,限制某些进口的转向功能,特别是站点施工围挡处(北京路与环城路交叉口、合群路与延安路交叉口、公园路与中山路交叉口),原先通过公园路—合群路—环城路的车辆,需通过周边的主次支干道分流。

因此,施工期间轨道交通分流方案分为两个层面。

第一个层面:控制老城区交通总量,城市范围内交通分流。因地形等因素影响,贵阳市环路系统跨度过大,距离过远,组团与组团间交通出行者路径选择仍偏向于穿越老城区。施工期间应在各组团主要干道与二环路交汇处提前设置分流诱导标识牌,组团与组团间过境交通应尽量避免穿越老城区。

第二个层面:引导沿线用地出行,老城区内交通分流;施工期间,因轨道交通施工,原先需通过公园路—合群路—环城路过境交通以及到发交通,需依托周边主次支路进行分流,一环内均可能成为施工期间分流的主要通道,特别是带状围合区域内道路,沿线交通出行需依托南北向中华路、瑞金路以及围合区域内道路来组织交通,见图 7-54。

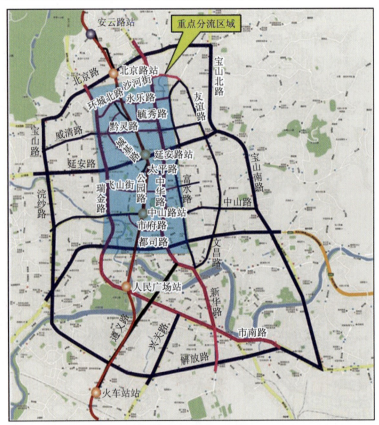

图 7-54　一环区域交通分流示意图

7.3.2　沿线交通分流组织方案

当轨道交通施工围挡占用部分道路资源时,原有的通过性交通和到发交通都会受到影响。为了保障轨道交通沿线道路的通畅,需要在沿线附近区域进行分流,见表 7-10。

轨道交通沿线不同施工阶段需改变交通组织模式道路及节点　　表 7-10

道路及节点	0～2 个月	2～4 个月	4～18 个月	18～20 个月	20～26 个月	26～28 个月
沙河街	保持现状组织模式	保持现状组织模式		单向变双向		恢复现状组织方式

续上表

道路及节点	0~2个月	2~4个月	4~18个月	18~20个月	20~26个月	26~28个月
沙河街与中华北路节点	保持现状组织模式	保持现状组织模式	右进右出			恢复现状组织方式
城基路(黔灵西路以南)		单向变双向			恢复现状组织方式	
嘉禾路(嘉禾巷以北)		单向变双向			恢复现状组织方式	
嘉禾巷		双向变单向 南—北组织方式			恢复现状组织方式	
福田巷		双向变单向 北—南组织模式			恢复现状组织方式	
飞山街			单向变双向			恢复现状组织方式
市府路(公园路以西)			由现状南—北,改为由北—南			
黔灵西路与城基路节点		打开黔灵西路中央隔离栏,交叉口实现全转向			恢复现状组织方式	

贵阳轨道交通1号线经过老城区的公园路—合群路—环城路,按照轨道交通站点施工位置分别设计沿线交通分流方案。

1) 安云路站—北京路站

该区间主要受到影响的路段是安云路沿线的居民,安云路北起于八鸽岩路,南止于北京路,通过现场调研无任何通道与其他道路连通,因此施工期间,该条道路与北京路及八鸽岩路形成的两个节点,至少保证一个节点通行。

2) 北京路站—延安路站

该区间主要有如下几条道路:南北向城基路、嘉禾路,东西方向的通道有沙河街、永乐路、环城路、威清路—黔灵西路、龙泉巷、夏状元街。

对于北京路至黔灵西路路段,轨道交通工程施工期间环城路以及黔灵西路沿线交通可通过永乐路、威清路—黔灵西路进行疏散。沙河街现状交通组织模式为单向交通,北京路二期施工期间,该条道路仅能与中华路实现单向联系。为了沙河街沿线众多单位的出行,在施工期间该条道路单向交通组织模式必须改变。

对于黔灵西路—延安路路段,施工期间该路段交通组织较为困难。延安路站是轨道交通1号线、2号线换乘车站,施工范围较大,加之沿线的通道仅能通过龙泉巷与城基路进行联系,夏状元街基本无打通的条件,因此该区段轨道交通工程施工期间城基路、龙泉巷、嘉禾路成为沿线交通组织主要通道。但现状城基路交通组织模式为单向交通,与威清路及延安路节点处仅能实现右转向,不利于交通疏解,因此在某个施工阶段,城基路交通组织模式必须改变。

3) 延安路站—中山路站

该区间主要的通道有飞山街—省府路、河东路以及河西路,在轨道交通工程施工期间这几条道路成为该区间施工期沿线交通组织的主要通道,但从连通性来看,除飞山街—省府路外,其余几条道路与周边道路连通性较差,加之道路通行条件较差,因此该区间在轨道交通工程施工期间主要疏散道路为飞山街—省府路,但飞山街交通组织模式为单向交通,在一定程度不利于交通疏解,因此单向交通组织模式需改变,见图7-55。

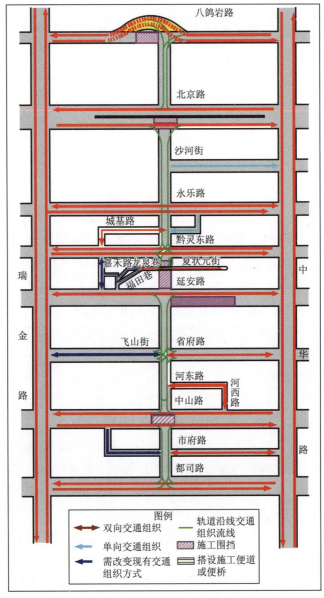

图 7-55 安云路站—中山路站施工期沿线交通组织方案示意图

7.3.3 公共交通调整组织方案

1）公交 70 路线路调整方案

（1）在轨道交通工程施工期间，建议将 70 路公交线路调至金朱路—观山湖区路。

（2）建议在林城路与云潭路交叉口北口增加 1 对临时公交站点，弥补施工期间拆除云潭北路口公交站点给沿线居民带来的不便。

70 路公交线路调整方案见图 7-56。

图 7-56　70 路公共交通线路调整方案

2）公交 231 路线路调整方案

（1）在轨道交通工程施工前期，林城路尚未修建完毕，建议将 231 路公交线路调至金朱路—长岭路—观山路。

（2）在轨道交通工程施工远期，林城路建设完毕后，将 231 公交线路调至林城路—长岭路—观山路。

（3）为维持现有乘客的出行习惯，建议在交警六大队站—金朱路段增设摆渡接驳线。

231 路公交线路调整方案见图 7-57。

图 7-57　231 路公交线路调整方案

3）其他站点调整方案，见表 7-11

部分公交站点调整方案　　　　　　表 7-11

站　点	受影响时期	调　整　方　案
八鸽岩路口站	安云路站施工	调整至樱花巷附近
博物馆站（北京路北侧）	北京路站一、二期施工	适当往东调整
博物馆 1 站（北京路南侧）	北京路站一期施工	保留现有站台，往博物馆 2 站台停靠
喷水池站	延安路站施工	方案一：结合临时搭建行人钢便桥，调整至城基路—嘉禾路间
		方案二：设置临时公交站点，根据线路走向分别调整至喷水池交叉口北口、东口、南口
		方案对比：方案一对交通影响较小，但与客流吸引点距离较远；方案二对需设置临时公交站牌，对交通有一定影响
洛解村站	望城坡站施工	将洛解村站单边站点调整至另一方向现有公交站点对面
珠江路站	新村站施工	将珠江路 1 对临时公交站点调整至施工区域以北
中兴世家站	长江路—场坝村明挖区间施工	将中兴世家 1 对公交站点调整至施工区域以北

7.3.4　重要站点及施工车辆组织方案

单个站点交通组织方案包括站点周边行人交通组织、交叉口渠化、周边设施等。核心区施工期间除满足沿线交通出行需求外，交通组织应遵从系统性原则，在剩余空间充分利用的情况下，尚未满足各类交通流出行需求的施工站点，采取调整施工顺序、压缩施工围挡、搭设行人及机动车便桥等措施。

1）安云路站

该站点施工期间需拆除八鸽岩路北侧的建筑物，交通组织利用八鸽岩路北侧拆除空间以及步行空间来组织交通，如图 7-58 所示。施工期间采用如下疏解措施：

（1）保证八鸽岩路双向四车道的通行空间。

（2）保证安云路双向两车道的通行空间。

（3）八鸽岩路与安云路交叉口设置红绿灯，实现交叉口全转向。

2）北京路站

施工一期交通组织，见图 7-59。

（1）确保北京路双向四车道通车，安云路与北京路实现右进右出。

（2）利用拆除空间及拆除小部分绿化空间

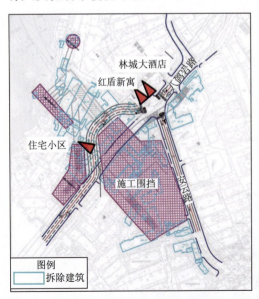

图 7-58　安云路站施工期间交通组织

保证环城北路与北京路交叉口实现右进右出。

（3）施工期间人行地下通道将被拆除，为保北京路通行能力不受过大影响，不建议在北京路设置平面行人过街，建议采用以下两种方案解决。

方案一：将行人过街推移至瑞金北路或交际处实现过街（图7-59中蓝色线），但绕行距离过远。

方案二：在北京路合适位置设置钢便桥（图7-59中绿色线），钢便桥宽度为3m。

需要协调解决问题：

（1）环城北路与北京路实现右转向需提前拆除交叉口西南角的建筑物。

（2）北京路部分绿化空间拆除需协调。

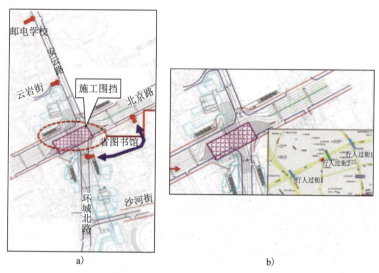

图7-59 北京路站一期施工期间交通组织

二期施工交通组织，见图7-60。

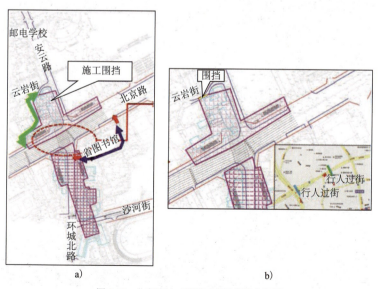

图7-60 北京路站二期施工交通疏解方案图

(1)确保北京路双向八车道通车。

(2)沙河街断交,单向交通组织方式变为双向,保证沙河街沿线居民出入。

(3)省图书馆于环城北路的出入口将无法通行,仅只能通过北京路进出。

(4)缩减西北角的部分围挡区域,保证云岩街通行。

(5)于围挡区域西侧预留3m左右的步行空间,保证安云路到北京路的出入需求。

(6)人行过街沿用一期方案。

需要协调解决问题:与省图书馆单位进行协商,二期施工期间仅能通过北京路进出。

3)火车站站

火车站为贵阳市对外大型交通枢纽,人行及机动车交通较为混乱,因此在满足沿线单位及乘客基本到发需求外,需通过一系列管制措施削减遵义路机动车交通量,在施工围挡区域将剩余空间留给行人。在火车站站施工期间采取以下组织措施:

(1)遵义路(解放路以南)铁运巷及现有小路沿线单位发放通行证,施工期间遵义路(解放路)以南禁止公交车、持有通行证以及特殊车辆以外车辆通行。

(2)公交车辆交通组织在遵义路实现。

(3)改变达高路交通组织模式,由单向变双向,该路段组织出租车交通,但严禁进入施工场地,往老城区方向出租车车辆需到朝阳洞路与沙冲路交叉口调头绕行,见图7-61。

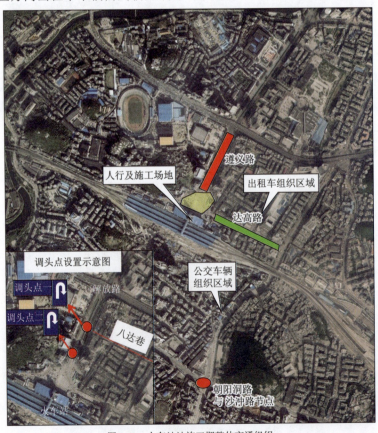

图7-61 火车站站施工期整体交通组织

一期施工期间采用疏解措施是通过改道保证铁运巷及现有小路沿线单位出入。需要协调的问题是与军供站建设方协调,现有小路的改道需拆除活动板房,见图7-62。

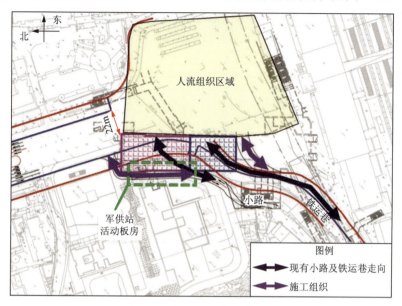

图7-62　火车站站一期交通组织方案

火车站站二期施工围挡区域增大,影响范围进一步扩大,施工期间采用如下疏解措施:
(1)小路改道组织方案与一期一致。
(2)搭设不小于6m宽便桥保证铁运巷出入。
(3)重新调整围挡方案,保证售票厅以及进站客流进出。
需要协调的问题同一期,见图7-63。

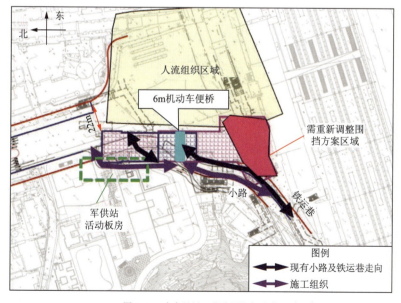

图7-63　火车站站二期交通组织方案

三期施工期间交通组织,见图7-64。

(1)铁运巷改道,保证沿线出入。

(2)搭建便道,保证小路沿线单位出入。

(3)2号出入口围挡区域对乘客入站有较大影响,应尽量缩短施工周期,或尽量避免客流繁忙期。

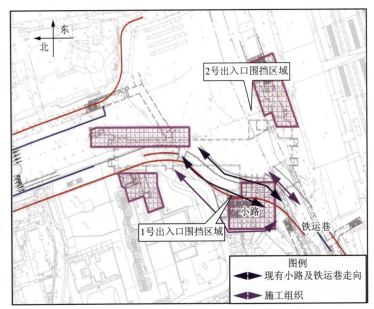

图7-64 火车站站三期交通组织方案

四期施工主要是宏观方面交通组织,沿线单位出入基本能保证,见图7-65。

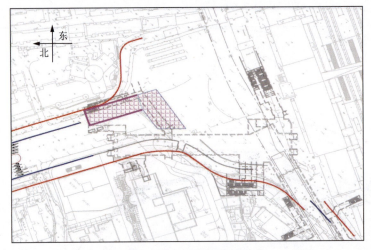

图7-65 火车站站四期交通组织方案

4)蛮坡站—望城坡站施工车辆交通组织

周边路网较为发达,有通道保证施工车辆到离,货运交通应采用交通压力较小的夜间进行组织车辆。货运车辆确需白天通行的避开高峰出行,线路设定原则就近驶出一环路,通过二环路实施换向。

7.3.5 交通组织配套工程方案

核心区轨道交通工程施工期间为满足各种类型交通组织需求,不可避免需要拆除、改建一些周边的建筑物、绿化、道路等设施,为保证施工期间交通组织方案能得以具体落实,相应的工程方案需提前实施。

1)周边建筑物拆除

老城区需要拆除周边建筑物的站点包括安云路站、延安路站、中山路站、沙冲路站。

2)人行道改造

北京路站(北京路)、延安路站(延安路)、中山路站(中山路)、沙冲路站(沙冲路)。

3)临时便桥及便道搭设

(1)安云路站:站点围挡北侧搭建双向四车道临时便道,约需15m。

(2)北京路站:二期施工搭建30m宽机动车钢便桥,保证北京路双向八车道以及行人通行空间。顺沿安云路围挡西侧,设置一条2m左右通道,连通北京路以及云岩街,保证行人通行。

(3)延安路站:一期施工搭建一座不小于7m宽的机动车钢便桥连通夏状元街及龙泉巷、龙泉巷以北(东侧搭设一条不小于6m宽的临时便道、西侧搭设一条不小于4m宽的临时便道连通至黔灵西路),搭设一条不小于6m宽的临时便道,连通景天城以及夏状元街;二期施工搭建一条不小于6m宽的临时便道,连通夏状元街以及合群路。在延安路以及合群路交叉口处,施工期间搭建一座不小于3m的人行天桥跨过延安路。

(4)中山路站:二期施工期间,围挡西侧搭建一条不小于6m宽的临时便道,连通恒力贵印大厦至公园路。同时搭建一座约20m宽钢便桥,保证中山路交通通行。三期施工期间,顺延西北角围挡区域一侧设置一条2m左右的便道,以便行人通行。

(5)火车站站:一、二期施工期间,于军供站施工场地(围挡西侧)搭设一条不小于6m宽便道保证现有小路沿线出入(如派出所等出入)。二期施工期间搭设一座便桥,一座为不小于6m宽的便道,保证铁运巷出入。三期施工在1号出入口西侧搭设一条不小于6m宽便道,保证小路沿线单位出入。

4)节点处隔离栏拆除工程

延安路站一期施工期间,打开城基路与黔灵西路节点处护栏,保证城基路与黔灵西路实现全转向。

5)重新设置标志标线路段及节点

(1)沙河街:4~26个月施工期间,沙河街交通组织由单向变双向。

沙河街与中华路交叉口:4~26个月施工期间,沙河街现状可实现全转向,该阶段沙河街与中华路采用右进右出组织方案。

(2)城基路(黔灵西路以南):0~18个月施工期间,城基路交通组织由单向变双向。

（3）嘉禾路（嘉禾巷以北）：0～18个月施工期间，嘉禾路（嘉禾巷）以北交通组织由单向变双向。

嘉禾巷以及福田巷：0～18个月施工期间，双向变单向。

（4）飞山街：0～26个月施工期间，单向变双向。

飞山街与瑞金路交叉口：0～26个月，由现状单出改为右进右出。

（5）市府路（公园路以西）：0～26个月施工期间，由南向北交通组织模式改为由北向南。

（6）解放路与遵义路交叉口、达高路：火车站站施工期间，达高路交通组织模式由单向变双向，解放路与遵义路交叉口进口转向仅限右转，标志标线需重新设置。

7.4 轨道交通施工期间宣传及实施保障

7.4.1 交通组织宣传工作

1）宣传的重要性

轨道交通施工对交通的影响是不可避免的。尤其是在城市核心区进行轨道交通施工时，无论采取何种交通疏解方案，交通状况都会由于轨道交通工程的开展而恶化。为了尽可能地降低轨道交通施工对交通的影响，达到交通组织方案的预期效果，必须提前对市民、各级政府部门、企事业单位等所有重要参与者在轨道交通施工前进行全面的宣传，以获得他们对轨道交通建设和交通组织方案的认可和支持。否则，将会使得轨道交通施工期间的交通组织方案难以实施，从而严重影响轨道交通的建设步伐。

2）宣传内容

宣传的内容包括以下几个方面：

（1）轨道交通形象

设计独特的项目名称或商标、徽标、标语，建立一个有活力的品牌形象，可以使市民更容易识别与项目相关内容或相关的信息，提高辨识度，增加公众对项目的印象。

（2）轨道交通施工方案及影响范围

在轨道交通施工期间通常会给市民的出行带来很大的不便，因此，要及时告知交通参与者施工方案的主要内容及施工影响区域、施工期间影响的道路及交叉口名称、具体施工地点、施工时间、施工面积等。

（3）交通组织方案

轨道交通工程组织方案的宣传主要包括施工区域影响范围内的机动车、行人、施工车辆、公交线路的优化调整方案、交通分流方案等。对于一些重要的节点和路段，需要安排交通组织方案设计人员现场进行讲解。

（4）交通需求管理策略

包括交通需求管理策略的内容、开始实施时间、实施的细则等。比如车辆限行的区域、限行的方式、限行的时间、违反限行的处罚等。

3）宣传媒介

(1) 宣传媒介种类

①利用电视进行宣传。电视是我国目前影响最大的传播媒体，利用电视进行宣传，主要可以利用本地新闻和电视广告以及一些访谈节目，另外要积极构建电视专题栏目与交通相关节目的互动，增加辨识度。

②利用广播进行宣传。从媒体来看，广播虽然这几年比电视落后些，但它仍旧有电视所无法替代的宣传作用，还有许多人愿意听广播，特别是司机、老人以及一些没有条件看电视的人，电台广播可以扩大传播范围。面对这一部分人可以在广播上做宣传，投资小，有收益。在广播媒体的宣传至少有两种形式，一种是纯粹的广告，另一种是做节目。由轨道交通负责人或主持人与听众交流，增加市民的参与度。

③利用报纸、传单、宣传册进行宣传。定期印刷与项目工作内容相关的材料，向市民通告、发布施工进度，增加市民对轨道交通工程建设的知情权和参与权，让市民了解该区域在轨道交通工程施工期间采用的交通疏解方案的具体内容，及时为市民提示合理的出行线路建议，指导市民理性选择出行方式。传播方式包括邮寄、免费发放和在公共场所宣传栏处免费取阅。

④利用网络进行宣传。随着计算机和网络的普及，网络逐渐成为一种潜力很大的媒体，网络媒体具有传播及时迅速、成本低、容量大等显著优势。因此可以在相关网站及时更新施工进展，提高交通疏解方案的透明度，建立施工者、交通管理者及道路使用者之间的信息沟通和联系平台，保证施工期间各项工作的有效进行。

⑤召开新闻发布会，加大轨道交通工程的宣传力度，把宣传工作贯穿到施工的全过程，缓和市民在轨道交通工程施工期间因出行受影响而产生的不满、抵触情绪，提升市民对轨道交通工程施工的认同及支持度。

⑥利用新媒体进行宣传。新媒体是继报刊、广播、电视等传统媒体之后发展起来的新媒体形态，包括网络媒体、手机媒体、数字电视等。其自身具备信息扩散速度快、传播范围广、形式丰富、互动性强等独特优势。新媒体的传播交流特点使传播者和受众之间界限变得模糊，用户拥有自由发表意见的平台，表达渠道大大拓宽，人人都是信息接受者，同时又是信息传播者。要充分利用新媒体的优势，有效传播信息，积极与市民互动，努力取得最佳效果。

(2) 宣传注意事项

①电视、报纸、网络和广播各有其长处，使媒体在互动中实现资源共享和优势互补。

②注重宣传媒介的细部分类，多方权衡并对其进行有效整合。

③将大量信息多角度、分频次投放到媒体上，把握信息冲击的节奏与力道，使规模宣传呈现层次感和立体性，以避免信息受传者的"视觉"疲劳效应。

④善于和媒体对话，与媒体建立良好的合作关系，使媒体宣传配合到位。

(3) 宣传媒介选择

①讲究实效性。不同媒体在传送信息方面有各自不同的优缺点，不同的传播媒介在传

播机制上是存有差异的。如印刷传播媒体相对而言信息容量大，可以完整地展示施工信息具体内容，但其生动性和吸引力不如电子传播媒介。而电子媒介，图文并茂，声像俱全，可视性强，但信息量少，一般不能充分显示其优势。

②讲究互动性。电视、报刊、网络等文化载体与人们的生活联系非常密切，当这些载体上反应强烈的东西及时地转化为宣传目标时，宣传效果会大大增加。

③讲究整体性。整体性强调根据目标需要综合选用传播媒体和多层次构建媒介体系。前者强调差异媒体的复合使用，后者强调差异媒体的群属特质。前者偏重于使用的合理性，后者偏重于建立科学的分类体系，宣传方可根据自己的目标市场，依据需要，决定选择媒体。

总之，在选择传播媒介时，应根据要传播信息的内容和性质，选择真正有助于实现宣传目标的媒体。通过综合运用报纸、期刊、广播电视、网络、户外广告等各种宣传媒介，多种宣传方式和手段结合在一起，取长补短，形成一个立体的宣传系统。

4）宣传时机

宣传的生命周期包括四个阶段，即：引入期、成长期、饱和期和衰退期。对于宣传工作的策划者来说，要想获得预期的宣传效果，就一定要把握宣传的时效性。为了达到宣传效果，一定要针对不同的生命周期，选用合适的媒体，保持媒体的连贯的宣传优势，制订出相应的策略。如果仅在宣传初期进行大量的宣传，之后就无声无息了，这样通常会使宣传效果大打折扣。

宣传初期应采用立体的宣传策略，即在一个较短时间之内，同时动用几种媒体进行地毯式的媒体宣传，给予群众关于施工项目的强烈刺激，这样所得到的效果远比单线作战的效果要好出许多。宣传中期定期印刷与施工相关的小册子、小传单分发到各个社区、公交站点等公共场所，保持宣传效果。在宣传后期做好宣传保障工作，通过宣传发挥舆论的监督导向作用，在规范施工单位的文明施工、管理部门科学管理、道路使用者积极配合方面起作用。

为增加贵阳市轨道交通工程施工期间交通管理办法、交通组织方案的透明度，建立施工者、交通管理者及道路使用者之间的信息沟通和联系平台，保证施工期间各项工作的有效进行，必须在轨道交通工程施工开始前制订宣传工作方案。

首先，通过积极、正面的舆论导向，加大轨道交通工程的宣传力度，把宣传工作贯穿到施工的全过程，缓和市民在轨道交通工程施工期间因出行受影响而产生的不满、抵触情绪，提升市民对轨道交通工程施工的认同及支持度。

其次，定期制订和宣传交通出行指南，通过积极、全面地宣传，定期向市民通告、发布施工进度，增加市民对轨道交通工程建设的知情权和参与权，让市民了解地区在轨道交通工程施工期间采用的交通疏解方案的具体内容，及时为市民提示合理的出行线路建议，指导市民理性选择出行方式。

最后，通过宣传发挥舆论的监督导向作用，在规范施工单位的文明施工、管理部门科学管理、道路使用者积极配合方面起作用。

7.4.2 交通组织实施保障

1）机构保障

在贵阳市轨道交通进入全面建设阶段时，因轨道交通施工涉及面广、施工跨度长、协调难度大，必须要有一个强有力的项目组织机构，才能保证施工的顺利进行。因此，为配合轨道交通工程建设，应成立由主管副市长亲自担任指挥部总指挥，轨道交通有限公司、发展和改革委员会、自然资源和规划局、公安交通管理局、城市管理局、各区政府等多个职能部门参加的贵阳轨道交通施工期"保通"指挥部，该指挥部主要负责协调、落实城市轨道交通建设的相关事务，为加快建设进度提供保障。同时，建立城市轨道交通专家库，负责提供专家咨询、施工方案论证等方面，为轨道交通工程施工期间交通系统的良性运转提供重要保障。

2）经费保障

城市轨道交通施工期的交通管理需要耗费大量的人力和物力，因此，充足的经费保障是实现交通管理方案预期效果的重要前提。轨道交通施工期间的主要费用有：交通管理方案咨询费、交通管理方案专家评估费、交通管理方案宣传费、交通管理方案实施费（人员费和设备费）。

（1）交通管理方案咨询费：委托人就轨道交通相关事项从咨询人员或公司获得意见或建议而支付的报酬。

（2）交通管理方案评估费：对交通管理方案的价值进行评估的一种费用。

（3）交通管理方案宣传费：因轨道交通施工开展业务宣传活动所支付的费用，主要是指未通过媒体传播的广告性支出。

（4）交通管理方案实施费（人员费和设备费）：轨道交通施工雇用相关工作人员的费用以及施工所用设备的费用。

3）人员保障

根据《城市道路施工作业交通防护措施设置规范》（DB 3201/T 256—2015）《交通警察道路执勤执法工作规范》（公通字〔2008〕58 号）《关于加强交通协管员队伍建设的指导意见》相关要求对设施交通协管员（保通人员）要求，在施工期间，将占用部分市政道路路面进行施工，对交通影响较大，为保障施工期间施工道路及附近绕行道路车辆的基本通行，尽量缓解交通拥堵，同时保障行人的交通安全，需针对部分施工点及沿线考虑设置保通人员。

（1）保通人员设置原则

①根据施工对交通影响程度分级设置：根据施工期间对车流及人流的影响程度，分重点影响和一般影响布设保通人员。

②结合施工实际、落实到各个点设置：结合各站点施工工法和围挡范围，人员安排落实到各个交叉口和路段。

③动态调配原则：根据施工全线站点的施工时间和空间上的变化，结合施工单位及交警的要求，实时增减保通人员数量。

(2)保通人员岗位职责

①严格贯彻执行国家、上级的有关交通安全的法律、法规及各项规定。

②负责协助交警在施工范围内指挥、疏导交通、确保正常的交通秩序。

③负责指导施工范围内人流的安全通行。

④负责施工现场安全标志、警示标牌的维护。

⑤负责上报、配合处理突发的交通事故。

⑥完成上级部门交给的其他任务。

(3)保通人员设置方案

根据轨道交通工程施工占道及交通疏解方案情况,针对多个路段、多个站点施工期间安排保通人员,按需要确定每个岗位需要的人数,设计具体的人员设置方案。

(4)保通人员管理、调配要求

保通人员建议由交管局统一培训、管理和调配。

①实时调配要求:以上方案为施工进入到稳定期所需要的人员配置,施工初期,在重要交通节点拆除交通基础设施时需要设置更多的保通人员。

②在施工过程中,各个站点施工围挡会随着工期进展有所调整,则需根据交通管理部门和施工单位对围挡现场的管理需求,适当增减人员配置。

4)应急保障

城市轨道交通施工是一个受众群体广泛、高强度运转、技术复杂性强、相对独立封闭的系统,由于轨道交通工程多为地下作业,施工难度大,专业性强,再加上地面、地下情况复杂,易发生突发性事故。因此,必须高度重视突发事件的交通应急管理工作,建立健全城市轨道交通应急体系,制订轨道交通工程施工突发事故应急预案,防止因应急行动组织不力或现场救援工作的无序和混乱而延误事故的应急救援,有效应对轨道交通工程建设中的突发事故,保护人民的生命及财产安全,以实现城市轨道交通"安全、可靠、高效"。

(1)施工期间可能的突发性事件

①轨道交通工程施工采用浅埋暗挖法、明挖法等施工工艺,地下作业量大,施工环境差,易发生结构垮塌、严重变形、淹没等事故。

②轨道交通工程施工引起地面及周边重要建筑物不均匀沉降,造成建筑物的裂缝、倾斜、变形、倒塌等次生、衍生事故,造成城区大面积供电、供水、通信等线路运行中断等。

③施工人员在井下隧道内中毒、中暑、被困等意外情况。

④发生重特大道路交通事故、重大交通拥堵以及火灾等紧急事件。

⑤发生重大洪涝灾害等紧急事件。

当存在上述突发性事件时,及时按应急预案采取措施对保证交通通畅具有重要的意义。

(2)成立应急指挥部

轨道交通工程应急指挥部负责本市轨道交通工程施工突发事故应急救援的指挥、协调和监督。应急指挥部机构主要构成如下。

总指挥:市政府分管副市长。

副总指挥:市政府分管副秘书长、市轨道交通公司主要领导。

成员单位:市委宣传部、市轨道公司、市公安局、市交警支队、市卫生局、各区政府等相关职能部门。

轨道交通应急指挥部下设办公室,设在轨道交通有限公司,其主要职责:

①负责指导各相关科研单位制订、修订轨道交通工程专项应急预案,为快速准确地应对交通突发事件打下良好基础。

②负责建立预防和处置轨道交通工程突发事故应急组织体系和机制,不断完善轨道交通工程突发事故抢险救援应急工作制度。

③负责组织专家制定抢险救援方案,报市轨道交通工程应急指挥部审批后实施。

④负责组织协调相关单位、专家、抢险大队参与实施抢险救援工作,必要时请求市轨道交通工程应急指挥部进行协调。

⑤组织一线抢险救援工作,参与事故的调查处理,指导、督促相关单位做好后勤保障及善后处理等工作。

(3)建立交通应急指挥系统

应急指挥部的建立,将使应急抢险工作能够快速高效地运转起来。而指挥部的有效运转,则要依靠交通应急指挥系统为其提供有力的技术支持。交通应急指挥系统包括指挥中心、视频图像资源、应急通信保障系统和移动指挥通信系统。

①交通应急指挥部的指挥中心设在公安局交警支队。利用交警信息中心实时视频信号并通过控制室不断地切换,全市各交通点的情况可以一目了然。当有突发事件发生时,应急指挥部成员都迅速集中到指挥中心,然后根据视频信号上看到的现场情况,做出决策进行处理。

②了解突发事件后,及时通知相关负责人。指挥中心的指挥需要通信技术的支持,指挥中心的通信保障系统,通过IP电话、短信平台和无线通信,分别完成一键通快速群拨通话、短信息的快速群发和快速呼叫功能,实现与市应急指挥中心和各成员单位之间的协调与联动,及时处置突发交通事件。

③当做出决策后,到达应急事故点的交通保通尤为关键。成立由交警支队主要领导组成的交通保通小组,配备机动人员及警车,一旦发生紧急事件,指挥调度就近执勤民警第一时间内赶到现场,进行先期处置,同时,迅速调集机动队人员,对相关道路分内外两道防线进行交通管制,确保抢险救灾车辆顺利进出,确保道路在最短的时间内恢复畅通。

7.5 小 结

针对贵阳山地城市的特点和交通特征,通过对贵阳市建设前期城市现状及交通状况的分析,轨道交通施工期间,交通组织要从宏观、中观、微观三个层次进行,即在交通政策层面、路网公交层面、局部区域层面协调组织。采取定性与定量相结合、理论创新与实证应用相结合,对施工期间的交通组织进行深入研究。贵阳轨道交通1号线施工期间交通组织方案可为以后城市轨道交通工程建设中的交通疏解方案提供成功经验及案例。

(1)提出区域交通分流组织方案

基于对贵阳市老城区交通流构成特征认识,轨道交通工程施工期间,对城市交通的影响不仅是点与线的影响,而是对贵阳市城市范围的影响,除对施工点以及沿线采取一系列有效疏解措施外,还应通过设置引导标志牌引导车辆大范围进行分流。

(2)提出沿线交通分流组织方案

轨道沿线道路承担交通可分为两类:起讫点都不在道路沿线附近区域内的通过性交通和以道路沿线附近区域为起讫点的到发交通。当轨道交通施工围挡占用部分道路资源时,原有的通过性交通和到发交通都会受到影响。为了保障轨道交通沿线道路的通畅,需要在沿线附近区域进行分流。

(3)提出公共交通调整组织方案

根据城市交通出行结构构成,日常出行中,公交出行所占比例较大,因此公交通行保障已成交通组织一项重要内容,但施工期间沿线公交调整必不可免,在调整方案中应尽量保持现有乘客出行习惯,减少原有乘客绕行距离,不并线、不停线。另一方面因轨道交通工程施工老城区交通运行环境恶化,应提倡载客效率更高的公交出行,从公交服务品质以及通行设施上进行保证,如开设组团间公交快线、重点区域路段及路口设置公交专用道。

(4)提出重要站点及施工车辆组织方案

根据交通组织保通原则以及现状交通运行状况,施工期间必须满足沿线交通出行需求,此外交通组织应遵从系统性原则。在对剩余空间充分利用基础上,对尚未满足各类交通流出行需求施工站点,在组织方案中对个别站点施工顺序进行调整,对施工围挡方案进行压缩,搭设行人及机动车便桥。充分利用及挖掘施工围挡处剩余空间满足各类交通需求,同时从线层面角度合理设置交叉口渠化及信号配时方案,重新渠化后的方案应尽量保持线性平滑,确保各类交通流通性顺畅。其中单个站点交通组织方案包括站点周边行人交通组织、交叉口渠化、周边设施等。

(5)提出交通组织配套工程方案

轨道交通工程施工期间为满足各种类型交通组织需求,不可避免需要拆除、改建一些周边的建筑物、绿化、道路等设施,为保证施工期间交通组织方案能得以具体落实,相应的工程方案需提前实施。

第8章 贵阳轨道交通1号线修建技术创新与实践

8.1 设计和施工创新与实践

8.1.1 长大连续坡道轨道交通线路优化设计

贵阳轨道交通1号线主要穿越观山湖区、云岩区、南明区、小河区。贵阳北站—安云路站区段自然坡度达54‰,超出了常规B型车(4动2拖)的爬坡能力,受城市轨道交通线路正线纵断面坡度标准(<30‰)控制,线路平面需要展线。

由于贵阳北站—安云路站区间线路长度达到7.6km,站间距偏大,考虑到雅关村附近有大量待开发土地,因此结合客流吸引及沿线土地开发利用等综合因素,在雅关学校北侧增设了雅关站,线路长度增加至8.5km。

优化后的展线线路出贵阳北站后,再折向北沿小关峡谷西侧敷设,行至雅关村附近后转向东上跨盐沙线,并于雅关学校北侧增设雅关站,出站后折向南穿过鹿冲关森林公园,在观山东路与南垭路交叉口东南侧设蛮坡站,出站后继续向南敷设,穿过黔灵山脉后敷设至安云路与八鸽岩路交叉口,在路口设安云路站。

展线方案在增加较小投资的情况下,降低运营安全风险,且在满足城市发展的需求和促进本线客流的尽早形成更为有利。

8.1.2 长大连续坡道安全控制关键技术

贵阳轨道交通1号线在长大连续坡道安全控制方面取得了一系列关键技术,成果如下:

（1）针对连续长大坡道特点，从车辆牵引供电系统、制动系统，行车组织与安全线、停车线设置，到通信、信号、防排烟等方面着手，提出一系列的运营安全保障措施。

（2）对于贵阳轨道交通1号线长大连续坡道上轨道稳定性，提出相应的计算理论及计算模型；连续长大坡道上普通轨道、减振型轨道轨排的纵、横向变形控制限值；长大连续坡道上扣件合理布置方案；长大连续坡道上铺设减振型轨道的可行性；凹形变坡点、小半径曲线、不同轨下基础过渡段、各类减振轨道过渡段、特殊桥梁等关键地段的工程优化措施；长大连续坡道无缝线路爬行观测方案及养护维修措施。

（3）在山地城市轨道交通长大坡道段投入再生制动能量回馈装置、供电分区内上下行并联直流牵引网结构方案在国内尚属首次，带来了新的运营模式，为其他山地城市（特别是具有长大坡道区段线路）的轨道交通建设具有借鉴意义。

（4）针对相关特点研制相应的配套保护装置及监控装置，通过试验、检测后，可结合具体工程设计进行试运行和推广。

8.1.3　车辆再生制动及能量回收应用

在解决连续长大坡道运营安全的同时，面对连续长大坡道天然的地形优势，充分利用相关节能方面技术，特别再生制动技术及供电分区内上、下行并联直流牵引网结构方面，提出车辆再生制动及能量回收应用方案，即在长大坡道区间的牵引变电所内，合理设置再生制动能量回馈装置，将再生制动能量回馈至35kV中压网络，解决列车发热和闸瓦磨耗严重、污染沿线环境等问题，有效吸收利用列车再生制动能量。

车辆再生制动及能量回收应用方案实施后，既能大量节省运营电费，又不影响供电的高可靠性；同时，投入再生制动能量回馈装置后，变废为宝，带来了新的运营模式。该方案可取得显著的节能效果，带来可观的经济及社会效益。该方案可推广至贵阳市后续轨道交通项目，还可推广至国内其他类似具有长大坡道区间的城市轨道交通项目建设，为其他城市（特别是具有长大坡道区段线路）的轨道交通建设提供借鉴。

8.1.4　富水溶洞处理设计和施工

（1）分析了充填型岩溶、大型富水岩溶、城区埋富水岩溶对轨道交通区间隧道建设的影响。

（2）按"三阶段管控""三责任主体""一组织统筹"方法进行。

（3）隧道超前预报＋地表物探相结合。根据区间隧道浅埋或超浅埋穿越市政道路及岩溶隧道施工中极易发生涌水、突泥、坍塌、冒顶等风险，洞内超前地质预报的同时，在整个施工过程中，对下穿市政道路段进行地表物探扫描，防止因岩溶或空洞引起路面结构层脱空。该方法所强调的是以较宏观的既有地质勘探资料和较微观的动态掌子面地质资料为依托，在运用所选择的有效物探手段进行探测之后的基础上进行超前地质预报。

(4)提出区间隧道涌水、突泥类型,确定防止隧道发生涌水、突泥安全隔水层厚度,确定防突岩盘厚度。

(5)分析基于悬臂掘进机施工的强岩溶富水隧道不同部位遇水遇泥破坏机理,提出强岩溶富水隧道不同部位遇水遇泥处理措施。

(6)创造性地提出诚信路站—行政中心站区间隧道上软下硬地层充填型岩溶处理方案,采用钢插板超前支护。从施工结果看,对于隧道穿越上软下硬地层下充填型岩溶处理采用该方案效果良好。

(7)对于雅关隧道遇强富水岩溶,创造性地提出"排水竖井+横通道"的封排结合方案。该方案不改变原岩溶管道水路径,综合利用周边环境及地质条件,成功地完成了对本隧岩溶管道水的治理。"排水竖井+横通道"的封排结合方案荣获了国家知识产权局颁发的实用新型专利权,对类似工程有借鉴意义。

(8)通过对强岩溶富水地区岩溶处治技术的研究,为强岩溶富水地区隧道悬臂掘进机施工提供相关技术参考和经验。

8.1.5 悬臂掘进机法施工

(1)针对喀斯特山地城市隧道交通区间隧道施工,提出了适应各种复杂条件下悬臂掘进机开挖方案。在区间隧道地面无建筑、无城市道路的施工段落采用悬臂掘进机长台阶法开挖;在区间隧道侧穿房屋地段的施工段落采用悬臂掘进机短台阶法开挖;在区间隧道下穿贯城河、下穿区间建筑物、遇强岩溶富水地段的施工段落采用悬臂掘进机超短台阶法开挖;在区间隧道围岩完整地段采用悬臂掘进机全断面法开挖。按照所提出的开挖方案,采用悬臂掘进机法成功完成了区间隧道下穿、侧穿及强岩溶富水地段施工。

(2)提出了采用激光环指向仪辅助控制隧道悬臂掘进机施工超欠挖方案。区间隧道悬臂掘进机施工采用了激光环指向仪进行控制网的传递,在开挖前借助全站仪调整激光指向仪的方向,让激光照到掌子面处,借助激光点指示隧道的设计轮廓线,指导工人操作机械开挖,有效地控制了隧道悬臂掘进机施工的超欠挖,提高了施工功效,降低了施工成本。

(3)提出了基于视觉测量的开挖定位技术,实现区间隧道悬臂掘进机施工的三维自动化开挖。三维自动化开挖有利于加快施工进度,提升施工质量,保障施工安全,降低施工成本。

(4)提出了隧道悬臂掘进机施工粉尘降低方案,形成了系列喀斯特山地城市隧道交通区间隧道悬臂掘进机系列技术。为降低悬臂掘进机施工的粉尘浓度,隧道风机风压为除尘风机风压的3.5倍,除尘风机安放在距掌子面30m左右(距离掘进机后方18m左右)的位置;在隧道横通道马头门处增加一道密目网及环向喷淋设备,在隧道竖井口设置一环喷淋设备进行辅助降尘。施工粉尘降低方案有效地降低了隧道施工过程中的粉尘浓度,保证了隧道内的施工作业环境,同时也杜绝了隧道粉尘溢出对周边环境污染的现象,确保了周边居民的正常生活。

(5)以人工智能为基础,以信息技术、通信技术为手段,形成了综合监控技术,实现在强岩溶富水区间隧道施工特殊段落(下穿、侧穿建筑物、河流)高风险施工监测要求。在强岩溶富水地铁隧道施工特殊段落(下穿、侧穿建筑物、河流)施工过程中,为了保证隧道施工安全及周边环境的安全,进行24h不间断测量及保证监测数据的准确性,为隧道施工安全提供保障。

(6)提出喀斯特山地城市地层沉降控制的悬臂掘进机施工方案。利用三维数值模拟软件针对悬臂式掘进机开挖过程中的围岩受力性能进行模拟,综合考虑(不考虑地面建筑物超载,单线隧洞施工;考虑地面建筑物超载,单线隧洞施工;不考虑地面建筑物超载,双线隧洞施工;考虑地面建筑物超载,双线隧洞施工)4种施工工况。根据分析结果明确了在不同开挖工况的施工控制技术要点,为悬臂掘进机施工过程中施工组织的及时改进和加快进度施工提供了有力的技术保障,为各种地层的开挖进尺指明了方向,将施工过程中被动风险控制变为主动风险控制,确保了隧道在不同地层情况下的正常掘进。

(7)提出喀斯特山地城市下穿河流的悬臂掘进机注浆止水方案。对悬臂掘进机施工过程中隧道拱顶、底部及边墙遇岩溶情况进行分析,确定注浆止水方案,通过注浆有效的改良地层,达到隧道开挖在超前支护等措施下安全快速通过的目的。当悬臂掘进机施工过程中隧道正前方中心偏上遇溶洞,直接开孔不会影响其他部位形变,开孔顺序依次从高到低开孔,使溶腔内部填充物分层流出,将其势能降至最低。当隧道中心正前方遇溶洞时,直接使用岩石悬臂掘进机在隧道中心开孔,初步释放溶腔内部充填物,再从中心孔螺旋放大整体释放内部充填物。隧道正前方靠近底部,直接使用悬臂掘进机开孔释放内部充填物。降低了悬臂掘进机在岩溶区遇岩溶施工的风险。

(8)提出喀斯特山地城市隧道悬臂掘进机横向溶洞影响时最大。考虑地层溶洞条件下的施工数值模拟,在于利用三维数值模拟软件针对悬臂掘进机开挖过程中的围岩内力、地面沉降进行模拟预测,分析围岩在有溶洞地质条件下悬臂掘进机开挖过程中的地表沉降和衬砌内力,得出两隧道中间的横向溶洞的影响最大,为施工中的风险控制提供建议。

8.1.6 岩溶区间隧道下穿建(构)筑物设计和施工关键技术

(1)通过贵阳轨道交通1号线成功下穿贵阳火车站站房及站场设计和施工实践,我们取得了一套关于地铁隧道下穿在岩溶、大荷载、非对称桩群的既有运营火车站枢纽及铁路技术经验,可为以后类似工程提供借鉴。

①在下穿火车站铁路枢纽站房及站台股道时,由于构筑物沉降风险高,造成事故社会影响大,后期维修及养护处理复杂,优先考虑下穿铁路枢纽站房及站场的安全可行条件下统筹考虑1号线、4号线换乘站——火车站站的敷设高程,为1号线成功下穿火车站枢纽打下了有利的条件和基础。

②应充分重视下穿段的地质条件,采用必要的围岩加固措施,确保围岩的稳定性。如本案采用超前大管棚注浆,对前方岩溶及不良地质体进行加固,改善了围岩不良地质条件,减少了岩溶和不良地质体带来的风险,增强了围岩的自承能力和自稳性,为施工安全开挖和控制沉降变形增加了筹码。

③合理、可靠的施工方法是复杂条件下成功穿越的关键因素之一。优先考虑控制构筑物变形采取"管超前、短进尺、强支护、冷开挖、勤量测"的原则。"一步一回、全刚性支护开挖法"能有效控制开挖进尺,减小临空面,有效运用初期支护的支护作用,有效控制开挖引起的变形。

(2)通过计算分析、查阅和借鉴托换工程相关的成功经验和对桩基托换全过程进行监测等方法,对三鑫大厦和公园 2008 小区桩基托换的一系列技术问题进行了综合研究,并取得了如下成果:

①三鑫大厦桩基托换时,通过采用自锁式抗震设计,在节点处增设 V 形环形钢筋笼,解决了托换梁上多根托换柱的梁柱托换体系和接头的选型问题,即采用预应力主梁+次梁的托换梁体系和"企口+锚筋+自锁钢筋笼"的梁柱接头形式,能使接头与柱体达到等强效果。

②三鑫大厦桩基托换时,根据该建筑的变形要求以及整体性能,该托换采用预应力主梁与次梁托换方式。在主梁的纵向上设置预应力钢绞线束,利用张拉预应力钢绞线束减小托换梁的受力变形。通过顶升,检验托换体系的承载能力,使托换体系提前受力,消除托换桩、托换梁变形以及截桩对托换体系的不利影响。

③岩溶地区进行地下室内桩基托换施工,当水位较高、地下水丰富时,由于不能进行降水处理,同时不能采用机械成孔,人工挖孔桩必须采用有效的超前止水方案,否则,无法进行托换桩的施工。

④下穿公园 2008 小区时,充分利用基础形式及地下室底板下方良好的地质条件,对柱下独立基础的加固形式研究后,大胆对其基础进行了置换处理,即采用整体筏基置换原柱下独立基础的加固形式,开创岩溶地区隧道下穿楼房时的基础处治的成功案例;下穿隧道施工时,采用无扰动、扰民的悬臂掘进机进行开挖,开挖前通过洞内大管棚进行超前支护,变集中荷载为分布荷载,进而避免了开挖扰动和沉降对筏板基础的影响。

(3)岩溶地区超浅埋隧道全断面注浆加固围岩施工时,通过灵活的注浆工艺并实时调整注浆顺序的方法,可有效地对前方围岩体进行注浆预加固,以减少围岩透水性和及时封堵岩溶管道,避免洞内涌水风险。

8.1.7 复杂地质条件下车站设计和施工关键技术

贵阳轨道交通 1 号线在车站结构、钢筋材料、结构变形缝设置优化、富水岩溶条件下进行车站修建重难点关键技术攻克,对临近建构筑物保护及桩基托换技术难点进行研究。因地制宜地采取地采取了明挖、盖挖、明暗挖结构、暗挖拱盖等工法施工,设计和施工创新可为类似工程提供参考。

1)富水岩溶延安路车站

(1)提出了富水岩溶条件下车站围护结构和止水设计的新方法,隔离了基坑外侧的水进入车站基坑,减少了车站开挖时涌水的风险。

(2)基于瑞雷波探测技术了解场区地质情况,根据实测地质状况设计了车站基底帷幕注浆、基底全断面注浆及基底抗拔桩注浆等三者与全套管咬合桩相结合的防水方案。

（3）针对复杂地质区域的施工与不同结构的特点，制订了一套针对性强的相关监测方案，并首次将智能化自动监测仪引入贵阳，确保了监测数据的及时性和准确性。

（4）首次将 BIM 技术引入到贵阳地下工程的修建中，用 BIM+ 互联网的理念，通过云的方式，解决了基坑风险中的信息沟通问题，并在解决问题的过程中，积累了大数据，可为以后的类似工程安全提供实践与理论基础。

2）明挖车站、暗挖站台蛮坡站车站

（1）采用明暗结合的施工工艺，克服了由于车站明暗挖结构上下重叠、地面地形起伏不定的难题。

（2）针对岩溶发育地段暗挖车站隧道的开挖与支护，根据综合超前地质预报成果及开挖揭示的岩溶形态及大小、填充情况以及与隧道的相对位置等具体情况，提出了一套岩溶处治的综合措施。

（3）对蛮坡站支护结构进行了优化设计，针对部分地质好、基坑浅的地段，将围护桩间距优化为 3m，节约了造价，同时还减少了施工工期。

（4）根据明暗结合的新型车站形式，设计了明挖站厅、暗挖站台的新型车站的支护参数及施工工艺，对喀斯特山地城市的轨道交通工程修建具有重要意义。

3）盖挖法施工安云站车站

（1）针对安云路站上软下硬的地质情况，设计了具有特色的拱盖法暗挖车站结构形式、支护参数，并将拱盖法暗挖车站的设计与工法进行了落实。

（2）根据安云路站埋深及上方市政规划道路——公园路的影响，对安云路站埋深及车站内轮廓进行了优化，降低了隧道结构，把隧道拱部圆形弧优化成扁平结构，设置了纵梁及中柱，确保了暗挖车站结构的安全。

（3）依托安云路站拱盖法设计、施工控制要点，总结提炼了一整套针对喀斯特山地城市轨道交通车站拱盖法修建的工法，成果可为今后贵阳轨道交通工程的修建提供数据支撑和技术指导。

8.1.8 核心城区施工期间交通组织管理

贵阳轨道交通 1 号线施工期间交通组织方案可为以后城市轨道工程建设中的交通疏解方案提供成功经验及案例。

1）提出区域交通分流组织方案

基于对贵阳市老城区交通流构成特征认识，轨道施工期间，对城市交通的影响不仅是点与线的影响，而是对贵阳市城市范围的影响，除对施工点以及沿线采取一系列有效疏解措施外，还应通过设置引导标志牌引导车辆大范围进行分流。

2）提出沿线交通分流组织方案

轨道沿线道路承担交通可分为两类：起讫点都不在道路沿线附近区域内的通过性交通

和以道路沿线附近区域为起讫点的到发交通。当轨道交通施工围挡占用部分道路资源时,原有的通过性交通和到发交通都会受到影响。为了保障轨道沿线道路的通畅,需要在沿线附近区域进行分流。

3)提出公共交通调整组织方案

根据城市交通出行结构构成,日常出行中,公交出行所占比例较大,因此公交通行保障已成交通组织一项重要内容,但施工期间沿线公交调整必不可免,在调整方案中应尽量保持现有乘客出行习惯,减少原有乘客绕行距离,不并线、不停线。另一方面因轨道施工老城区交通运行环境恶化,应提倡载客效率更高的公交出行,从公交服务品质以及通行设施上进行保证,如开设组团间公交快线,如有可能重点区域路段及路口设置公交专用道。

4)提出重要站点及施工车辆组织方案

根据交通组织保通原则以及现状交通运行状况,施工期间必须满足沿线交通出行需求,此外交通组织应遵从系统性原则。在对剩余空间充分利用基础上,对尚未满足各类交通流出行需求施工站点,在组织方案中对个别站点施工顺序进行调整,对施工围挡方案进行压缩,搭设行人及机动车便桥。充分利用及挖掘施工围挡处剩余空间满足各类交通需求,同时从线层面角度合理设置交叉口渠化及信号配时方案,重新渠化后的方案应尽量保持线性平滑,确保各类交通流通性顺畅。其中单个站点交通组织方案包括站点周边行人交通组织、交叉口渠化、周边设施等。

5)提出交通组织配套工程方案

轨道施工期间为满足各种类型交通组织需求,不可避免需要拆除、改建一些周边的建筑物、绿化、道路等设施,为保证施工期间交通组织方案能得以具体落实,相应的工程方案需提前实施。

8.2 科研和成果

围绕贵阳轨道交通1号线建设,共开展15个课题研究,形成4个工法,出版专著1本,编写规程1本,申请8个发明专利(已授权2个),申请9个实用新型专利(已授权4个),获得2个软件著作权。

参 考 文 献

[1] 北京城建设计研究总院有限公司,中国地铁工程咨询有限责任公司.地铁设计规范:GB 50157－2013[S].北京:中国建筑工业出版社,2014.

[2] 中铁二院工程集团有限责任公司.铁路隧道设计规范:TB 10003—2016[S].北京:中国铁道出版社,2017.

[3] 中国建筑科学研究院.混凝土结构设计规范:GB 50010—2010[S].北京:中国建筑工业出版社,2010.

[4] 总参工程兵科研三所.地下工程防水技术规范:GB 50108—2008[S].北京:中国计划出版社,2009.

[5] 山西建筑工程(集团)总公司,福建省闽南建筑工程(集团)有限公司.地下防水工程质量验收规范:GB 50208—2011[S].北京:中国建筑工业出版社,2011.

[6] 中冶建筑研究总院有限公司.岩土锚杆与喷射混凝土支护工程技术规范:GB 50086—2015[S].北京:中国计划出版社,2015.

[7] 建设综合勘察研究设计院.岩土工程勘察规范(2009年版):GB 50021—2001[S].北京:中国建筑工业出版社,2009.

[8] 北京城建勘测设计研究院有限公司.城市轨道交通岩土工程勘察规范:GB 50307—2012[S].北京:中国计划出版社,2012.

[9] 关则廉.悬臂掘进机在地铁工程暗挖隧道施工中的应用[J].现代隧道技术,2009(05).

[10] 雷升祥,尹宜成.悬臂掘进机在铁路隧道施工中的应用探讨[J].铁道工程学报,2001(01).

[11] 王维建.机掘工作面前抽后压混合式通风数值模拟与实验研究[D].湘潭:湖南科技大学,2012.

[12] 李建英,赖涤泉,朱齐平.臂式掘进机在我国铁路隧道施工中的应用前景[J].铁道建筑技术,2001(02).

[13] S D Jeur, Nitin K P. A research on cantilever excavator used in railway tunnel[C]//World Tunnel Congress 2008-Underground Facilities for Better Environment and Safety-India.1201-1210.

[14] 王梦恕.地下工程浅埋暗挖技术通论[M].合肥:安徽教育出版社,2004.

[15] 张晓丽,王梦恕,张顶立.减小浅埋暗挖法施工对建构筑物影响的措施[J].中国安全科学学报,2005(11).

[16] 刁志刚,李春剑.大断面隧道在上软下硬地层中施工方法研究[J].隧道建设,2007(08).

[17] 覃任辉.隧道工程[M].3版.重庆:重庆大学出版社,2011.

[18] 林宗元.岩土工程治理手册[M].北京:中国建筑工业出版社,2005.

[19] 刘义.软弱围岩全断面帷幕注浆技术研究[D].北京:北京工业大学,2013.
[20] 黄陵武.水下隧道全断面超前帷幕注浆理论及可靠性分析[D].长沙:中南大学,2010.
[21] 廖朝华.公路隧道设计手册[M].北京:人民交通出版社,2012.
[22] 陈玉明.深圳地铁桩基托换技术[M].北京:中国铁道出版社,2007.
[23] 湛亚礼.西南喀斯特石漠化研究进展与发展趋势[J].资源信息与工程,2018,33(02).
[24] 陈治平.中国喀斯特地貌研究进展[J].地理研究,1986(04).
[25] 谭力.浅谈贵州喀斯特溶岩区隧道溶洞处理施工技术[J].铁道建筑技术,2012(05).
[26] 李兴中.贵阳城市喀斯特环境及其治理保护[J].中国岩溶,1988(04).
[27] 李景阳.试论贵州喀斯特环境工程地质的某些问题[C]//中国地质学会工程地质专业委员会.全国第三次工程地质大会论文选集(下卷).中国地质学会工程地质专业委员会:工程地质学报编辑部,1988.
[28] 黄伦海,肖博,吴梦军.主城区复杂环境道路隧道重难点建造解决方案[J].公路交通技术,2018,34(S1).
[29] 袁晏仁.重庆市轨道交通一号线中梁山隧道安全与风险防控措施[C]//中国土木工程学会工程风险与保险研究分会,日本土木工程学会隧道工程分会,重庆岩石力学与工程学会.北京:中国土木工程学会,2011.
[30] 石金胡,石东虹.重庆市轨道交通一号线二期工程中梁山隧道涌水量预测[J].科技资讯,2010(01).
[31] 易金舫,卢松柏,饶军应,等.贵阳地铁多溶腔隧道安全施工技术[J].施工技术,2016,45(13).
[32] 李红卫,张乾国,李辉,等.山地城市核心区轨道交通施工期间交通组织——贵阳的实践[M].北京:人民交通出版社股份有限公司,2017.